张小砚 著

清华大学出版社

北京

图书在版编目（CIP）数据

山寨 / 张小砚著，—北京：清华大学出版社，2014

ISBN 978-7-302-36049-0

Ⅰ.①山 … Ⅱ.①张… Ⅲ.①长篇小说－中国－当代

Ⅳ.①I247.5

中国版本图书馆 CIP 数据核字（2014）第 071891 号

责任编辑：周　颐
封面设计：张小平　　赵　迪
版式设计：陈　辉
责任校对：王荣静
责任印制：李红英

出版发行：清华大学出版社
　　　　网　　址：http://www.tup.com.cn，http://www.wqbook.com
　　　　地　　址：北京清华大学学研大厦 A 座　　邮　　编：100084
　　　　社总机：010-62770175　　　　邮　　购：010-62786544
　　　　投稿与读者服务：010-62776969，c-service@tup.tsinghua.edu.cn
　　　　质 量 反 馈：010-62772015，zhiliang@tup.tsinghua.edu.cn
印　装　者：三河市中晟雅豪印务有限公司
经　　销：全国新华书店
开　　本：160mm×230mm　　印　张：27　　字　数：408 千字
版　　次：2014 年 5 月第 1 版　　印　次：2014 年 5 月第 1 次印刷
定　　价：39.00 元

产品编号：050794-01

张小砚

女，高中肄业，祖籍安徽桐城，现居江西彭泽

2004 年　收集整理江南原生态民歌，集册《春歌行》

2005-2007 年　走访劳改农场，做口述历史记录《劳改》

2008 年　赴地震灾区组建草根志愿者组织，在汶川建立七所帐篷
　　　　学校和一所幼儿园

2009 年　骑摩托走川藏，旅行笔记连载天涯网，点击率逾两千万

2010 年　《走吧，张小砚》出版，当当网 2011 年度旅行图书畅销
　　　　榜第一名

2011 年　创建马托邦，鼓励人实践自己的自由和梦想，做生活的
　　　　侠客

2011-2013 年　于乡间种稻酿酒，发出《约酒信》，以酒换故事，
　　　　记录普通人的梦想

2014 年　《山寨》出版

目录

三年之约——后记

汶川大地震后，四川涌进一大批"无组织"、"无纪律"、"无计划"的三无青年，官方授予他们一个不太正式的名称——非正式志愿者。

　　民间叫他们草根志愿者或山寨志愿者，他们在灾区经常要被查身份证。

　　虽然需要调动全国人民的热情参与赈灾，但并不是真的叫大家都涌到灾区去，但一些认真的家伙真的去了。震后一个月，入川志愿者就超过三百万人次，在灾区如雨后春笋般迅速成立了无数非政府组织。

　　这让官方很揪心，借媒体呼吁："请广大志愿者不要盲目地进入灾区，不要给灾区添乱！"

　　"哦？喊我们来，我们来了，你们又说请不要给灾区添乱？开什么玩笑？大家都很忙的好不好？！"为了赈灾，有人失业了，有人失恋了，有人跟家里闹翻了……才打了个照面就叫我们回去？扯淡！作为一群无所事事的热血青年，没有困难我们制造困难也要帮，何况真有困难，那根本不可能拒绝得了我们！即使各地政府以拦截流寇的阵势，在各个路口设置关卡围追堵截，但大家依然奋不顾身，以深入敌后的非凡勇气冲进重灾区。

　　希望之窗这个草根组织正是在那时应势而生，扯票人马坐地起寨，占山赈灾！

这群山寨志愿者来自五湖四海，各行各业，年龄跨度也相当大，从"50后"到"90后"后：有大学生，有老师，有螺丝厂厂长，有诗人，有汽修厂师傅，有理发师，有生意人，有无业游民，有研究航空科技的工程师，有江湖神医的传人，有网瘾成癖的问题少年，有大龄失婚妇女，有在斗争中失败的小三儿，有职业拳击手，有摇滚青年，有现役军人，有犯罪心理学专家冒充的心理保健师，有小摊小贩，有农民有工人，还有若干不知道干啥地同志也一头扎了进来。这些人平时散落人间，分布街头巷尾，就像你上班途中看到的各位街坊一样，各自为生活努力着，有时唯唯诺诺，有时小奸小坏，不那么可爱但活得相当实在。因为汶川地震，这些五花八门的人会聚到了一起。

俗话说，落地为兄弟，何必骨肉亲？有钱出钱，没钱出蛮力，只有想不到，没有做不到！

我们说：要有学校，于是嗖嗖地建起了七所帐篷学校和一所幼儿园，跟开连锁店一样，分布在灾区各乡各村，建立起自己的组织架构，行动纲领，甚至教育理念。

我们说：夏天是适合放电影的季节，于是组织流动电影队在灾区巡回放映露天电影，将好莱坞最新大片及时普及到了灾区。

我们说：天天钻玉米地不是个事啊，于是扯票人成立基建队，建造了安置点最拉风、最酷的厕所，至今仍在使用中。

我们说：要有水，于是设计水利施工图，准备开工挖水渠，引水下山。嗯，这事没干成，水源被上游的乡村控制住了，打不过他们，不了了之。

我们说：要有文化，得整点书看，免得地种不了，村民无所事事总想干仗。于是发动各地募集图书，组织志愿者背图书下乡，修建乡村图书室。不过，很多书都失踪，成了老乡的擦屁股纸。

我们说：美化人民生活从头开始，于是北京理发师 big-river 来了，为老乡们剪出各种时尚的发型，为灾区形象工程做出了杰出贡献。

老乡说：如果能卖点甜椒的话，就能挽回一点经济损失。于是我们成立甜椒调研小组，联络外地的蔬菜供应公司，还从志愿者当中选举"甜椒小公主"形象代言人一枚。

　　……

当然，除了上面这些事情，我们也干过其他事情。打过架偷过吃的谈过恋爱发过酒疯，闹过内讧，镇压过叛徒，也因为事件处理失当，引起当地老乡的械斗混乱，差点，就在斗争中牺牲了……有组织、无纪律是每个草根组织最大的特点，整个赈灾过程就像一辆疯狂行驶的列车，轨道还没建好就已上路，随时都会失控。作为当时汶川最大的非政府组织CEO，我时常在抑郁症、强迫症、自闭症和狂躁症之间徘徊，随时会一脚踏空。

这么多不同阶层背景，不同性格经历的人，会集在汶川当时特殊的社会环境里，相互冲突影响，产生了剧烈的化学反应，引发许多惊喜和惊吓，超出了我们的能力和经验。有过很多争执，也有很多遗憾，有艰难，也有快乐，结下了兄弟情谊，也有爱情之花绽放，有时感动到内牛满面，有时惊吓至屁滚尿流，尤其在面对生死之时，每个人的反应都不一样，志愿者未必就是崇高坚强不怕死，惊吓过度逃走也是有的。毕竟，我们不是成龙，有一百条命可以玩。

极端环境下，人性的善与恶，信任与犹疑，自私与崇高，各种冲突、怀疑，背叛，坚持，显现得淋漓尽致。每一个加入的人，都暂时建立起与环境，与其他志愿者，与孩子们，与当地老乡，与政府，各种其他组织，包括与另一个自我的崭新关系，在混乱中力图重建秩序，于是，疯狂的演出开始了……想想那些混乱荒诞的过程，简直，不知从哪里开始吃惊。

于是，我决定将它记录下来，给将来的我们，以纪念共同度过的2008年夏天。

时光流逝，那些人和事，依然在这里。

虽然，我们很草莽，
可是我们也有一个柔情四溢的名字——希望之窗。

第一场

引子

梦见地震了，四周墙壁如同浸没水波之中，柔软荡漾，天花板波动起伏，房间里陡然刮起了大风，所有的家具都在风中摇摆……顿时给吓醒了。

醒来，发现了更可怕的事情——真的地震了！

2008 年 5 月 7 号，我从广州搬到几千里之外的四川，投奔某地产公司。

彼时，对方以高薪、事少、美食多等优异条件诱我入川工作。巴蜀之地，好山好水气候温和，历史名片儿：天府之国。还有峨眉派、青城派和以暗器名震武林的蜀中唐门，是在下从少年时代就仰慕已久的，如此种种，遂起定居四川之意。

四天后，我趴在桌子底下，痛悔这一文艺范儿的决定，恨不得抽自己。

灰粉从天花板簌簌落下，楼板大幅度地摇晃，发出巨响，屋里所有的东西都在奔跑，一只转椅在地板上滑过来，滑过去，再滑过来，仿佛置于无形的波涛之中。感觉下一秒楼就要塌，要被埋在这个陌生的城市里……那一瞬间，不知有多久，也许有一万年，可什么都做不了，唯一能干的是伸手把接线板的电源开关给闭了,默然闭眼,心想,原来老子是被震死的!

怀着必死无疑的心情回忆起这短暂的一生:1998 年 6 月回九江,九江爆发百年难遇的大洪水,差点淹死。2003 年 3 月去北京玩,北京爆发"非典",差点非典型死。四天前,冷不丁将自己折腾到了四川,此刻趴桌下回顾人生。

好像事先踩过点一样,这样赶着趟地出现在灾区,于千万年之中,时间无涯的荒野里,没有早一步,也没有晚一步,兜头赶上……冥冥之中,一个声音在森森地唱:喔,原来你也在这里!

从此,我一听刘若英的声音就发怵。

我叫砚台,砚台就是我,性别,女,非官二代非富二代,长这么大,固然不能说坏事一点没干过,但绝不至于坏到全国各地遭天谴,还都是百年一遇的。反过来说,没捡过钱包没中过奖兼之无才无貌,按理说也谈不上天妒英才。也许,倒霉对于我来说是一种永远不会错过的运气,一想到这个,就有种生于乱世只想乱搞的悲愤。

汶川大地震毁掉了许多人的生活,改变了许多活着的人的命运,不论富贵贫贱,其中就包括这个叫砚台的家伙,故事就从这里开始吧。

1. 感谢老天不杀之恩

地震后随即狂风大作,雨大得像从天空倾盆倒水,电闪雷鸣,余震不断,让惊魂未定的幸存者陷入更深的恐慌,世界末日也不过如此了。人们惶惶如丧家之犬,任风雨摧打,不敢栖身于任何建筑物,只要头上有东西就绝对绝对没有安全感。茫然,凄惶,无论你是哪一行业的专家,会修电脑还是会造原子弹,哪怕你是个武林高手,练过金钟罩铁布衫硬功夫,只要经历过大地震,见识过这种毁天灭地的威力,足以将你为人的一切信心和安全感全部摧毁。有钱也不管用,未必能比穷人死得体面点。在这个天崩地塌的时刻,每个人都像一座孤岛,无依无靠。

震后的成都迅速成为一个巨大的露营基地,绿化带处处发出便溺的骚臭，垃圾遍地，路人面色皆凄惶，真有乱世之感。偌大个城市一到夜晚如同死城，高楼大厦一片黑，人心惶惶，连回家拿件衣服都跟抢命一样。

比地震可怕的是余震，比余震可怕的是余震预警，更可怕的是报了余震，却迟迟不震。不震更崩溃，怕它在闷头憋大的……整到后来，不知道是希望它震还是不震了。地震吓死一半性命，剩下的一半活力也快被各种可怕的传言给凌迟了。

为躲避余震，麻将已经转成了一项户外运动，麻将桌下还放几桶凉水，脚泡在水里，防止中暑。帐篷搭了有多长，麻将桌就能摆多远，各种关于地震的流言在帐篷之间迅速传播。

有人压低嗓门说："亲戚在都江堰看到地光了，狗日搞不好要震大的！"

有人立刻附和："蛤蟆都跑到马路上来了，一片一片的。"

"地光？日妈害怕是绿光噢！蛤蟆？老子刚还看到外星人了，来看哈不嘛？狗日没得确切证据就莫来骚整，真的想撅人了！震！震他妈个牙儿！"一个粗大的嗓门盖过了前面的几个，拍麻将而起。

一片沉默，谣言止于猛人。

砚台震后一直在打电话，想在这个陌生的城市里找到一点熟悉的联系，但那位招聘她来川的公司电话一直打不通。后来才知道，老板被埋了，同时殉职的还有两位副总。地震那一刻他们在都江堰，损失惨重，公司已经停止一切业务。

来之前，他们还说要请新员工吃成都最巴适的火锅，欢迎她入职。她甚至连入职演说词都想好了："非常开心来四川工作，进入人生崭新的一页，愿与诸位同事精诚协作，共创辉煌，干了这杯酒，并肩为兄弟！"然后呱唧呱唧鼓掌……

不，然后，他们叫她去参加追悼会。

人一生，多多少少总会遇见几个神秘的家伙，冷不丁闯进你的生活，不是想跟你合伙干一票大的，也不是要跟你做朋友，只是恶搞你一下，然后转身就走，干脆利索。

砚台端着刷牙缸子蹲在帐篷外发呆，心情糟糕透了。人生崭新的一页跟这场八级大地震一并埋葬了。

一老太太蹲绿化带上刷牙，愁眉苦脸，见砚台望她，就说："我活到八十八了，没想到有天我会在公园里刷牙。"她张开嘴冲砚台苦笑摇头，砚台看到她的牙也没几颗了，心想："连你都没想到，我更没想到了，鬼晓得我怎么会在这里。"

震后连降暴雨，污水倒灌地面，两人蹲在道路两边刷牙，仿佛隔河相望。老鼠倒是一只都没有，看来地震前就搬走了，专家没预测到，老鼠预测到了。

砚台决定不去参加追悼会了，没有见过面说过你好的人，何必赶过去说声再见呢。

砚台觉得自己压根就不应该在这个鸟地方，但估计有几百万人跟她想的一样。而此刻，不知有多少人还埋在废墟下呢！一想到这个，顿时膝跳反射一样弹了起来，这样青天白日地躺着，真有种已经横尸街头的感觉，不吉利。

想起段心灵鸡汤：如果人生是个梦，我们要有滋有味做这个梦，不要失去梦的情致和乐趣。如果人生是出悲剧，我们也要有声有色的演这出悲剧，以免失去悲剧的壮丽与快慰。砚台决定去买只老母鸡回家煲汤大吃一顿，再喝点五十二度的烈酒，振作一下，感谢老天不杀之恩，好好生活下去。不这样似乎也没别的法子。

回屋住的人很少，周遭一片漆黑，零星几盏高楼的灯亮得瘆人，像迷失于太空的救生舱，舱里只有一名幸存者。来四川是想换个新天地开始新生活，陡然这新天地就天崩地塌。不知为何，人生每努力地奋进一次就会跳入更大的坑，自己也不明白是运气问题还是命运使然。砚台拿着小锤，敲敲打打确定承重墙是哪一面，没事就靠墙蹲着，在脑海里设计各种逃生路线。路线各个节点都有救命的物事，冲出去的瞬间，左手拿啥右手拿啥都经过反复演习。

万一逃不出来，也有逃不出去的打算。将压缩饼干，矿泉水，手电筒等收拢一起做了个救生包，住在 22 楼，地震来了很难逃出去，往楼顶跑也不靠谱，万一这栋楼拦腰折断，又没有降落伞，按最新防震指南指示，一旦地震，衣柜和床之间会形成一个三角生存空间（注：这种躲避方式后来又被美国地震专家论证不可靠），砚台将救生包郑重托付于此。想想，又补充些牛肉干进去，万一困久了，能补充体力。有了牛肉干岂能无酒，又塞了瓶好酒进去——可能是此生最后一瓶酒，对自己好点，总是没错的。被困时，喝点酒，放松下情绪，不致太快崩溃。还放了包烟，如果救援队赶到，可以递颗烟以示感谢，也显得镇定……

一个人得多无聊才会将这些事情干得头头是道呢？救生包越撑越大，仿佛生命所系，失眠的夜晚望着救生包，目光灼灼如火。

等待余震的心情，就像初恋少女等待情人，既怕他不来，又怕他乱来。每天睡觉都穿得很正式，心头还暗自盘算：鞋子脱不脱勒？邻居说她闺密地震时正在睡觉，衣衫不整拒绝逃生，遭埋了。结果呢，挖出来还是很不体面。多漂亮的女孩儿，尸身摆在废墟里连件遮体的衣衫都没有，一只旺旺纸板箱搭脑壳上。

传说中的七级余震像悬于头顶的利剑，斩断了时间的河流，一切都被按下了暂停键。在毁灭与重生的间隙，做什么，想什么，都是临时起意，又草草收场。焦虑难耐，有种生命轰隆的急迫感，忽然渴望在什么突发事件中轰轰烈烈地大干一场，摆脱这种搁浅的生活。

砚台越来越频繁地幻想去灾区参加赈灾，也许还能趁乱捡个机会做回英雄。

2. 献爱心也得拼财力

地震没几天，街上忽然冒出许多人，都是从全国各地应召而来的志愿者，献血的，募捐的，送物资的……更多的人马还在路上，像一场全国范围的大赶集。无数年轻人雄赳赳气昂昂，挥舞着红旗，喊着口号奔赴灾区，壮怀激烈。听说，有些志愿者入川前甚至写好了遗书。震后一个月涌进四川的志愿者超过百万，成都的旅馆饭店人满为患，灾区的GDP也因志愿者大批到来而呈现"井喷"式增长。物价，也更贵了。

成都开通许多往返近郊灾区的免费公交，运送赈灾人员，沿途各站都有人托付物资上车带往灾区。军车，各种大型机械纷纷开往四川，街上红旗飘飘，到处贴满赈灾标语，直升飞机在头顶上轰隆隆飞过……颇有战时之感，砚台不禁有点亢奋。当然，她也知道这种情绪不对，已经自动谴责过自己了。主要是大家都生于和平年代，没见过这种阵仗，被一种乱哄哄的情绪所感染，思谋也要跟着干点啥才行。

恰巧，广州的旧同事萧木成立了个志愿者组织，叫爱心娃娃团，募集了几个立方的玩具和衣物准备发往灾区，但广州红十字会不收，于是萧木将物资发往成都，找砚台帮忙联络成都的红十字会接收。

那种时刻，有人喊帮忙赈灾，自然是义不容辞，何况人家已经把物资筹集好了，只是负责递交给红十字会，这么简单的活，当然可以干，一口应下，说不定红十字会还给颁发个赈灾荣誉证书啥的。

红十字会门前人山人海，一有工作人员拿表格出来，大家就蜂拥而上，展示自己肌肉发达头脑不简单，不怕苦不怕累。砚台挤过人山人海，将物资单献给红十字会，没想到这里的红十字会竟然也不收，还很不耐烦：零散物资要分类，旧的还要消毒……吧啦吧啦一通好像砚台在添乱。

"全都是新崭崭的，真的，全是热心网友筹钱买的。"砚台低声下气地解释，看来赈灾荣誉证书啥的是没有了，好歹给收了吧，好几个立方的物资啊，堆家里能把人埋起来，又不能转卖更不能贪污简直添堵。

对方一脸大义凛然，坚决不收："你们这些热心网友最好直接捐款，便于管理，零散物资要分拣分类，我们根本忙不过来，要接收也只接收崭新的整件的，还要提供购买发票。"赈灾物资还须整件的，还要发票，难道是打算倒卖吗？砚台看着她心里直犯嘀咕。她见砚台还赖着不走，就打发道："门口有运输队，你自己联系把物资运到灾区去吧。"

砚台过去一问，运输队送物资进灾区竟然收运费，还正儿八经论斤称，比快递公司还贵。回头望望红十字，感觉眼前一黑。

砚台告知萧木物资送不出去，萧木也颇感意外，但赈灾热情绝不受阻，决定组织人马来成都，亲自往灾区派物资。那时仿佛处于魔幻时代，大家被烈焰灼烧，胸怀广袤之爱，不献给灾区会憋死的。与其坐在电视前看着新闻哭，不如起而行之，绵尽薄力。

爱心娃娃团的领队叫娃娃，这组织是以她的名字命名的。砚台跟着爱心娃娃团的志愿者将成都周边地区跑了个遍，有重灾区，有不太重的灾区，有不大像灾区的灾区。五月的四川，即使垮塌不少，风景仍是极好，志愿者们都是热血青年，百无禁忌，所到之处无不披靡，将爱心以压倒性的强势表达出来，真是酣畅淋漓啊。大家每到一处都纷纷拍照片发博客，配上文字抒情，博得一片叫好声，大家干劲十足。

但随着越来越多的爱心人士进入四川献爱心，爱心娃娃团也逐渐感到了竞争的压力。

那天去了都江堰的一所小学献爱心，学校的名字很好听，叫桂花小学。除了爱心娃娃团，还有其他两个组织也来献爱心。

有组织带来了文具、书包、笔记本、铅笔盒。

还有一路人马是送吃的，牛奶、饼干、方便面。

还有送棒棒糖和贴纸的，每个孩子一支棒棒糖，一沓贴纸，一个公仔玩具。不是那种五毛钱的棒棒糖，是一块五毛钱一支的大号彩虹棒棒糖，有牛奶味，有草莓味，还有菠萝味……当然，芭比娃娃也有，只是不多。嗯，这些有爱有童趣的礼物，是爱心娃娃团为孩子们准备的。几路人马联合起来献，献得很热闹。

献爱心的高潮部分是忽然又来了一列路虎车队，从车上抱了个大箱子下来，领头的是个五六十岁的大叔，打开箱子，露出一摞一摞崭新的百元大钞票。不知谁大喊了一声：狗日，发钱咾！

这一嗓子的效果不亚于喊地震了，操场上顿时炸窝，大家都蜂拥而至。领队的挨个儿给孩子发钱，每人一百块。围观的老乡一看，立即转身就跑，回去找孩子，连奶娃娃都抱上来领钱，那种时刻只叹孩子不够多。操场上掌声如雷，老乡们都很感动。

校方将路虎车队请上主席台，安排了一场完整的赈灾活动，升国旗，唱国歌，驻扎学校的军队上来讲地震知识，几个孩子上台表演受伤，另一队孩子表演紧急救护，另有孩子在讲台上做旁白，回忆地震中求生片段。继而喇叭播送哀乐，全体为地震中死难同胞默哀，潸然泪下。

孩子们为善心人士演唱《感恩的心》，带手语那种的。校方将几个爱心组织请过去合影，孩子比画出大大小小的爱心，爱心人士比画出胜利的剪刀手。

一切看起来那么圆满，那么感人，唯一遗憾的就是校长把爱心娃娃团这个组织给忘了。但谁也不好意思出面去提醒一下校长：嘿，哥们，你们也收了我们的物资！

大家散落在老乡当中，面上微微笑着，深受感动，好像看热闹看得太投入，无暇交流，探讨一下这是个什么状况。

爱心娃娃团发棒棒糖时孩子们也很开心，但还没发完，就冲上一群人来发钱，孩子们呼啦一下全被吸引过去，搞得爱心娃娃团相当被动。

有名志愿者按捺不住，说："我们也去跟孩子们合张影吧？留个纪念呗！"

砚台不高兴地说："我们干嘛自己过去？人家又没喊我们！"

娃娃有点为难，不拍照片回去不好交代啊！远在广州的行动后援群里都知道今天的行程安排，都眼巴巴地等着前线志愿者胜利归来发照片，分享赈灾的感动。一定会有人仔细地翻阅每张照片，好辨认出：哇，那个灾区儿童手上的芭比娃娃是我捐的喔！

一位老师终于看到她们了，过来问："你们是哪个组织的？要不，一起来跟孩子们合张影？"

一点诚意都没有，凡是问要的，就是不希望你要的意思。

砚台满脸不高兴，假装没听见，回头跟娃娃说："我们刚给他们孩子送了那么多东西，转眼就忘记了，还问我们哪个组织的？我们也不是非得要站在前面听《感恩的心》，是吧？也不是必须合影证明自己来这里赈灾了，对吧？但被忽视得这么明显真是太瞧不起人勒！"

娃娃跟砚台表示合不合影其实无所谓，但人家既然邀请了，还是上去拍张合影吧，孩子们真是太可爱啦！哈哈，呵呵……

人潮散去后，一些贴纸扔在地上，踩来踩去，但大家都装作没看见，飞快地走了。

随着全国爱心人士都涌向四川，近郊的灾区忽然变得富裕起来，献爱心也得拼财力了。爱心娃娃团匆匆发完物资就从赈灾大军中退场了，但砚台没刹住车，从这个娃娃团开始一发不可收拾。

由于她将电话留在了志愿者论坛，迅速如江湖结义般结识了来自全国各地的赈灾人马，住处开始成为外地入川的志愿者中转站，半夜都有人来敲门借宿。有些纯属沙发客，游览完灾区，在市里免费住一晚就走，对赈灾也没啥看法要表达，忙着给相机手机充电。有些人倒是有看法，但又蛮难实施。有位自称社科院来做震后重建调查的老头，在灾区考察一番回来，打算提交一份报告给国家地震局，建议从地球表面垂直打一个深洞，直至地心，定期释放地球能量，可有效避免地震发生，再配置收集地心能量发电，发电量能超过十万座三峡电站，一举解决大西南电力供需又可保西部安全问题……

后来砚台在其他地方又见到这老头，他跟另一群援建的民工发表对地震的新看法："汶川地震其实是紫坪坝水库修建后引起地壳受力不均的后果，只要发动大家将紫坪坝水库填平，让地壳受力恢复均匀就可以了，否则四川以后还会有大地震。"他拿树枝在地上画了个杠杆示意。

后来才知道，这位现代愚公其实不是社科院派来的——他是郫县郊区的一个农民，大家叫他炳叔。炳叔每次都有令人震惊的新想法，令人印象深刻。

每天客厅总有借宿的志愿者，使用各种古怪的代号交谈（大家都用网名），还有在赈灾途中结下难解之缘的志愿者，半夜敲响砚台的房门问有没有安全套，砚台很不好意思，问保鲜膜行不行？真是照顾不周啊，还真没想起得给志愿者们准备计生用品勒！

形态各异的志愿者们，吃光冰箱里所有能吃的东西，喝光所有的酒，将垃圾桶塞满……志愿者们因为赈灾彻夜难眠，此种热情却使砚台的邻居们感到很悲愤，震后余生的人们其实只想睡个好觉——邻居通过捶墙表达了这一意愿。

3. 以打群架的热情去赈灾

和那时许多有为青年一样，砚台患上了严重的救灾癖。在报上看到消息，什邡急需志愿者帮灾民摘木耳的志愿者，木耳不及时收摘会烂在棚子里，将给灾区带来更大的经济损失。这种时刻，怎么能少得了她？立即起黑早扑过去。

半路遇上一志愿者队伍，是某户外俱乐部成员，物资充沛，组成了一列越野车队。砚台拦下车，开门见山将队长一顿猛夸，队长老郭情不可却，只好将她收编了。行至半路又有人拦车求收留，此人体格健硕，个头一米八以上，像一把好劳力，估计是这个原因，没费什么口舌郭队长就带上了他。此人来自国际大都市上海，穿得很时髦，遍身名牌，熨烫得一个褶子都没有，一上车就跟女志愿者们套近乎，不一会儿，就跟前后座聊得像多年不见而乍然重逢的前女友。还自称一狠心拒绝了全世界的妖精，来灾区奉献爱心。

摘木耳那天很热闹，村里来了个女明星，消息一传开，老乡们就像刮大风一样不见了，全都不务正业去地围观女明星了。那志愿者们肯定也不干啊，随后就到。

女明星对着镜头，饱含深情地说："老乡们好，在这里，我只是一名普通的志愿者！"

在哪里啊？女明星屁股对着现场活生生眼巴巴的老乡，却面向镜头中虚拟的乡亲们柔情示好，但老乡们还是被深深地吸引了，嬉笑着挥手：哦，你也好嘛！

砚台嘟哝了句："这个女演员演技拙劣，肯定没看过《演员的自我修养》。"

旁边一人接道："这妞事业线很发达，不需要修养。"是那个半路搭上来的家伙，他正目不转睛地盯着女明星的胸部，眼睛亮闪闪，亢奋之情溢于言表。

女明星发布完赈灾感言，助理帮她戴上手套，开始表演摘木耳。一群记者登高爬低，抢拍明星赈灾图，踩坏了好多木耳架子，老乡们竟然一点都不心疼。记者拍完明星，又来拍围观群众，这好比一副牛扒旁边总要加点菜叶子之类做点缀，访问大家怎么看待明星参与志愿者工作，和大家并肩作战抗震救灾，还唠叨了一大段煽情的话做引导，指望拍感动的泪水。

泪水真没有，看法可以有，砚台硬是挤到镜头前表达了意见："建议该明星跳段钢管舞劳军慰民，以鼓舞赈灾士气！" 随手指了指震后路边余下的电线杆子。

老乡们轰然大笑，气氛陡然变得热烈。那个发表事业线看法的志愿者，在一旁笑得淫荡又肆无忌惮，拍着大腿表扬这个建议提得大快人心，主动跑过来要认识她。

"我叫阿亮，你叫啥？你这姑娘蛮拽得勒！"

砚台还没来得及表示谦虚，就被郭队长一把揪出人群，对她谆谆教诲："你这家伙，既然加入团队，就要时刻注意团队形象，尤其面对媒体要有团队荣誉感，注意素质！你看你说的那话，像个志愿者在说话吗？"郭队长痛心疾首，使劲叨哔叨。担心被开除，砚台憋住无数刻薄话坚决不说。那个叫阿亮的家伙，拍拍队长的肩说："嗨，都是中国人，不用讲素质，她也没说错，这是民意！"

明星离去后，老乡们也纷纷散去，留下志愿者冒着酷暑摘木耳。大家意犹未尽，三三两两磨洋工。

被援助的那家，八口人齐整整地坐在帐篷里喝啤酒，砚台摸过去观察一番，回来报告："伙食不错！还有卤肉，卤猪头肉，卤大肠，冒菜……"大家哈哈笑了起来，她实在像个报菜的小二，还那么认真。那家女人过来问砚台，能不能明天再叫多几个志愿者来，去邻村帮她娘家摘木耳，但是连水都吝啬问一声要不要喝。砚台望望她，幽幽地说："志愿者没有了，只有肥肠粉、冒节子，嗯，芋儿鸡也可以有……"

那时的什邡，物资并不匮乏，因为离成都近，交通也便利，很多人购买物资直接开车来派发。大家一边挥汗如雨摘木耳，一边心里嘀咕："什么个情况？咋和 CCTV 说的不一样哇？". 不禁惆怅。但谁也不好说什么，毕竟不是人家拉壮丁把你们强拉过来干活的。"

休息时，另一队志愿者过来讨水喝，也闷闷不乐，说："他们在打麻将，喝啤酒，我们在摘木耳。"

可是谁也不好意思说老乡怎么不表扬我们呢？老乡怎么不感激我们呢？话说回来，做好事难道不该被表扬么？挺纳闷的。

下午，成片的木耳棚忽然着了火，于是这群志愿者趁机在冲天火光中跑得一个不剩。他们在田野上四散奔逃，身后火光熊熊。

火势来势凶猛，正是炎夏，空气中的热流扑哧就燎掉了眉毛。阿亮边跑边朝大家张望，犹豫了一下，迅速返身往木耳棚跑，直到他拖着一个哭哭啼啼的女孩狂奔而来，被烤得像块烟熏肉，大家才知道这哥们舍身救人去了。还真心细，发现大伙逃命的队伍中少了一头。

大家干活的时候，这大姑娘在木耳棚睡着了，要不是阿亮细心，这大姑娘就和木耳们一起烤煳了。即便阿亮救援及时，她的眉毛和头发也损失不少。

这事让砚台对阿亮有点刮目相看，舍己救美，一般男人也许会干，问题是这姑娘被烟熏得难辨雌雄，阿亮这种忘我的情怀必须是值得肯定的。

但没被肯定。傍晚，郭队长婉言谢绝砚台和阿亮继续掺和他们的赈灾事业，觉得他们不够专业。于是，砚台和阿亮同时失去组织了。

阿亮冲越野车的屁股说了句："都是流寇还论专业？我就不信你经常被地震！装啥啊装！"

砚台阴悄悄地说："我怀疑，下午那场火是这群混蛋放的。"

阿亮大感兴趣，问："真的假的？"

"证据就是……他们不讲义气！不讲义气的人，啥事都能干得出来！"砚台理直气壮。

"嗯，确实不讲义气，你这么一说我也怀疑是他们放的火，不，不用怀疑了，肯定是这群混蛋干的！"阿亮不假思索，立马表示认同，然后热情邀砚台加入他的组织。砚台问是什么组织，他想了半天，说："'5·12'赈灾2人组！你跟我混吧，我绝对不会撇下你，我这人讲义气，有福同享有难同当！"

"切！干嘛不是你跟我混啊？凭什么你一来就做老大？"

"咦？你是女的嘛，我是男的啊！"

"混蛋！赈灾还搞性别歧视？"砚台怒气冲冲。

"好，跟你混，老大！"阿亮立马不用找台阶地臣服了，转弯之快，让砚台怀疑阿亮拉她入伙是个圈套。

"好吧，嗯，赈灾2人组，干嘛呢？"

"赈灾啊！到处都是活，到处都是组织，我们俩结伴去加盟，你还怕没人接收我们啊？"阿亮胸有成竹。

说的也是，灾区到处都是各种草根队伍，三天能成立一个，两天能散得毛都不剩。基本上都是些流寇，临时起意凑成的，一无培训二无组织三无纪律四无逻辑。虽说，那时各种官府组织也很多，他们有钱有人有渠道有宣传，一不小心还能出名。但阿亮看不惯官府组织的小资情调，不关注救灾结果，只在意救灾姿态：五个人的队伍就有两个人扛旗帜，一个人拍照，剩下两个表演赈灾——还是业余的！阿亮坚决不向官方组织投奔。当然，也得客观地说一句，人家也未必看得上这俩流寇。

很快，这俩家伙混入了一个宗教性质的民间赈灾组织。宗教组织的行动力是超级迅速的，最早进入灾区的大部分都是教会组织，据官方统计，百万民间赈灾志愿者中，63%为教会人士。

阿亮和砚台加入的是天主教还是基督教分不清楚，按阿亮的逻辑，只要是赈灾就行，管他的神是谁，只要是在行善就是个好组织。

只是这个组织的赈灾程序太烦琐了，早上出发前要跟上帝祈祷，保佑和赐予力量什么的，这基本属于安保措施，能接受。但晚上要开会，播放一些灾难图片来鞭策大家，忏悔思过：白天有没有纯粹奉献？最重要的是有没有传递福音？到底，有没有？

——没有！

抱歉，实在是不能一时三刻就全信了他们的神，感情，也是需要慢慢培养的。而且多少有点怀疑，这些宗教界的同志在趁乱扩充地盘。拉粮食进灾区发放是多好的事情啊，却变成：坐在高高的米堆旁边，听他们讲故事，信的人有福了——得 20 斤大米，不信的人，统统要下地狱。尤其他们祈祷时说：感谢上帝的震怒（指汶川大地震），让我们能有进入灾区大规模兴旺福音的机会……这次地震死了那么多人，他们竟敢声称对此次事件负责，罩不罩得住啊？！

砚台深感忧虑，跟阿亮说："他们的神仙一生气就地震，然后送大米，信他的人就能分到大米，不信的人要下地狱，这套布道逻辑非常非常不考究，万一流传出去，太容易挨打了，那时候老乡们也是很有激情的！"

阿亮大大咧咧地说："没关系，苗头不对我们就跑。"安慰砚台，"这个组织物资充裕，出行有车，做事有纪律，也实干，在灾区这样的组织不好找，先跟他们混着，等找到好的我们再换。"

砚台还是担心被牵连，坦白讲，从做好事的层次上来说，他们还不如雷锋呢，雷锋叔叔做好事从不留名，只悄悄地写在日记里，他们却是当面要人感谢恩赐，在灾区搞闪电传福音，火线受洗礼，拉着大家一起感恩，唱："生命的河，喜乐的河，缓缓流进我的心窝。"有个屁可喜乐的？人家家里死了人啊！

地震刚过的酷暑天，这两个没有信仰的家伙并没有在上帝的福音里感受到"生命的馨香"，只闻到到处散发的恶臭。

在领队大叔给她开小灶下猛火传福音时，砚台表达了她的忧虑："这样赈灾会不会挨打啊？真太容易激起误会了！你看，今天路过的村里都贴了标语，谢绝宗教人士入内的。"

领队大叔说："福音传开的时候，总是伴随着人的抵挡和攻击的，因为福音击中了人最致命的要害——承认自己是个罪人，并且全然败坏，完全没有能力依靠自己来自我救赎。所以若不是圣灵的工作，没有人能接受福音……"望着他一脸视死如归的表情，砚台一时也没想好说点啥。

虽说民间救灾组织里，宗教组织是最有行动力和最有组织力的，有强大的信仰约束纪律，物资充沛，后勤也很到位，也是在灾区做了最多实事的民间赈灾组织，但他们也是最快被驱逐的，跟他们混太没有安全感了。虽然他们时时祈祷，但与上帝保持联系是一码事，让上帝 24 小时都待在他们身边是另一码事。

纵然伙食不错，顿顿有肉吃，砚台也不想跟他们混了，跟阿亮一合计，就逃离了这个宗教组织，转投一同性恋组织。客观地说，同性恋组织比那个宗教组织宽容，至少他们没试图劝说加入的志愿者改变性取向。

摘木耳时遇村民求助，有些孩子在地震时吓坏了，需要心理医生援助，砚台帮忙在网上发帖找心理干预志愿者，这个同性恋心理咨询组织回应了。

这个组织平时为同性恋人群做心理咨询，地震时期也对灾民进行灾后心理干预，这次又想对儿童进行心理抚慰，阿亮很怀疑他们的专业性。砚台也不太清楚同性恋人群和灾后儿童心理干预有没有相通之处，但总的来说，应该不算跨行业吧？都是心理方面的，还是决定带他们进村。与领队陈家斌约好在大慈寺门口接头。

那天正下小雨，一位穿黑衬衣的男人，举着把黑雨伞在雨中缓缓走来，像一枚香菇，楚楚立在跟前。没想到长相如此俊美的男人，竟然是同性恋？砚台脑子里立刻像跑马一样胡思乱想。

阿亮介绍："这是我一起的志愿者，叫砚台。"发现砚台表情迷离，赶紧拉了她一把。

砚台上前一步，握住伸过来的手："同志，你好。"

阿亮插话："嗨，叫陈医生吧。"

砚台顿时醒悟："那个，不是那个意思，是志同道合……"砚台不知道怎么说下去了，呐呐道："那个，陈医生，你好！"

陈家斌一笑，说："叫同志也挺好。"

嘿，他还挺大方！

陈医生忙着跟队员部署工作。阿亮将砚台拉到一边，批评她大惊小怪，没见过世面："性取向算个啥问题嘛，人活着，总是要爱的，管他爱谁，有爱就好！"

砚台叹道："嗳，你们男人当然欢迎同性恋啦，典型站着说话不嫌腰疼！"

"啥意思？"

"不会跟你们抢女人呗！"砚台没好气地说："这社会不仅女人要跟女人抢男人，连男人也要跟女人抢男人，什么世道啊？还让不让人活啊！"

"你没男朋友？"

"以前有。"

"现在呢？"

"死啦。"

"啊？！"

……

陈医生做心理团抚工作，其实就是带孩子们做游戏。游戏先从群体活动开始，观察反应，再分成一个个游戏小组，每个小组分一位队长和助手带领，还有一位观察者做记录。砚台和阿亮没学过心理学，陈医生分配他们去带领热身运动。所谓热身运动就是带这群半大娃儿发足狂奔，绕场疯跑，先是很少的孩子跟着跑，边跑边击掌，渐渐越来越多的孩子加入，孩子们的疯劲儿全被激发出来了……累死人了，那帮小孩能直接跑到尿裤子都不带歇气的，哪跑得过他们啊！陈医生他们还在一旁击掌催促继续跑继续跑，砚台差点跑哭了。

一群小孩在疯跑，一个男孩坐在废墟上哭泣，在热闹场景中独自哭泣的小孩，让人很不安。砚台想去安慰他，顺便歇一下。但陈医生示意砚台不要管他，说："过分的注意会让他更有独特感，反而难以接近。"

"孩子们，如果外星人来了怎么办？外星人到了地球，你怎么跟他打招呼呢？帮他认识地球人好不好？"陈医生的助手开始做引导。

外星人就是陈医生，他从废墟上茫然地走过，像刚从天上掉下来的 ET，这人天生有种孤独的气质。

"生物，你能告诉我，地球发生什么了吗？"

孩子围着外星人，你一言我一语地说着地震时发生的事，表达心情，帮助这头假装"从天而降的外星生物"了解地球。自闭可能是无法表达内心的感受和压力，尤其是对亲近的人更加难以表达，而在群体中，这种内心压力被分担了，容易诉说出来。许多恐惧，疑惑，在这种群体的氛围中，就像堰塞湖冲破了堤岸，泄淌漫山遍野。

有位背筐的大叔路过坝子，上前搭讪，听口音是广东人，普通话说得晦涩难懂，也是做志愿者的，自称娄校长，准备投资两千五百万在灾区办希望小学，正在考察合适的地方。

两千五百万？！砚台抬头望望四周，有点小激动，村民们都在围观陈医生做心理团抚游戏，茫然不知有个大财主正在此地微服私访呢。虽然他的打扮看起来不大像个有钱人，但他说的话确实很豪迈。

娄校长向砚台介绍他的设想，因为言语听不大懂，夹杂着大量的手势，时而展臂做海纳百川状，时而奋臂做指点江山状，邀请砚台和阿亮加入："我们携起手来为灾区做一番事业，你们都是热情有为的青年，我们老一辈的无非出点钱，事情真正做起来，还是要靠你们的力量，世界总归还是属于你们年轻人。"

相互交换了联系方式，商量等娄校长举事之日，砚台和阿亮就加入旗下效力。娄校长很热情，初次见面一定要送他们一份礼物，放下背筐，伸手进去扒拉，背筐里好多白菜，是向村民买来做晚饭的。从白菜底下翻出个彩色盒子，递给砚台。又扒拉半天，送了阿亮一个哨子，遇到危险时可以发出尖利的啸声，吸引救援队。

娄校长一离开，阿亮就跟砚台说："什么娄校长，肯定是个骗子！"

砚台瞪他："你咋知道别人是骗子，也许真是个做事的人呢？"

阿亮说："如果他真有那么大能力，地方政府会把他供起来早晚烧香叩拜的，何至于自己背个筐子在灾区买大白菜吃？真正有钱人做事不是这样的，这样做事，他也不可能赚到几千万。不对，能拿出两千多万赈灾，身家至少上亿了。身家上亿的人会在这里四处赠送儿童玩具？就你这种智商不高的会信。"伸手指了指砚台手上的盒子，砚台低头一看，上面有行字：开启弱智儿童的心灵之窗。呃？不是开玩笑的吧？砚台一阵气愤，把盒子往阿亮手上一塞："赏你了！"

没想到，这位娄校长后来跟阿亮在汶川隔条马路办帐篷学校，两校对垒，发生许多擦枪走火的事故，这个以后再说。

心理医生玩游戏有点虐人，他们专业人士扮演各种正儿八经的角色，砚台和阿亮扮演的都是大风呀，陨石呀……道具类的，好歹这次赈灾活动还是砚台和阿亮发起的呢，一点都不受重视。二人自觉智勇双全，在这个同性恋组织中实在是没有受到重用，于是又转身投入一个大学生组织，去各个地方参加献爱心活动，继续献。

5月26号还是27号，这个组织要去江油、绵阳的帐篷学校送六一节的礼物。砚台去民政部门申请进灾区的通行证时，工作人员告诉她今天那边几十万人都在紧急疏散，唐家山堰塞湖要爆破泄洪，非常危险，此时最好不要进去，说："志愿者的热情我们可以理解，但请你们不要给灾区添乱！有些志愿者自己都照顾不好自己，还要去赈灾，反给救援队增加麻烦！"那女人说完还斜了砚台一眼，看着她一脸鄙视的样子，砚台一时也没想好说啥。

话说回来，砚台也有点疑心大家搞不好真的是趁地震瞎起哄。那时有人分析地震时期去做志愿者的，都是些混得不大好的，平时不得意，趁乱起哄发泄剩余精力，其实就是一帮唯恐天下不乱的家伙。

砚台快快回来，跟大家商量取消这次行动，堰塞湖像大海一样，要冷静地赈灾。可是热血沸腾的志愿者们依然要进去，有人扬言："既然来做志愿者，就没打算活着回去！"

这是一种什么病的精神啊？！

砚台毫不犹豫宣布退出，为给孩子送几个毛绒玩具嗝屁了，太不值得了，简直叫天下好汉耻笑。如果是去救人性命，也算一种对等的价值，冒着生命危险送几个玩具给灾区的孩子，这种事未免无稽，只有脑袋被驴踢了的才干那种傻事。

　　队友们也许觉得砚台是贪生怕死之辈，然而又纷纷作理解状。但砚台不需要理解，怕死有什么可丢人的！又不是玩游戏，死后会原地满血复活，这个，会死真的！

　　砚台要走，但阿亮坚持要去，这个叛徒！

　　晚上，队友们竟然全活着回来了，阿亮兴高采烈地打电话叫砚台聚餐，她没去，队友们肯定都在吹牛，她没吹牛的资格，还是不要在现场的好。

　　砚台感到有点失落，也许没那么危险的，看来，这次失去了一个轻松做勇士的机会。

　　第二次行动，无论如何不能落下了。

　　但是，第二次实在是太悲催了，她又逃跑了，这可怨不得她，因为遭抢了。谁能预料发生这样的事呢？本来物资就是要送给灾民的，但他们冲上来就抢，那种成年人从众的暴力，真是吓死人了，这群大学生哪见过这种阵仗啊？扔了东西就逃，生怕村民抢得兴起顺便揍他们一顿。

　　事件怎么会发展到那一步实在是想不通，前几分钟村民还在救灾帐篷里打麻将，谈笑风生二五八万地，转眼就扮起流寇——硬是不给志愿者表白爱心的机会，更没想起来让志愿者跟他们拍个照合个影啥的。

　　这群混蛋！生生地被他们毁了一个做好人的机会，太悲愤了！

　　几名志愿者垂头丧气地坐在路边，有位大爷悄悄摸过来，扒拉地上的几个纸箱，将剩下的物资统统倒进背篓。这位大爷可能是因为年事太高，没有参与正面抢劫，留下来打扫战场的。

　　大爷拿完东西竟然不走，还观察这群志愿者，问："像你们这样的，政府给你们好多钱一天？"

　　阿亮摇摇头，说："我们是志愿者，不要钱的。"他说的一点都不理直气壮，看来受得打击有点大。

　　大爷坚决不信，其他志愿者也解释："真的，我们真的没拿钱，不是政府派来的。"当然，更不是敌军派来的，受到这样的待遇真是太委屈了！

当搞清楚志愿者真的没工钱拿的时候，大爷并没有肃然起敬，而是露出难以置信的神色："那，你们这是在做啥子？"

"鬼晓得我们在做啥子！"砚台嘟哝了一句，这问题问得叫人情何以堪啊！

想起小时候，老师号召大家学雷锋做好事，一群同学埋伏于马路边，只要看到独自行走的老奶奶，不管三七二十一全部一拥而上，将老奶奶生生架起，架到马路对面去——如果，不幸对面也埋伏了学雷锋做好事的同学，那，老奶奶不免还得给架过来！

老奶奶惊慌不已，天哪，这是谁家的孩子啊？这么抽风！

同学骄傲地回答，我们是雷锋叔叔的孩子。

雷锋叔叔地下有知，也许会气愤地说：天哪！我不认识他们！

真是处境尴尬啊。政府先是热情号召，把大家都喊来了，却又随随便便就放弃了这批民间生力军，造成大量志愿者有心赴难，无处用武，陷入无人统领的状态，在灾区乱窜。阿亮和砚台只是其中百万分之二，凭着一股勇猛之气掺和了许多事情：摘木耳，送物资下乡，给灾区儿童送玩具送零食，帮老乡搭帐篷，做小工，还成功地打入了宗教组织，同性恋组织，还有若干流寇组织……虽然，是多么地不愿意承认，但又不得不承认，他们在灾区确实不怎么受欢迎。

4. 这腔热血要卖与识货的

难道是我们好得不够明显？

我们要重来一次——好到你心痛，善良到你感动！

一番休整之后，砚台又蠢蠢欲动，分析前段时间的赈灾节奏有点乱，没发挥出力量，毕竟灾区是真的需要帮助，还有那么多人在水深火热之中……

阿亮问："如果重来一次，我们应该怎么做？"

"如果重来一次，光我们两个人不行，应该招募天下好汉，成立咱们自己的队伍，轰轰烈烈干票大的！你知道人家为什么瞧不上我们吗？因为我们看起来太像流寇，一点都不牛逼！咱们得有组织，得有规则，最好能统一口号和制服……不，制服算了，旗帜也不要印了，不能整得太有势力，地震时期太敏感，容易被抓。反正，重要的是，我们得有理念，不然容易散盘，任何成功的组织都得有凝聚力，像真的一样……"太阳炽热，晒得山河恍惚，身后山体碎石倾泻，烟尘四起，砚台蹲在大石头上，顶着一块破纸板防晒，仰面对阿亮侃侃而谈。

"你到底是干嘛的？"阿亮问。

"以前，还是现在？以前就不说了，地震把我工作震没了。现在是一良家煮妇，目前主要工作是研究豆腐的七种做法，但那显然不是我的志向啊！俗话说，抗震救灾，匹女有责，哈哈。"

"我还以为你是一邪教的呢，你不是想造反吧？"阿亮饶有兴趣，立马来劲了，看来他确有此意。

"扯，我爱国跟爱他妈一样！怎么说呢，我只是表达一下，要以一种豪迈的方式去赈灾，懂吗？"

"不懂。"阿亮表情懵懵，一脸脑中风的痴呆。

"不懂？我开除你！"

"诶，别开除我哇，开除我，你就一个人了。你将豪迈实在一点我就懂了嘛，我告诉你哦，我这人最喜欢豪迈的，嘿嘿。"

"阿亮，如果继续做下去，近郊不行，这里是官方赈灾示范区，容不得我们这些山寨志愿者掺和。我们拉票人马去偏远的寨子，很多地方还没有志愿者进去过呢，政府救援也没到位，那样的地方才大有可为！"

"哈？这不就是占山为王吗？！"阿亮眼睛发亮，压制不住地兴奋："我告诉你一个秘密，这种想法我从八岁就有！"

"你做不做？"

"做！要做，就做大！"阿亮大声说。

"当然！"砚台压低嗓音以增加力度："成都附近灾区，救灾物资和志愿者都太过剩，灾民已经形成挑挑拣拣嫌贫爱富的心态，我们这腔热血，要给与识货的——去汶川吧！要帮就从最困难的同志帮起，拉票人马进山，去重灾区，做些实实在在的事，修房子，建学校，发动生产自救，重建灾后秩序，我要在山寨上组建个议会，在晒谷场召开第一届议员大会……咦？你别晃，晃得我眼花，啊？！"砚台瞬间从大石头上跳开，跑到数十米开外，山上大片泥沙倾泻。

阿亮跟后面喊："跑那么快干嘛，小地震，没事。"

砚台站住，惊魂未定而强行镇定，说："看到没有？看到没有？这绝对是一个吉兆！古人干大事都有天象显现！"

"不是遭天谴吧？"阿亮看看她，看看天，一脸狐疑："干嘛你话没说完就地震啊？"

"放屁！"砚台抬头看了看，刚蹲着的地方，落了几块石头，"嗯，动静确实大了点。"

"总之，不能乱来！要做，就要做大！"权衡片刻，砚台加重语气。

"对，要做，就做大！"阿亮也重复加重语气，沉默一会，他疑惑地问："怎么做？"

"嗯……第一步"砚台沉吟片刻，挠挠头，说："解决肚子问题，你去买酒，我去买菜，肚子饿的时候，不宜思考，想出来的尽是馊主意。哦，对了，AA制哈，大家都是志愿者，不要搞请吃请喝那一套哦。"

菜市场狼烟四起，人潮拥挤，砚台脑海里也挤满了人，干什么呢？干什么呢？

什邡那个哭泣的孩子让她印象深刻。他一直哭，一直哭，哭得浑然忘我，从来没见一个人可以哭那么久。那个下午，除了陪着他，砚台一筹莫展。他抽泣着说："他们都死了，埋到土里头，烂掉，长虫虫。"

地震的时候，同学们惊慌要逃，老师却命令大家安静，不要乱，蹲在桌下不要动。而这个孩子因为极度的惊吓促使他本能地要逃，他逃出去了，活下来了。他跑下楼梯的时候，回头望见楼瞬间倒塌，楼梯上奔逃的同学，像纸片一样飘了下来。他反复说："像纸片一样，飘下来，楼塌了，埋了，他们，都死了。"

他问砚台："人死了以后去哪里了？"砚台差点被他问哭了，真不知道啊。

如果重来一次，愿意为孩子做些事情，孩子的心纯净柔软，比起大人，灾难中的孩子更让人心疼。

酒足饭饱，砚台跟阿亮说："我们去办帐篷学校吧！"

阿亮有点失望，说："呃？这就是你说的大事？你刚才说得轰轰烈烈，要搞乡村建设运动，我感觉我们要上前线一样，结果是去带娃娃？那是你们女人爱干的事，我一大老爷们跟着掺和，一点都不豪迈，不符合我的调性！"

"扯淡，正因为不重视孩子，导致一代代成年人都很混蛋，跟你一样。"

"靠，我怎么混蛋了，我是热心奉献的志愿者好不好！你见过哪个混蛋这么有爱心的？"

"行，我们都不是混蛋，因为我们即将要开始一场伟大的事业了，对吧，哥们！来，握手言和。"砚台也转变的非常快，立即伸手示好。

阿亮很不情愿地伸手，嘟哝道："我还没答应你那个伟大的事业。"

砚台跟阿亮讲起那个哭泣的孩子，阿亮也有印象。砚台说："我讨厌那些成年人，当你真心付出时，他们会怀疑你动机不纯，当弄清楚你真没有别的目的，他们又会嘲笑你的傻。就算真的傻，且轮不到他们来嘲笑啊，对吧？有没有人性啊！人的善良是有限的，如果重来一次，我愿意为孩子做点事情。"

"砚台，其实那次遭抢我也很不爽的，怀疑我们那样做究竟值不值，那一瞬间觉得自己傻逼大了！"

"之所以想去办帐篷学校，因为孩子才是社会最宝贵的资源，幼童教育是乡村建设重要部分，智识启蒙重于物质救助。而且，大灾之后儿童更需要陪伴，让孩子在团体中分散对灾难的注意力——那位心理医生陈同志说的，你记得吧？总之，我觉得这是有意义的事！"

"扯到教育，这事我们能干的了吗？我觉得自己都没被教育好呢。"阿亮对这事很没把握。

"当然，你我都不是教育家，像晏阳初和陶行知那样的人物百年难出几位。但我们可以做些力所能及之事，可以把学校建立起来，招募有能力的人加入。"

"如果办帐篷学校，那办什么样的帐篷学校呢？"

"如果办帐篷学校，我要将这个学校设定成一个美好的游戏，游戏规则就是每个加入的人必须将自己最擅长的知识教给孩子，不分行业，不限形式，各尽所长自编课程，这门课程就像成年人送给孩子的一份成长礼物。我要收集许多人的好，放到帐篷学校来，这所学校就像聚宝盆一样，聚集最好的东西给孩子。你能想象这将会是怎样的一所帐篷学校吗？这样的学校会在灾区孩子中产生什么样的影响啊？"

"想象不出来，但听着挺牛逼的！"阿亮笑嘻嘻地回道。

"来来来，阿亮，我们不妨一起来想象一下：许多年后，孩子们长大了，还会想起 2008 年夏天，除了地震的阴霾，还有许多有趣的叔叔阿姨陪他们度过，艰难时期也留下很多快乐的回忆，学会许多不同课堂所教的本领。比如说，其中就有位叫阿亮的叔叔，他的乐观和勇气，激励他们在以后的生活中面对困难和挫伤时也不气馁，勇猛行动，说到底，还是人对人的影响更重要啊，你说，这样的事情，是不是比盖个房子摘几挂木耳更有意义呢？做这件事情，你会成为一群孩子成长过程中非常重要的人！而且，当你以自己的好去影响别人的时候，你也会受到正面的激励和影响，你在付出你的好，也会更加印证你的好，自己也会变得更好。而在此时伸出的援手，能帮助孩子们度过一段艰难时期，说不定，在将来别人需要帮助的时候，他们也会和我们一样伸出援手！事虽小，意义深远啊。"

阿亮深深吸了口气："这样说来，简直比赚钱都值！"

"那当然！如果我们在做一件真正的好事，那事情本身的过程就教人受益不尽！我们的帐篷小学就是灾区孩子的一座精神山寨，保护孩子免受伤害，生产知识和快乐。这将是地球上最好的小学校，你一定要相信我！"砚台激动得坐不住，绕着饭桌像演讲一般，大声向阿亮宣告她的设想。

"嚓！吹牛逼嘞？不过，我喜欢！嘿嘿。"阿亮脑袋随着砚台转来转去，眼睛亮闪闪。虽然帐篷学校还在嘴里冒烟，然而将来可能出现的成就感，已经在砚台和阿亮之间形成了一个巨大的光环，将两人笼罩其中，为此干了一杯又一杯酒。

只是阿亮不同意关于游戏的说法，将赈灾当玩游戏会触动许多人敏感的神经，叮嘱："可以干，但千万别说，会被人拍死的，最好严肃点。"

但砚台不认为地震时期做事，非得如丧考妣才符合调性。那时许多组织都有崇高癖，崇高与奉献成了约束参与者言行的武器，好处是便于管理，但设立太高的道德标准导致的另一个坏处是：志愿者们容易抑郁，震后抑郁症像传染病一样从老乡传到志愿者，志愿者和志愿者家属之间又相互交叉感染感染交叉……过分渲染负面情绪只会让人消沉，大灾之后自杀率高涨就是这样形成的，这是真的！砚台虽然经常扯淡，但是这个淡不是她扯的，是那位陈医生同志说的。

砚台说："游戏和孩子一样纯净，无关不敬，只和快乐相关，我宁愿带着孩子在灾难身边做游戏，也不愿假装悲壮。如果不相信生活可以向好的方向转变，就找不出继续下去的理由。再说了，草根组织很难靠纪律约束，让事情本身呈现出美好的意义，也许能让大家凝聚起来，发自内心地愿意去做这件事。事情没做之前都是幻想，将幻想变成现实，这不正是所有梦想都要为之付出努力的动力吗？"

阿亮频频点头，二人击掌为盟，结伴干这件伟大的事情。但接下来两人开始抢老大的位置了，阿亮说自己是个爷们儿，不能屈居女人之下，传出去没面子。砚台毫不退让，义正词严："这位好汉，论武功嘞，你就比我高那么一点点，论智商呢我就比你高那么一点点，如果我们是上山落草，做杀人越货的买卖，那你肯定是老大，但我们上山是办教育干文化，所以我做老大你做老二，就这么定了，休要再啰唆不爽利，事情还没做就跟我争名夺利？！这是做事的态度吗？唉？"阿亮无话可说。

聊完，酒也喝得差不多。阿亮说我们做的事情得需要个名目，类似某某组织之类的。砚台想了几分钟，有个什么开启窗户之类的印象在脑海里一闪，就随口说叫希望之窗吧。阿亮不同意，"希望，还窗户？太土了吧？"

"切！希望是个好东西，生活有希望才有动力，就这个！"砚台语气强势。

于是，希望之窗这个草根组织就诞生了。

战争年代，肯定也有许多这样的好儿女，喝完酒，一摔碗，说："我们上前线吧！"电视里经常看到，于是砚台也摔了个一次性的塑料杯："哥们，开干吧！人这一辈子没法做太多的事情，决定要做的，每一件都要尽力做得出色！"

砚台撤下酒菜，拿出茶具。阿亮惊讶，喝酒不挺尽兴吗？砚台一本正经："喝酒是助兴，喝茶是静心，接下来我们要干一番大事，光有激情是不够的，心静才有后力。"说完，慢悠悠地煮水，清洗茶具，手续繁多，阿亮见她神情越来越安静，自己心里也定了下来。砚台双手敬茶给阿亮，语气端正："阿亮，灾区辛苦，多多保重！我在成都必定尽力筹备物资和人手做好后援！"阿亮也双手接过茶碗，想说点什么，却组织不好语句，简单地道："砚台，我们的帐篷学校一定是最好的！"一仰脖子像喝酒一样饮干。

由此，两人开始分工行动，阿亮负责开拓，去灾区"踩点"开展帐篷学校工作，砚台留在成都，负责招募志愿者和筹集小学物资经费。

阿亮背起巨大的登山包去灾区，砚台送他出发，天才刚蒙蒙亮，两人像革命同志一样，相互鼓励了几句，砚台挥挥手道别，煽情地道："阿亮你大胆地往前走，莫回头！"

阿亮也挥挥手，很务实地说："砚台，你尽快派人来接应啊，我一个人可忽悠不来！"

阿亮背着巨大的登山包消失在路尽头，清晨的曙光正慢慢越过地平线，光芒万丈，刺得人睁不开眼。

5. 从二百五开始

阿亮出发后，砚台开始想办法募捐，究竟，在哪里可以募到钱呢？

先将认识的人搜寻一遍，好像没有富到值得下手的地步。又去网上收索明星、富豪榜，筛选出一批名单，挨个写邮件募捐，将这个轰轰烈烈的小学堂设想告知对方，其中也不妨加入大量的文学修辞手法和必要的夸张，并附上银行账号。

竟然，没有一个人回复她！

发出 176 封邮件，每小时登陆邮箱检查一遍，除了地址错误系统回复的邮件，没有人回复。担心邮箱有问题，换个邮箱给自己发邮件看能不能收到，排除了邮箱故障，又试着百度自己的名字，没出现"根据相关法律、法规，部分搜索结果未予显示"，说明不是敏感词没被屏蔽嘛，难道这些有钱人私下商量过了，一个都不搭理她？这没有道理啊！每天打开电视都看到他们活跃在各种慈善捐赠晚会上，出手豪绰。

但整整三天，一封回复都没有。砚台开始意识到这事比她想象的要难，信心严重受挫，一想到跟阿亮吹的牛，不禁愁眉苦脸。转而向国外的富豪募捐，但外国人名字都很复杂，晓得的不多，只给微软的比尔·盖茨和股神巴菲特写过信，但这两暴有钱的家伙也没有回复，也许是因为不认识中文？显然他们也与一场快乐的慈善活动失之交臂了。砚台想，我能做的也只有这么多了，不要怪我没有通知你们参加我们的行动，奶奶的！

网络上的有钱人不鸟她，她决定去现实中讨教，但她的现实就是离现实中的有钱人太远。

砚台思谋一番，决定去找大老游帮忙，其实也不熟，砚台跟他的关系类似于某个公司客户的小学同学的朋友，一起吃过饭，关系有点远，但是她在这个城市里唯一可以拉扯上点关系的人。

大老游是做策展的，事业有成，胖得很忧伤，为了控制体形，他基本吃素，还念经。

砚台觉得他的工作性质和她要做的帐篷学校差不多：整个名目出来，赋予其意义，立项，拉赞助，再将项目具体呈现出来。如此，向他请教如何拉赞助。

大老游不同意她的归类，说："二者流程相似，但本质决然不同，我做的每个展览都是有商业价值的，赞助商会从中获得利益回报，贯穿的是经济利益，压根不是艺术，更不是什么爱心和感动，那些不值钱。"

"感动为什么不是价值？"砚台有点不高兴。

"哈哈，我告诉你，有钱人每天一睁开眼，身边就围绕着各种想替他花钱的人，别提什么让他感动就掏钱，感动在他们眼里很廉价的。而且，这些人也不容易感动，一定要感动的话，他们也不会为人民感动，只会为人民币感动。"

"可是电视上还是有好多富豪捐款赈灾来着，也不能一棍子打翻全部人。"

"是啊，人家就愿意在电视上捐款，那钱扔出去有响声，捐给你有什么用？能上央视吗？再说了，人家凭什么相信你？你还什么都没做，光提个想法，就让人给你钱去实现？人家还怕你拿了钱就跑了呢。趁着地震，社会上骗捐的人大把！"大老游闲闲地转着笔，语气轻松。

砚台很气愤："我才不是那种人！"

"是啊，也许不是。但谁知道呢？你怎么让人家相信你呢？你还啥都没做呢！"

这事忽然陷入了先有鸡还是先有蛋的悖论之中，募捐不到钱就没法办帐篷学校，学校没办起来人家又不相信，不会给她钱。砚台完全没想到这些，一时有点发愣。

大老游又说："我告诉你吧，现在募捐，比刚地震那会可难多了！汶川地震震动全国，但激情也容易过去，愿意捐的早都捐过了，很多人还不止捐一次，我家就捐了好几轮。我个人是第一时间就捐了钱和物资，娃娃回来说老师号召学生们捐零花钱赈灾，又捐一轮，我老婆的单位是直接从工资里扣钱捐款，小区物管会又上门来募捐一轮……现在听到捐款都麻木了，刚开始还是自愿，一而再地被捐款，是被慈善胁迫了，那么多民众捐款，资金流向哪里去了，咋个用的？新闻里讲红十字会一顶救灾帐篷一万三，哪个帐篷那么贵嘛？镶金顶的？中国做慈善水深得很，不要掺和为好。"

见砚台沉默，大老游以为她被说服了，又劝道："还是现实一点吧，赶紧去找份工作，别忘了你自己还是个灾民呢。对了，你这种外地来川的还不在救助政策之内呢！"

"你愿意帮我就帮，不想帮也不要教育我啊，讲再多道理我都不会觉得你不帮我是真心为我好！"

"你怎么那么天真呢？爱心能当饭吃吗？"

"别什么都扯上能不能当饭吃好不好？爱心不能当饭吃，所以不重要，感动不能当饭吃，所以不重要，吃吃吃，难道是猪吗？"

大老游看砚台急眼了，反而乐了："哈哈，我是猪，说真的，我饿了，请你吃饭吧。"

见砚台不吭声，他又说："喂，你这不是猪的家伙，肚子饿不饿？"

砚台很沮丧，摇摇头，说："我哥们都已经去灾区了，要是我筹不到款，他就搁浅了，这事还是我忽悠他干的呢。这样吧，吃饭的事情先放一放，你把请吃的钱捐了吧，要不，看在我们这么熟的分上，我给你打个折好了。"说完，砚台自己也惭愧得不敢抬头。

大老游看看砚台，勉强一笑："呵呵，还是来募捐的哈？"掏出三百块扔桌上，"看在我们这么熟的分上，不用打折了，都拿去吧。"砚台脸上火辣辣的，勉强坚持原则找还五十给他，掩面而逃。

怀揣二百五走在成都的街头，有点高兴，有点黯然，这是办帐篷学校起家的第一笔资金，相当于乞讨所得。大老游为人性格分明，行事理性，说话虽然总是那么要命，让人听着脸上红一阵白一阵，但仍不失为一个可做朋友的人。这样强捐，以后难做朋友了。

砚台也发现，朋友即使不理解这事，但他们却是最有可能伸出援手的人。可是，能因为自己心中那些模糊而热切的希望，将压力转嫁于那些无辜的朋友们吗？她不敢下手，也拉不下这个脸去开口。

攥着钱，砚台决定在做这件事情的整个过程中都不要再见大老游，免得受打击。咦？为什么是二百五？这数字好像不大吉利？！

6. 姑娘，你就从了吧

几天后，阿亮打电话过来，说到了一个叫沐水村的地方，踩点后打算在这个地方办帐篷学校。这村子在大山里，道路不通，也没手机信号，他爬到山顶专程给砚台打电话要人。

砚台在电话里豪迈地说："没问题，马上派人来，物资一起送过来。"放下电话就开始犯愁，当时身边只有张莉一头，但张莉不愿意掺和她的帐篷学校。

张莉是砚台招过来的第一个志愿者。她得知汶川大地震的消息就毅然辞职了，报名参加中国社科院某心理机构的培训，准备去做志愿者，但临行前因母亲忽然生病未能和大家一起出发。等她安排好母亲入院准备出发时，那批社科院的志愿者已集体撤回，行动取消，速度之快让人有种错觉——这群人像专门去灾区吃了个晚饭就回来了。那群志愿者不知经历过什么，只告诉张莉灾区不是想的那样，别问为什么，千万不要去，去了准后悔。

张莉这人犟得很，还是要去灾区，自己上网找招募帖，恰好看到砚台早前发布寻找心理志愿者的帖子。当时各种招募帖求助帖的铺天盖地，她看到的是砚台半月前发的一个帖子。有千万种可能，导致她们不相识，但她们在千万分之一的机会下认识了。那篇帖子招募到了陈家斌医生，砚台在帖子后面回复了问题已解决，但急性子的张莉只看了帖子的标题，就将自己像个炮弹一样从山西发射到了四川——凌晨四点多，落在成都合江亭，砚台家门口。

曙光微熹中，砚台看到一位二十多岁的姑娘，扎着马尾辫，一身黑衣黑裤，行李只是一只双肩小背包，包里大概只能放只西瓜，一副轻装上阵的架势。冲砚台鞠了个躬，说："我是张莉，前来报到。"

看砚台没反应过来，提醒她："我在火车上给你打过电话的，你是砚台吧？"

砚台点点头，让她进门，被她那个郑重其事的鞠躬整得有点懵，她要再加句请多多关照，砚台就立马怀疑她是个小鬼子。

就着灯光打量她，黑黑面皮，几粒雀斑若隐若现，脖子细长，细眉细眼，不算漂亮，穿着也很朴素。这可是砚台招来的第一个志愿者，有种从此就是我的人的感觉，这姑娘精巴干瘦，不知道能不能吃苦，砚台一边打量一边思忖着，就差没掰开牙齿看看岁口了。张莉在砚台的注视下非常安静，神情坦然，丝毫没有面对陌生人的那种拘谨，但也绝对说不上亲和，这姑娘有种浑然物外的气质。

"为啥来做志愿者呢？"砚台发现自己不开口，对方就能一直沉静下去，只好胡乱找个话题聊着。

"我找不到男朋友，父母老是催，压力太大，就跑出来做志愿者了。"

晕！这是跟陌生人聊天的节奏吗？砚台惊了一下，看看她，倒是没一点扭捏或局促。这姑娘可真实在啊！

"你多大了？"

"二十五。"

"那不用这么急吧？"

"急！"张莉老老实实地点头，"爸妈让我国庆节一定带男朋友回家，现在都五月份了。"

"这又不是国庆献礼工程，是吧，哪能限时完成啊！"砚台乐了。

张莉一点都没觉得可乐，认真地道："话虽如此，心理压力还是挺大的。"

砚台坏笑，说："要不，到时候拿个大棒子上街，见男的一棒子抡翻，麻袋一装扛回山西去得了。"

"这？不好吧？俗话说捆绑不成夫妻呀！"张莉一板一眼，好像没听出这是句玩笑话。这姑娘一点都不幽默。

"嗯，不好。"砚台只好放弃扯淡，跟她谈帐篷学校的事情。

没想到，这招募来的唯一一名志愿者，还不服从分配，她拒绝做老师，申明自己来四川是做灾后心理干预资料的收集工作，之前接受培训也是这个目的，说："这么大的灾难，大家都没经验，来灾区做不了一线心理志愿者的工作，就尽可能多做辅助工作，收集资料做心理分析量表，如果以后再有灾难发生，专家能根据这些量表快速制定心理救援方案。"声音很温和，却透着坚定。

这个砚台就不懂了，心理救援还能批量制定？跟杀毒软件一样？但管她呢，谁叫她来晚了，早来就能做心理医生，现在形势变了，只能做老师了。
砚台打定主意，无论如何不能放过张莉，必须把她弄到沐水村去支援阿亮。

张莉也很犟，申明自己对老师很恐惧，中学时老师一巴掌差点把她耳朵
打聋，有了心理阴影，对学校很厌恶，杀了她都不肯做老师，打死不干……
这话说的！砚台只是想让她去支教而已，打她干嘛啊？不用有这个误会啊。
反正不管张莉说什么，砚台都绝不会放过她的，气沉丹田，对张莉进行轻言
细语的说服。人并非不能改变意愿，只是需要改变的理由而已。

首先得纠正她对帐篷学校的误解，希望之窗帐篷学校和制度下的教育不
是一回事。砚台坦白告诉张莉，她也厌恶中国的学校，小学时代，不分科目
的老师都曾在她头上敲下形状大小不一的包，除了体罚，还有精神虐待，作
为坏学生的榜样被老师罚站示众，警示其他同学不要和她玩。和张莉回忆起
各自的学生时代，那是一条荆棘密布的羊肠小道，满是狗屎。在这条满是狗
屎的小路上，两人并肩彻夜长谈……友谊也在八卦中突飞猛进，发现两人都
以退学这一相同的方式脱离了学校教育，砚台的最高文凭是初中毕业证——
还没拿到手，张莉在一所叫南开的大学读到大二，终于还是退学了。

张莉生长于极传统的家庭，其父是书法家，可以说是这个时代罕有的受
到正统儒家教育的女孩子。朴素得有点迂，性格极其认真，那种真，与周遭
社会格格不入。行事严谨有序，拈根针都如泰山压顶，旁人看她直觉吃力，
她自己倒是浑然不觉，心思正正，按部就班。

张莉说："一直觉得老师是很崇高的职业，不能随便当，当不好就是作
恶，对身体的伤害还会恢复，而对思想的伤害会害人一辈子。"

"不过，我们这个帐篷学校只是陪孩子们度过一段时间，是陪伴不是教
育，放下负担吧，每个人都有自己擅长的能力，如能在陪伴中将这些教给孩
子就足够了。"砚台将之前和阿亮商量的也跟张莉详细说一遍。

张莉很茫然，不知道自己最擅长什么，没有特别的优点，也没有特别的
缺点，要说值得拿出来教给孩子的，忽然觉得样样都不够格。

扯了一晚上，砚台也有点泄气，怎么会不知道呢？一个人多少总有点值

得骄傲的品质和特长吧，长这么大，难道乱长的吗？但后来招募志愿者的时候，发现他们都打死不说自己有何擅长的，好像透露出来就会被当场打死。可能，有时候人拒绝去承担一些职务，并非真的厌恶不想干，更不是谦虚，而是担心干不好，总想准备好一切才开始。

"张莉，你为人朴素，行事严谨，待人端正有礼，如果能以此影响孩子们，哪怕一点点，也是参与的价值，勿以事小而不为！而且，你也会因为这段时间更加了解自己，了解自己——这恰恰是最值得一个人花时间的事情，于人于己都有利无害，为何不尝试一下呢？"

张莉终于答应试试看，但她是个非常严谨的人，仅仅如此鼓励是不够的，她要砚台给她列出实际工作内容，做事步骤，包括安保措施……说实话，砚台还没想到这么细致的步骤呢，只好跟张莉老实交代，她也不知道怎么做，只是这样想着，觉得很好，就想试试，愿意入伙，就一起做。都是第一次做志愿者，等发现问题再去解决问题吧，真解决不了，也没什么，办不成也不至于被抓去坐牢，对吧。

忽然想起阿亮，跟张莉说："对了，我们沐水村有个志愿者叫阿亮，长得挺帅，也是单身，他父母也在催他结婚呢，跟你差不多。"砚台一脸坏笑，冲张莉挤眉弄眼，说："哎呀，没准你赈灾结束就能携婿回山西见父母了！"张莉疑惑地望着砚台，砚台一本正经地点点头。反正，砚台得造成一种印象，张莉如果不入伙，那她的损失就太大了，比地震还大。

张莉没接话茬，从包里掏出一沓心理干预调查量表，建议砚台做下心理测试。她怀疑砚台有震后抑郁症，据说过度热情的表现也是抑郁症的一种。

砚台拍开她递过来的表格，"我这种泼皮都得抑郁症的话，全四川就没几个正常人啦！"一把握住张莉的手，使劲摇晃，说："张老师，欢迎你成为希望之窗一员！"张莉不太适应这种热情的方式，很被动，小声反抗，"我不当老师，老师我不够资格，我只去帐篷学校做个阿姨，陪孩子们一段时间，等你们招到人手后我就去做我的事情。"

"可以！张阿姨。"砚台一口答应，叫啥不重要，只要去做事就行。也正是因为张莉的坚持，帐篷学校后来没有老师这个称呼，一律称呼叔叔阿姨。

至此，希望之窗有一位患有山寨狂想症的砚台，再加上一位清教徒张莉，还有位号称一狠心拒绝了全世界的妖精将深情独献灾区的阿亮，俗话说三个臭皮匠臭死诸葛亮，何况还有二百五十块，不得不说，希望之窗的赈灾事业，令人欣喜地推进了一大步。

7. 鸡也有了蛋也生了

清早，砚台带上唯一的志愿者和二百五十块钱，去成都的荷花池头批发市场买文具。

张莉开了张教学清单，砚台按单先跟张莉还一次价，划掉一些，答应筹到下笔款再给她补齐，然后再准备跟批发市场的老板们还一次价，只有这二百五，多了没有。那时定了一个做事的原则，志愿者尽量不要往赈灾物资上贴钱，仅限出力出时间。志愿者的钱要尽可能地支撑自己赈灾期间的生活费，以期坚持得久一点。

以后会经常来这里购买物资，两人先将整个市场走一遍，比较价格和品类，做记录，下次来就能节省时间。踩点时，有位中年男人很注意这两位姑娘，几次走近，听她们跟批发部老板聊天。那人胳膊上搭着件外套，这么热的天气，他竟然带外套出来，不正常，以砚台的江湖经验推测，这人说不定也在踩点。拉了张莉一把，提醒她小心，别让那个人靠近。张莉很慌张，她一慌张就死盯着那个人。砚台掐她都不行，她遏制不住地要看，眼神盯在人家脸上，好像打算在人脸上辨认出"小偷"二字。

有位刘老板，老婆是北川人，娘家十八口人，只活了她一个人。听说是在灾区办帐篷学校，非常热心，愿意以进价卖给她们文具，不赚钱。砚台告诉他第一期筹到的资金只有这二百五十块钱，需要单子上的东西，请他帮忙搭配。他一口答应，就这二百五，文具全给配齐。

还告诉砚台荷花池头有赈灾委员会，之前给灾区捐过许多物资，建议她也去找找他们，下次购买量大的话，不仅折扣大，还能免费托运到灾区，只要车能通的地方，他们都有办法运到。喊他老婆帮忙配货，留下张莉店里帮忙打包，他带砚台去找委员会的人。

　　赈灾委员会有位姓李的大哥，恰好是汶川人，听说砚台计划还要在汶川办帐篷学校非常感动，代表他家乡感谢砚台，那么诚恳隆重，砚台顿时不好意思，只好坦白说还没办起来，正在筹备，将状况一讲，对方很支持，说会尽力帮助，为家乡儿童出一份力，下次有需要购买物资就给他打电话。

　　回到店里，物资已经打包好，张莉一见砚台就慌里慌张地说："砚台，刚那个人不是小偷！"

　　"啊？！"砚台倒抽了一口凉气，她不是采访人家了吧？

　　张莉指了指地上一大堆物资，说："那个人买的，他刚过来问我们是不是志愿者，要去灾区的。我说是的，他就问我要单子，把你划掉的那些全部给补齐了。"

　　"人呢？"

　　"走了。"

　　"叫什么。"

　　"不知道，他不说。"

　　看着地上的物资，这不是做梦吧？伸手就掐了下张莉，听她嗷了一嗓子，才确定是真的。

　　嘿嘿，这也太神奇了吧？拉着张莉又跳又笑，开心极了，瞬间就对帐篷学校充满信心，才一天工夫，鸡也有了蛋也生了。

　　晚上回家，砚台翻出个巨大的登山包献给张莉，整理带去灾区的物资，得意地指着包说："Northface 喔，牌子货！献给希望之窗第一员干将！"又找出帐篷睡袋防潮垫一应物事，说："这个也献给你的，好贵的喔，你不可私逃去旅行哈，要好好带孩子们喔。"张莉不以为然："要这个干嘛，又不露营。"

　　砚台深藏不露："嘿嘿，带上防身嘛，万一，是吧？"

　　张莉有点怀疑："你们组织有地方住的吧？"

　　"当然有！我们在灾区多受欢迎的，老乡自己不住也要让我们住呢，太感动了，我们一定要好好做事啊！"

　　张莉也感动了："那多不好意思啊，我们是去赈灾的，咋能反而麻烦老乡呢！"

砚台翻着新买的本子，满怀憧憬问张莉："你说，孩子们会在这些本子上记下什么呢？"

张莉很认真地想了想，说："应该，是一段生活吧？"

"就这？"

"那，还能是啥？"

"好吧，你太没有想象力了，活人活的都是生活。"砚台颇感扫兴。

"那你说是啥？"

砚台瞪大眼睛想了半天，也没想出啥有格调的格言来表达，只好点头同意："好吧，那还是一段生活，但我觉得这段生活肯定很不一样吧。"脑海里有个念头一闪，抽出两本，一本自己留下，一本给张莉，说："我有个预感，这一定是段非常特别的经历，一起将它记录下来吧，以后交换着看。"

后来，每个加入的志愿者，砚台都要求他们做工作记录，成了希望之窗的第二个游戏规则。而这些被记录下来的经历，正是这本书的原素材。

第二天清晨，送张莉出门，砚台拿出一张去沐水村的手绘地图，和一瓶醋。过去秦朝有"陷阵之士"，上阵之前酒必足。张莉是希望之窗的第一名"陷阵之士"，但她不喝酒，就给她喝醋好了。山西人爱吃醋，国人皆知。张莉忍不住笑倒。砚台郑重鼓励："无论你做得怎么样，我都会支持你，我信任你的品格和能力！"

事实证明，张莉确实是最棒的志愿者，她正直朴素，使命必达，后来成为帐篷学校的灵魂人物。有人用语言去感染别人，张莉则是以行动去影响大家的人，修身律己到极其苛刻的地步。她的坚忍甚至偏执，成就了希望之窗后来所有的帐篷学校。

第二场

8. 水利派和教育派

这扇希望的窗户，在想象中闪着金光冒着热气，实际做起来却撒气透风，漏洞百出。首先是办错了地方，然后经历内讧—分裂—孤立—毁灭—驱逐—重建……困窘不堪。然而已经开始，作为成年人，得为自己吹过的牛负责，不是吗？

希望之窗的第一所帐篷学校并不在计划中的汶川，而是在去汶川的半路上。

都汶公路断了，阿亮计划从江油绕道平武进汶川，半路又得知汶川封锁了，进不去。为预防灾后可能出现的大规模瘟疫，加上预报近期可能有6~7级的余震，除了疾控人员和专业救援队，普通志愿者不准进去，各个路口都有检查站。

正路进不去，阿亮就打算翻山走小路，却误打误撞到了一个叫沐水村的地方，发现这里条件艰苦，信息闭塞，还没有志愿者进去过，就停下来走访受灾状况。

沐水村属于江油市敬元乡，是江油市最偏远的自然村，全村1300多人，沐水村民去乡上要走三四个小时的山路，村里的一些老年人因此从来没有出过沐水村。沐水村距离青川一山之隔，地震引起山体滑坡，村里90%以上的房屋倒塌，沐水村小学也成废墟。由于道路垮塌，震后第五天，政府才来人看了一下，这里没有救灾物资，没有药品，没有帐篷，没有电，没有干净水源，村民全住在自己搭建的棚户中。

村庄四周群山环绕，竹林溪流纵横，水源充足，沐水这个村名也因此而来。但震后水源一夜间都枯竭了，全村只剩下一个饮水点，还是从远处山上接下来的泉水，水流很小，每天排队打水的队伍几百米，全村人取完生活用水要三四个小时。震后家家都忙着重建，小学依然是废墟，复课遥遥无期。

阿亮跟砚台联系，商量先在这里待下来，看能否办帐篷学校，等汶川通路之后再做打算。

希望之窗的第一所帐篷学校，就这样从沐水村开始了。

坦白说，希望之窗的第一批志愿者是一群乌合之众。

其中一对陕西的胡姓夫妇是中学教师，在什邡摘木耳的队伍中结识，略有交情。阿亮对办学校干劲十足，但对教学没什么信心，急于砚台一时招募不到人手，特地游说胡老师夫妇入伙。胡老师虽有志奉献灾区教育事业，但听说沐水村偏僻艰苦，路途遥远，临行前忽然不放心，又叫上了在火车上认识的志愿者老何，而老何在成都有个女网友，此行跟家里说去赈灾，实际是约会，于是又夹带了这名难舍难分的女网友，这女网友又捎上了自己的小学同学，小学同学又扯上了她的同事，一起去玩玩……这关系梳理起来让人头皮发麻。

这一行六人组成了个相互关系不大的队伍奔赴江油跟阿亮接头，由阿亮率队前往沐水村办学。

那天，沐水村民看到一群外乡人，挂着登山杖，背着登山包，包上还插着五星红旗，嘴里唱着歌，意气风发地从山上蹿下来。这是震后第一批进入沐水村的志愿者，引起许多村民围观。

　　大家放下背包就迫不及待地向围观的村民宣告："他们要免费为村里办一所帐篷学校，让老乡回家动员孩子来上学，受灾也不能耽误了孩子的学习，唯有教育是乡村复兴的希望……"老乡们很感动。

　　不料，两小时后，这群志愿者又改变了主意，胡老师再次向村民宣布："不办帐篷学校了，准备为这个村里解决吃水的问题，要建一所自来水厂，让家家户户通自来水，毕竟，民生比教育更重要……"新来的志愿者仅仅跟着阿亮在沐水村转了一圈，看到村民排队打水，扁担铁桶排老长，就得出一个结论：沐水村当下最需要的不是教育，而是吃水，这才是造福一方老百姓最实际的事。

　　还没搞清这群外乡人的来历，好消息就在村里传开了，这是震后以来，沐水村少有激动人心的时刻，许多闻讯而来的村民包围了烧火棚，表达感谢之情，显然，这比办帐篷学校更受老乡们的欢迎。获得如此追捧，志愿者们也扬扬得意。

　　阿亮跟着起了一会儿哄，忽然冷静下来，觉得不对劲，大方向偏了嘛！于是反对："弟兄们，冷静一下，我们来这可是办帐篷学校的！"

　　但来自陕北干旱地带的胡老师，对解决农村吃水问题怀有巨大热情，远超对自己本行工作的热爱。胡老师说："生存的基本问题都解决不了，还谈什么教育？既然千辛万苦来到了灾区，就应该做更大的事情，这样才能显示志愿者的价值，要将有限的服务时间投入到更能造福一方百姓的工作中去……"胡老师一番颇具煽动性的提议，加上村民的热捧，迅速让他成为了这群乌合之众的新头领。

　　在沐水村的烧饭棚子里，希望之窗的第一批志愿者展开了一场辩论大会：改善村民生活和教育究竟哪个更紧迫？哪个更重要？

　　从下午吵到太阳落山，两派的理由都很强大，谁也说服不了谁。尤其老何，以前在农村修过干渠，教书他不会，但搞水利他有发言权，颇有在女网友面前大显身手的架势。直接提出，如果阿亮不同意，他们就自己干了！这是赤裸裸地要造反啊，阿亮气得发抖。

　　围观的村民被他们吵得眼花缭乱，心潮时起时落，难以平息。天都黑了，平日这时间，村民已经吃过晚饭了，今天因为列席志愿者们的赈灾会议，作息规律都被改变了。在志愿者们争执不下的时候，各个土灶开始生火做饭。

烧火棚子里烟熏火燎，志愿者们抹着眼泪，继续争论，紧接着饭香撩人，大家纷纷都有点顶不住了，但争端还未解决，为免分心，胡老师提议挪到旁边菜地继续开会。直到月亮起山，露水满头，饿到力竭的志愿者们才纷纷停下了争执，这才忽然想起晚饭还没着落呢，还有，晚上住哪？

胡老师见大家饿得眼眶发黑，提议去找村里的领导，咱们可是为村里干大事的，能不经过村里领导吗？于是大家决定去听听领导的意见。

在老书记家，志愿者们畅谈服务灾区的计划，气氛热烈。老书记也非常激动，一激动就拿出了珍藏的腊肉和苞谷烧酒招待志愿者。胡老师一见老书记如此真情实意，也说出掏心窝子的话："我上面有人！"阿亮在一旁被他们你来我往搞得眼花缭乱，莫名其妙地抬头望望屋顶。但老书记悟到了，很激动，站起来敬酒："天灾无情人有情，我代表我们沐水村的父老乡亲感谢你们！谢谢你们在我们最需要、最困难的时刻，伸出你们的双手来关心、帮助我们！我们沐水村地方偏僻，救援到不了我们这里，地震后都是靠我们自己去刨，去挖……"说到伤心处，老书记言近哽咽。

胡老师起身代表志愿者们向老书记表决心，一定会帮沐水村解决吃水问题，请老书记放心。

那一夜，酒好人好，宾主皆欢，畅谈新沐水村发展前景，甚至可以开发旅游资源，这里山水风景好得很，可以组织旅游团来旅游，增加村里副业收入……

变故来得太突然，阿亮有点晕。没想到带来的第一批志愿者瞬间就改变了工作方向，还把气氛煽动得这么热烈，这对夫妻忽然成了这群志愿者的新队长，阿亮还没反应过来就被夺了权，没他说话的分儿。

抵达沐水村的第一天，希望之窗的志愿者就分裂成了两派：水利派和教育派。水利派七人，教育派一人。然而，少数坚决不服从多数，阿亮坚持要办帐篷学校，于是他被大多数给踢出队伍了。

村里对这批外来的志愿者寄予很大希望，他们走访考察期间，所到之处村民都感激拥护，几名志愿者每天以巡山的架势转来转去，指指点点大有猛干一场的架势，村领导更是鞍前马后地陪同，水利派在村里结下了深厚的官民基础。

显然，与户户通自来水相比，教育显得虚了点，毕竟不像自来水管子那样实在。村民偏向建自来水厂，阿亮也能理解，但凭这么几个人拿什么建？这群人可能自己家里水管爆裂都束手无策，还建自来水厂？吹牛逼谁不会啊，难的是为自己吹过的牛负责。尤其在灾区，你怎能给这些家园尽毁的人一个希望，然后再让人家失望？阿亮感到很焦虑，这群人是他带进来的，他自觉要承担责任，追着要求他们服从安排，试图以组织纪律来约束他们。那帮家伙也很干脆，立即宣布脱离希望之窗，你们本来就不是什么正规组织，干嘛非得听你的领导？合得来就一起干，合不来就拆伙，不就一草根组织么，我们自己成立一个。

阿亮气得差点吐血，说："你们是我带进来的，我有责任。你们不服从领导就不要在这里待！"

"嗬？抢地盘嘞？沐水村不是你家的吧？你又不是村长！有什么权利要我们离开？再说了，村里都支持我们，根本不欢迎你来办什么帐篷学校，要走也是你走！我们还没赶你走呢，你倒来赶我们了！"那群志愿者底气十足。

阿亮去找老书记，老书记很为难，也不想得罪阿亮，但他更希望改善沐水村的状况，让村民稍微过得好一点。沐水村本来就穷，地震更是让这个贫瘠的小山村雪上加霜，近乎赤地。即使这群志愿者看起来很年青，老书记也对他们抱有很多希望，自然倾向于那群"上面有人"的志愿者。

话说回来，建自来水厂和办帐篷学校，两者并不冲突，都是对沐水村有利的，可奇怪的是，仿佛必须设立一个对立面，才能显示出村里对水利派的紧密合作与支持。水利派认为阿亮阻碍他们的工作，于是村里也希望阿亮离开沐水村，去别处办帐篷学校。

在沐水村这场"斗争"中，阿亮不仅彻底落败，还要被驱逐。这是个教训：世上的事情就怕结盟！

水利派在沐水村考察了几天，准备回城市募集资金来办自来水厂，走的时候，村里热情相送。

胡老师他们给村民心中留下了一副震后新农村的蓝图，再也没有回来。

但水利派的言而无信，却给阿亮后来在沐水村办帐篷学校埋下了许多隐患，村民把对他们的失望转到了阿亮身上，对他不信任，戒备，甚至敌视。就像一个女人失恋了，会在一段时间认为天下没一个好男人，村民也这么怀疑着：天下没一个靠谱的志愿者！

几天后又来了位志愿者医生，之前约好做帐篷学校的校医，他的到来让阿亮非常感动。但是，医生很快也变卦了，发现这里不像阿亮说的那么顺利，村里不仅不欢迎还很有敌意，就劝阿亮放弃沐水村跟他去茂县，茂县有认识的医护组织，很受当地欢迎，不如大家合并，让砚台在成都募集医疗物资，别搞什么帐篷学校了。

忽然又分裂成教育派和医疗派，阿亮差点没一口血喷出来，然后医生也决然地走了。

阿亮很灰心，一个人躺在烧火棚子里昏睡过去，半夜醒来，一轮明晃晃的月亮挂在天空，照得山林如白昼一样，起身将裤腿扎严实，带根棍子去爬山，山顶有信号，给砚台打电话要人。

砚台问："你带去的人呢？"

阿亮说："都叛变了，剩老子一人了。"

"啥？这么不讲义气的？！"

"这群混蛋，把老子一个人撂这儿了。"阿亮很悲愤。

"他妈的！想来就来，想走就走？"砚台大怒，转而又安慰阿亮："别急，我这里招募了一员干将，以一当十，马上给你派过去！"

"才一个啊？男的女的？"

"你可以把她当十个人来用，绝对纯爷们！"

9. 你怎么是个女的？

砚台按照阿亮提供的信息给张莉画了张地图，张莉颠过来倒过去地看了又看，问："怎么没有标上方向？我是往南还是往北？"砚台比她还惊讶："啊？方向还要标上去的？你按上北下南左西右东分析分析就懂了，学过地理不？"张莉见砚台这么有理有据，只好点点头。

那是地震刚过去未多久的夏天，沿途密密匝匝都是救灾帐篷，有人打麻将，有人在废墟上捡拾旧家什，有人坐路边看赈灾车辆飞驰而过……萧条茫然的 2008 年夏天。砚台留在成都募集办学物资，张莉攥着那张方向不明的地图奔赴灾区和阿亮会合。

张莉到江油后没有直接到敬元的车了，辗转到了马角镇，已是下午五点。

马角镇所有的建筑都塌完了，全是废墟，只有一个高铁架没塌，非常突兀，成了马角镇震后新地标，擎天柱一样直戳天空。地震后的天空总是发黄阴霾，沉沉地悬在头顶，闷热难当，空气里飘着有一种奇异而暖烘烘的恶臭，让人中毒似的手脚乏力，头晕想吐。也许是饿的，坐了一天的车只吃了一顿早饭，饥肠辘辘。小镇非常萧条，从镇头走到镇尾都买不到东西吃，人们脸上神情漠然得很。张莉把地图拿出来，他们看不懂，问路，老乡的方言张莉又听不懂。一路都没联系上阿亮，联系到砚台，砚台安慰她不要着急，地震时期电话打不通是常有的，让张莉按计划去敬元，到了再想办法打听阿亮的下落，和他会合。

张莉只好振作起来，找去敬元的车，车主说前面塌方了，路不好走，今天去不了，建议张莉找个地方住一晚，明天再去敬元。但这里连饭都买不到，更没有旅馆。

幸好后来又陆续来了些老乡，都是要去敬元的，见人多，车主决定冒险跑一趟。大家一哄而上，将车塞得满满当当。那时人总有一种奇怪的恐慌，生怕跟不上众人，每趟车都好像是最后一趟，张莉也拼命往车上挤。

中巴车摇摇晃晃走在破碎的公路上，超载的人群挤在一起，发出浓重的汗馊味，人们这种恶浊的空气里，熏得昏昏欲睡。忽然一声巨响，中巴车一头扎向路边，满车人惊慌大叫。是山上滚石头下来了，砸在车头上。接着许多碎石像下雨一样，砸在车上嘭嘭作响，玻璃碴四溅。车上忽然又出奇得安静，再也没人喊叫，仿佛喊声能引来落石，大家抱着头尽量将身体蜷缩在座位边。

直到塌方停止，周遭陷入寂静，大家才仿若梦中初醒，一位大婶才发现自己受伤了，脸上被飞溅的玻璃片划了一道，鲜血淋漓，顺脖颈而下。大婶不禁悲从中来，号啕大哭。车主痛惜损失，骂骂咧咧，把大家都赶下车。

张莉背着巨大的背包，跟随人群向敬元前进，老乡们背着竹筐和米，锅碗瓢盆。受伤的村民沉默忍耐，血滴在路上，又被后面的脚印覆盖。一位中年男人扛着把崭新的轮椅，带着个八九岁的小男孩，抱着条小狗，中年男人叫他把狗丢了，他不说话，紧紧地抱着小狗，男人上前将小狗夺过来，一甩手扔沟里，怒道："人都没得吃了，还养狗！"

张莉骇然，上前护住小男孩，看看那个男人凶神恶煞的表情也不敢说什么，那男人看看她，没说话，扬起的巴掌又放了下来。坐下来抽烟，眉头紧紧锁成一团，小男孩和张莉远远站着，小狗远远地望着他们，呜呜叫着不敢靠近。

走到敬元，已经晚上八点多。张莉背着包穿梭于帐篷之间，打听一个叫阿亮的人，有人说印象中有这么个人，带着一帮志愿者去沐水村了。晚上十点钟，在一所救灾帐篷找到了敬元乡的乡长，乡长说他认识阿亮，但是前天看到他背着行李出敬元了，可能已经离开这里了。张莉犹如吃了一记闷棍，蹲在地上，说不出话来。

乡长劝张莉回去，灾区条件很困难，尤其山里面更艰难。张莉不肯，好不容易到这里了，就这样回去实在不甘心。乡长见她不肯回去，就请她留在敬元团委协助工作，那时能进官方组织做志愿者，是正式志愿者，有证的，也是很多外地来川志愿者的首选。但张莉谢绝了，即使阿亮离开了，希望之窗在沐水村应该还有其他志愿者，她要去沐水村跟大家会合，背包里还有好多文具，是好心人捐赠给帐篷学校的，一定要替人送到，无论如何不能辜负。

乡长被张莉的纯朴所动，叫人带张莉去找个帐篷晚上挤挤。一连找了好几间帐篷都住不下。敬元地方偏远，救灾帐篷运不过来，十几个人挤一间。后来说是志愿者，才在附近安置点找了间帐篷容张莉挤一晚。

夜里忽然下起大雨，打在篷顶上发出巨响，帐篷漏雨，大家都醒了。张莉不放心，摸摸背包，还好是防水的，本子和文具都没湿。帐篷里又闷又臭，地势又低，雨水渐渐有倒灌的趋势。张莉赶紧掀开帐篷爬了出去，天还没亮，没地方去，撑着伞蹲在雨地里等天亮。陆续又有几名老乡爬了出来，攀上了旁边的大树，蹲在树干上避雨，像一群沉默的猴子。地上积水越来越深，张莉也不得不爬上了树，想着阿亮也许已经离开了，很茫然，不知道沐水村其他的志愿者好不好打交道。

第二天上午阿亮赶到了敬元，正在和团委几个志愿者说话的时候，门口来了个女孩，怯生生地问："谁是阿亮？"

阿亮有点惊讶："我是阿亮，你是张莉？"他没想到张莉是个女的，疑惑地望着她，"你怎么是个女的啊？"

张莉心哇凉哇凉的，约好在敬元等，她千辛万苦赶到，他却不在，好不容易会师了，好像还嫌弃她是个女孩子，张莉气得语无伦次："我咋知道为什么我是个女的？那你说说你为啥是个男的？"

"哈？你这一说我倒是疑惑了，互相检查一下？哈哈。"阿亮乐了。

"流氓！"张莉涨红了脸。

10. 阿亮，你到底是不是个神经病？

进沐水的山路极其难走，张莉还背着一大包物资，她老家是晋中平原，从没走过这种山路，也没见过这么多延绵陡峭的大山。阿亮折了根棍子给张莉，叮嘱她当心脚下，别滚下山去，滚下去就完蛋，尸体都不用收了。张莉很生气，这人从见面就没一句中听的话，明明是好意，说出来却这么难听。但她生性不喜与人争执，也不回应，自觉离阿亮远点，跟在老乡后面走，心里有种前路未卜的灰暗，担心阿亮这个人难相处，却又想着还有其他志愿者在沐水村，说不定还有女孩子，能搭个伴。

翻了几个钟头的大山，还是丛林莽莽，询问村民还有多远，方言又听不懂。转问阿亮，阿亮总说很快就到、马上就到、翻过山头就到，张莉觉得阿亮这人不实诚。山路总也走不到头，越走越慌，越走越害怕，毕竟跟阿亮不熟，也不知道他人品咋样，悄悄做了很多路标，折枝树丫，在路边插根棍子什么的，万一势头不妙可顺原路离开。

午后，山里又开始下大雨，遭遇塌方，大石头轰隆隆滚过，老乡冲张莉大吼大叫，张莉听不懂他们吼什么，也确实吓傻了，愣在当场，看到石头有车轱辘那么大，从身边呼啸滚落山涧，腿一软，坐在烂泥里。

顿时觉得是真的到了灾区，太吓人了，生死，忽然那么近。

下午六点多，到沐水村。

棚子里一个人都没有，空空荡荡，一些垃圾被扔在地上。

阿亮很严肃，一本正经地："人呢？怎么一个人都没有了？"

张莉也帮着四处看了看，说："可能上厕所去了？要不，是吃饭去了吧？"

阿亮点点头："嗯，那我们等一会。"

一会，有个做饭的大娘来了，阿亮问："大娘，看到我们的志愿者了吗？"

大娘疑惑地看看阿亮，说："不是走了嘛？早走了的嘛。"

张莉蒙了，问咋走的。大娘说，顺着河，过了河，就走了。

张莉看看延绵的大山，根本看不到河，回过头来惊慌地瞪着阿亮。

阿亮故作气愤地说："这群混蛋太不仗义了，连招呼都不打就跑了！没办法，现在只剩你和我了。"

"那孩子呢？你们帐篷学校呢？"张莉惊慌至极，一连声追问。

阿亮笑嘻嘻地说："帐篷学校还没办起来，孩子们嘛，还在山上。"干脆给张莉透个底，"哦，这个棚子也不是我们的，是村民做饭的公用棚子，等他们做完饭，晚上我们再借住这里。"见张莉脸色发白，便安慰道："没事的，回头我们自己搭个棚子住，砍点毛竹，山上茅草也多，材料有的是，很方便的。"

张莉又饿又累，灰心得说不出话，一直抱希望这里不只她和阿亮两个人，还有其他志愿者，现在才知道，学校根本就没有办起来，志愿者们都走光了。

这地方啥都没有，只有个神经病一样的阿亮，还莫名其妙地亢奋着。掏出手机想给砚台打电话商量，却发现没有信号，问阿亮哪里能打电话，阿亮跟唱歌一样："哦？想打电话啊？今天路过的山顶上有信号，你去那里打吧，嗯，估计夜里两点能走到，不过那时候砚台肯定睡了，哈哈，你不会才来就想走吧？谅你一个人也走不出这大山，山上蛇啊野兽啊多得很，天黑了还有鬼，姑娘，我奉劝你还是死了这条心吧，踏踏实实跟我在沐水村过日子吧，哈哈哈。"阿亮笑得很变态。

张莉看着他，有那么一瞬间，怀疑自己是被拐卖了，后退了好几步，下意识离阿亮远点。过日子？看看烧火棚子，烟火狼藉，垃圾遍地，一顶棚顶，几根柱子，连围墙都没有，兀立在菜地中间，这就是所谓的希望之窗志愿者的栖身之所，天哪，这是个什么组织啊！张莉背着背包愣在当场。

过了会，问阿亮："有地方吃东西吗？"

阿亮干脆地说："这里是农村，还是灾区的农村，可没有小饭馆，问村民买点土豆什么的回来煮吧，做饭你总会吧？你是女的嘛！以后做饭的事情就交给你了，我负责建学校。"

张莉望着阿亮，打定主意将物资留下，不管了，明天天一亮就离开这里。

又来了位大娘，抱了捆柴过来生火做饭，见新来了个姑娘，好意跟她说那几个志愿者都走了，不会回来了，劝她也回去，这里生活苦得很。阿亮顿时紧张，生怕张莉动摇，立马抢过话头，说："大娘你别说了，我们不会走的，志愿者都是不怕吃苦的，我们要在这里办帐篷学校！不仅我们不会走，还有更多的志愿者进来！我们打算办五十所帐篷学校，让每个灾区的孩子都能进帐篷学校学习……"阿亮慷慨激昂，大发豪言壮语。大娘疑惑地看看他，又看看一脸沮丧的张莉，端起锅子蹑手蹑脚地走开了。

张莉恨不得瞬间远离这个家伙一万里，但是没办法，饿得奄奄一息，跟烧饭的村民商量买饭吃，20块钱一碗米饭，没有菜。

两人端着米饭，蹲在烧火棚子外，阿亮用筷子指指面前的白菜地，说："这棵是你的菜，那棵是我的菜，吃吧！"

张莉看看菜地，表情有点憨，望望阿亮，问："这咋吃？"

"看眼菜，吃口饭。"阿亮嬉皮笑脸。

张莉闷下一口气，下定决心不再搭理他。

吃完饭天都黑了，蚊虫飞舞，闷热难当。阿亮盯着根烟熏火燎的柱子一言不发，表情严肃地盘算着什么。张莉蹲在棚子外面，也在想心思，忽然觉得人都走了也是个好事，办学校靠两个人也办不起来，过去跟阿亮商量："明天我们就回去吧，这里啥都没有，就我们两个人，也办不成帐篷学校，回去跟砚台商量一下，等多招几个人，换个地方办。"

阿亮不吭声，不说回也不说不回，心里盘算着，学校没办起来根本招不到人，人来了都会想跑，换地方办也一样。过了一会，阿亮提议去拜访一下校长，如果有校长的支持，村里书记村长什么的也不好反对了，毕竟这是教育界的事，归校长管。跟张莉说："你是女孩子，好沟通，你去跟校长聊聊我们的帐篷学校吧，一定要拿出为人师表的样子哦！"

张莉反对："我不是来当老师的，我不知道老师的样子是什么样子，要说你自己说。"

"不当老师你跑这来干嘛？"

"砚台答应过我不当老师，只是陪伴孩子们的阿姨！"

"扯淡！赶紧地，不要才来第一天就违抗组织命令！"阿亮不容分说。

没想到村长在校长家喝酒，真是冤家路窄。村长看到阿亮又来了，也很头痛，顿时酒都喝不下去了，长叹一声："你咋个又回来了？！你们年轻人有激情是好事，但我们没得许多时间陪你们耍，你还是跟他们一起回去吧，我们自己都忙得很！"

阿亮赔笑解释："您误会了，我跟他们真不是一伙的，他们要建自来水是他们的事，跟我没关系，我从来没说过要建自来水厂，我们是来办帐篷学校的。这次我们来了新的志愿者，还带了物资过来，特地带张老师过来拜访村长和校长。"使眼色让张莉上前沟通，张莉上前恭恭敬敬鞠了个躬，说："尊敬的领导，你们好，我是志愿者张莉，我们想帮村里建帐篷学校，帮助灾区儿童。"

"哎呀！我晓得你们是志愿者，我们也欢迎志愿者，但学校不是你们几个娃娃想办就能办的，出事情找哪个负责？你们的好心我们也很感动，但是全村的娃娃交给你们带？你们自己都是娃娃呢！"村长语重心长，"校长也不得同意你们办学校的嘛！"

校长语气严肃，好像办案民警，问："你们是哪个单位派来的志愿者？证件给我看哈。"

"我们是自愿来赈灾的，没有证，是响应国家号召，来四川赈灾……"

张莉话还没说完就被校长一口打断："没有证件？呵呵，没得证件咋个证明你是做啥子地？办帐篷学校？哦？我的娃娃要你来教？你是哪个？单位都没得！出事情哪个来负责？开玩笑！"校长六十岁左右，斤两不大，气势很足，白的确良衬衫扎在蓝布西裤里，一手插裤兜，一手指指点点，在救灾帐篷里踱来踱去。

校长一口方言，张莉只能听懂部分，但看那个架势也知道不善，很尴尬，涨红了脸。阿亮示意她继续说好话，但张莉说不出来了。阿亮只好迎上去，跟校长说他办帐篷学校的理念，被校长一顿训，阿亮也声音渐高，眼看要吵起来。村长赶紧打圆场，硬生生给阿亮和张莉塞了两杯水："喝，喝水嘛，都是娃娃嘛你们，脾气不要啷个犟嘛！"

回去路上，阿亮很不高兴："你是党政机关出来的？还尊敬的领导好呢，叫你去沟通帐篷学校的事，直接说帐篷学校给村里带来的好处就行了，他们都是要看好处的。废话那么多！"

张莉质问他："人家不仅是领导还是长者！我说的不好，你咋不说话？四川话我一大半都没听懂！"

阿亮理直气壮："我跟他们吵过架，才叫你去说的！"

"阿亮，你为什么对人总是那么不客气？"

"有些人我客气不起来！"

张莉劝道："即使别人不客气，我们自己也应该客气啊。"

"嘿，少来！我这个人生气是很有原则的，劝不好！"阿亮一口回绝之。

两人一路互不理睬，闷闷地回到烧火棚子。阿亮从柴火堆上抽了根粗棒子，还敲敲地，试力度。张莉问他要干啥。阿亮说带她去泉水边洗漱。张莉疑心阿亮想去报复老校长，试探："洗漱你带棍子干啥呢？你可别乱来啊！"阿亮没好气地："出去你就知道了。"

出了帐篷，才发现路上野狗云集。震后政府组织打狗队，有些狗逃到山里变成了野狗，到夜里才出来找食。狗的眼睛在夜里是红色的，很吓人，像狼群一样跟在后面，发出低吼。阿亮一路挥舞着棍子，叫张莉跟紧了，千万别被咬到，地震后人的粮食都不够，狗就更加没得吃，什么都吃！

张莉吓得肝都颤，从没见过这么多野狗，成群结队像游行一样在路上晃荡。泉水很远，总也走不到，靠手机微弱的光亮前行，一路踩到许多软绵绵的东西，回到烧火棚子才发现是牛屎。被阿亮嘲笑了一通，张莉闷下一口气坚决不说话。她就这一双鞋没得换，不敢独自去泉水边洗鞋，更开不了口让阿亮陪她再去，将鞋子悄悄放在帐篷外面晾着。

阿亮有自己的小帐篷，在烧火棚子里撑开，钻进去就睡了。不到十点，远远村庄已是灯火俱灭，一片寂静。听到外面起风了，花椒树叶子哗哗地响，山里温差很大，即使在夏夜也寒意浸人。张莉抱着膝盖独坐棚子一角，忐忑不安，在这一个人都不认识，阿亮对她来说也是陌生人，孤男寡女共处一室，令她很紧张，但外面又有很多野狗，除了这个烧火棚子实在没别的地方可去。毕竟跟野狗比较，还是阿亮理智点。

张莉悄悄把打狗棒藏在身边，挪到棚子另一角，尽量离阿亮远点，铺上防潮垫，也不解衣了，蜷在垫子上打算和衣混一宿，天亮就走。阿亮倒是一躺下就睡着了，呼噜很响，发出低吼声，像头熊，在夜里十分瘆人。张莉又怕野狗冲进棚子，又怕阿亮使坏，一夜总睡不安定，噩梦连连。

半夜忽然地震。阿亮惊醒，大喊地震了，喊声未落地就将自己像弹丸一样射出去了，跑出去才发现张莉没跟上，又冲回来，扯起张莉就往外拖，正拉扯着，忽然脑袋轰隆一响，阿亮只觉眼前一黑，一头栽倒在地，眼底金星四迸，跟放烟花似的。张莉在极度惊骇中爆发出超强攻击力，迎面就给了阿亮一棒。

烧火棚的木柱发出嘎吱声，周围都在摇晃，张莉第一次经历地震，腿软得像刚出锅的面条，刚站起来又摔倒了。那一刻地动山摇，地底深处发出隆隆低吼，张莉吓坏了，在地上一通乱爬，找不到出口。阿亮破口大骂，像拎麻袋似的将她一把拎出去。远处村里也人声哄闹，灯火又亮起来了。逐渐又熄灭，归于夜色。

两人坐在菜地里发呆，互不搭理。不知坐了多久，露水打湿了头发，曙光微曦，半截天空还在黑暗中，半截天空露出新生的粉色云霞，雾气在山野弥漫，空气凝重得滴水。菜地里凭空多了几块巨石，好像天外落下的陨石。这些巨石在山上不知多少万年，从此要在山下不知多少万年。

张莉觉得脚上冰凉，逃得太仓促，忘了穿鞋，去烧饭棚子穿鞋回来，见阿亮还在发呆，就问今天怎么计划的，几点离开。

阿亮愣愣地看看她，没啥反应。

张莉耐心跟他说了很多，逐条分析这里办不成学校，人家不欢迎我们，校长也说了不需要我们，没必要在这里耗时间……阿亮像傻了，好像什么都没听见。过了很久，阿亮忽然跳起来，大吼："我要办五十所帐篷学校！！！"阿亮脑门上一道新鲜热辣的红印，肿得闪闪发亮，令张莉无法直视。

想起接受心理培训时，有个课题讲震后心理创伤，短时间接触过多负面消极的信息，不仅灾民，许多赈灾志愿者也会产生心理创伤。她怀疑阿亮是灾后抑郁症，犹豫是不是要掏出心理量表给阿亮做下测试，又担心阿亮一旦发现自己真有病，就兜不住了，真会乱来。

这大山里她只认识阿亮一个人，但又不能信任，甚至无法沟通，张莉不知如何是好。她一会儿想，不管怎样都不要在这里待了，阿亮不走她就自己走，反正一路进山都留了记号。一会儿又觉得，不能把阿亮一个人留在这里，人生地不熟，万一出事咋办？张莉举着手机到处搜寻信号，想打电话给砚台，让砚台劝阿亮和她一起离开。

11. 情到用时方恨少

张莉举着手机向群山呼唤砚台时，砚台正在茫茫人海中搜寻有钱人。

她列了一份财富榜，将认识的人都列出来，按财产势力、私人交情、性情综合评估，列出 ABC 三组，准备按图索骥，挨个劝捐。

从谁开始下手呢？一张张面孔在脑海闪过，那些面孔的表情跟她一样，很严肃，很谨慎。砚台来成都时间太短，跟当地人还不太熟，真是情到用时方恨少啊。

第一个下手的是个做销售的朋友，成都人，叫刘能，是砚台朋友圈中"含金量"较高的，之所以选他做第一个，不是因为跟他关系多好，仅仅是因为他欠砚台一份人情。砚台将大老游介绍给他认识，帮他做成过一单生意，他一直说要抽一层出来感谢砚台。本来拉大老游一起去是最好说话的，但自从砚台强捐了他二百五后，不好意思再见他。

午后太阳最猛烈的时候，砚台出现在他家门口，准备让他当面兑现他的感谢。

刘能是个精致的南方男人，鬓角修剪得一丝不乱，每一个衣褶都熨烫妥帖，每个指甲都干净得无可挑剔，泡茶动作慢条斯理，从绿茶、铁观音、普洱……程序繁多。砚台耐着性子，等他开口，但他就是不开口。从午后喝到天黑，刘能喋喋不休给砚台分析造成此次地震的各种可能的原因，关于紫坪坝水库的修建，受力不均导致地震等，分析完地质问题，又分析国际政治形势，地震损失这么大，政府为何还要巨额投资办奥运会，这是中国面向世界展示一个强国的姿态，具有战略意义。分析完政治，开始谈生意，地震之后四川会有各种优惠政策出台，有哪些方面可以投资牟利，包括股票，地震会给水泥股带来利好……他不想冷场，但也不给砚台说话的机会。

他说了很多很多，相当于什么都没有说。

这个精致的男人，用考究的茶具沏着顶级的禅茶，所谓禅茶，是由某座寺庙的出家师父亲手采摘烘焙的茶叶，只有少数人可以喝到的高级茶，他却在说着这么低级的话。还有那么多人居无定所，日晒雨淋，吃饭没着落，这个人却在大谈如何借灾难所带来的"商机"大赚一笔，听着这样的话，砚台终于觉得不必对他太客气，直截了当地说："我不是来喝茶的，也不是来听你谈生意的，生意我们早就谈过了，这次来是要我的佣金。"

他转身从书架上抽出一本破书《伟大的推销员》递给她，说："授人以鱼不如授人以渔，与其给你钱，不如教你如何赚钱。"

砚台心都凉了，他可真做得出！拍开他的书，说："书现学是来不及了，我的帐篷学校等钱用，既然说过要感谢我，那就兑现吧。"

刘能依然优雅地笑着，说："最近手头有点不方便，下次吧，下次打你卡上。"

砚台很失望，气愤地走了，走了一站路，越想越不甘心，没有下次了，又折回来，将那本破书还给他，伸手从他的收藏架上掳走一只茶壶。他笑着，笑得很勉强。

砚台说："这算我的佣金了，三天之内拿钱来赎还，不然我就卖掉。"既然他不主动，就只能陷入被动了，砚台一出手就拿走了他最好的一把壶，在他吹牛逼的时候就瞄上了。

他跟牙疼似的吸着气："嗨，你这家伙，别急啊，你的事情上次老游就跟我说过了，你这方法不行啊……"

砚台打断他，说："我先替灾区小朋友谢谢你！对了，遇见老游也替我转达一声谢意哈！"

辗转几路公交车才回到住处，天已经黑透了。小区许多人在乘凉，凉亭里的麻将桌前围了好多人，说说笑笑，大家都已吃过晚饭，澡也洗了，再过几个小时，他们会安详地睡着。如果没有跟阿亮一起搞什么帐篷学校，她也会闲闲地享受劫后余生的好生活，和大家一样。但现在好像把自己架在火上烤，陷入一件很难完成的任务当中，而自己偏偏还是始作俑者，真是发神经啊！懊恼不已。在杂货店买方便面，老板鬼鬼祟祟地对她说："夜观天象天空发红，狗日怕是还要震大的！"这类预言他都说过好多次了，搞得人心惶惶，砚台终于爆发了："你娃要是'5·12'前这样说，你都出名了，现在震都震了，还说个锤子！再说，再说老子打110！"

对别人发火自己并不痛快，怏怏不乐地回到家里，将茶壶摆在书桌上，瞪视良久，觉得自己发神经，掳只茶壶回来干什么？事情常常就是这样，明明目的明确，结果却莫名其妙，彼此都很不满。看到电视上各地踊跃捐款赈灾的镜头，怀疑是另一个世界在演戏，现实是她根本筹不到钱，也招不到人。只有一个张莉，还是被她忽悠进山的，不知道咋样了。

砚台忽然很想逃走，逃到新闻联播里，那里募捐容易得很。如果到不了新闻联播，她就逃到灾区当个灾民，混点救济。反正她不赈灾，也未至于灾区就变得更加糟糕，孩子们也未必就有个不幸的童年。

12. 你才是难民

张莉本想一走了之，背包都收拾好了。阿亮大怒："我好心救你，你看你把我打成个啥了！脑震荡都打出来了，现在头还晕，老实跟你说，我现在看东西全是虚的，你得对我负责！"还哼哼唧唧，"怎么着，你也得留下观察几天吧？总不能把人打了就想跑吧？"阿亮脑门上的包肿得油汪汪发亮，张莉惭愧地低下头。

想来想去，只好跟阿亮提出个折中方案："先去做家访，拜访家长，谈谈我们的帐篷学校，征求家长的同意，也看看孩子们的意愿，愿不愿意到帐篷学校来学习。只要家长和孩子愿意，就留在沐水村继续做。"跟阿亮约定："村长和校长都反对我们留在这里，如果家长和孩子也不支持，我们就走！"

阿亮一想：对哈！还没跟孩子接触过呢，我们招生对象又不是村官。立马夸张莉好想法。

张莉语气丝毫不放松："如果家长也不同意，我们就离开！到时候你不走，我也会走！"

阿亮说："好好好，答应你！别婆婆妈妈了，赶紧去家访吧，家长肯定欢迎我们。"

张莉将棒棒糖都带上，背上相机跟阿亮一起进村，遇见小孩就发棒棒糖，挨户拜访村民，跟家长商量帐篷学校的想法，也听听家长的意见。

每拜访一户人家结束，张莉都主动为这户人家拍张全家福，承诺等回成都冲洗后再送过来，免费的。这个举动很受村民欢迎，翻出最体面的衣服，全家人聚在一起拍照，地震后的家庭确实需要一张新的全家福。虽然有的人已经不在了，但生者更应坚强，好好地生活下去。

这本是张莉临时闪现的念头，后来在每个地方都坚持下来了，成为希望之窗志愿者每到一个地方家访必做的一件事。这一张张全家福，仿佛让志愿者和每个家庭都建立起了联系。

二组最后一户人家，一个小男孩怯生生地站在安居棚子外，等张莉走近，孩子轻轻地喊了一声："阿姨，我认识你！"

张莉很惊喜："呀，李宽宽，你住这里啊，爸爸妈妈在家吗？"

阿亮大为惊讶："你在这里还有熟人？"

张莉也笑了，说："可巧了，那天来敬元路上认识的。"

听到说话声，一位坐着轮椅的女人从棚里探头出来，李宽宽说这是妈妈，爸爸出去打工了。

张莉说："宽宽，阿姨给你和妈妈拍张照片，好吗？"

李宽宽说还有小白，进门又抱了只小狗出来。竟然是那天路上的小狗，看到张莉也很亲昵，颇有重逢的激动。张莉高兴地摸摸小狗，又摸摸宽宽。心里很感慨，原来缘分在她来这里的途中已经结下。

沐水村村民居住的很分散，家家相距很远，第二天继续家访。

那天下雨，正是山里的雨季到了，两人冒着大雨，分头去做家访，山路很滑，摔得浑身烂泥。不过下雨也有个好处，村民都待在家里。头天他们去家访的时候，这消息就在村里传开了，也许是被这两人的诚意所动，村民开始认可他们，尤其是张莉，说话温言细语，朴素可亲，家长也愿意将孩子托付给他们带。最高兴的还是孩子，阿亮向他们描绘帐篷学校：有糖吃，有游戏玩，还唱歌，玩泥巴，学习好玩的知识，还不用考试……这个帐篷学校大受孩子们欢迎，跟前跟后带路去同学家。

这是阿亮和张莉在沐水村第一次受到欢迎。

家访回来路上碰到一个青川的村民，青川和沐水只隔一座山，翻山过来的。这人背着竹背篓，背篓里有两只小猪，是从倒塌的房子里刨出的两只小猪仔。站在路边跟阿亮说话，说他们一大家只剩他和两只小猪了。小猪从背篓里探出脑袋，不声不响地望着他们，两只小猪竟然在笑。张莉很惊讶，从没见过猪会笑，忍不住仔细盯着看。雨水哗哗，小猪探出脑袋的微笑，那一瞬间的感觉怪异极了，张莉一高兴，就习惯地鞠了个躬，村民大感怪异，看看张莉，扭头看看小猪，忍不住也嘿嘿笑了起来。

回去路上，阿亮问张莉："你怎么见人就鞠躬啊，跟日本人一样。"

张莉说："行鞠躬礼是我们中国的礼仪！是日本人学我们的。"

"哦，那你跟小猪鞠躬是什么礼仪？哈哈。"

张莉也忍不住笑了起来，说："小猪能活下来，多不容易呀！"

大概是两极分化的刺激，一方面是校长和村长的驱逐；另一方面是家长和孩子的热烈拥护。毕竟来这里是为了孩子，不是为了领导。两人重新有了信心，张莉也不说要走的话了，两个人到沐水村以来，第一次很融洽地谈话，没有针锋相对，一路商量如何办好帐篷学校，不能辜负家长的信任。

但是，傍晚去村里买饭吃，却发现三十块钱都买不到一碗饭了。随着他们高调家访，村领导也对这两个不听话的志愿者采取了冷处理措施，前天那个卖饭给他们的大娘悄悄告诉他们，下午有人来打招呼，不准村民帮助他们，不准卖东西给他们。阿亮走了一家又一家，一碗饭都没有买到，连给猪吃的红薯也不愿意卖给他们几斤。

可是，下午还有好多村民对他们很欢迎呢，有些家长还拉着张莉的手，感谢志愿者免费来村里教她们的娃娃，而到傍晚的时候，志愿者上门去请求买一碗饭，他们却关上了门。

二人泱泱回到烧火棚子，发现烧火棚子也不准他们住了，有个管事的在棚里等他们，要他们把东西收拾了立即离开，这里是公共棚子，不准住人。那时天都黑了，张莉毕竟是个女孩子，总不能让她住到野地里去，这时出沐水村也不可能。阿亮心里百味杂陈，但也知道此时不是用意气的时候，跟那位大叔晓之以情动之以理，说尽好话，对方才勉强同意让张莉再住一晚，但要张莉当面向他保证，第二天一早就离开，不要给他惹麻烦。张莉说不出话来，默默地给他鞠了个躬。

那天晚上没买到饭吃，又饿又累，浑身泥浆，两人坐在烧火棚子里发呆，有点尴尬，更多的是寒心，下午时的满怀信心荡然无存。乐观如阿亮，也陷入沮丧之中，过了半天，艰难地说："张莉，这里的村民实在是太冷漠了，我们走吧，不值得为他们办帐篷学校，不办了！"

张莉沉默了好一会儿，问阿亮："那孩子们咋办？我们都答应孩子明天就开课了。我还答应宽宽的妈妈，给她把宽宽带好。"像是问阿亮又像在问自己："怎么办呢？都答应了……"很苦恼，忽然陷入困境之中，也有点委屈，眼巴巴地望着阿亮。

阿亮没有回答，看着外面的菜地，已经一片漆黑，村里远远亮起了灯火，阿亮望着山林间的星星灯火，如此遥远，如此黯淡，不禁要自问："值得吗？跑这么远，这么辛苦，值得吗？"

张莉慢慢地说："阿亮，我觉得应该坚持下去。就像你昨天说的，我们办帐篷学校，不是为村官办的，同样，也不是为家长办的，是为孩子办的，既然答应了孩子，我们就要做到。守信不仅仅是对别人，也是要对我们自己说过的话的承诺啊！"眼睛盯着地上，说得很吃力，心情并不是像言语那么坚定，只是按照一贯做人的惯性这样说着。

阿亮觉得她有点迂腐，但不知为何又有点感动，望望张莉，没说话。

过了会儿，阿亮出了个主意：这村不欢迎，我们就去别村试试，反正孩子都是这些孩子，在这里办和在另一个村办没什么区别。跟张莉一说，张莉也觉得在理，两个人马上就行动起来，去另一个村找村长。没有手电，靠天上依稀的月光照路，雨后的村路还很泥泞，两人高一脚低一脚地往邻村赶去，这边村民睡得早，村庄黑压压的一丝灯光都没有。

村长从床上爬起来见了他们。听完阿亮的想法，表示非常感谢，也非常支持，还代表村委会对志愿者们表达崇高的敬意，但是，他们村安置的地方有限，腾不出空地办学校，如果阿亮在别处办帐篷学校，他倒是愿意动员他们村的孩子去上课。

回来时很晚了，路又远，摸黑走着，两人一前一后，没人说话，各怀心事。震后的村庄静得吓人，连鸡鸣狗吠的声音都没有。

白天经过这个村做家访，见到这条路上有座小庙，被山上滚落的巨石压垮了庙顶，菩萨头都砸碎了，但依然是村里祭祀的地方，残留着一些纸灰火烛。

两人正路过这里，忽然听到一声怪叫，在夜里很响，还有回音。

阿亮吓得跳了起来，惊道："什么声音？"

张莉走夜路本来就心慌，见阿亮也害怕，顿时觉得无所依靠。地震死了很多人，这地方又陌生，黑夜里，简直不敢细想，不禁头顶森森冒出寒气。阿亮小声催张莉走快点，张莉慌不择路，又踩了很多牛屎，深深憋着一口气，紧紧跟着阿亮。

阿亮说："你别拽着我啊。"

张莉本能要强，说："我没拽着你啊。"

阿亮头皮一炸："啊？！"

回到烧火棚子，阿亮点上蜡烛，小声跟张莉说："我跟你说件事，你别害怕，刚有鬼拽着我，我硬是没吭声，怕吓着你。"看到阿亮忽然这么体贴，张莉有点感动，老实地说："不是鬼，是我。"

阿亮一愣，忍不住哈哈大笑。笑完，发觉更饿了，顿时笑不出来了。阿亮内疚地说："明天我就去想办法解决吃饭的问题，帐篷学校先在烧火棚子里办起来，毕竟答应了孩子们，你说得对，我们应该坚持下去。明天孩子来了，你先上课，我去找点粮食。"

"嗯，好。"张莉温顺地点点头，起身去清理地上的垃圾，空出一块地方，铺上防潮垫准备睡觉。

阿亮望望张莉，忽然有点感触，这位从山西小县城来的姑娘，穿着言行都土土的，长得也貌不惊人，性格却如此坚忍。素不相识，仅因为简简单单的一句答应了，就这样不离不弃跟着他，在这陌生的大山里，连饭都吃不上，一句抱怨的话都没有。

阿亮像发誓一样，认真地说："张莉，有我在，我一定不会让你再饿肚子的！我保证！"

张莉有点惊讶，望着阿亮笑了笑，说："没事，我不饿！"又问："阿亮，你饿吧？"

阿亮老实点头："我半下午就饿了。"

张莉从包里翻出盒棒棒糖，小心从中抽出一根递给阿亮，有点抱歉地笑笑，说："是砚台给孩子买的，你吃一根垫垫饥。"

阿亮看了看，说："那算了，给孩子们留着。又不顶饿，还落个偷吃赈灾物资的坏名声。"

晚上，阿亮主动把自己的小帐篷让给张莉睡，张莉有点感动，说："我带了帐篷的。"

"那你咋不睡帐篷？"

"不……不会搭。"

"那你不早说？我还以为你啥都没带就跑过来了……"阿亮忽然打住，意识到自己之前对张莉的冷淡，缓和了一下，温和地说："今晚睡我的帐篷吧，明天白天我教你搭帐篷，很容易的。"

阿亮睡张莉带去的防潮垫，冻得哆哆嗦嗦，看着棚外露出的星空，久久睡不着。这才几天工夫，从想象中拉风无敌的志愿者，瞬间沦为山寨里的难民，落差太大了。

虽然地震已经过去了一段时间，但对孤军深入灾区的志愿者来说，真正的灾难才刚刚开始。其实，志愿者比村民还不如，村民有剩下的东西，还有政府补贴的物资，而志愿者一无所有。阿亮此时才发现，真正陷入灾难中的是自己，面对不断坍塌的山，和一无所有的村寨，最初的宏大设想在现实面前像个冷笑话。

13. 两只蝴蝶

第二天，希望之窗的第一所帐篷学校，在这个烧火棚子里开学了。

李宽宽是第一个来的小学生，带来了两个小伙伴，后面还跟着他的小狗。过会又来了五个孩子，最小的孩子才一岁半，是小姐姐背着来上学的。虽然一心想办帐篷学校，但孩子真来了，张莉倒有点手足无措。孩子们又很羞涩，张莉一出来，他们就逃走。张莉假装进棚子，他们又悄悄围过来，躲在柱子后面探头探脑。张莉想了个办法，让李宽宽进来帮她捧出一堆零食开路，她跟在零食后面，对孩子们说："阿姨给你们讲故事吧，讲完故事我们就吃好吃的。"让大家搬了几块砖头进烧火棚子坐下。

讲故事时，张莉把零食摆在前面，孩子们乌溜溜的眼睛看着零食，很认真。张莉一边讲故事，一边用眼睛照顾零食。那个一岁多的孩子，走路尚且摇摆，但方向坚定，走过去深情地抚摸零食。张莉满头大汗，哄他："待会吃，乖呵，待会吃，讲完故事，我们就吃零食。"不然他吃零食，其他孩子就没心思听故事了。希望之窗帐篷学校的第一堂课，其实是依靠零食的诱惑才让孩子们团结在张莉的周围。

第一堂课，讲的是一个故事，叫《蝴蝶》。

六月的乡下，有许多蝴蝶，飞到白菜家，飞到土豆家，飞在蓝天下，飞在轻风里，华丽的翅膀在阳光下多么美丽，像雨后彩虹的光芒。蝴蝶，是美丽而自由的生命，而在它们成为蝴蝶之前，却是只能蠕动着前行的毛毛虫，生活在阴暗的灌木丛里，与蚊虫苍蝇为伍。从毛毛虫努力地生长，最终变成蝴蝶，是非常艰难的过程，就像人的生命一样，小孩子刚生下来，不会走路，不会说话，什么都不会，摔很多跟头吃很多亏，学习生活，学习与人相处，学习爱……慢慢地长大，拥有自由生活的力量。

每只毛毛虫都有一个本能的愿望，破茧成蝶，振翅飞翔，就像我们每个人，都渴望拥有自由丰盛的生命历程。

有两只蝴蝶从很远的地方来，他们飞过高山，飞过平原，飞啊飞啊，飞到了沐水村。看到这里的孩子非常可爱，就想留下来和孩子们一起玩耍，一起学习。这两只蝴蝶遇到很多困难，有人总想将他们赶走，不让他和孩子们待在一起，可是这两只蝴蝶很坚强，他们确信爱是世间最强大的力量，可以化解一切困难与偏见，唯有爱能让陌生人相融……因为爱，叫人从心底生出力量，所以，任何时候，都不要放弃爱别人的力量和心愿。我们每一个人，都有一双隐形的翅膀，这双翅膀是爱自己和爱他人的力量，是热爱生活的力量……

阿亮一早起来就出去找吃的，不知从哪搞到一碗面条，兴冲冲地端回烧饭棚子。张莉正在讲故事，阿亮非常得意于这碗面条，捧得老高，打着手势，使着眼色，示意张莉火速出来吃面条。下课张莉吃面的时候，阿亮大声说："哥们，你太棒了！我们要办五十所帐篷学校，让你给每个帐篷学校都讲讲两只蝴蝶的故事，哈哈……"

张莉一听，顿时面条都吃不下去了，跟阿亮说："只这一所，我只答应了沐水村的孩子和家长，你再办帐篷学校我不掺和了。"

小学堂刚刚开始，来了好多村民围观，旁听张莉讲课，众人被张莉的故事感动了。昨天驱逐他们的那个村民也在人群之中，故事没讲完，就悄然退去，晚上他没再来驱赶张莉和阿亮。

围观村民中有位残疾的退伍军人，虽然拄着双拐，却是村民中第一个走出来支持他们的。是越战老兵，负伤后退伍没个安置，回乡做了农民。性格火暴，好打抱不平，年纪一大把没老婆，不成家不立业唯好酒，最大的爱好是边喝酒边骂官，村里领导对他很头疼，周围的村民也说他不务正业，不是个正经人。但这个不正经的人，在听完张莉的一堂课后，迅速判断出谁是正经人，并伸出了热情的援手。他告诉阿亮，刚地震那会儿，村里有个大学生也办了所帐篷学校，被校长拆掉了，但那块地是他家的菜地，他愿意无偿提供给阿亮用，再次用于办帐篷学校。他说："我们乡下要啥子都没得，但人少地方多，哪会连搭个帐篷学校的地方都没得嘛！"

带阿亮去看地方，棚子还剩下一些木桩，原先还有防水的矮墙，但砖头都被人拿走了。退伍军人带阿亮去他家倒塌的房屋上拆木条，说："年纪大了，再也建不起房屋了，与其烂掉，不如给娃娃们搭个棚棚读书。"又去喊了几个村民来帮忙："你们家都有娃娃的，你们不帮忙，他们外乡人咋整？村里放个屁就吓死你们了？人家是来教你们娃娃的，做人要凭良心！"

阿亮进沐水时扛了两捆防雨布来，做顶足够，但棚柱材料不够，只能先搭起一半帐篷。退伍军人又给阿亮支招，山上毛竹多得很，尽管上山去砍，并提供砍刀绳索给阿亮。

下午，阿亮学当地人打绑腿，上山去砍毛竹。张莉带孩子去上自然课，认植物认昆虫，隔着山沟沟望见阿亮在山上砍竹子，张莉对孩子们说："阿亮叔叔好辛苦，我们唱首歌给阿亮叔叔加油，好不好？"

唱什么呢？孩子大的大，小的小，只有一首歌是大家都会唱的，叫《两只老虎》。虽然不应景，但孩子们即兴改编歌词：阿亮叔叔，阿亮叔叔，好能干好能干，一手砍毛竹呀，一手建学校呀……阿亮听到歌声，朝山下望，看到张莉带着孩子们向他挥手，孩子们的歌声那么响亮，漫山遍野都在回响：阿亮叔叔好能干……这么热情的赞歌，让阿亮很感动，精神为之一振。阳光透过竹叶，清亮亮地射在林地间，阿亮挥汗如雨，好像浑身有使不完的力气。

第二天，帐篷学校搬到了新地方，虽然是个半边棚子，但总算有了自己的地盘。张莉一早起来用树枝编了个扫帚，将场地打扫得干干净净。上午来了 22 个孩子，下午来了 44 个，帐篷学校的人数迅速翻倍。最初的办学物资就是张莉从成都带去的一些本子和铅笔，节省着用，将本子拆开，裁成小纸片，每个孩子分一张小纸片，教孩子们做名片，写上名字和年龄，一支铅笔折成两段分给两个孩子用，用完就收回来，免得弄丢了，村里买不到文具。

没有课本，除了这半边棚子和大家搬来的一些砖头，这个学校一无所有。第一天的课程是蝴蝶的故事，讲爱与希望。第二天的课程是自我介绍，每个孩子都上前向大家介绍自己：喜欢什么，不喜欢什么，擅长什么，做过什么值得骄傲的事情，想成为什么样的人……张莉在一旁做记录，借以熟悉他们。童音琅琅，不时传出笑声，像游戏一样的课程与平日上学不同，张莉亦师亦友，又有零食做奖励，课堂氛围十分融洽。

阿亮在一旁转来转去，想来想去，还是硬着头皮去找校长借课桌。

没借到，失望而归，不仅没借到桌子，还走漏了风声，校长得知帐篷学校已经办起来了，大为光火，要求阿亮马上撤离沐水村，不然就对他们采取强硬措施。

没想到校长还没动手，村民就先动手了。

下午第一堂课，退伍军人带来了几个村民，扛着工具，喊阿亮一起去学校的废墟里刨课桌。估计是孩子们中午回家吃饭的时候说了这事。其中有个家长说："你们从那么远的地方来教我们娃娃，校长不支持，我们理当支持，桌子本来就应该归娃娃们用，烂在地里不如刨出来用。"

阿亮早就想这么干，只是苦于无人支持，这里人生地不熟，不敢轻举妄动。听村民也这么想，正中下怀。张莉要去帮忙，阿亮手一挥，这体力活哪能让女人干？我们男人去干就好了，你在家带好孩子，等我带桌子回来。

眼看阿亮和村民浩浩荡荡去刨桌子，张莉这边也没心思上课，跟孩子们说："哎呀，这么好的事情，我们都去帮忙吧！"大家纷纷往小学校跑。大人把桌椅从废墟刨出来，抬到安全地带，张莉组织大点的孩子搬桌子，小孩子扛条凳，往帐篷学校搬，一路跑得飞快，生怕校长忽然半路跳出来抢桌子。桌子抬到棚子里摆好，阿亮动手修理残损的桌凳。一个叫李德恒的男孩将孩子们叫出去，嘀咕了一会带着孩子们跑了。

半小时后，看到孩子们浩浩荡荡地拎着桶，端着脸盆往帐篷学校这边来，原来是去打水了，泉水离这里挺远呢，张莉和阿亮赶紧去接。李德恒很大人地说："叔叔阿姨，你们歇会，我们这堂课就上劳动课吧。"

李德恒的弟弟李德斌，是帐篷学校最小的孩子，抱了个旧花袄给张莉，小家伙背着手昂着头，很大方地说："撕开嘛，做抹布可以，我小时候穿的，我现在长大了嘛。"一个三岁的小孩子说起小时候，那神情真得意。那边李德恒在指挥孩子们："八岁以上的，跟我去打水，八岁以下的留下来擦桌子。"又从队伍里扯出自己的弟弟："李德斌，你几岁了？不会数数咋？不要趁机耍水，找打！"

阿亮惊讶地看着他们，跟张莉说："我看他行，能做营长，待会我就封他做官，嘿嘿。"

张莉不同意："营长，组长都要孩子们自己选，对了，明天的课想好了，让孩子们竞选班干部，民主选举，自己发表竞选宣言，自己拉选票。"

擦干净的桌凳整齐摆放在帐篷学校里，女孩子去采来野花，用罐头瓶子插好，放在讲台上。从一无所有，到点滴建立，喜悦笼罩着菜地中间的小学校，孩子们围站在帐篷外，笑嘻嘻，有点不好意思，你推我搡，谁也不进去，生怕涉足其中就破坏了这崭新的一刻。

刚刚洒扫过的地面，泥土润泽，引来许多菜花蝶翩翩飞舞，越聚越多，课桌间，梁柱间，萦绕穿梭，翅翼震动，仿佛音乐。即使在乡间长大的孩子，也从未见过这么多的蝴蝶聚集在一起，真是奇异而优美的时刻。

那天下午是帐篷小学校的成立庆典，张莉提议要有一首共同的歌，作为我们帐篷学校的校歌，许多歌曲被提名，当提到《隐形的翅膀》时一致通过。

　　　　我知道，我一直有双隐形的翅膀，带我飞，给我希望。

　　　　我终于，看到，所有梦想都开花。

　　　　追逐的年轻，歌声多嘹亮。

　　　　我终于，翱翔，用心凝望不害怕。

　　　　哪里会有风，就飞多远吧。

……

张莉在讲台前教孩子们唱，阿亮坐在教室最后一排诺诺而和，光张嘴不发声，这首歌他一直没学会。后来又一连办了七所帐篷学校，他硬是没学会任何一首校歌。

希望之窗每所帐篷学校都有一首校歌，这个优美的传统，正是由沐水村开始，一切困难的开始，一切美好的开始。

14. 守信

学校办起来了，孩子们相邀同学都来上课，小学堂人数剧增，张莉背去的那些物资不够用，等不及砚台送物资过来，阿亮和张莉决定放学后去竹园坝买些文具和本子，顺便背一块教学用的白板回来。

沐水村出山路途遥远，到竹园坝已经是晚上，四处找人打听，找到一位大姐，她家在震前开文具店的，地震时塌了，已关门多时。听说帐篷学校需要物资，大姐找了把锄头带阿亮和张莉去废墟里刨物资。

在镇上住了一晚，第二天天没亮就往车站赶，但那天路上有塌方，车开不出去，要等路上通了才发车，张莉他们等不得，只好背物资上路。

一路张莉都很遗憾没买到国旗，学校前面如果能有一面国旗的话，每天早上带孩子们升国旗，这样就很像个小学校了。看到修路的工地上有几面国旗，张莉去跟工人商量买一面国旗。那位好心的大叔听说是帐篷学校需要国旗，立即拔一面国旗慷慨相赠。

张莉如获至宝，挥舞着国旗得意扬扬，叮嘱阿亮，回去找根杆子把旗帜挂起来。阿亮也很高兴，说："我一定为张校长找一根最好的旗杆来挂国旗！"

翻过山头，转过一个弯道，就看到了帐篷学校。在一片菜地里，崭新的帐篷学校，在清晨的太阳下，蓝汪汪的防雨布映衬着碧绿的山野，十分鲜亮。

张莉说孩子们不知道到齐没有。阿亮忽然说："呀，那不是我们帐篷学校的孩子吗？"指给张莉看，远远路上有许多孩子，阿亮扯开红旗朝山下挥舞，孩子们也看见山口上的阿亮了，呼啦啦从田野四方往山上跑，像一群纷乱的云。两人也加快脚步飞奔下山。

孩子们知道阿亮和张莉去山外背物资了，早上来帐篷学校，发现他们还没回来，就跑路上来接。

每个人都想抢点东西拿，实在是太热情了，最小的李德斌分到了国旗，小家伙很是高兴，双手捧着红旗，好像当着大事一样的一脸严肃。阿亮指挥孩子们排成一队，他在前面领队，张莉断后，一路唱着校歌，雄赳赳往帐篷学校走。田间劳作的人们纷纷起身张望，见他们那么开心，也不禁莞尔。地震后，小村庄少有这样开怀放松的时刻。

早上第一堂课，张莉拿出一串葡萄，举起给大家看，所有的眼睛都集中在葡萄上，四十五张小嘴同时发出流水般的声音：哗……葡萄！

张莉一手举着葡萄，一手在新买的白板上写下大大两个字："守信。"

"今天的课程讲守信，守信就是遵守约定。一个人要做到守时，重承诺，才会获得别人的信任，而信任是人和人之间交往的基础。张阿姨在这里要跟你们说声对不起，因为今天张阿姨上课迟到了，迟到了一小时十六分钟。没有遵守帐篷学校上课的时间，张阿姨在这里向你们道歉，也向你们保证，以后无论发生任何事情，张阿姨都不再迟到。"张莉走到每个孩子跟前，郑重鞠躬，说对不起，分每个孩子一粒葡萄作为道歉。帐篷学校非常安静，孩子们还从来没接受过这样郑重的道歉，瞪着眼睛，有点不适应。

虽然孩子们都知道张莉是去为帐篷学校购买物资迟到，但张莉是为迟到的事实道歉，理由和事实之间不能含糊了事。那次迟到是张莉在帐篷学校唯一的一次迟到，后来希望之窗办了七所帐篷学校和一所幼儿园，张莉作为总负责人在各个帐篷学校上早课，再没有迟到过。

15. 你们没资格

阿亮每天做基建工作，上山砍毛竹，背下山来打桩，搭另半边帐篷，又翻山去敬元买铁丝和工具，背回炉灶和粮食。一个人的工很有限，以前也没干过这些活，不熟练，搭棚子看起来容易，做起来才知道难，间架受力难以均衡，总是歪歪倒倒。每根柱子看起来都笔直，但木条连接起来就发现间距误差太大，导致多次返工，地上刨了许多坑，重新竖柱子。

张莉在那半边帐篷教孩子，课间就组织孩子去帮手，都是乡下孩子，动手能力很强，大家自发组成基建队和运输队，搬砖头，挖排水沟，抬土方。又开始挖坑搭厕所，还搭了俩，一男一女。灾区的现状，就是没有，什么都没有，连个拉屎的地方都没有。一切都要靠徒手建立。

这块菜地上渐渐建起教室，厕所，男女生宿舍，还平整出一块坝子做操场，女孩子们去山里挖来野花种篱笆，阿亮还从村里接了电线过来，单独装了电表、电灯，小学堂有了电，离文明社会近了很多。从无到有，徒手创建，手上磨出水泡，又愈合成茧，在连续挖坑打桩的苦力活中，最初的浪漫情怀渐渐远去，但心底却越来越有力量。

帐篷学校慢慢走上正轨，希望之窗这个名字渐渐传遍沐水周边山里，学生增加到 125 人。除了沐水小学，临近的敬元小学、雁门坝小学和马鹿小学的孩子们也都沿着山路来帐篷学校上课了。

这天，校长也来了。

张莉正在给孩子上课，阿亮一看势头不妙，赶紧迎出去跟校长打招呼。

这次校长换了手段，不跟阿亮废话，让阿亮出示证明文件，证明他在这里办帐篷学校的合法性。不合法，他就有权拆除帐篷学校。

不是阿亮非得和校长对着干，藐视政府，而是真的不大可能拿到办学手续，平时私人办学的手续都很难，何况地震时期，教育又是敏感地带，不可触碰。如果要让帐篷学校合法，志愿者需要去市教育局申请办理帐篷学校的资格，填表格备案，还需志愿者有教师资格证，然后到当地团委登记身份，领取证明，再向当地校长报到，归校长领导。就算他们有本事拿到这些手续，但是还会绕回到校长这里来，他不愿意领导，帐篷学校仍旧不合法。

校长当然知道他们拿不出合法的手续来。今天来，就是要铲除这个非法组织，终止他们的瞎胡搞，要阿亮和张莉马上离开这个村子。校长说："教育不是你们这帮娃娃能做的事情，必须马上停止，不管你们是抱有何种目的，都不能继续胡闹下去了。"

阿亮说："我们不是做教育，只是陪伴孩子过渡到复课，您也看到了，到处都是危房，废墟，家长们忙着灾后重建顾不到小孩子，孩子整天在这些地方玩也很危险，我们没有任何功利目的，只是想为孩子们做点事情。"

校长手一挥："人都不会做无目的的事情！你们是啥子想法我们不晓得，也不想晓得。我才是这里的校长，娃娃出了事情找到我，找不到你，不得让你们在这里胡闹！老师也不是你们想做就能做，一个都没有教师资格证，没得资格教娃娃，你们这是非法胡搞！"校长还带了几个老师专门来拆学校，围在周围剑拔弩张。

"我们都是自愿来灾区服务的，不花政府一分钱，还给政府减轻负担，你去看新闻，政府也在号召志愿者入川赈灾，怎么能说我们非法呢？帮助别人究竟违反宪法哪一条了？"阿亮越说声音越大，快吵起来了。

帐篷学校外聚集了好多村民，都是孩子家长，看到校长带人气势汹汹地过来，就知道校长可能是来拆学校的，都放下手里的活赶了过来。

有村民站出来质疑校长："听说别的地方都复课了，我们这个地方一直都没得消息，到底是好久复课嘛？地里庄稼耽误一季是耽误一年，娃娃们耽误一学期就比人家晚了一年。"

退伍军人最直接："他们外地人做了你们学校该做的事情，学校应该支持他们，还要赶人家走，硬是要不得！官僚主义！"

也有家长附和："外面志愿者愿意来教我们的娃娃，我们都感激他们，要不是遭地震，人家城市里的大学生请都请不到，何必还为难人家！"

……

张莉听不大懂四川方言，孩子们都叽叽喳喳，小声给张莉翻译外面的事态。一群人聚集在帐篷学校外吵吵闹闹，情绪激动，校长带来的人要进去搬桌子，村民拦在学校前不允许。从地里赶来的村民还扛着农具，眼看就要起冲突。退伍军人虽然没有孩子在帐篷学校上学，但他却是最激愤的一个，跃跃欲试，虽然感激他对小学校的护卫，但是如果这场架打起来了，阿亮和张莉在这里就真的待不下去了。

双方声音越来越响，张莉赶紧跑出去打断阿亮，请校长进帐篷来说话，外面太阳很猛，一群人在大太阳下会越说火越大。

校长不肯进帐篷学校，张莉跟孩子们说："校长这么大热天来看我们，大家要不要把校长请进来？"

孩子们齐声说："要。"

"全体起立，欢迎老校长。"张莉手掌向上一抬，孩子们全体起立鼓掌，校长不进来，孩子们就一直望着校长，拼命地鼓掌，先还有村民的嘈杂议论，渐渐杂声全无，只有鼓掌声，响亮而寂静。

孩子们都望着校长，村民也望着校长，气氛紧张，校长僵持了一会，实在受不了这种无形的压力，进了帐篷，但不肯站到讲台前，走到最后一排，和带来的老师站成一排。

张莉说："全体向后转。"

孩子们转身，面向校长和老师们，动作整齐划一，没一个掉队的。这个帐篷学校从一块块砖头，一根根毛竹，都是孩子们和志愿者一起建起来的，这一刻，孩子的心和志愿者是紧紧连在一起的。

张莉将手掌向下一压，掌声立止，张莉向老校长鞠了个躬，说："感谢校长来帐篷学校指导工作，请校长给我们说几句话。"

校长冷冷地说："我不是来指导你们工作的，指导不起，你们利害的很，不让你们办帐篷学校，你们硬是办起来，还唆使起娃娃来闹事，我没得啥子好跟你们说。"

校长又对帐篷外的村民说："我跟你们讲，你们娃娃要是送到这个帐篷学校来，就不要到我的学校去上课，复课的时候也不要送去，我不收！看他们帐篷学校是不是办一辈子！"

家长们汗流浃背，沉默地望着校长。

阿亮气愤不过，大声反驳："校长！小学教育是义务教育，每个孩子都有上学的权利，学校不是你私人办的，你作为校长也没有权利不收！只要开始复课，这里的孩子一个都不能少，都有上学的权利。"

张莉赶紧打圆场："阿亮你别说了，老校长是不放心孩子们，是来检查工作的。感谢校长这么热的天来看我们，孩子们，我们一起给校长唱首歌吧！"不等校长和老师反对，就让营长带孩子们唱起来。

像是要刻意表现，孩子们唱得很大声很投入，清脆的歌声在帐篷学校里回响，在山谷间回荡……孩子们瞪大眼睛望着校长，像是示威，像是恳求：

我一直有双隐形的翅膀

带我飞

给我希望

我终于 看到

所有梦想都开花

追逐的年轻 歌声多嘹亮

我终于 翱翔

用心凝望不害怕

哪里会有风

就飞多远吧

……

如果你经历过，你就知道，认真的孩子多要命。没人能抵挡孩子的渴望，那样发自心底的渴望，在歌声里传递给你。身体微微倾着，朝向老校长所站的方向，唱到流泪，哽咽着也要唱下去。一张张小脸上，泪水和着歌声，融进了彼此的心里。

一首歌唱完，孩子们整齐向校长鞠躬，齐声说："谢谢校长来看我们，校长辛苦了！"

校长站在那里没说话，张莉和阿亮，孩子们，就这样静静地望着校长，村民们也不说话，帐篷学校里很安静。

阿亮说："请营长出列，向校长汇报张莉阿姨教你们这首歌的意思。"
李德恒向校长鞠躬，说："报告校长，这首歌的意思是我们每一个人都有一双隐形的翅膀，是爱自己和爱他人的力量，是热爱生活的力量，永远都不放弃，永远都不灰心。我们每一个人都有一双隐形的翅膀，是希望与梦想，是热爱自由的心灵。"说完又冲校长深深鞠躬，恳求："请校长不要拆我们的帐篷学校！"

校长沉默了好一会，才缓缓说："你们既然喜欢这里，就好好学习吧。不过，要注意安全！一不准玩火，二不准玩水，三不要祸害庄稼，危险的地方不要去，垮塌的房屋要远离。"

走出帐篷，又将阿亮叫到一边叮嘱："你们一定要办，就要负责！一定要注意安全，管好娃娃们，课桌椅不要损坏，爱惜使用。"又叫其中一个老师留下来数帐篷学校的桌椅，把数字记下来，校长先走了。留下的老师勉强数到九，实在受不了孩子们直瞪瞪的眼光，落荒而逃。

村民都松了口气，跟阿亮说，校长也是不放心，现在看你们把娃娃教得好，懂规矩又有礼貌，不会再来拆帐篷学校了。

能通过校长的考验，张莉和阿亮都非常自豪，当然，这荣誉应该归于孩子们，如果不是孩子们在关键时刻团结一致，勇敢说话，表达出心愿，这个帐篷学校就办不下去了。

阿亮跟孩子们商量："大家的日常行为和说话都代表着我们帐篷学校的形象，希望每一个人都自觉维护，做到有礼有仪，有规有矩，不能让校长有任何理由拆了我们的学校。"

张莉将阿亮的要求给具体化了，每天早上第一堂课给孩子们讲《弟子规》，那是她幼承庭训时的读本，当时没有书，凭记忆默写下来，每天教一节，两句话，六个字，详加讲解，鼓励孩子们用到生活上去。有时遇到突发事件，也从《弟子规》中寻找依据，摘出来给孩子们讲。

16. 这女孩，够劲！

也许是天意，头天校长没拆得了帐篷学校，第二天老天替他拆了。

那天下午狂风大作，扯棉撕絮一般，顷刻乌云密布，大白天陡然黑得跟晚上一样，孩子都很惊慌，有人喊又要遭地震了，一听说要地震，大家都炸窝了地跑。张莉赶紧纠正，不是地震，是要下暴雨了，夏天有暴雨很正常……还没说完，一些孩子已经跑远了。阿亮还没回来，张莉就提前放学，让孩子们赶紧回家。

风大得吓人，撕扯着篷布，担心篷布被卷走，张莉急忙找出铁丝加固。风太大了，铁丝绑住的地方很快就被撕开了，棚布被吹鼓起来，越绷越紧，像一只无形的手在争夺，张莉把矮墙的砖头都用来压篷布，压了这边压不住那边，急得团团转。

忽然，风停了，瞬间一丝风都没有，静得可怕，老天爷忽然像闭过气去了。张莉没反应过来，跑出去看天，看到远处一片白光，从山边快速扑过来。

那不是雨，是水幕，厚厚实实地倾泻过来。

张莉顿时懵了，这么大的雨，帐篷要垮了！冲回去把阿亮的防水帐篷拉开，将日记本和文具都扔进去，拉上拉链，又回头来抢救帐篷。雨水积压在棚顶，还有刚压上去的砖头，柱子支撑不住，吱呀作响。张莉举着条凳四处撑棚顶的积水，雨太大了，就像从天上往下泼水一样，这边才顶完，那边又积压了大坨雨水，根本来不及。

正绝望，大雨里奔跑着几个小小的身影，喊着张阿姨，张阿姨，是孩子们回来了。

他们回去后看到雨越下越大，想起阿亮叔叔不在，担心张阿姨一个人在棚子里，几个孩子特地冒雨回来看看，远远就望见张莉在撑棚子顶的积水。

回来了八个孩子，大孩子立即跟张莉一起动手保护帐篷，还喊两个小点儿的孩子赶紧去村里找阿亮叔叔回来抢救帐篷。那么大的雨，连伞都打不住，两个孩子扔了伞就往村里跑。

没等到阿亮回来，帐篷已经支持不住了，往一边倾斜严重，柱子摇摇晃晃，孩子们急了，慌忙去抱柱子，好像只要抱住了柱子，学校就能保住。张莉也下意识地去抱柱子，瞬间反应过来是徒劳，棚子在风雨中摇摆，随时要倒塌，加上棚顶的那些砖头，太危险，张莉迅速决定放弃，叫孩子们都赶快出去，帐篷要垮了！

几个孩子不舍得放弃，喊张阿姨我们再努力一下，再努力一下下，就保住学校了！张莉强行把他们都拉了出去。

终于，眼睁睁地看着帐篷垮了。张莉带着孩子们站在大雨里，雨水大得呛人。

眼睁睁地看着才上了几天课的学校，崭新的帐篷学校，就这么垮了。

孩子们哭了，张莉没哭。

帐篷一倒，她那根紧绷的神经也随之断了，哭的力气都没有了。

来沐水村路上那么难，差点被石头砸死，来了后，校长和村长都百般阻拦，村民连一碗饭都不卖给他们吃，还要驱逐他们。好不容易学校建起来了，校长又带人来拆，孩子们给校长唱歌求情才过了关，却又被暴雨击垮……张莉那一刻并不是特别委屈或者难过的心情，就是淡淡的，许多事情像放电影一样在脑海里过了一遍。心里想着，唉！原来是这样啊。

两个孩子带着阿亮冒雨赶回来了，阿亮还扛着一根竹子，看到塌了的帐篷，也傻眼了。几个孩子流着泪，指责阿亮叔叔跑哪里去了，让张阿姨一个人在这里撑帐篷，我们的帐篷学校，就这样倒掉了，好可惜，才上了几天课的学校就没有了。阿亮讷讷解释他是去找旗杆了，看到变天往回跑，但是路太远，半路上雨就已经下来了……

阿亮看着倒塌的帐篷，很愧疚，咬着嘴唇不说话，雨水顺着头发往脖子里淌。

张莉望望阿亮，那时候才有种难过的感觉，不忍心看到阿亮这样。阿亮一直是个信心爆棚到超现实的人，虽然有时让人讨厌，但那样的精神，在艰难的时候是能给人信心的。就像一个梦一样，也是支撑的力量。

此刻，张莉宁愿他再发神经，说说五十个帐篷学校的理想，忍不住替他大声说了出来："帐篷垮了，只要我和阿亮叔叔在，就一定能再搭起来，我们还要办五十所帐篷学校呢！"

大雨中，阿亮望着张莉，嘿嘿笑了起来，这女孩，够劲！

17. 张飞的爱招架不住

经过大老游和刘能的打击，说破嘴皮才筹到二百五和一把壶，砚台决定不再向熟人下手了。她把装微波炉的箱子改造了个捐款箱，用毛笔写上"'5·12'儿童关护组织"，还画上爱心符号，抱着箱子上了街头。那时还不知道有"非法募捐"这个词，自觉在赈灾，干得理直气壮。

只是这种募捐效率太低，比乞丐好不了多少。地震已经过去一个月了，人们最初的震撼渐渐平淡，对募捐、赈灾已经有些倦怠。砚台在成都最繁华的春熙路，抱着募捐箱走来走去，有茫茫人海之感。

春熙路上有家卖牛肉面的店子，雇了名大汉扮演张飞，面上涂得像锅底，脸上还粘了好多毛，做出须发喷张的效果。这张飞每天手执板斧，在春熙路上走来走去招揽生意，两人经常遇见。砚台记得《三国演义》里张飞的武器好像是丈八蛇矛的，怎么穿越到现代，造型就成杀猪的了。

张飞见这姑娘一边走，一边频频回头看他，就开玩笑地喊了一嗓子："姑娘，请留步。"

砚台乐了，戏问："好汉，有何指教？"

"你天天在我的地盘讨钱，少不得要问一声嚓。"张飞笑道。

"不是讨钱好不好，我这是为灾区募捐！"砚台指指箱子上的爱心符号和"5·12"字样。

张飞点点头："看你好几天了，讨到钱没有？"

砚台很不高兴："哎呀！都说了不是讨钱好不好？是募捐！"

"好嘛，是募捐，你们要牛肉干不？"顺手指了指路边的行道树，去那边说话。这天够热的，树叶都晒蔫了，他还穿一身夹袍，背上都汗湿了。

原来这张飞用员工价买了些牛肉干去慈善机构捐赠，没捐出去，又提回来了。多也不多，两箱，但自己吃就太多了。他说："牛肉干有营养，又耐饥，比方便面强多了。古时候打仗的士兵口袋里装几块干牛肉做干粮，可比面饼耐饥得多。"这张飞是巴中人，受灾不严重，但同是四川人，也想尽一份心，见砚台常常抱个箱子在这附近转悠，早就留意了。听砚台说自己跟同伴在灾区办帐篷学校，为孩子们筹款买文具，就提出把那两箱牛肉干带给娃娃吃，等过几天发了工资，他再买些文具给娃娃们提过来，打工也没多少钱，尽点点心意。

砚台没想到这位彪吼吼的大汉竟有一颗柔软的心，本来是不收这些的，但觉得拒收会让人家爱心受挫。砚台当即代表希望之窗接收了张飞的爱心牛肉，还正儿八经以希望之窗的名义开了个收条，真情手写，非机器打印。张飞看了看，折叠整齐揣兜里。砚台还要了张飞的联系电话，捐赠者会收到接收单和签收单，等送到灾区后，领取的孩子会签收一道，这个单子会带回来反馈给他，大约一周之内。

没想到两个小时后，张飞就看到了砚台的反馈信息：砚台正蹲春熙路上吆喝着卖牛肉干。这员武将大怒，推开人群冲过去一把擒住。砚台被他的气势所震，腿一软瘫坐地上。张飞往上提，砚台坚决往下赖，僵持不下。

砚台觉得确实难以解释自己究竟在干什么，但鉴于自己狼狈的境遇又不得不解释："那个，不是，我们娃娃们需要文具，所以，所以我想把牛肉干卖掉换成钱，换成钱，买文具给娃娃们。"从箱子里捞出个小本子，上面记着收到牛肉干两箱，已卖出多少袋，每笔账目清清楚楚。张飞一把扫开小本本，瞪着砚台，那种鄙视眼神，流露出深深的不屑：你这个骗子！

砚台满头大汗，诺诺无语。地震后确实有些没良心的家伙趁乱骗捐，新闻也报道过，砚台看的时候也跟着一起骂，只是没想到有天自己也被当成这种人了，还被抓了个"现行"，百口莫辩。大太阳底下，又累又热，汗流得要虚脱，还被人逮住虎视眈眈当个骗子拷问，她真希望自己能嘤咛一声娇怯怯地晕过去，就不用像个寒酸的罪人一样在这里硬扛了。但从小在农村长大，体质好得很，嘤咛了好几声也没晕过去，只好定定心神，说："飞将军，我们确实在灾区办了个帐篷小学，在江油市敬元乡的沐水村，这是真的。我们是草根志愿者，没有官方背景，筹不到钱和物资，办得很艰难，我个人觉得牛肉干虽然娃娃们也喜欢，可是文具更紧缺，才自作主张卖钱换文具。当然，我辜负了你给娃娃们吃牛肉的一片好意，这是我不对的地方，我向你道歉，但你要非说我骗你这两箱牛肉干赚钱，那是万万不可能的，你看我这件衬衫，佐丹奴，牌子货来的，我咋个都不至于穷到骗你两箱牛肉干去卖的嘛。"

"啥牌子我都不懂，你有啥子文件证明这个窗户组织？"

"没有。"砚台摇摇头，回答干脆，这下她倒不废话了，主要是绕不过去，希望之窗本来就是草根组织，当然没有任何文件可以证明。不过，难道没有文件，我们就不存在了吗？"要不，这样吧，只有一个解决方法，你请一天假，我带你去看我们的孩子和帐篷学校，只有你亲眼看到了，你才会相信我，你一定要跟我去一趟，这个误会一定要消除，不然会伤害两个人帮助别人的信心，我真是冤枉死了！"

张飞犹豫不定，看着砚台，想从她脸上判断出真假，想了想，又问："你有志愿者证吗？我看别个志愿者有证的。"

砚台又摇摇头，没有。见张飞大叔一脸"你就是个骗子嘛，啥子都没得"的神情。只好又补充："只在官方登记过的，接受政府派遣的才发证，像我们这样自己来赈灾的没有证。"看到张飞脸上的疑虑更重，砚台很灰心，说："算了，我把牛肉干和钱还给你吧，卖了六袋，钱都在，我不要你的捐赠了！要是你觉得还是不够，那你把我扭送派出所吧，派出所只要接受报案就会调查，会给你一个真相……"

说着，砚台忽然觉得这是个好主意，派出所调查的话，肯定要去沐水村的，那就可以把筹集的物资一起捎过去了，还能免费坐车去看下张莉，再搭派出所的车回成都，多好啊！立马站起来，说："走，我们去派出所，我陪你去报案，喏，你抱箱子，这是赃物证据，你就说我是骗子，骗了你的牛肉干，让派出所调查这件事，好不好？对了，你打110吧，他们有车接，我们就不用自己走过去了。"只要经过派出所调查，就会留有"案底"，万一再遇到类似事情，这个"案底"文件就可以证明自己了，这是个能反证自己的途径。

砚台一扫沮丧，热情洋溢地邀请张飞去派出所，作为当事人一定要去做笔录才行。张飞愕然："我在上班！走不开！"

"那，你明天能不能请个假去报下案？我还有些物资扛过来，我们搭派出所的车一起送过去，傍晚再一起回来，就耽误一天，行不行？我让我们的娃娃给你唱歌，欢迎你，到时候就能证明你也是在做好事，我也是在做好事，多开心的，对不对？"

张飞看着这个忽然又开始神采飞扬的家伙，深深地震撼了，什么个情况？好心捐了物资，还没搞清楚状况，现在好像还有被征用去送物资的可能。看她那么自信，说不定是真的。

砚台也看着这位猛汉，打着小算盘：这家伙膘厚体壮，应该能背不少物资进山，去一趟不容易，晚上再买些图书带着……

"算了，我不去了，牛肉干我也不要了，就当是捐出去了。"张飞泄气了，嘟哝道："这么麻烦！两箱牛肉干还抵不得一天工资。"

想走？没那么容易，砚台坚决不放过他，岂容这么好的计划泡汤！抱着箱子跟在后面，喋喋不休，游说张飞跟她去沐水村送物资，哦，是调查一下到底有没有这个帐篷学校。"你想想嘛，如果我是真的在为孩子们募捐，办帐篷学校，你误会我，岂不是罪过？这个事情一定要澄清的嘛，你这样误会我，我个人也好受打击的嘛，再说了，我也不希望这个事情在你心里留下阴影，以后看到别个需要帮助，都不愿意伸出手去，担心被骗……"张飞被她纠缠得烦了，开始妥协："哎呀，好嘛，我相信你是志愿者、你是老师，我还要上班，不得跟你去那个啥子村，两箱牛肉干也不算啥子，真的，你拿去卖还是吃都不算啥子，牛肉干我不要了，我真不要了……"张飞像赶苍蝇一样挥着手，加快脚步，抢起两把板斧，小跑挤进人群。

虽然拉飞将军扛物资进沐水村的计划落空了，砚台却从飞将军身上想到另一个途径，一些慈善机构不接收零散物资，她可以去收啊，守在那些机构门口捡漏好了。捐赠的人都集中在慈善机构那边，应该去那里守株待兔，这可比满大街募捐强。

18. 我其实是个卧底

只是这个募捐箱子太山寨了，手写字体看起来不太规范，砚台打印了张"希望之窗帐篷学校物资接收点"的标签裱在硬纸板上，还买了张"众志成城，抗震救灾"的贴纸贴上去，上面有大大的红十字标志，效果不错，看起来疑似官方组织。

不过，为了避免被红十字会的工作人员驱逐，还是正儿八经地进去问了一声："请问，有没有看到两个送文具的广东志愿者？他们是约好送些本子给我们帐篷学校的，我是学校负责人，约好在门口碰头，电话没打通……"举着牌子，很讨厌地挡在人家面前，啰啰唆唆。后面的人往前挤，砚台坚决不让，张着臂膀护住台面。

"没看到。我们这人太多了，麻烦你去门口等好吗？"

"好吧，谢谢哈。"达到知会效果了，砚台心安理得地去门口截留物资。

门厅有些空桌子，贴着红十字的标识，砚台趁乱拖了张桌子过来，开始办公，站得笔直，很有职业前台的架势。才站一会就接待了好几拨问询的人群，砚台煞有介事地向他们介绍："嗯，是的，这里是临时物资接收点，大宗物资请入内办理，零散物资在这里就可以，我们这个窗口主要接收儿童用品、文具、玩具这些。收据？您需要收据的话得去大厅排队，我这边是临时接收点。捐款？啊，这个捐款……捐款也入内去办理吧。"砚台几乎是咬着牙才说出这句话。

一些个人提些零散物资来捐赠的，看看大厅里人那么挤，也懒得排队去要收据，就被砚台给截留了。砚台桌上放了一沓买来的纪念品，红十字会赈灾贴纸，每收到一笔物资，砚台都送一张贴纸，很多人直接将贴纸贴在胳膊或者胸前，神情非常与有荣焉，简直宾主皆欢。

人潮川流不息，砚台这个所谓的临时接收点的物资越积越多，越堆越高，太多了！办两所帐篷学校也够了！这么多，看起来有点触目惊心，仿佛是一堆赃物，成就感渐渐被心虚给取代了。

一个声音说：砚台，你这是在骗人啊！这要是被抓住了会不会坐牢啊？

另一个声音弱弱地在辩解：不是的，我这里明明举着这么大个牌子——希望之窗帐篷学校物资接收点，我又没说自己是红十字会的，是人家自愿捐给我的，这些物资也是去赈灾的……

一个声音略微妥协：那，物资已经这么多了，见好就收吧，万一被红十字会的人发现了，物资会没收的，说不定还打一顿！

另一个声音，贪心地：在等一会会，一会会……

砚台正在跟自己吵架，又有两姑娘来咨询，拉了两蛇皮袋文具过来捐赠，有本子、有笔、有书、有零食，见不用排队，立即把袋子拖过来了。但她们是单位捐赠，一定要开接收证明，连赠送红十字会的贴纸都不管用。砚台很想要她们的物资，她们的物资跟帐篷学校实在太对口了。但忽悠不过去，只好指她们入内办理。

不过，砚台没告诉她们，这两蛇皮袋零零散散的物资不一定能捐出去。反正已经到门口了，让她们自己去搞清楚比较好。

果不出所料，两姑娘又把袋子拖回来了，蹲一边整理，一个埋怨另一个："都说了不要食品嘛，咋还放吃的进去，这个天气容易坏嘛。"

另一个也没好气："吃的都是有保质期的，咋个就坏了嘛！都是大家给娃娃的心意！不要我们拉回去算了。"

砚台眼巴巴地望着她们，而她们竟然把袋子拖走了。

不行！不能让好心人失望而去！砚台拔腿就追，拦下她们，说自己愿意接收物资。两姑娘看着砚台非常不高兴，语气很冲："你们工作人员说不要的嘛，号召我们捐，哦，我们捐了，还挑三拣四！做慈善做成大爷了？啥子东西嘛！"

砚台擦了把汗，深深吸了口气，决定坦白自己卧底的身份："其实，我不是红十字会的工作人员，我们几个志愿者在江油的沐水村办了所帐篷学校，因为没有官方背景，筹不到物资，帐篷学校办得很难。你们也看到了，大家都愿意把物资捐给红十字会，所以我守在门口看有没有物资能捡漏，拿去给我们帐篷学校的娃娃用。如果相信我，就把物资捐给我们，我替你们将爱心带到灾区，我个人给你们打个收条，等这批物资送到帐篷学校，会让孩子们再签收一次，每个领到文具的孩子都会在接收清单上签自己的名字，然后我们会把这份签收清单快递给你们。我们是草根组织，没有公章什么的，但我们的签收单，会详细到每一支铅笔由哪个娃娃领到手使用。每一张纸每一支笔都物尽其用，落到实处！"

那两位姑娘一脸惊疑不定地看着砚台，犹豫了会，说："这些是我们单位同事一起捐的，不是我们个人的，指定捐到红十字会，不是说不相信你，真不是，但这些东西不是我们个人的，不能给你……"把这两蛇皮袋物资飞快地拖走了。

两姑娘拉着小拖车慌里慌张，跑得飞快。砚台很失望，哪里出问题了？为什么把真话兜底说出来，人家反而更加不信呢？

但是撒谎吗？冒充李连杰杵在这里吗？究竟为了做一件善事不择手段到底对不对呢？过程重要还是结果更重要？想到张莉和阿亮他们在大山里赤手空拳办小学堂，正等着她筹备物资送过去，砚台决定不再去想这个问题了。

19. 教育无他，唯爱与榜样

张莉和阿亮一早就起来修帐篷，发现帐篷外有个小小的身影，正在忙碌，将砖头码在一边，把雨水冲过来的垃圾清理掉。那孩子叫唐文飞，九岁，是帐篷学校的环境营长，也是昨天一起护卫帐篷学校的八个孩子之一。家住得非常远，到帐篷学校要走两个钟头，早晨山路上露水重，这孩子就每天穿雨靴，大家叫他"穿雨靴的唐文飞"。张莉问他吃早饭了没有，他说吃过了，想在上课之前帮忙将这里清理干净，因为帐篷学校的环境卫生是他的职责范围。陆续又有孩子们到，今天孩子来的都特别早，还带来了工具，锄头，铁锹，主动加入清理工作。

阿亮看着这些孩子忙忙碌碌，不禁感慨万千，如果说志愿者做的事情有意义，意义也是因为这些孩子而产生的心灵激荡。人做任何事情，都必将投射回自己的心灵。有人回应你的善意是多么窝心的感觉啊！

早上，在这垮塌的帐篷学校前，第一次唱国歌，升起了国旗。虽然仍在下小雨，阿亮和张莉带孩子们站在细雨里完成了第一次升旗仪式。

后来办了很多所帐篷学校，每天都和孩子们一起升国旗，沐水村这次的升国旗是张莉印象最深刻的，她说起来的时候，很怀念地微笑着。还记得阿亮找的旗杆，笔直笔直，国旗系在杆子上，很高很高，迎风飘扬。

升完国旗雨就停了，阿亮补帐篷，不时地探头看看课堂上的张莉和孩子。太阳出来了，雨后空气很清新，有植物和泥土的味道，风吹过菜地，风里菜花蝶翩翩起舞。

张莉那堂课叫《家园》，说起自己的家，在山西，那里是平原，这个季节的气候，还有核桃树……

阿亮在一旁听着，觉得张莉可能是想家了。

张莉将手腕上的一串佛珠解下来，告诉大家这串珠子是临行前她妈妈给她戴上的。那时候她妈妈还在病床上，知道张莉要去四川做志愿者，将这串戴了多年的佛珠解下来给她。张莉说："这串佛珠是母亲对孩子的爱，是张阿姨拥有的最贵重的东西。"

说完，张莉将这串佛珠剪断，分出八颗珠子，让昨天的八个孩子站到前面来，跟孩子们讲昨天抢救帐篷学校的事情，将八颗珠子分送给这八个孩子，感谢他们昨天的协作精神和共同承担的勇气。给孩子发珠子的时候，眼泪在眼眶里打转。张莉想，我能有什么东西可以留给孩子的，在这里这么难。珠子不值钱，可是对个人的意义很珍贵，分给孩子做个纪念吧。

剩下的珠子，张莉将它们放在一个玻璃瓶里，托在手上，跟孩子们说："希望在张阿姨离开之前，这瓶子里的珠子都能够送出去，张阿姨想送给勇敢的孩子，快乐的孩子，坚强的孩子，自信的孩子，诚实的孩子，正直的孩子，愿意帮助他人的孩子，敢于承担责任的孩子……"课堂上很安静，只有张莉舒缓的声音，平静而有力量："我们都有机会成为我们想成为的那个人。"

"地震把我们的家震塌了，有爸爸妈妈在，家园就会建起来。帐篷被压垮了，有叔叔阿姨在，就会再建起来，我们就有学上。人活着，总会遇见各种各样的困难，但是唯有在放弃的时候，你才成为失败者。这世上，就没有人渡不过去的难关！只要我们坚持不放弃，一切都会好起来……"许多孩子都哭了，张莉的眼泪也在眼眶里打转，声音哽咽。

阿亮在一旁补着帐篷，忽然放下手里的活，看着张莉，怔怔地发呆。

这堂课上诞生了帐篷学校的口号：我是一颗小水滴，我有一种精神，叫作坚持！张莉给孩子们讲抢救帐篷的经过时脱口而出，其中也有对自己的勉励：不管多难，一定要坚持下去。

跟孩子们讲水之德：经常探索自己方向的是水，自己活动并能推动别人的也是水，水以自己的清洁洗净他人的污浊，水滋养万物，但从不与万物争高低，不张扬不炫耀，水越深，越宁静。水不管容器怎么倾斜，山川如何高低不平，水都能保持公平。水能蒸发为云，变为雨，凝结成冰，不论怎么变化都不失水的本性，我们一起向水学习君子之德。

水也最团结，最齐心，一旦融为一体就不管山高路远，朝着共同的方向义无反顾地前进，因为团结一心，水的威力无比，遇到障碍时，水能发挥百倍力量。张莉和孩子们做了个实验，将饮料、清水、墨水混在一起，问孩子们：谁能将它们分开？——我们所有的小水滴是一个集体，只要我们融合在一起，就没人能将我们分开。一颗小水滴很快就被太阳蒸发掉，许多许多的小水滴团结在一起，就能汇聚成江河，全世界只有一个你，而将每一个人汇聚起来就成为世界。我们这些小水滴要紧紧融合在一起，团结起来面对生活的难题。

张莉将帐篷学校正式改名为"小水滴帐篷学校"，希望之窗从此只做招募志愿者的名号。孩子们和每个加入的志愿者，都以小水滴自称。经张莉之手，从希望之窗这个土得掉渣渣的名号直接降格为低幼版的小水滴，阿亮很揪心。

帐篷学校里不设文化课，日常小事就是小学堂的教材，踏踏实实力践于当下。没什么了不得的大道理，亦无各种教育理论的探讨，带孩子一起搭建帐篷修排水沟，在劳动中学习协作的契合，在小学校遇到挫折时，向挫折学习责任与担当，在日常的吵闹矛盾中学习待人处事方式，在地震后物资匮乏的贫瘠之中，学习向自然寻找资源……教育无他，唯爱与榜样。

语言很多时候是虚的，共同的经历才是真实而难以忘记的。

阿亮和张莉像下放于此的知识青年，白天上课，放学一起去砍柴，傍晚回来一个生火，一个做饭。晚上阿亮就着灯光修补些桌椅，也做些粗糙的日常用具，张莉在一旁批阅孩子们的日记，做第二天的备课，生活虽艰苦，但也逐渐适应。村里人也已接受他们，有时晚上还有村民过来串门，唠唠家常，带些莲白、土豆给他们做菜。

每天清晨，邻近的孩子们踩着田间小路来上课，一路都是校歌声，悠扬恬静。六月的乡间，山林葱翠，蝴蝶飞舞，夜晚星光璀璨，除了偶尔有余震，支教生活平静如山间溪水，一路清流而过。

20. 壮士，请把箱子扛上

物资太多，背不动，砚台邀请邻居豪哥跟她一起送物资。豪哥震后失业，闲得蛋疼，此人唯一的优点是长得比较帅，他自己也深深知道这一点，所以将人生理想定位于找一富婆傍着，省却后半生的打拼。砚台请他帮忙，他一口拒绝，坦言对赈灾这种事情没兴趣，那是政府应该干的活，再说自己都还是灾民呢，震后失业至今。

砚台投其所好："我们帐篷学校有一志愿者是山西煤老板的女儿，叫张莉，如果你愿意帮忙背物资去沐水，我就介绍你认识。"

他不信，说："扯吧你！那姑娘家里这么有钱干嘛还来做志愿者？直接捐钱不就得了，演戏呢？"

砚台只好继续忽悠："这就说明你不懂有钱人，光捐款没法感受到近距离的感激啊！要不，咋还有富人直接去灾区发钱的呢？"

豪哥点点头："难道说奢侈品已经不能满足她们的灵魂了？必须装圣母才行？"话锋一转："漂亮不？"

"嗯，这个么，坦白说，长得嘛一般，皮肤有点黑，不过也许有钱人流行晒黑，只有在夏威夷海滩的阳光才能晒出最正宗的黑，非洲坚决不行，那颜色黑得有点焦，你看电视就知道了，而且据说要加蓖麻油还是小磨香油之类纯天然无添加的油才能晒出那种高级黑。"

"橄榄油！"豪哥略带不屑，语气权威地更正。

"对，橄榄油。哦，对了，有一种人视金钱如粪土，所以，你见面千万别跟人说煤窑和钱的事情，你知道，真正有钱的人都很低调的，也很警惕，暴发户才喜欢到处跟人显摆。"豪哥爽快地说："哪能那么俗呢，你小看我的智商！"

"哪能这么说呢，一般人我还不告诉他呢。"砚台故作诚恳。

豪哥此人力气是有，废话太多，一路问长问短，问张莉家里几座煤窑，兄妹几个，什么星座啥血型，被他唠叨得不堪忍受。赶了将近一天的路，出了城过了河还得爬山，爬完山还有山……真可谓跋山涉水，终于到达沐水村帐篷学校。

帐篷学校在一片菜地里，砚台他们刚出现在路口，孩子们就从菜地里冲了出来，爆发出的热情让砚台和豪哥手足无措，站那里傻笑。孩子们的欢呼声估计山那边渡口都能听见。隔着孩子看到阿亮和张莉站在帐篷学校前，笑容满面，挥手打招呼。

豪哥语带警惕："站张莉旁边那男的是谁？"

砚台迅速回答："不是她男朋友！来吧，壮士，请把箱子扛上。"

菜地中间一块坝子，踩得平溜溜寸草不生，一条小路直达帐篷学校，蓝色的篷布几乎和湛蓝的天空融为一体。因为天热，篷布撩起来折在棚顶，四周棚柱有许多新鲜野花装饰，讲台上也鲜花簇拥。坝子四周还挖了"井"字形排水沟，这小学堂齐整得好像不止办一个暑假，处处那么有打算，没一点临时的感觉。棚顶上还有砍来的艾草，估计是晒干熏蚊子的。

砚台走近帐篷，立住了脚步，虽然想法是砚台发起的，但她对帐篷学校会怎样呈现在眼前完全没有概念。张莉冲孩子们做了个手势，大家整齐列队，回到自己的座位，迅速而安静。

"这，就是我们的帐篷学校啊？！"砚台很惊喜："好漂亮啊！"

"当然，全四川最美丽的帐篷学校，怎么样，领导还满意吧？"阿亮笑嘻嘻地抢着回答。张莉补充："帐篷学校都是阿亮一手搭起来的。"微微笑着看了阿亮一眼，阿亮得意之情满在脸上，说："不过，孩子们都是张莉一个人教的。"两人并肩立着，一人一句，很有默契。

风从山谷里一阵阵吹来，田野的气息扑面而来，有金银花草和薄荷叶的味道，这确实是个美丽的小学堂，与自然融为一体，毫无简陋之感。

张莉说："让我们一起为叔叔阿姨唱我们的校歌，感恩砚台阿姨好不好？"

这是砚台第一次听到帐篷学校的校歌，比在电视上听到的好听多了，没有音乐伴奏的童音合唱，脆生生响彻山谷。唱完歌，张莉请砚台上讲台前给孩子们说几句话。只见张莉右手在腿侧，悄悄一抬，孩子们就掌声如雷，手掌轻轻往下一压，掌声立歇，整齐划一，显然是排练过的仪式。

砚台走上去，孩子们都坐得很端正，仰着一张张小脸望着她。她还从来没有经历过这样的场面，心里润润的，不知道说什么好，静了一会儿，说："孩子们，其实阿姨从来没有经历过这样隆重的场面，心里是有点紧张的。"

孩子们笑了起来，张莉抬手轻轻压了一下，笑声立止。

砚台说："孩子们，在我和你们差不多大的年纪，我家住在长江中间的一个岛上，有一年岛上发水灾，大人都忙着去抢救庄稼和挑坝，水一点点地漫上来，我非常害怕，担心岛屿会被淹掉，我会被江里的鱼吃了。多可怕的想法，对吧？我想，如果那时有大人愿意陪陪我，会好过很多，也不会像今天这样胆小，站在讲台上说话都会紧张。地震后，我想一定有许多小孩子和当年的我一样害怕，需要陪伴，所以我和阿亮叔叔还有张莉阿姨，商量着建帐篷学校，陪孩子们度过这段时间。在这里我想表达一个观点，可能和张莉阿姨说的不一样，但我想说出来，我所做的一切你们都不必感恩，这不是恩情，因为，这原本就是我们大人应该为小孩子做的事。我想，当你们长大成人之后，别人有需要的时候，你们也会自然而然地去做同样的事，就像水的流淌，自然而然会流向矮的地方，成年人应该关照小孩子。"

放学后，几个人坐坝子上聊天，帐篷前有个黑糊糊的土坑，阿亮笼了堆柴火点燃，扔了几个土豆进去，这就是晚饭了。阿亮说起在沐水村办帐篷学校的过程，张莉不时补充，那些艰难虽然已经过去，但说起来还是充满感慨，这小学堂办起来着实不易。砚台也说起筹款的种种状况，算是交流这段时间各自的经历。

张莉想了想，还是提出来商量："教孩子对别人的付出心怀感恩，这些并没有不对，人当然应该要有一颗感恩的心。"砚台解释："帮助人的和被帮助的立场不一样，帮助人的不要求别人感恩，被帮助的人懂得感恩，可能更好一些。你教孩子感恩没有错，但他们有天或许会成为帮助别人的人，也希望他们不要时刻念着别人如何感恩。这里一种微妙的情感体验，如果孩子理解了这个，那他们会使用合适的方式将善意回报给其他需要帮助的人。"

豪哥自来帐篷学校一直很少说话，这时忽然问了一句："你们为什么一定要做这件事呢？"

这个问题，把大家都问沉默了。

阿亮想了一下，问："你觉得我们为什么要这样做呢？"

豪哥笑笑，摇摇头，不说话了。

事到如今，为什么做已经不重要，因为已经做了，接下来如何做才是最重要的。但砚台对接下来如何做毫无信心。眼看张莉和阿亮成绩斐然，小学堂办得有模有样，砚台却不好意思说实话，告诉阿亮和张莉，自己快到极限了，筹钱和招人这种活超出她能力范围了。看着阿亮和张莉配合得那么好，有商有量又那么有默契，她感到异常孤单，即使在成都生活条件远胜沐水村，但她没有一位伙伴，每天抱着捐款箱四处游街，所遭遇的许多事情，在侵蚀着她的信心和热情。

太阳还没下山,天际已出一轮新月,山野明净如洗,植物被艳阳炙烤了一天,傍晚发出令人迷醉的气息。阿亮生火煨土豆做晚饭,豪哥带了酒和火腿肠,两人在坝子上喝酒聊天。张莉在火塘边批改当天的日记,不时念一段给大家听,商量如何回复。每天的日记相当于孩子和张莉的交流谈心,张莉说:"小孩子最主要的任务就是感受,鼓励孩子们留意身边的事,说出自己的感受,不需要讲太多的道理,道理讲多了,孩子自己的思想就长不出来了。"有的孩子还太小,日记中汉字夹拼音并佐以图画,或画了许多符号类似象形文字,张莉要花很多心思,联系当天发生的事情去揣测,回复。这种天书形式的表达,也只有日常细致的观察才能帮助张莉去破译孩子们的心思。

随着阵阵晚风,煨土豆的香气丝丝缕缕扑鼻而来。一天的工作已经结束,这是一天中最愉悦轻松的时刻,说说笑笑,哪个孩子最调皮,哪个孩子憨,哪个孩子聪明。

21. "刘一刀"的猪头肉

砚台回到成都专程去了一趟张飞牛肉馆,把孩子们的签收单给张飞。还打印了一张帐篷学校的照片,在照片背面写上:感谢张飞大叔的牛肉干!落款为希望之窗小水滴 2008 年纪念。

张飞很过意不去,那天对人那么不相信,狠巴巴的,实在是过意不去,拿出 500 元钱让砚台给灾区孩子买些文具。这还是办帐篷学校以来数额最大的一笔捐赠。但砚台谢绝了,拒收是因为体谅。这位来自巴中的农民,因为长相威猛才在城里找到一份活广告的工作,这么热的天,穿着古装袍子在烈日下巡回表演,500 元相当他月薪的三分之一,他并不比灾民的生活好多少。

张飞拉砚台一起去他老乡那里吃晚饭,言辞恳切:"都是外乡人,大家交个朋友,以后在成都也有个照应!"反正回住处也是一个人,砚台欣然应邀。

张飞的老乡在菜场卖肉,有个四五平方的猪肉铺子,前铺后住。穿过窄窄的过道,后面是个大杂院,租了许多住户,都是卖菜的。张飞老乡绰号"刘一刀",光头佬,皮肤像泼了一层油发出光泽,赤着上身系了件生皮围裙,进来打了声招呼,提了只猪头让张飞大叔先煮上。砚台待要帮手,却又对这个大家伙下不了手,那猪头两只眼睛愣愣地盯着,瘆人。张飞端出个大号钢精锅,将猪头扔进去,快火猛煮。

天黑透了,大家才陆续收摊回来,院里有七八个简易炉灶,卖剩的菜煮一煮,端上来,杂院中间拼了几张竹子桌椅。猪头肉也熟了,刘一刀将猪头捞出,快刀剔肉,手法如旋,顷刻便剔了一脸盆子肉片,倒上海椒、花椒、生蒜红油、小葱、盐等抄底一拌。提了一塑料壶过来,问砚台喝不喝酒,砚台本来在外一般不饮酒,今天倒是很放松,点点头,说:"喝!"

各家将菜都端上,围坐下来。张飞跟大家都认识,介绍:"我们朋友,志愿者!在灾区办学堂,文化人!"

大家喝酒,话题自然围绕地震,都是来自四川各地,有的是灾区,有的灾情不严重。但地震给人的震撼并不仅限于受灾地区,这是牵动全国人的一个大事件。也受这氛围影响,大家对砚台颇为敬重,说不出多少褒扬的话语,只是轮流向砚台敬酒,代表四川人的感谢,感谢她来四川赈灾。这样的尊重和善意,是砚台之前没有经历过的,加上酒意熏人,几欲热泪盈眶。

小院里拉了盏灯火照亮,蚊虫飞舞,不时有小虫掉到酒菜里,用筷子夹了出去。夏夜奥热难耐,酒倒越喝越酣,也说起生活的愿望和打算,供娃娃读书的,再过几年娃娃考上大学,慢慢就出头了,到时就不干了,还是回到乡下去。也有乡下盖了房子还欠些外债的,又有娃娃读书,负担重些的,图谋着摊前再加个卖水果的营生。又说这个热天,灾区老乡的日子不好过,路都塌了,种的东西运不出来就烂在地里了,遭惨了。老百姓的生活根底子薄,遭一场灾,好些年都缓不过来。

饭后,张飞和刘一刀送砚台回去,张飞拿出个塑料袋,说:"这是我们的一点心意,钱不多,给娃娃们买点文具,农村娃娃只有读书一条路,学习要紧,不得耽误了。"袋里有些面额不等的钞票,砚台讶然而立,对这"意外收获"不知收还是不收。收嘛有些难为情，感觉自己和大家吃顿饭是为募捐，虽然这些日子，她每天心心念念绞尽脑汁都是为了募捐，但这次偏偏不是为募捐而来的。不收，似乎也不对，这钱不是捐给她个人的。

"刘一刀"又从车上解下个蛇皮袋，说是些腊肉香肠，这个天也不会坏，带给志愿者和娃娃们改善下生活，灾区生活苦得很。又笑笑说："我们这次也算做了回赈灾志愿者，帐篷学校算我们一份！政府不是说嘛，一方有难，八方相助，大家都尽一份力，难关就渡过去了。"

夜晚的街头，车水马龙，霓虹灯闪耀，穿行其中就像蹚入一条巨大的河流。砚台并不想到张飞他们那里募捐，那样让她有辛酸感，但他们却给了她最大的惊喜和鼓励。是的，是鼓励，第一次，她感受到被认可，因为在做一件好事而获得别人的敬重和响应，更重要的是她在今晚获得了几位朋友，这些年长于她的朋友，并没有因为她是女孩子，年轻，而忽视她。

想起大老游说的，你帐篷学校还没办起来，怎么让别人信任你？信任问题解决不了，别人怎么会被打动给你们捐款？砚台觉得这里面有个问题：不能让人觉得捐款是给我们去办帐篷学校，而是大家一起各尽所能，来为灾区儿童办一所帐篷学校，事情才是主体，组织者不是。

砚台将新想法整理出来，配上帐篷学校的照片写了个方案，做成PPT。在她的广告佬生涯中为无数企业做过宣传方案，这还是第一次为自己做的事情去写方案，摒弃一切花里胡哨的说词，朴实而直接，帐篷学校招募合伙人，三名草根志愿者在灾区办了一所帐篷学校，目前有学童125名，将受灾情况和学校情况简略说明辅助纪实照片介绍。如果你想为灾区儿童做点事情但没有时间，那么你出钱，我们出力，做你的执行者。如果你愿意花一点自己的时间，亲自出力为儿童服务，那么我们将你带到孩子面前，为你做好一切后勤服务，并为你的赈灾行动负责筹集物资。希望之窗愿成为一座桥梁，将你们的善意直接抵达至这125名儿童面前。在方案最后附上帐篷学校每一名孩子的资料。

把过往的客户、同事、朋友都翻出来，将方案发邮件给他们，邀请他们加入这所"很多人的帐篷学校"。希望之窗也有了正式名称：希望之窗

"5·12"儿童关护组织，还设计了个 LOGO，大手牵小手拼成一颗心，请豪哥帮忙做了张海报，将沐水村孩子的笑脸拼贴成一颗心，发到各志愿者论坛去招募志愿者。还弄了个博客，叫希望之窗，作为宣传基地。

希望之窗又多了名志愿者，豪哥，他已经知道张莉家里并没有煤窑，但他没有追究此事，只说能为灾区的儿童做点事情是他的荣幸。

22. 叛徒又回来了

随着又一批志愿者的进入，沐水村的平静生活再起纷扰。

阿亮最初带来沐水村的七名志愿者回到城市后，因筹不到办自来水厂的资金再次分裂，剩下的两人又来沐水村了，还带了几个朋友来玩。看到阿亮已经将帐篷学校办了起来，再次要求加入，阿亮接纳了他们，但阿亮很得意，心想："你们背叛我了，又回来了。"悄悄指给张莉看，哪两个以前是水利派的，跟他吵过架的。张莉点点头，没说什么。

这群志愿者乍到帐篷学校，很热情，从包里拿出吃的，向孩子们分送："来来来，给你们糖吃。"几个年纪小的孩子禁不住诱惑，伸手去接。张莉正在上课，瞪了一眼，说："没有遵守课堂纪律的，自己站出去！"几个孩子乖乖地站了出去。

那群志愿者围着帐篷学校转，各个角度取景拍照，孩子忍不住转身去看镜头，张莉一瞪眼，又站出去几个。纪律组长站起来对那几名志愿者说："你们到别处耍去，我们正在上课，小娃娃都不专心了，都站出去好几个了！"

张莉瞪了纪律组长一眼，说："你也站出去！"

纪律组长愣了一下，有点委屈，但没敢说什么，也站出去了。营长举手要说话，张莉右手手掌向上一抬，表示许可。

营长说："张阿姨，我认为纪律组长没有错，外头的人扰乱我们，纪律组长维护纪律，是他应该做的事。"

张莉没有回答，问："小水滴们，你们认为纪律组长应不应该站出去？

请说出你们的理由。"

有的说不应该站，他是担当了纪律组长的责任，应该表扬。

有的说应该站，因为没有经过张阿姨允许就说话了，他自己也破坏纪律了。

张莉在白板上写下"定力"两个字，说："定力就是平和恭正、端心止念。一个人如果没有定力，不能静心，起一阵风都能干扰你学习，下场雨都会觉得被吵到，我们要为自己的浮躁去怪风和雨吗？上课的时候外面有人递吃的，这点干扰都能被影响，还能做什么事情？阿亮叔叔总怪张阿姨对小水滴们要求太严，但张阿姨希望你们从小培养自己的定力，人无定力，百事皆废！"

阿亮正得意于"叛徒又回来了"，听张莉这么一说，面子上有点挂不住，忍不住插嘴："嗨！不要拿我当反面教材好不好？我就是觉得对小孩子没必要那么严肃嘛，宽松一点的学习氛围不是更好吗？再说我们帐篷学校……"

"请营长出列，维护课堂秩序！"张莉忽然打断了阿亮自我感觉良好的絮叨。

营长走到最后一排，冲阿亮鞠了个躬，做了个请的手势，阿亮大为尴尬，起身回宿营帐篷了。

张莉见他没有接受罚站，就给孩子们鞠了个躬，说："阿亮叔叔不遵守我们的帐篷学校守则，是张阿姨没做好，张阿姨现在自己出去罚站。"转身站出去了。

营长一看这阵势，觉得自己也有错，跟全体小水滴鞠了个躬，也站出去了。

小水滴们一看张阿姨站出去了，营长也站出去了，也立马起身，在营长后面按组列队站军姿。

那群志愿者傻眼了，没想到送吃的竟然引起这么大的事，赶紧去找阿亮。阿亮出来一看，帐篷学校里空无一人，都在太阳地里罚站。阿亮非常不爽，但情势所迫，只好走到张莉跟前鞠了个躬，又走到孩子们面前，鞠了个躬，说："我错了！你们回去吧，我来站！"张莉转身带孩子们进帐篷了。

阿亮在外面汗流浃背，很想骂人。

直到下课，张莉才过去跟那群志愿者打招呼，让他们把零食都放在讲台上，问孩子们："这些叔叔阿姨从很远的地方来看我们，还给我们带了零食，但是我们小水滴不能平白接受恩赐，我们要怎样做呢？"

孩子们有的说要，有的说不要，声音起起落落相当犹豫，意见很不统一。

张莉说："小水滴不能白要叔叔阿姨的东西，这样吧，用你们最动听的歌声来交换吧！"说完，把那群志愿者请到讲台前面来，让孩子们为他们唱一首歌。

地震后，灾区人来人往，送物资送吃的，大人都容易被惯坏，何况孩子，觉得我们受灾了，接受别人的东西是理所当然的。那天白板上多了一条校训：不平白接受别人的恩赐，学会平等交换，做一颗自尊、自爱、自强的小水滴。

那群志愿者颇为尴尬，在灾区送物资一贯好评如潮，气氛热烈，没想到在沐水村却被张莉当了一回教材，几个大人活生生地戳在那里，给孩子当教学道具。

晚上开会，阿亮给张莉介绍这群志愿者，告诉张莉他已经接纳他们了，以后要在一起做事，希望大家和睦相处。

张莉说："我对新志愿者没任何意见，也欢迎他们来这里工作，只要遵守帐篷学校的守则就行，那些公约不单是给孩子拟的，志愿者也必须遵守，如果志愿者自己都做不到，怎么带孩子？"

那群志愿者也为今天在张莉上课时发零食的事道歉，表示接受帐篷学校的规则。

阿亮劝张莉："大家刚来还不熟悉，有什么没做到位的私下说，别当着孩子们的面说，没威信，大家以后没法教孩子。"

志愿者中有个川妹子，性格火暴，立即接道："对头！大家都是来做志愿者的，为了孩子才在一起做事情，表（不要）相互踩就行！"

张莉说："威信不是别人给的，是要靠自己建立，志愿者的一言一行孩子们都看得见，自己做人自己担，不要指望别人捧，这里没这个规则。"

阿亮觉得张莉这话似乎另有所指，不太高兴，不吭声了。

　　川妹子说："这话说得对，你当着娃娃的面说我们，你个人的威信就建立了。阿亮作为组织负责人没说啥子，你倒是看不顺眼，你看你好大的威信嘛！"

　　张莉放下正批改的日记，抬眼环视这群志愿者一圈，问："你们到这里来的目的是什么？是为了树立个人威信还是为了孩子们？如果是为了孩子，就不用争意气长短，做好自己，做好自己的事，给孩子们做好榜样。"

　　阿亮赶紧打圆场："大家来这里当然是为了孩子们，对吧？"大家都不说话，阿亮只好继续说下去："不然谁到这里来吃苦啊？肯定不是跟谁作对才来的嘛。"

　　依然没人说话，气氛变得很闷。

　　张莉说："帐篷学校有帐篷学校的规矩，给孩子上课，穿着不宜暴露，也不要化浓妆，染各种颜色的头发也不合适，指甲各种发光的也不好，小孩子的审美观还没建立起来，不能误导他们美丑不分。"

　　川妹子脸上挂不住，觉得张莉处处都针对她，说："你管老子穿啥子！表拿审美观说事！"

　　张莉没看她，声音平和："穿着打扮要分场合，这里是山村，老乡们都很保守，衣着上朴素为好，有些孩子才五六岁，视线很低，平视只能看到成年人的大腿，白花花的一片，不好看。来教孩子，言语上也请自重，非礼勿言。从善如登，从恶如崩，孩子们很容易受影响！奸巧语，污秽词，市井气，切戒之。"还背了一段弟子规。

　　那群年轻人何曾被人像个老夫子一样当面"指教"过，一时各种表情都有。

　　张莉面不改色，继续说："既然我们都是为了孩子，那么志愿者在这里工作，也不应该由阿亮和我说了算，先过孩子这一关吧。从明天开始，新志愿者坐在后排跟孩子们一起上课，看孩子们怎么做，只要孩子能做到的，你们也做到了，就算合格，接受三天的培训期，让孩子们来评判。"

　　阿亮生怕她们又吵起来，立即表态同意："好！就这样，散会！"他觉得孩子肯定没张莉那么严格。

第二天，张莉将规则在帐篷学校讲了一遍。孩子们很振奋，志愿者们很萎靡，这什么规则啊？哪有当老师的先被学生教？当时就有三名志愿者提出不上课了，去做后勤。

一天下来，孩子们各种意见纷纷出来了：谁上课玩手机了，谁升国旗的时候服装不整洁，扣子没有扣，又有谁上课的时候坐姿不端正，还讲小话了……晚上又有五名志愿者提出去做后勤，只剩下三名志愿者了。

第二天下来，那三名志愿者也吃不消了。

第三天，大吵一架之后，第二批志愿者全跑了。

好不容易来了新志愿者，才三天就被张莉的规矩给吓跑了，一个不剩，阿亮气冲冲地对张莉说："张莉，你很牛逼，但也不是最牛逼！你看我就没按我的标准要求你！我知道你做不到。推己及人，你的要求太高了，很少有人能达到，你可以培训他们，不要一开始就有成见，没人是按照你的理想去长的。你得宽容一点！都像你那样的话，我们招不到人来支教。那女孩子染了红头发，你竟然叫人家回去染黑了再来，那不是为难吗？而且我也没觉得染红头发就丑了，各人审美不一样嘛。"

张莉说："招不到合适的志愿者，我一个人能顶上。办帐篷学校是为了孩子，不是为了让每个志愿者都能上课。我看他们也不是诚意来支教的，是来乡下找乐子的，教什么，怎么教，一点都没想过就跑过来了。"

第二批志愿者虽然没有真正为帐篷学校上课，但他们的到来促使帐篷学校诞生了办学宗旨：一切为了孩子，和行为理念：做好自己，做好自己的事。

23. 以后会有一棵树

六月中旬，任之超一行八名志愿者来到了沐水村，张莉对他们进行三天的培训，依然有各种抵触和散漫。阿亮担心张莉把任之超他们这批也吓跑了，培训一结束，阿亮就以带张莉就医为名，强行带她出山去看医生。山西平原气候干燥，四川盆地潮湿多雨，张莉有些水土不服，加上一直住帐篷，潮气太重，浑身长满了湿疹。

清早，山林间雾气还没有散，两人翻山出去，得赶好几个小时的路。地里干活的村民见到他们都热情地打招呼，张莉去做过家访，村民对张莉很尊重。路上遇到，没什么好招待的，解开水壶要往张莉的水壶里灌点茶，出山路途遥远，附近没有人家，连干粮都要分一点给他们。得知阿亮带张莉出山看医生，都叮嘱阿亮要照顾好张老师。如今和村民的相处与当初已经截然不同，两人一路出山，一路悠悠地跟老乡打着招呼，心情愉快。

聊起第一次走这条山路的时候，下那么大的雨，还遇见泥石流，那时心里惊慌得很。张莉想想忍不住笑了，说自己还在路上做了许多记号，怕万一事情不对，自己能逃出去。

阿亮恍然大悟："我说你怎么老是折根树枝，又在路边插根棍子。一路给你折了好几根树棍，让你探着路走，一会就被你丢了。"

"你都看到了？"张莉羞赧一笑，看看阿亮："你那时候那么凶，我跟你又不认识，心里害怕呀！"

走着，阿亮忽然指着路边说："这是你那天插的树棍吧？你这丫头，小心眼！哈哈。"

张莉也走过去，不好意思地笑，伸手去拔，阿亮抓住她的手："别啊，留着，你看，发芽了。"

树棍上果然有细芽萌发，张莉很惊喜："这样都能活？种树一点都不难呀！我小时候种了好多树，都很难活下来呢。"

"这是南方，雨水足，跟你们北方气候不一样，随便插根枝桠都能活。"阿亮也蹲下来研究。

"真的会长成一棵树吗？"

"会！这里没人祸害，会长大的。"阿亮很有把握。

"好，就留下它做个路标吧，长大了还能给过路人乘凉呢！"想了想，从手上解下红绳，系在木棍上，问阿亮："这样是不是显眼些？下次经过就不容易错过了。"

阿亮点点头，也取个挂扣扣在红绳上，说："这样更显眼了。"

张莉说："挂扣会被人拿走的，那是有用的东西。红绳没啥用。"

"拿走就拿走呗，反正我也得留下点什么。"阿亮郑重道，"张莉，你记住了，这沐水的山上有一棵我们种的树。很多年以后，我们都老了，这棵树还在。即使我们这代人都不在了，这棵树还会在！"说着，阿亮忽然起了一种悠远之意，转头望着张莉，说："忽然发现，种树，育人，都是极其优美的事。"

一路出山，张莉想想还是有点担心，跟阿亮说："他们还不熟悉，万一出事咋办？"

阿亮不以为然："你得给别人做事的机会，不然你自己得累死！"

"我不累，明天我们就回沐水吧。"

"好不容易出来了，休息休息吧，带你吃点好的。"阿亮悠悠地说。天气好极了，天蓝得像一匹绸子，覆盖在头顶，风吹过山林，带来植物的清香，令人心旷神怡。

24. 我在汶川等你

没想到真出事了。

新来的志愿者为了跟孩子们拉近关系，趁张莉和阿亮一走，当晚就带孩子们去野外搞篝火晚会，很晚都没回家。半夜，村民纷纷出来找孩子，找到帐篷学校，发现没人，志愿者也不见了，急得人仰马翻。

沐水村居住都很分散，有些孩子家离帐篷学校有两三个小时的路程。当晚，村民全体出动，打着火把找孩子。校长也惊动了，找阿亮和张莉，却听说他们出沐水村了，这群新来的志愿者他一个也不认识，校长非常震怒，让家长把自己的娃娃都领回去，勒令帐篷学校停课。

张莉回去后，连着两天没上课，挨家挨户给家长道歉，挽回帐篷学校的声誉。又去找校长，检讨帐篷学校的失误。

　　阿亮也非常后怕，那么多孩子晚上带到野地里玩，随便一个出事都不得了，带孩子容不得半点差池！经过这件事情，阿亮对张莉的严苛也有点理解了，张莉对帐篷学校确实是如履薄冰，战战兢兢。

　　志愿者们经历此事，也骄躁之气略减。

　　那天，帐篷学校外有几条野狗转悠，张莉担心咬到孩子，正想喊阿亮去赶狗。忽然，几条狗狂吠起来，瞬间跑得无影无踪。张莉愣了，狗咋知道阿亮要来呢？大地忽然晃了一下，紧接着地动山摇，帐篷像飘在水上一样。阿亮在最后一排听课，跳起来喊："地震了，都出去！"

　　大孩子反应快，全跑出去了，剩下的小孩子反应不过来，哭着往桌子底下钻。张莉跟阿亮一个一个往外抱，大孩子看他们去抱小孩子，也冲回来把小孩子往外面拖。几个志愿者愣了片刻，反应过来，也跑回来帮手。

　　在帐篷外清点人数，少了几个孩子，他们一听见喊地震就像受惊的小鹿，逃得无影无踪。大家又把他们喊回来，发现还少一名叫李灵芝的女孩。

　　大家又分头去找，在路上，营长李德恒告诉阿亮，李灵芝的父亲死于"5·12"大地震，她是吓惨了，比谁都害怕地震。一个孩子嘟哝，谁不怕地震啊，现在我只要听到"地震"这个词，腿杆都打哆嗦。

　　周围是大片稠密的玉米地，阿亮带孩子们分畦搜寻，终于在玉米地深处发现了她。

　　李灵芝抱着脑袋，蜷缩在地上，瘦弱的身体紧紧缩成一团，瑟瑟发抖。阿亮过去扶她起来，发现她抖得站不稳，身子直往下滑。

　　阿亮背起孩子，沉默地穿行于玉米地。那天太阳很猛，明晃晃像刀子割在身上，张莉带着小孩子跟在后面，大家都不说话，像被梦魇镇住了，梦游一样。新来的志愿者第一次切身经历地震，非常震撼，而这仅仅是余震而已，这些经历过八级大地震的孩子心里留下多少恐惧啊！那一刻，不知道怎么挨过来的。

　　"5·12"已经过去一个月了，阿亮和张莉也努力忘记或回避地震这个话题，可是，回避不了，它时不时还是会提醒人们一下。虽然希望能给孩子创造一个乌托邦，没有恐惧和忧愁，但地震总让人措手不及，不得不面对。地震后，心理专家告诫志愿者在灾区不要谈地震，以免给灾民造成二度心理创伤，但是，不讲地震，孩子们就会没有地震的恐惧吗？与其让他们在一无所知的情况下面对，不如坦诚告诉他们，教他们一些应对灾难的基本常识。

阿亮和大家商量，决定给孩子们正式上地震课：什么是地震，地震时如何逃生，如果被困或受伤，应该怎样自救。

将孩子们聚拢围坐在空地上，阿亮用木棍在地上画出地球的剖面图，给孩子们讲地震这种自然现象是怎么发生的。这堂课孩子们听得很认真，很严肃。地震，在他们心里有很多疑惑和恐惧，平时在家长面前得不到解答的问题，阿亮都为孩子们一一详细解答，甚至关于死亡，只要问到，都平和地解答。

讲完地震，阿亮将孩子们编队，分配志愿者带孩子玩躲猫猫的游戏，就是地震疏散演习，模拟各种场景逃生。张莉掐表看时间，在旁喊口令，比赛哪一组行动最迅速。渐渐，地震的恐惧消散了，笑容又回到孩子们脸上。

从这天开始，地震不再是避讳的话题，地震课也成了帐篷学校的必列课程。

篝火晚会事件，让新志愿者意识到了自己的浮躁，一起经历地震，又真切地目睹了地震对孩子们的影响，大家触动很大，开始理解帐篷学校的责任重大，张莉的规则貌似严格，其实是有必要的。新来的志愿者们心思沉静下来了，帐篷学校渐渐稳定。

阿亮专心做基建工作，将帐篷重新加固，每隔 30 厘米就拧上细铁丝。又教新来的志愿者搭帐篷，如果帐篷垮了，他们几个要担当起责任。深挖排水沟，还搭建了吃饭的棚子，以前只有张莉和他两个人，生活很简单，煮一锅土豆能吃一天，现在有新伙伴的加入，阿亮努力将基础设施做得好一点，让大家能安心待在这里，没有后顾之忧。

当这一切都做好了，阿亮的五十所帐篷学校的理想又开始涌动，准备去汶川继续办帐篷学校，砚台那边招募的志愿者人手和物资储备也逐渐充裕。汶川是最初设想好的地点，纵然意外迂回了一下，但说了要做的事情就得做。

阿亮专程出山买了酒肉回来，晚上和大家在坝子上喝酒开会，跟新志愿者讲他和张莉在沐水村建校的经历。当初绕路去汶川，误打误撞到了沐水村，这所帐篷学校从无到有，经历许多困难，终于稳定下来。勉励新来的志愿者接好班，带好孩子，跟村民和睦相处，最困难的时期已经过去，这所帐篷学校和孩子们就交给他们了。

在这里，阿亮像大哥一样，虽然说话时常满嘴跑火车，但真要离开的时候，大家还是有点虚。

张莉也有点伤感，说："大家最后都要分开的，无论是志愿者还是跟孩子，希望我们珍惜相聚的时光，在这里工作就尽心尽力，离开的时候不遗憾，不纠结。

夜里，志愿者们散了，阿亮和张莉在坝子上聊天，想起第一次升国旗的时候，帐篷彻底垮了，又刚刚建起，有重新站起来的喜悦。

阿亮问："那天你是不是想家了？我听到你跟孩子们讲山西平原。"

张莉笑了，指了指旗杆，问："这根竹子这么高，是村民给你的？"月光下，红旗飘扬，晚风里传来阵阵花椒树的气味。

阿亮也笑了，说："不是，我偷来的，你说想要一根最好的旗杆来挂国旗……"

有点不好意思，阿亮停了一会，又说："那天你掉水里去了我还骂你，后来想想挺内疚的，我这人有时候挺混蛋，虽然你很坚强也很能吃苦，毕竟还是个女孩子。"

张莉笑笑："那也没啥，我不记得了。"

阿亮说："张莉，沐水村的帐篷学校因为有你才办起来，等我在汶川稳定下来，希望你也能来汶川，我们一起再办四十九所帐篷学校！"

"只要沐水村这边有合适的人来接手，我就过去。"张莉轻轻地说。

"张莉！"

"嗯？"

"我在汶川等你！"阿亮语气坚定，不容商榷。

"好！那我去找你。"张莉并未抬头，眼睛落在地面，月光水一般洒在周围，坝子上似乎有水波在荡漾。

清晨第一堂课，阿亮给孩子们上，讲建五十所帐篷学校的理想，他要去汶川办更多的帐篷学校。阿亮一本正经地说："孩子们，你们长大了，会走出这个山村的，叔叔要让更多的孩子加入我们小水滴。你们知道叔叔为什么这样做吗？叔叔想帮你们建立一个小水滴的大家庭，以后你们在外面学习，工作，会遇到很多小水滴，都是我们希望之窗的孩子。有人欺负你们，小水滴会团结起来，需要帮助的时候，会有小水滴伸出援手，就像一个家庭的兄弟姐妹一样友爱。"又叮嘱孩子们："阿亮叔叔走了以后，孩子们要帮助张阿姨，保护张阿姨，不要让我们的张阿姨受欺负。"

课间，孩子们写了许多小纸条，让阿亮叔叔带给汶川的小水滴，是来自沐水村小水滴对他们的问候与鼓励。用彩纸包好，李灵芝解下自己头上的丝带打上蝴蝶结，珍重托付给阿亮。

孩子们都很舍不得阿亮，拽着他，不撒手。阿亮跟孩子们约定：这所帐篷学校是他亲手办起来的，他一定会在帐篷学校结束前回沐水看他们，亲自跟孩子们告别。

迎着早晨的阳光，阿亮背着巨大的登山包出发了。张莉和孩子们站在帐篷学校前送他离开，阿亮回头冲孩子们挥挥手，又冲张莉挥挥手，大声说："张莉，多保重！照顾好自己！"

"阿亮，你也多保重！"张莉扬着手，看着阿亮的背影渐渐远去，想起与阿亮在这沐水村的大山里度过的许多时光，发生过那么多事情，经历过挫折，也有过喜悦，有过争执，也有体谅。帐篷学校忽然少了他忙忙碌碌的身影，好像一下子空了很多。

25. 可能不是因为猪

　　有了沐水村的帐篷学校作为案例，砚台开始到处做广告募捐，诚实地说一句，这些宣传多少是加了些文学上的夸张和修饰。分别从精神上进行感召，行动上落实于具体可行性，在广告专业中一个叫形象篇，一个叫功能篇，促使群众从感动迅速转化为行动。

　　最快反应的是熟人圈子，爱心娃娃团的朋友第一个响应加入。话说回来，当初还是她们一把把砚台拉进赈灾的滔滔洪流，完成活动之后她们就解散了，砚台却刹不住车一路狂奔至今。萧木和娃娃再次筹备募捐行动，这个群后来持续为希望之窗帐篷小学校输送物资，成为后援团。

　　上海的旧同事雅子也报名参与帐篷学校，先捐 500 块委托砚台购买文具，以解帐篷学校的燃眉之急。雅子是做设计的，专门为募捐活动设计海报，在上海募捐。虽然雅子和砚台穷得不分上下，但她立志要嫁个有钱人，坚持不懈地混富人圈子，离财富圈比较近，砚台请她做上海滩负责人。多年前的同事，再次因为同一件事情开始合作。

很快，砚台就收到一笔巨款，2500块，希望之窗募到的第一笔捐款是250，这才没多久，捐款就翻了十倍，来自一位台湾的商人陈先生，是雅子的朋友。陈先生是卖流动厕所的，但与砚台认识却是因为巫术。

还是几年前，砚台在乡下收集民歌，结识一位灵媒，这位灵媒也是一位原生态民歌手，她算命的方式是曼声吟唱出来，既可以指点迷津又有娱乐功能，生意非常火爆。一天，雅子打电话说她朋友的客户的朋友有心结，拜托砚台带她朋友的朋友去谒见这位灵媒。那位拐了七八道的朋友就是陈先生，灵媒在人鬼神之间搭起沟通的桥梁，砚台在灵媒和陈先生之间充当普通话翻译，自那次一面，再无联系。几年后，他在饭局上听雅子说四川地震中的帐篷学校，听到砚台的名字，觉得耳熟，主动捐款资助帐篷学校。

有缘千里来捐款，无缘对面手难牵……砚台高兴得手舞足蹈。至今方觉得局面开始打开，连远在上海的人都开始伸出援手，困顿之气一扫而光。

渐渐有陌生人给砚台打电话，询问情况，邮寄文具书本给帐篷学校，除了文具还有许多儿童用品，甚至零食和常用药品都有。客厅堆得像仓库，物资逐渐充沛起来。邮箱开始收到大量的志愿者报名申请，希望之窗的赈灾事业前所未有地热火起来。

连曾经阻止砚台的大老游，如今也被感动，加入了希望之窗。

这天，接到大老游电话，约她赴饭局见个人，是他的客户，有意向捐款。还特意叮嘱砚台打扮一下自己，说印象分很重要。砚台募捐还没接触过企业呢，那可是大主顾啊，陡然听到这么好的事，高兴得油嘴滑舌满嘴跑火车："哎呀，我又不是应聘小秘，我是名正言顺地为灾区募捐，正经人士不该对我有非分意图，当然咯，不得不承认，漂亮也是生产力，不过一时半会我没法整个容再去啊……"砚台在电话里一阵叽里呱啦。大老游淡淡地说了句："放心，一般人都不会对你有啥想法，着装稍微正式一点，增加点信任感就行。"

"你真是太……实诚了！"砚台有点气急败坏，硬生生把下一句骂人的话咽回去了，有求于人必须委婉些。大老游这厮向来以刻薄著称，不是徒有虚名，完全是有深厚功底的。砚台怀着悲愤的心情，一路狂飙回家，找出专门提案的西装换上，再把头发盘起来，显得成熟稳重，还换上了皮鞋——看起来绝不像拿了钱就跑路的那种人。

一顿饭吃下来，大老游和刘总尽扯些天气，环境恶化、全球变暖，砚台怀疑在和气象局的同志吃饭，几次想问捐款的事，又担心给人追着要钱的印象。郁闷得很，埋头吃了一大堆东西，终于，刘总微笑着说："张小姐胃口不错啊。"

砚台嘻嘻一笑："嘴巴不是说话就是吃东西，你们光说天气不说捐款，我插不上话嘛。"

刘总呵呵一笑不接话茬。大老游冲砚台使眼色，砚台故作不懂："咦？你眼睛怎么了？"

大老游闷哼一声，脸色很难看，不过好在终于开场了。

这刘总想借公益活动提升企业形象，希望之窗帐篷学校的名字和他们上级企业名称正好部分吻合，都有"希望"二字。大老游提出可以冠名赞助帐篷学校，既赈灾又能提升企业的品牌形象。刘总提出两种捐赠方式供选择，一种是实物捐赠，另一种是直接捐款给帐篷学校。如果选前者的话，实际折算起来会更多，捐款就没有那么多了。

只要刘总的企业是生产除猪饲料之外的任何一种产品，砚台都会选择实物捐赠，但是，他们偏偏是生产猪饲料的！真是没得选。砚台只好实事求是地说："地震后粮食紧缺，牲口家禽杀的杀，埋的埋，连狗都少见了，还是捐款实在些。"

刘总要求帐篷学校接受捐款时做个捐赠活动，媒体由他们来找，到时砚台负责组织孩子们配合一下就行。听起来很合理，顺理成章，简直差那么一点点就要谈成了，该面对镜头握手微笑了。

但砚台是个联想超级发散的人，隔着满桌食物的残骸，眼前浮现出一幅画面：一面旗帜在帐篷学校上空迎风招展，旗帜上一只方面大耳的猪头微微笑着，旗帜下小水滴们排排站，异口同声地说："养猪想致富，希望来帮助——好吃，快长，不拉稀！"然后齐齐比画出剪刀手，大喊一声："耶！"

唉……情何以堪啊！砚台满头大汗，感到很艰难，久久开不了口，然而，还是得说出来："如果你们愿意捐助，我们会写感谢信给企业，但也只是代表我们自己和孩子感谢你们的捐赠，不会是当地政府的，可能，没什么影响力，但我们只能做到这一步。另外，孩子不能配合做广告，这和我们帐篷学校的审美有冲突。"

"跟审美有冲突是什么意思？哈哈，你们这些做公益的人士可真逗。"刘总一笑，又继续说："这是互惠的事情，既帮助了灾区，又宣传了有良心的企业。好的行为就应该鼓励嘛，一宣传，一扩大影响，能激励更多企业拿钱去做公益，双方共赢嘛！听说，你也是做广告的？"

砚台沮丧地点点头，又摇摇头，说："我最近不做广告，纯公益了。"

刘总淡淡地说："很遗憾。"

砚台起身致谢："谢谢你的晚餐，菜不错！"

对方一笑："不是我埋单。"冲大老游抬了抬下巴。

砚台看看大老游，大老游面如黑桃 K，虽然在微笑，但笑得有点杀气腾腾。

这大热天，砚台穿着西装，热得头顶呼啦啦冒气，就是为了装个正经人，好从另一个正经人手上募到钱，结果碰到一卖猪饲料的，还企图冠名帐篷学校。她麻利地把西装脱了揉成一团擦汗用，跟一卖猪饲料的吃饭，不介意正经不正经。

回去路上，大老游一个劲埋怨砚台："你可真笨，拿了钱，把他们旗帜插帐篷学校上拍几张照片发过来，然后再把旗帜扔掉就是，他们又不会每天在你的宝贝学校蹲点。"

砚台说："不是还有媒体来宣传什么的吗？让孩子们配合宣传猪饲料实在受不了！"

"宣传一下咋个了嘛？要人献爱心还要人献得纯粹？你是觉得猪饲料低级还是怎么地？农村哪家不养猪？猪是人类的朋友！"大老游越说越气，川普话都出来了。

"不是，我不能让孩子们觉得为了钱，什么都能做！唉，把赈灾当广告做，觉得别扭。"

"你自己不也是个做广告的吗，你这么瞧不起这行当啊？才做几天公益你就灵魂净化了还？天真！我可告诉你哈，要不是你发邮件给我，我还真不想插手你这事呢，以后你那帐篷学校的破事别找我了，帮你找赞助商，还嫌弃人家卖什么，管人家卖啥的，人民币是通用的！"

见砚台不吭声了，大老游又说："加多宝赈灾不是整天在央视做广告吗？你见有人骂加多宝吗？都说加多宝是民族品牌，爱心品牌！你脑子不要嘟个僵嘛！"

"加多宝公司捐了一个亿！一个亿嗳！那饲料厂打算捐多少？"

大老游冲砚台伸出只手晃了一下，砚台一口气没憋住，喊了起来："五千？丫捐五千块钱就想用我们帐篷学校拍条形象片？我告诉你请几个临时演员都不只这点钱呢！打发要饭的呢？我们是赈灾，不是乞丐！"

大老游摇摇头，继续伸手晃了晃，砚台差点没一口痰喷死他："五百？天哪，让他吃屎去罢！"

"五万！"大老游压低嗓门，威严地说。

"啊？！"砚台倒抽了口冷气。

"哼，不要怪我没早说，谁让你那么沉不住气的！"

砚台牙疼似的哼哼："幸亏你没早说，否则，我不确定会不会那么勇敢地拒绝……哎呀，你干嘛在我拒绝后还告诉我啊！不说出来能憋死你啊？"

大老游笑得很变态，说："我还以为你多清高呢，无非是钱多钱少的问题嘛，跟猪饲料还是猫饼干都没啥关系，你就矫情吧！"

砚台沉默不语，相当懊丧，一晚上心情被整的忽高忽低，血压都不稳了。忽然想到张莉，又觉得这个决定是对的，如果真带批卖猪饲料的去帐篷小学做广告——张莉会杀她祭天的！

26. 流寇的计划

阿亮出了沐水村，直奔成都找砚台。才半个月，阿亮变得又黑又瘦，虽然还是穿着一身名牌，但又脏又皱，像刚从黑煤窑逃出来，一副落难的公子哥模样，还斜斜靠在门槛，故作风流倜傥状，掏出束野花献给砚台，花已经枯了，残得跟他差不多。是沐水村的孩子托他带给砚台阿姨的，感谢筹集文具，一听是这个来历，砚台顿时就感动了，还没来得及谦虚一番，他就急吼吼地问："有肉没？赶紧地，端上来！"

"张莉真不是人！"埋头大嚼中，他冷不丁地冒出一句。

砚台一惊，阿亮嘻嘻一笑："那姑娘是个神啊！你下次招人就招张莉这样的给我！"

"想得美，张莉那种的能招到一个就得谢谢老天成全了！当初她过去你还不想要，差点走宝吧？"

"那是！我简直离不开她，过段时间，你给派汶川去，那边是重灾区，肯定更困难。"

砚台忽然想起个人，问："阿亮，还记得那个娄校长吗？"

"什邡那个两千五百万的娄校长？记得啊，骗子嘛！还送了个玩具给你，什么开启弱智心灵的窗户，哈哈。"忽然，他想起什么，一把逮住砚台，逼问："喂，希望之窗这名字不是你从那里想的吧？真是土得掉渣渣！"

砚台大为尴尬，坚决不承认，说："娄校长也在汶川办帐篷学校，我把他电话给你，你过去有个熟人好有个照顾。他们学校刚好有志愿者从成都去汶川，你跟他们结伴进去吧，都汶路进不去，要绕道马尔康。"

"他不是在什邡办帐篷学校的吗？怎么跑汶川去了？"

"哈哈，他那个帐篷学校毁于一场马杀鸡，只好去汶川了。"

"啥？"

"嗳，你可别跟别人说啊！"砚台按捺不住地要八卦："十几号，端午节的时候，当地团委和妇联去慰问帐篷学校的志愿者，咦，帐篷学校里没有，坝子上没有，在哪里呢？最后发现两志愿者在帐篷里玩马杀鸡，然后这学校就毁了！"马杀鸡？嘿嘿，阿亮笑得意味深长。

这娄校长也是帐篷学校爱好者，起步比希望之窗早，砚台和阿亮还在各种混乱的组织里瞎掺和的时候，娄校长已经坚定心思要办帐篷学校了。娄校长还有个宣传博客，有专人维护，详细记录娄校长的赈灾成就，点点滴滴文配图，乍一看，干了不少事，但细究下去又有些可疑之处。比如，早前在什邡的时候，砚台和阿亮跟心理医生带孩子们做心理团抚游戏，娄大叔路过，送了砚台一盒玩具棋，顺便参与进来拍了几张照片，这些照片放在他的宣传博客上，就成了娄校长办的帐篷学校照片了。

吃完饭，两人正儿八经开了个小会，做沐水村前期工作小结和后续汶川工作计划：

1. 最坚固的堡垒往往是从内部攻破的：世上的事情就怕结盟，以后凡是团队志愿者加入，都要打散原有组织，分配到不同帐篷学校去。个体容易融入群体，群体与群体之间的融合则困难得多，自来水派的事件应该引以为戒，他们七个人联合起来，几个小时就将阿亮这个队长给驱逐了。

2. 非常时期要用非常流程做事：办帐篷学校的正常流程是向上级教育单位提交申请和资质证明—等审批—获得认可—颁发相关证明文件—再向团委报到—乡报到—村报到—学校报到—成立帐篷学校—通知家长—召集孩子—开课。而有效的流程恰恰是反过来：从孩子开始—家访—成立帐篷学校—开课……后面的流程不用管了。这好比，娃都生了，还追究什么彩礼和恋爱过程合不合理，识趣的就该祝这个娃健康成长了。

3. 农村工作要搞好群众基础：想想在沐水村初期，群众基础没建立的时候，阿亮和张莉连一碗饭都买不到，更别提做成什么事了。当帐篷学校获得家长和孩子支持的时候，不仅吃饭不成问题，连校长和村长联合起来都拆不了我们的帐篷学校。

4. 三角组织协作：阿亮行事勇毅，负责帐篷学校的开拓。张莉严谨有序，负责帐篷学校的日常工作和志愿者培训。砚台擅长沟通协作，负责协调和统筹工作，继续留在成都招募和筛选志愿者，筹集物资。

5. 经营帐篷学校：除了人员和任务设定，还有一个巨大的缺口，就是资金问题。草根组织没有固定资金支援，容易后续无力，崩溃解散。目前只有沐水村一个帐篷学校，但去汶川继续办，要想办法让每个帐篷学校像一个独立的项目，自行运转起来，以免资金不继时拖垮其他帐篷学校。这个由砚台负责，从沐水村先开始。

    6. 行事保持低调：现在官方对草根志愿者参与赈灾这事态度暧昧，明里欢迎暗里提防。汶川是重灾区，也是媒体重守之地，不要接受任何采访，不要出风头，枪打出头鸟这是亘古不变的真理，为了挖新闻，那些媒体可是啥都能干的出来的。

聊了一晚上，说了许多问题，有些当时想到解决办法，有些是后来的事情当中去解决的。

阿亮第二天出发去汶川，这次他保证目的明确地去汶川，绝不节外生枝。

27. 赈灾还要许可证

阿亮跟娄校长的三名志愿者结伴，带了一大批物资从成都绕道马尔康进了汶川，抵达绵箎镇的板桥村安置点。

绵箎镇是夹在高山中间的一块狭长平坝，距离汶川县城18公里，全镇约3万人，80%的房屋都倒塌了，属于重灾区。汶川山多平地少，震后能做安置点的地方更加少。绵箎安置点除了本镇灾民，还安置了其他乡迁过来的灾民。龙溪全乡五千多人，浓缩于一个村的安置点范围，密度可想而知，帐篷之间连一丝空隙都没有。

正是暑天，炙热的阳光如岩浆倾泻，地面温度六十度以上，从脚底烫到膝盖，仿佛浸泡在滚水里。地震将山体表面给震翻过来了，树木全被埋在泥石之下，新翻的黄土寸草不生。充满灰尘的烈日，重重地压在头顶，帐篷里的温度至少也在四十度以上，连热带鱼到这里都要热死，老乡们热得只剩惶惶一口气。还没有水，数千人每天得到一里外的镇上排队打水。

坝子两边高山逼仄，沿山体拉了许多绳子，每天观察绳子是否绷直，监控山体的开裂和下滑距离，这个临时安置点并不安全，但在震后，已经找不到更安全的地方安置灾民了。汶川县城是否异地重建，专家们还在争论之中，数万羌民在酷暑与密集的帐篷中苦熬着，等待争论结束。

乡派出所、政府、医疗队、县团委、乡团委和军队、各援建单位也都挤在这里。从废墟里刨出来的某某政府的牌子草草靠在帐篷前，牌子都丢失的单位，只好用油性笔写个牌牌挂上，还有错别字，一切都在过渡时期，临时的政府和临时的生活，人们脸上的表情都是隐忍而忍不住的暴躁——究竟还要在这里熬多久？

刚到安置点，阿亮就目睹了一场斗殴。拳头击打着血肉之躯，发出闷响，围观的老乡们脸上即时发出痛并快乐的表情。两名斗士年龄相当，体格也差不多，导致胜负难分。医疗队的大夫也夹在老乡中观望，暗暗思忖，待会可能要忙一阵子了。

娄校长从围观的人群中挤出来，跟阿亮打招呼。自什邡一面，再次相逢，场景换到了汶川，两人都晒黑了许多，赈灾工作多不容易啊！娄校长在这行里算是前辈，阿亮觉得自己理应恭敬，但看娄校长从人群中挤出来的一瞬间，他脑袋忽然短路，闪现三个字：马杀鸡。这三个字所散发出来的那种浓郁的魔幻现实主义的气息，以及视觉上的冲击力，令阿亮表情一时没调整好，忍不住扑哧一乐。娄校长被他笑得一愣，也不知其所以然地笑了笑，客气地说："感谢你们，辛苦了！"

阿亮问："怎么没人劝架？"娄校长说："劝？谁去劝？这里的人能打架就坚决不吵吵。"叮嘱阿亮："在这里，不要惹当地老乡，少跟他们打交道，火起他们连自己的乡长书记都敢打，闹起来只有军队能管住。"阿亮问："志愿者跟当地老乡关系不好吗？"娄校长露出一言难尽的表情："有好的时候，有不好的时候，但你不知道什么时候就好，什么时候就翻脸了。志愿者到这里，首先要保障自己的人身安全，跟当地人交往要谨慎，尽量不要单独行动。"

"那当地政府对志愿者的工作支持吗？"

"也不是说不支持，也不是说都支持，看情况吧。"

阿亮一头雾水："那到底是支持还是不支持啊？"

"不好说，情况复杂得很啊，灾区！"娄校长再次出露出一言难尽的表情。

娄校长听砚台说他们也要来汶川办帐篷学校，力劝砚台加入他的旗下，帮他筹集物资和招募志愿者，反正都是为灾区服务，都是办帐篷学校，不如一起干。还说他在汶川当地很受政府重视，书记、县委领导他都很熟，一起吃过饭，有政府的支持才能把事情做大……他想招安砚台和阿亮，显然是不可能的，希望之窗挣扎至今方有起色，物资多多，人马渐渐齐备，怎么会随便几句话就被招募呢？兄弟们也不会服的嘛！但砚台也不直接抹他的面子，不说同意也不说不同意，只说先派志愿者去汶川看看情况。给了娄校长一批物资，让阿亮随队带过去，算是拜码头，托娄校长对阿亮照顾一点。

在汶川当地的各路赈灾组织中，娄校长的江湖地位确实很高。他那两千五百万可能没给什邡，扛着这面大旗杀进了汶川，引起当地政府高度重视。但娄校长到底有没有两千五百万？迄今依然是个迷。当时对口援建汶川的是广东省，娄校长是广东人，当年所有操着半生不熟广普话的人，在汶川都很受关注。

政府对娄校长大力支持，拨最豪华的救灾帐篷给他，德国制造的三室一厅帐篷，每名志愿者都有独立房间，还安排当地学校的校长为他服务，划安置点最好的位置给他们。娄校长拥有一大块地盘，光一所医疗帐篷就能容纳二十多人，还有各种色彩鲜艳的游戏帐篷，只是一个孩子都没有，空荡荡。要知道，安置点的老乡挤得密密麻麻，棚子挨棚子，不管一家多少口，都只给一顶帐篷安置。固然，给孩子的东西老乡没好意思抢，但闲置不用就太说不过去了。

阿亮到汶川后才发现娄校长宣传的帐篷学校还没办起来，几名志愿者住在豪华帐篷里终日打扑克，无所事事。还有十几顶凉篷堆在外面落满尘土，在等县里派人过来搭。阿亮经历过艰难的办校历程，见娄校长如此豪华阵容，帐篷成堆，竟然还要等人搭，实在看不下去，主动提出帮他把帐篷搭起来。但娄校长拒绝了，说自有工作进度安排，他计划办汶川最大的帐篷支教点作为过渡，然后建一所现代化的正规学校，但目前办校时机还不成熟，和县里有些条件还没谈好，何况只有六名志愿者到位，人手还不够，邀请阿亮也加入他的教育事业。

　　阿亮自觉做事风格与娄校长不合拍，委婉拒绝："你学校还没办起来，不需要那么多志愿者，大家都挤在这里没活干，我还是去做我的事情吧。"娄校长怫然不悦，说："汶川对非正式志愿者管理很严，你想参与赈灾就必须加入组织，我们组织在团委登记过，获得许可的。这里不是你想做就能做的。"这语气隐隐有威胁的意思，阿亮很不爽，反问："赈灾还要许可证？"

　　"当然！你以为随便就可以参与赈灾？非正式志愿者到这里，首先要去团委报到登记，说明服务时间，所属组织，干什么的。还要去当地派出所登记身份证备案，这才算有合法身份赈灾了。如果在检查的时候，发现手续不全会很麻烦，教训一顿还是轻的，情节严重还会被控制起来，遣送出汶川。"

　　"这是把志愿者当犯人管吗？"阿亮非常不屑："非正式志愿者？按联合国的规定都说我们是志愿者，怎么到这里就成非主流了？"

　　"人家团中央派遣下来的才是正式志愿者，我们这些草根志愿者要服从领导。"娄校长说。

　　"他们是组织派下来锻炼准备提干的，还有薪水拿。我们是无偿帮助别人，我们才是真正的志愿者，全世界都这么规定的，怎么在这里就成了非正式志愿者了？谁比我们更正式？帮助人还要被那些争名夺利的人垄断？"

　　娄校长摇摇头，语重心长："年轻人，做事要审时度势，这是在中国。"

　　确实，志愿者分为草根和官方两个阶层，这也是中国特色之一。你可以不承认，但必须接受！一想明白这点，阿亮虽不服气，但还是乖乖拿了身份证去团委登记备案。沐水地方偏远，团委的人不愿意去那里，没人要他们登记备案，要在汶川做事就不一样了，这是官方重守之地。

28. 年轻人就是爱冲动

　　县团委有三名正式志愿者，都是刚毕业下基层锻炼的大学生干部，一名男生两名女生。团委的女书记姓黎，约莫二十八九的年纪，说话官腔十足："你们年轻人有志服务灾区，党和政府都很欢迎，但是要注意组织纪律，有事随时向团汇报，听取团的安排，你们非正式志愿者也要具有大局意识，配合党的救灾政策贯彻落实下去，踏踏实实服务于灾区，切切实实造福老百姓……"

阿亮虚心地听取黎书记的谆谆教诲，还顺势表白一番："我也曾经是团的一员，入过团的，还交过团费，只是后来流落社会失去了组织关系。失散多年，今天才和组织取得联系，誓死听从团的领导和安排，绝不给组织添乱，只给组织添荣光……我还没满二十八岁，我还有机会……"

黎书记面无表情，丝毫不打算捞回这个失散多年的团员，说："你去小何那里登个记吧，然后去派出所也登记下。"小何生得面白无须，眉眼紧凑好像被人随手捏了一把，皱巴巴的，神情间有股莫名的怨气，啪地甩了个登记簿过来："我们在工作，不要耽误我们时间！"阿亮相当扫兴，这些年轻人出校门没几天，就被染上了一股发霉的官僚之气，一点人情味都没有。

登记完，阿亮向黎书记打听当地情况，得知汶川各个安置点都有帐篷学校，唯独草坡乡路不通，震后快两个月了，还没人愿意进去。在团委的赈灾版图上还是空白，没有插上小红旗。阿亮愿意进草坡乡办帐篷学校，黎书记很高兴。她当然希望各乡村都有帐篷学校，不管哪里的志愿者，只要掺和赈灾，就必须在团委手下登记，那样一来，他们做的事，都是算在团委的领导下做成的。帐篷学校办得越多，黎书记在灾区的赈灾成绩也就更好，管他谁办的。

阿亮想着以后每批志愿者来服务都要经过团委，试图跟团委搞好关系，提出帮团委干点活，有什么东西要修理的，尽管吩咐，有需要的话，他甚至可以帮团委的工作帐篷重新搭一遍，搭得好看点，结实点。经过沐水村前期失败的教训，阿亮深深体会跟当地官府搞好关系的重要性。但黎书记的手下对阿亮这么起劲地巴结他们领导，非常警惕，一副绝不容外人沾关系的冷淡和疏离之气，三句两句就把阿亮给打发出去了。

下午回到娄校长那里，发现帐篷学校还没搭起来。跟娄校长商量别等了，大家都很忙，我们自己搭吧，很容易的，一会儿就搭起来了。娄校长不为所动，认为自己来这里赈灾，当地政府应该大力支持，毕竟自己的背景跟那些散兵游勇不同，姿态上不能太低。任凭阿亮怎么怂恿，娄校长气定神闲，埋头研究一种游戏卡，这游戏发生在一个魔幻的国度，有精灵、女神、兽人、猿人、法师，种族天赋各有所长，为争夺一种神器，打得不可开交。这游戏是娄校长的发明，计划大规模推广这个产品，先从帐篷学校开始试用，帐篷学校办起来了，就在学生中间推行，后续还有大量的产品研发。娄校长兴致勃勃，要教阿亮玩，阿亮提不起兴趣，他想我来汶川不是玩游戏的，我大学时玩的魔兽比你这游戏精彩多了，你这只能算魔兽低幼版，没劲。

阿亮在棚子里坐了一会，热得坐不住，看到一大堆帐篷堆在地上很焦虑。他对搭帐篷怀有极大的热情，不管是不是自己的帐篷学校，看着这么好的帐篷堆在地上，就心痒难熬。叫不动娄校长的那些志愿者，就去旁边军营找了两个当兵的来帮忙。阿亮经历过沐水村的实战，研究过各种搭建方法，对此颇为擅长。这里物资现成，搭起来很快，天黑之前就帮娄校长把帐篷学校搭起来了。把十六顶凉篷全拼起来，搭了一座有史以来最巨大的棚子，气势恢宏。

娄校长一早起来，发现阿亮竟然给他搭了座64米的凉棚，不禁倒抽了一口凉气，眼珠子差点蹦出来。阿亮喜滋滋地打招呼，发现娄校长对他很冷淡。阿亮郁闷得很，以为自己做了件贡献，给娄校长解决了个难题。而在娄校长看来，阿亮恰恰给他出了个难题，帐篷学校搭起来了，就要开始招生，但娄校长跟当地有些条件还没谈好，阿亮就噼里啪啦给他搭了座巨大的学校，连县委都没这么大阵势，太招摇了！阿亮的好意等于给娄校长的屁股下架了座火盆。娄校长深感自己罩不住阿亮，这年轻人太冲动了，做事一点不讲节奏，但又不能把帐篷给拆了。娄校长很不高兴，他手下的几个志愿者也责怪阿亮擅自妄为，目前还一个学生都没有，搭这么大的帐篷简直是惹人上门找麻烦！

阿亮深感无趣，就去对面龙溪乡的安置点闲逛。

安置点分马路两边，北面是绵篪乡的安置点，在当地小学的边上，马路南面是龙溪乡的安置点。安置点的帐篷学校也泾渭分明，娄校长和县团委的帐篷学校都在马路北面，是为绵篪乡服务的。马路南面两所帐篷学校是龙溪乡团委办的，一小学，一幼儿园，都没有桌椅，钉了些木桩当凳子，是为龙溪乡服务的。娄校长的阵容最豪华，但还没有孩子入学。两团委的帐篷学校倒是有孩子，但开课时间不定，如果上面领导检查，或是媒体过来，就喊孩子们来上课。

在安置点最偏远的东南角，有个比较独立的村子，基本没什么救灾帐篷，都是些竹篾木皮拼搭起来的窝棚，安置点本身就简陋，但这里可谓是安置点里的贫民窟，位置也离水源最远，此地属于龙溪乡的直台村。阿亮见许多孩子在帐篷之间玩耍，就问他们怎么不去龙溪乡团委办的帐篷学校上课，孩子告诉阿亮，那些个帐篷学校不是为他们村办的，别村的娃娃不准他们去。阿亮很奇怪，这孩子告诉阿亮：怕我们分物资呗！人多就分得少！阿亮更奇怪了，帐篷学校跟分物资有什么关系？那孩子觉得阿亮才奇怪，连这都不晓得，有人到帐篷学校来发物资，学生少就分得多，学生多，个人就分得少，所以不准别村的娃娃去他们学校，去了就要打架！旁边的村民也补充："本地人嫌我们占了地方，又怕我们分到他们的物资，但一个乡的人也不团结，把我们直台村安排在安置点最差的地方，连我们的娃娃都受到歧视，排斥我们！我们龙溪乡是汶川最差的乡，我们直台村是龙溪乡最差的村！但我们村的土地都没有了，我们没有办法！"

在外地人看来，他们都是汶川本县的，没想到他们之间也内斗。阿亮出于意气，想为这个村单独办一所帐篷学校，就让孩子们带他去找村长。直台村的村长姓陈，听明阿亮来意很支持，但也直言相告，这里困难得很，村里出不起办学校的物资，也没有申请物资的途径，连申请接条水管过来都没有成功，借居别乡的土地，本身已经矛盾多多，再想向当地申请物资更是艰难。

阿亮想想，一个人赤手空拳办不了帐篷学校，还得迂回一下。既然团委希望他去草坡乡开辟，他可以借此申请帐篷下来，多要一点，给直台村也搭一所帐篷学校。

29. 编号 NO.1

吃完早饭，阿亮决定先去草坡看看情况。路上搭了个医疗队的车，得知阿亮要去草坡，对方很惊讶，说那个乡进不去啊，危险得很，他们也没下过草坡乡，劝阿亮不要冒险。"5·12"那天，两侧的山体同时垮塌，出乡的路被埋，虽然一直在抢修道路，但那边山体松散，从垮塌的山体斜坡硬凿出一条路来，工程浩大，刚挖出一段路，一个余震过来又埋了。草坡乡是地震后唯一一个至今不通路的乡，当地人称进草坡的路为死路，何时能修通，医疗队说只有天知道。阿亮搭到 117 国道，不顺路了，下车问路，遇到几个老乡，是草坡出来背粮的，正要回去。

七八个人结伴，还有老人，都背着巨大的背篓，看看这个外地小伙子，很惊讶：你要进去啊？草坡很难进哦！没有路，里面啥子都没得，苦得很！

歇息一会，阿亮就跟着老乡上路了，绕到人家屋后山脚，山脚是防止山体塌坡砌起的水泥墙，墙根靠了竹梯，数架竹梯绑起来续接而成，约三四层楼高，陡峭的很。从竹梯登山，翻过山头就进入草坡乡地界。老乡让阿亮排在中间上梯子，叮嘱他别往下看，闷头往上爬，一会就到了。竹梯日晒雨淋，已经有些腐朽，中间空挡处用几根铁丝扭在一起做横挡，越高梯子共振得越厉害。阿亮的登山包又重，直坠得人往后仰，已经爬上山的老乡紧紧抓住竹梯固定住，还给阿亮打气，叫他莫看下面。

爬到上面，有个几平方的小水泥台，大家休整了一会，裹紧绑腿，调整爬山的队序，青壮年分别领头和殿后，老弱者行中间。老乡跟阿亮介绍，刚刚走的那段叫天梯，但真正的陡路险路还没有开始，接下来我们爬的叫天路，比登天还难呐！

这山当地人叫鲤鱼背，顾名思义，陡峭险削如鱼脊，两边都是地震垮塌形成的悬崖。右边是被巨石堵住的 213 国道，左边也是巨石，截断了通往草坡乡的唯一公路。鲤鱼背坡度在 70°左右，后面的人时刻要留意被前面人的脚后跟打到鼻梁，这鱼脊还是碎石层叠而成，有些巨石悬在半山，似乎随风就会摆动，都是地震时从山顶滚下来的"生石头"，生死就在一线间，一小块碎石，一棵松动的小树，或者不幸余震来袭，都是致命的危险。老乡们至此，说话都是低语，言简意赅：扒紧！走左！踏右……只闻喘息一声比一声沉重，脚趾紧钩，腿肚抽紧，绷紧全身，而这路，似乎漫长得无止境。

中途有个转折处，山势略缓，能容身歇一会，大家贴紧山崖稍作休息，阿亮这时才发现自己浑身的衣服湿得能拧出水来，看看老乡也个个是汗流浃背。同行有位老人，累得脸色同鬓发一样灰白，此时歇息，抠住石崖的双手都在哆嗦。阿亮很想帮他分担点物资，但自己实在力竭，几次差点滑下去，心有余而力不足。这次大家没有点火抽烟，休息两三分钟就吆喝起身。阿亮喊大家再歇会，实在走不动。老乡好心跟他说，你们外地人不晓得，爬山不能多歇，歇久了会晕山，更加爬不动，越是陡的地方，越不能放松，危险得很，一站起来眼发黑头晕，人就倒下去了。

既然歇不得，只好振作起来，又是一轮咬牙切齿，命悬一线地爬山，直到山顶，老乡这才放松起来，或躺，或坐，几乎是同时点起烟来，狠狠吸足一口，闷在鼻腔里一丝烟都不散，半晌才缓过劲来，跟阿亮说，把鞋子脱掉，吹吹风，待会要进洞子了，热气散一散，不容易得病。老乡们也纷纷解开绑腿。

阿亮至此已经被这一路艰险给磨得没话说了，此生仅见这么难走的路，听说还要进洞，不禁头皮一阵发麻。但到此，也只能见山上山，见洞入洞了，留在这里是不可能的。

震后，草坡乡和外面通信断绝，道路不通，全乡断水断粮，直升飞机飞进来两趟，在天上盘旋了几圈又飞走了，一个星期后又飞进来，盘旋了几下，还是没办法降落。村民眼巴巴地看着飞机飞来又飞走了，觉得不能再等下去了，要自救，不能等到饿死。组织人分头探路，发现出草坡的路都垮完了，余震不断，塌方不停。地震时，草坡的伤亡并不大，地震时是下午，大部分人都在地头做事。伤亡最严重的是在地震后，出山背粮的路上，那条路被老乡们称为"死路"。后来樟排村的村民想起山上有个涵洞，组织人探路，发现洞子没垮，这个涵洞从樟排村入口，贯穿整个山体，出口下山就是117国道。原本背一袋大米回乡要两天时间，这条捷径能减少10个小时的路程，这条上山入地、长达20多公里的天路，就真正成了草坡乡的生命之路。

阿亮随着老乡下一条陡坡，黑黝黝的高山涵洞出现了，水汽缭绕，可见洞里洞外温差颇大。洞口有许多旧鞋子，老乡们把自己的鞋换下绑在背篓上，阿亮也照办。老乡依旧让他走中间，领头的手上拿了根棍子，押后的也拿了根棍子，后人搭前人肩头，依次排成一纵队，如一队盲人，就这么摸黑进了洞，连手电都没有，依靠棍子划着洞壁前进。寒气越来越重，水越来越深，没至膝盖，又漫上大腿，近乎零度的冰水，冻得双腿发木，阿亮手指下意识扳牢前面的人，生怕失散就再也走不出去。这涵洞有人说三公里，有人说四公里，也许更远，黑暗让人的感知迟钝了。一路摸索着前行，像在宇宙黑洞中，时间都停止了。洞愈深，水汽浓重，集结成细小的水珠，从眉毛，发梢滴下来，像走在冬夜的蒙蒙细雨中，寒透背心骨。

领头人像叹了一口气，开始唱歌，先是低低地哼唱，渐渐大家都跟着唱，是古老的羌族歌谣，悠悠的，有点苍凉。阿亮在没膝的冰水中昏昏走着，机械地迈动双腿，眼前一片死黑，听着这样的歌谣，心里空空如也。

不知走了多久，隐约看到前面有亮光，是个直径不到 1 米的应急施工检修孔，垂直于涵洞，陡直的洞壁上有铁钎，可以落脚，大家吃力地一个帮一个爬出洞口，终于得以重见天日。适应了一会阳光，大家再一轮迫不及待地点上烟，猛抽几口去乏，言语又回来了，相互打着招呼，背起物资分头去往各自的村庄，家人还等着背回来的米粮下锅。

出了涵洞是足湾村马岭山，是以前红军的战场，下了山是草坡河，沿着草坡河往下游走，可以到两河口。

阿亮沿着河水一直往上游走。高山夹岸，山上一棵草都没有，像被巨大的犁耙翻过的畦垄，露出黄土，红土和白土。银色的大风从高山上俯冲下来，炙热的气流像一锅热汤裹挟着一切。从山顶看下来，峡口像未合拢的饺子，从河谷抬头仰望，天空遥远，感觉自己在地球的裂缝深处行走。有时向上走，攀过堰塞湖的边缘，像一只蚂蚁慢慢地爬着，有时又向下，下到地缝里。热风掺着粉尘，形成雾霭般的洪流填满山谷，两旁岩石嶙峋逼仄，伸向极高之处，走着走着，天地仿佛倒置，天空细窄，像一条沉甸甸的河流悬在头顶，让人有极度压迫之感。酷烈的魔幻气氛里渗透着死亡的气息，周遭寂灭无声，连河水的声音都消失得无影无踪。

到两河村，已是下午。两河村搁置在两座高山之间狭小的平台上，这狭小不堪的平台还被河水分成两半。村庄依山而建，近山脚的房子皆已埋葬，偶有露出烟囱、屋檐，一台挖掘机在河道里工作，将塌落的石块清理出去。阿亮从早饭后一直走到下午三点，饿得冒冷汗，找了两家小商店，只找到一包方便面，干嚼下去以缓饥火。

草坡乡政府设在两河村，阿亮先去乡团委报到。乡团委的胡书记见到外面来的志愿者很惊喜，那感觉就像沦陷区的见到外面来人，带阿亮进帐篷登记，特意跟阿亮说，编号是NO.1，你可是来草坡支援的第一名志愿者！掏出草坡乡共青团的印章郑重地给盖了个戳。得知阿亮准备在草坡办帐篷学校，他更高兴，那说明接下来还会有更多志愿者进来。他从地震后还没出过草坡乡，拉着阿亮问外面的情况。

进来一趟不容易，阿亮跟胡书记小聊片刻就起身去做家访。与在绵篪不同，作为第一名进草坡乡服务的志愿者，村民对阿亮非常热情，纷纷问吃饭了没有。要知道震后家家粮食都非常匮乏，这种情形下邀人吃饭是很大的诚意。

晚上受邀在村民家吃饭，人很多，地震后，亲戚们都聚在一起度日，光孩子就有五六个。聊天当中得知，沿着河水再往上游走，还有好几个村庄，都属于草坡乡，但进去的路更难，里面具体情况不知如何，村与村之间都像孤岛。只有往外跑的，没有往里跑的。

阿亮在两河村住了一晚，搭帐篷在小河边，钻进去倒头就睡，醒来已是第二天早上。临行前向胡书记道别，得知昨夜草坡乡的李川书记特地来看他，但怎么喊都喊不醒，阿亮鼾声如雷，浑然不知。

30. 心情复杂的一天

阿亮从胡书记那里得知出草坡乡的公路只有七八公里，并不远。阿亮想想自己怎么都不可能将帐篷物资那些从鲤鱼背扛进来，决定步行出草坡的老路，探路况。

出村不久，遇见一骑摩托出草坡的小伙子，上县里买药，带了阿亮一段。路过于难行，带人太危险，阿亮不好意思麻烦他，下来步行。不过，见他能骑摩托车出去，阿亮对路况抱有很大希望。

抢修草坡乡公路的是四川路桥公路二分公司，阿亮走不多久路就断了，工程车司机打手势让阿亮停下来。前方有三四百米的新塌方，十几名工人正在塌方处疏通，将巨石捆绑钢丝索，接上工程车牵引，挖掘机停在一边，几名工人不时朝山顶张望。忽然一阵灰尘迸发，新的塌方又开始了，几名工人来不及跑，直接跳到河里。阿亮亲眼见路况如此糟糕，心里焦虑不安。又等了好一会儿，阿亮上前询问。工程车司机告知前面埋了个人，大家在想办法挖，但山上的塌口还没塌完，还在滚石头，估计是不行了。眼睁睁地看到石头砸第一下，第二下，瞬间大批碎石倾泻，人和车都埋起来了。阿亮心里一抖，喉咙发紧，嘴巴张了张，没发出声音，有种不祥的预感。

果然，那名司机说是个骑摩托的！

"多好的小伙子嘛，还跟我打招呼，说我们草坡人感谢你们……"司机声音哽了一下，说："擦肩而过一句话，叫人多舍不得！"在身上胡乱摸了几下，掏出包烟，问阿亮，抽烟不？阿亮摇摇头，手却伸过去接了。司机点上烟，把火机递给阿亮，问："你咋个不走鲤鱼背？那条路近，危险系数也低滴滴儿。"阿亮回过神来，把火机和烟又还给了司机，说自己不抽烟。介绍自己是来草坡乡办帐篷学校的志愿者，下次过来要带大件物资，从鲤鱼背扛不过来，走这条路是为了探路，看啥时能通车。司机姓王，也是四川人，很客气："哎呀，你是志愿者嗦？了不起！我代表四川人感谢你！"跟阿亮说这路离全线通车还要一段时日，你也看到了，修是修得通，但通了又断，断了又抢修，从地震后到现在，工程队的人就没离开过，整天跟这条路死磕，简直是拿人命来填路。要是运气好，赶到通的时候过，就能过得来，但运气这个东西说不到，没谱子地东西。王司机说地震后，他就不信老天了，死了嘟个多地人，嘟个都是作恶地嘛？鬼扯！老子啥都不信了，只有闷头活!

阿亮想想那个一面之缘的小伙子,带他走了短短一段路,说话爽利干脆,喜欢打篮球,还去县上参加过篮球比赛,T恤上印着23号,崇拜乔丹。那么精神的一个小伙子,转眼就没了!都是同龄人,阿亮心里震荡很大,有愤怒也有悲凉,鼻子发酸。此地就像一股旋涡的中心,瞬息的人生,什么抱负与热爱,瞬间就一笔勾销!生命这东西,无比脆弱,脆弱得连流泪都无力。

烈日炎炎,挖掘机像磕头虫一样匍匐于山体之间。阿亮从塌方上爬过去,轻手轻脚,生怕踩重了。有一种心情,看到他人的惨烈,并不会被吓倒,反而觉得幸运能活下来的人更加有责任!这样想着,眼泪才如决堤的河水倾泻而下。

草坡乡!一辈子也没想过会来的地方,此刻却有了种说不清楚的联系,究竟是什么,又难以表达清楚,仿佛和命运有关。

步行到117国道,搭了辆营运车,上车后,司机叫阿亮把门关上。阿亮心不在焉,伸手勾住门把手拉了一下,车门竟然掉了,阿亮吓了一跳,赶忙捡起来装上。司机一路骂骂咧咧,阿亮神思恍惚,也不觉在骂自己。到县城,司机拉住阿亮不让走,要他赔车门。

阿亮这才缓过神,说:"是你的车门有问题,手一拉就掉了,不是我的问题。"

司机说:"你伸手拉的门,掉下来就是你的责任,不拉,它自己会掉?"

阿亮看着他,诚恳地说:"我是外地来汶川赈灾的志愿者,工作也停了,没有收入,也没多少钱,车门是不是有问题,你自己清楚。我们多少志愿者来汶川赈灾,全国多少人在为灾区捐款捐物,将心比心,你何必这样!"卖票的是个女孩子,可能是司机的女朋友,听阿亮这么一说,过意不去,说:"算了,收车费就可以了,车门我们自己修。"

司机不同意,两人吵了起来。女孩子说:"人家是志愿者!你咋个没良心?"

"志愿者咋了嘛?志愿者就了不起嗦?老子还是灾民呢,志愿者损坏我利益就不用赔了哈？杀人还不犯法了志愿者？志愿者算个锤子！"

"混球得很啊你这个人！咋个杀人了嘛？一个破车门你要作死啊？"这女子性格爆得很，一边骂一边劈手就去打，司机一边躲一边冲阿亮吼："今天不给老子赔，老子叫你在汶川混不下去！"

阿亮看不下去，只好上前拉架，提议去派出所解决："你说你有理我说我有理，我们找个说理的地方去，这世上总归有公道的地方。"

警察听了事情的经过，提议车门不用阿亮修，多给点车费算了，车费20元，再多付20元解决，老乡有老乡的难处，毕竟是受灾群众，体谅一下。这种和稀泥的处理方式，阿亮心里很不痛快，但人在外地也不想惹事。倒是司机的女朋友一听这个处理结果，就炸毛了，冲那个司机吼："你个龟儿子，心里清楚白啦地很，车门本来就是坏的！你敲诈人家志愿者不得好死！"将身上背的小挎包砸到司机脸上就走了。

阿亮还是给了40块钱，没递给对方，扔地上就走了。

从派出所出来，阿亮决定犒劳一下自己，看到有刘一手火锅店还在营业，进去点了一菜一汤一碗米饭。老板娘特别客气，劝他再多点两个菜。阿亮觉得不对劲，没敢再点，问老板娘多少钱。

老板娘问："你是外地来的志愿者吧？"

阿亮点点头，有点警惕。

老板娘说："志愿者在我这里吃饭都不收钱。"

原来如此！阿亮很感动，更加坚持要付钱，不收钱就不吃了。最后象征性地收了10块钱，这在当时汶川的物价来说，实在是太便宜了！

阿亮想，什么人都有啊，刚遇到敲诈，就遇到人送饭吃。心中郁结之气一扫而空。

31. 一种叫团委书记的女人

阿亮中午到汶川县团委，说自己进了草坡又出来了。黎书记有点怀疑，阿亮昨天才说去草坡，今天就回来了？阿亮说自己在草坡乡团委登记过了，草坡乡的书记姓胡，将电话号码报上来。如此，黎书记才算是信了，但阿亮申请办学帐篷时，她又反悔了："我们团委的物资也不是大水淌来的！"

"也不是你们自己家的，对吧？赈灾物资是各地捐赠给灾区，委托团委发放的，办帐篷学校也是在为灾区做事。"阿亮言辞恳切。黎书记架不住阿亮又是说好话，又是表决心，一番讨价还价，给了十六顶凉篷，一卷防雨布。

阿亮拿着物资条去仓库领帐篷，发现仓库里各种规格的帐篷堆成山，每间仓库都爆满，各种物资应有尽有，放不下的堆在库房外，日晒雨淋，纸箱已经破败发霉。阿亮惊讶灾民困苦，这么多物资为何不发下去？管库房的一脸戒备，不接话茬，飞快将门锁上。

阿亮先送两顶凉篷去直台村安置点，剩下的雇车往草坡乡运，但司机只肯送一段路，放下阿亮和凉篷就走了。一顶凉篷光支架就重四十公斤，加上篷布有百来斤，十二顶凉篷堆起来是巨大一摊。幸好又遇见浙江援建的车辆，又搭了一段路，到 117 国道，车上的人下光了，经过这一路，司机也有点害怕，要回头。阿亮只好将凉篷往下扛，司机也帮忙搬了几顶，忽然停下来，望望这堆物资，又看看阿亮，问他接下来打算咋办。阿亮说只能继续等车了。司机摇头，说："没人愿意送你去草坡的，不是钱的事，那路是要命的事！"

这司机是浙江人，二十来岁左右，叫阳飞。他在旁边转来转去，看着这么一大堆帐篷，直替阿亮发愁。又看看时间，问阿亮："半下午了哇，搭不到车怎么办？"阿亮老实说："实在搭不到车也没办法，在路边守一夜，明天上午过路的车应该多。"

犹豫了一会儿，阳飞又动手将凉篷往车上搬。阿亮大喜，阳飞很苦恼，板着脸，嘟哝道："明天也不会有车去草坡，最受不了你这种办事一点章法都没有的人，简直是我们处女座的克星！我要是你我能焦虑死！"阿亮忍不住失笑。阳飞又去找了两名铁军的战士帮忙押车，万一路上有事，也有个帮手，这简直是性命相陪！两名铁军战士背着工兵铲，不时下车清理路障，一路走走停停，一直送到四川路桥修路的地方，前方的路已经不通。阳飞跟阿亮说工程车晚上都要回草坡的，你可以请工程车带你进去，我们只能送到这里了！卸下凉篷，叮嘱阿亮注意安全，下次做事要想周全再动，不可莽撞。这位兄弟只见过一次面，阿亮后来曾专门去找他，想请他喝酒，却没有找到。

傍晚，工程车收工，王司机把阿亮带回了草坡，凉篷放车里，阿亮坐铲车斗里。到草坡后还管了阿亮一顿晚饭，很丰盛，有鸡有肉。大家颇有乱世相逢的豪迈相顾。

阿亮将凉篷寄放乡政府的仓库，这边八点钟天黑，趁天还有亮光，阿亮又出草坡。七八公里路，越走天越黑，阿亮无暇四顾，一路泼命狂奔，幸未遇见塌方，倒也平安出来。走到绵篪已经夜里十一点多，汗透湿衣背，密密结了一层盐晶。

去找绵篪小学的校长，打听有没有桌椅给帐篷学校用。校长深夜被叫醒，有些惊魂未定，说："有，有，桌子是有。"他见过阿亮给娄校长搭帐篷，以为是娄校长的人，同意给桌椅，但难免抱怨："大半夜地叫人，心都吓腾了，以为又地震！"

阿亮得到承诺，第二天一早就去直台村搭帐篷学校，村长也喊了些村民过来帮忙。阿亮本想自己去学校拉桌椅回来，但唯恐校长一夜过来反悔，或者已经与娄校长通过气了，未必会给。想起之前张莉每次都和孩子们并肩做事，也借用这个方法，召集二十个孩子同去向校长要桌椅。

果然，校长改变主意了，推说钥匙不在，让阿亮改天再来。阿亮说孩子都在外面等了。校长很惊讶，哪来的孩子？从窗口一看，远远外面站了两队孩子，列着队规规矩矩地在坝子上等着。只好叫人带阿亮去学校。阿亮担心学校是危房，不能让孩子进教室，派两名孩子回安置点叫家长来搬桌子。

才搬了十三张桌子，管事的人忽然发现这些家长不是绵篪的，陡然翻脸，拦住门口不肯再给了。阿亮解释是校长让我们来搬桌子的。但管事的说这些桌子是绵篪小学的，要桌子你们回龙溪搬去，将家长都推出去把门锁起。

无奈，只好将这十三张桌子先搬回帐篷学校。村民做事很利索，帐篷已经搭好了，安置点搭厕所用的木板有剩余的堆在外面，表面是铁皮喷白漆的，阿亮选了块好的，挂在帐篷里做白板用。做完这些才上午八点钟，整个过程一气呵成，帐篷学校算是办起来了。

第一堂课选营长，让孩子有自己的头儿。发现一名叫何庭石的少年竟然全票当选。后来才知道，何庭石的祖父曾是族长，在偏远山寨里，宗族势力大于行政力量，何家在直台村颇有威信，何家三兄弟在孩子中间也颇有领导力。阿亮将帐篷学校托付给何庭石暂时管理，勉励他：如今有我们自己的帐篷学校了，安置点还有其他帐篷学校，不要给人家比下去了。在绵篪我们没什么势力，营长要带头保护我们的帐篷学校，照顾直台村的兄弟姐妹们，不要受人欺负。这十三岁的羌族少年底气十足，口气很狂："没势力也没得啥子关系，打架嘛他们打不过我们的，表看他们人多，厌得很，我们直台在绵篪虽然后到，但是没得人敢过来跟我们挑事。打架我们连三岁娃娃都上阵，放眼汶川，没得哪个寨子有我们人齐心！"

阿亮被他给震了一把，这家伙很有黑社会老大的气质嘛！这才仔细打量一番，打扮倒是普通羌族少年的装扮，脑后一把小辫子结着羌红，脚上蹬了双手刺绣的云云鞋，虽染泥污但能依稀可辨云朵和羊角花的纹饰，腰间插了把云纹绕鞘小匕首，带刀意味着他已经历成年礼，在家族中说话当得一分子了。尤其难得的是眉宇间英气勃发，如野兽般逼人，这份英气，成年人中都罕有。阿亮叹服，无话可说，伸手拍了拍他肩膀。

中午去娄校长那边吃饭，发现气氛不对，大家见他进来，也没人打招呼，几个女生见他进来，夹了点菜就端碗出去了。剩下娄校长和另外两个广东男人，还有个汶川本地志愿者。其中一人探出头看了看帐篷外，伸手就将帘子拉下来，四人围住阿亮开始发难，轮番质问：

"你为什么要在我们对面办帐篷学校？是什么目的？"

"我跟你们组织的领导砚台打过招呼合并帐篷学校，你们的物资也送过来了，你为什么不听从安排，擅自行动？"

"你住我们这里，就是我们的志愿者，你做事为什么不向我通报？你有没有组织观念和组织纪律？”

"这里学生本来就少，为什么不将孩子叫到我们帐篷学校里来？"

"你在我们马路对面办帐篷学校，是不是想跟我们叫板？你想显示什么？"

"你有没有向团委登记？团委有没有批准你在这里办帐篷学校？你是不是违法乱纪？"

……

阿亮趁他们连珠炮一般发问插不上嘴的工夫埋头扒下一大碗饭，嘴巴一抹，才开始反驳："首先，我不是你们这个组织的，你邀请过，我拒绝过，砚台也没答应跟你们合并，我的行动跟你们没关系，上升不到组织纪律，也不必向你汇报，你也不是我的领导。落脚在你这里，我也没占你便宜，砚台让我带了一批物资过来资助你们。这里住宿不是你们私人掏腰包请我，是当地政府为赈灾志愿者提供的！我办帐篷学校只有一个目的，为了孩子，你们可以做，我也可以做。你们领了政府物资，招不到学生怪不到我头上。没学生是你们没有去努力，对面有八个村子，我只在其中一个村子办，还有七个村，你们可以去家访，去叫孩子。大家都是志愿者，有手有脚，别指望着别人替你做！请问，我在这里办帐篷学校妨碍你什么了？你为什么要反对？你既然号称有二千五百万的投资，政府都站在你那一边，还要跟我们这些山寨志愿者抢生源？未免太不自信了！"

娄校长一拍桌子："李亮！没有我带着做事，你自己乱搞迟早要出事！年纪轻轻火气不要那么旺，汶川形势复杂，不是让你胡来的地方，也不掂量你几斤几两！"

一帮人先诘难，现又恐吓，阿亮已经忍耐到极限，讥讽道："少跟我摆老资格！年轻人怎么地了？你生来就会撸管么？不还是一样过来的！用你替年轻人可惜个屌毛！"

娄校长大惊失色："你，你，什么素质？还办学校？简直是个流氓！"

既然已经翻脸，这里就不能再住了，阿亮收拾行李离开了娄校长的帐篷区。有点茫然，此处人地两生，不知往哪里落脚。

阿亮背着行李往帐篷学校走，看到团委的何志愿者带了几个人也往这边来，追上去打招呼，问去哪里。何志愿者冷冷地说："来你这里！"阿亮很纳闷，没告诉县团委在这里办帐篷学校了，咋知道？有点心虚，因为申请的那批帐篷是去草坡乡办帐篷学校的。但事到如今，瞒不住了，只能祈祷孩子们能顶住，千万别再捣蛋。

到帐篷学校，何庭石正在给孩子们念故事书，课堂上很安静。阿亮悬着的心慢慢落了下来，效仿张莉，让大家起立鼓掌，欢迎团委的检查。黎书记表情严肃，在帐篷里踱步，阿亮与孩子们保持安静，接受巡视。黎书记踱到讲台前，问了几句，办帐篷学校开心不开心？愿不愿意来上学？看看纪律还挺好，黎书记也就算了，叮嘱了几句安全事项就出来了。

还没走出几步，就看到龙溪乡团委的志愿者队长飞奔过来，开口就问："拆了没有？"黎书记赶紧打招呼："他在后面呢，介绍你们认识一下。"指了指跟在后面的阿亮。小陈大为尴尬，看了看阿亮，阿亮正狠狠地盯着他，直截了当地问："为什么要拆我们帐篷学校？"小陈含糊其辞："具体我也不是很了解，有人报你们未经许可办学，我才向上面领导汇报。"又邀县团委的领导也去他们帐篷学校检查工作，黎书记不置可否，话题一转，问："娄校长那边的帐篷学校到底办不办？不办的话也没必要占那么大位置，你去跟绵篪团委的同志说一声，要加强对非正式志愿者的管理！"小陈见黎书记面色不善，不敢废话，立即领命退下。

见他走了，黎书记开始质问阿亮："你不是要去草坡办帐篷学校吗？谁批准你在这里办帐篷学校了？你通过当地领导没有？"

阿亮解释："草坡会办的，昨天下午已经把帐篷都运过去了，我一个人办不了，等新志愿者到就……"

黎书记打断他："李亮！你给我听好，不听话，我随时可以驱逐你！"

帐篷学校的孩子都纷纷望向这边，阿亮低着头，气沉丹田努力保持恭顺。黎书记缓了缓，说："这次就算了，不追究你的责任！以后做事要向团委汇报，服从团的领导，在团委的指导下开展工作。另外，你们这些非正式志愿者之间也要搞好团结，不要还没做事就开始内讧，好好想想你们来这里是干什么的，不要搞争名夺利那一套！为灾区服务最需要踏踏实实的奉献精神！"

　　阿亮很惊愕："什么内讧？什么争名夺利？"

　　黎书记厌恶地瞪了他一眼，掏出纸巾捂住口鼻，绕开垃圾筐，皱眉道："这里太臭了！我们回去吧。"何志愿者适时举伞跟进，亦步亦趋，为黎书记头顶投下一片阴凉。

　　阿亮一股气直往上涌，这世上有各种各样的女人，最可恶的就是一种叫团委书记的女人，不展示权力就没法活下去。当然，也有张莉那样的女孩子，朴素，诚恳。想到张莉，阿亮心里忽然平静下来了，只要张莉一到，这边的帐篷学校就稳如泰山了。

32. 我一个人忽悠不来

　　接到阿亮电话时，砚台正和大老游一起去沐水村送物资。答应如沐水村有能替代张莉做校长的志愿者，就让张莉去汶川，如果没有，张莉还需守段时间，沐水村老一批志愿者服务期限已到，新志愿者刚到位，正面临新旧交替，恐不稳定。

　　"将在外，军令有所不受！这边情况一句两句跟你说不清楚，赶紧地，把张莉给我弄过来，汶川形势太复杂，我一个人忽悠不来！"阿亮在电话里嗷嗷叫。砚台试图跟他商量，现在只有三个负责人，各守一方，新一批志愿者马上就出发去汶川了，汶川并不缺人手。如果张莉也去汶川，沐水村那边可能会散盘。但阿亮很坚决，张莉不到，他也不干了。

　　何至于撂挑子？砚台很惊讶："就算要张莉过去，也得听听张莉的想法啊。"

　　"你不用管了，这是我和她之间的事情。"阿亮一副不容商量的语气。

　　你们之间的事情？我不用管？砚台心里梗了一下，没说话，挂掉电话。见砚台脸色沉闷，大老游开玩笑："怎么？起内讧了？"砚台正游说大老游参与帐篷学校的画笔计划，故作轻松地说："怎么可能，我们可是铁三角啊！"

　　赶了将近一天的路，真可谓跋山涉水，终于到达沐水村。

过沐水村小河沟的时候，两个孩子站在路边，一看车过来了，站得笔直，敬礼，指路，再开一段路，又有两个孩子在路边，敬礼，指路。砚台说这都是帐篷学校的孩子，一定是张莉派来做仪仗队的。这待遇，让大老游都有点不好意思。走近忽然听到帐篷学校里爆发出热烈的掌声，张莉带了几个女孩子迎出来献花，帐篷里一片欢呼加掌声，孩子们等了一天了，爆发出的热情有排山倒海之势。张莉手悄悄一抬就掌声如雷，手往下一压，掌声立歇，整齐划一。请大家站到讲台前，让营长出列致欢迎词，全体孩子起立鞠躬，感谢送来学习用品，又齐唱校歌。

大老游手足无措，说自己长这么大还没被这么隆重地欢迎过，心里像潮水一样澎湃，很感动。

欢迎仪式之后，张莉走上讲台，说："我们小水滴能有学习的环境，除了帐篷学校叔叔阿姨的陪伴，还有更多叔叔阿姨在为我们奔走努力，小水滴们，向叔叔阿姨汇报你们的学习成果吧！"

每个孩子面前都摆放着功课作品，有泥塑、手工制品、习字册，还准备了画展，几个孩子上前将防雨布缓缓打开，防雨布上贴满了绘画作品，迎着傍晚耀眼的夕阳，那些画作，在这简陋的棚子里，仿若火光。关于梦想，关于未来，还有对重建新家园的设想，每一颗童心的热望都跃然纸上。

站在这些画作面前，大老游静默住了。砚台很得意，这可是专门为这个家伙办的画展啊，要的就是这个效果！ 大老游感叹道："我做过很多展览，没有一场比得上这帐篷学校里的画展，这些画画得太好了，童稚、纯真、热情！"主动提出为灾区孩子们办场画展，筹集办学款项。终于！砚台从赈灾之初就想把大老游同志拉进来，坦白说，这次拉大老游过来送物资，就是想用现场的氛围打动他，拉他入伙。

但绝不仅仅是一场画展的事，砚台有一整套的想法，准备做灾区儿童画笔计划。两种形式，一种是募集绘画工具送到帐篷学校，再将孩子们的绘画课作品收回来，寄给捐赠者，捐赠者可选其中一张收藏作为纪念，余下作品再由捐赠者带往各自所在的公司或熟人聚会上拍卖，拍卖所得再购买文具和绘画颜料发往灾区。这是帐篷学校项目自循环计划的重要形式。

另一种是出面邀请一些艺术家将灾区儿童的绘画跟自己的作品联合展

出，扩大画笔计划的影响力。而后者尤其需要大老游的介入。

砚台将想法和大老游一说，大老游盛赞这个行动本身就是一场行为艺术，两人一拍即合。这个画笔计划后来在大老游的运作下，产生了很好的影响力，解决了希望之窗后续许多资金来源。也正是从这个计划开始，希望之窗从单纯募捐转为自循环运营的初步模式。

张莉之前已经接到阿亮电话，同意去汶川支援。也提前做好安抚工作了，跟孩子们做过关于离开的心理游戏课，消解分离焦虑。这边安排接任的校长是任之超，在这群志愿者中资格最老、为人也很踏实，重要的是他非常爱这群孩子。除了任之超那一批老志愿者，这次又来了三名新志愿者，安柳，来自贵州，仡佬族女孩子，年龄很小，她父亲亲自送她来报名灾区赈灾的。胡力钧，现役军人，正在假期，特地报名来灾区赈灾，体能和格斗力量都很强，砚台安排他在沐水村有望他顺带承担起安保工作。向云笺，艺术学院毕业，这姑娘大概是招募志愿者以来最漂亮的了，短发，明眸皓齿，尤其整体气质上有一种很干净的美，来沐水村担任美术老师。加上任之超他们那一批老志愿者有十一人了，沐水村志愿者人数不少，但孩子更多，一百多号人，小学堂办得欣欣向荣，秩序井然。

此去汶川，路途遥远，张莉不知道还会不会再回沐水村，砚台让孩子将凳子搬到坝子上整齐坐好，给张莉和孩子们拍了张合影。

张莉进帐篷学收拾背包，孩子们开始列队，安静而迅速，按组列好队伍。张莉一出帐篷，孩子们齐刷刷面向张莉鞠躬，齐声道别：张阿姨辛苦了！张阿姨再见！张莉也还鞠一躬，跟孩子们道别，又向留守沐水村的志愿者鞠躬道别："辛苦了，沐水村的孩子就交给你们了！"微微笑着，仿佛不是离别，如同平时周末去山外买东西，第二天还回来一样，语调平淡温和，听不出情绪的波动。

但张莉转身走的时候，几个小点的孩子还是忍不住跑出队伍来，任之超上前将他们拉回去，说："不要让张阿姨难过。" 张莉面色平静，并不回头张望一眼，似乎并无离情。

车发动了，孩子们静静列队望着，不知是谁先起唱第一句，很快形成合唱，孩子们唱起张莉教给他们的第一首歌，也是这个帐篷学校的校歌。车上很安静，两旁的玉米地青翠，夕阳从玉米地里穿过来，照在土路上，洒满金光。远远帐篷学校的歌声还在回荡，越来越远，像天上的云一样淡淡，消失在天际。

33. 真想给她一锅铲

晚上，两人边喝酒边聊天，张莉不擅饮酒，但也倒了一小盅作陪。张莉心情看起来不错，话特别多，跟砚台讲在沐水村办帐篷学校的点点滴滴，阿亮这样，阿亮那样，话题前后都不需要过渡地就兜兜转转全在一个人身上，眼睛里似有两团小小的火苗在燃烧。砚台冷不丁伸手摸摸她额头，说："没发烧啊。"张莉也惊讶摸摸自己额头，问："咋了？"

砚台笑说："你这症状不是发烧就是在恋爱！"张莉原本滔滔不绝的话题咔嚓就断了线，笨拙地道："啊呀，不是的，他那人……"那人到底怎样，却没说出个所以然，脸倒是慢慢地红了。

忽然有人敲门，砚台从门镜里看了看，是欧欢，成都某广告公司的行政人员，本来是报名去沐水村做志愿者的，但约好时间又没来，电话不接短信不回，跟失踪了一样，现在又冷不丁地冒出来。站在门口，高耸的胸脯一起一伏，颤巍巍的，情绪很激动。砚台看看表，已经很晚了，犹豫了一下还是让她进来了。

进来后也不说话，径直踢掉高跟鞋，沙发也不坐，半赖半靠跌在地板上。穿着一件薄纱裙，揉得稀皱，像个被人玩坏掉的洋娃娃，脸上还有泪痕。张莉倒了杯水递给她，接过来一口气喝干，顺手又递给张莉，张莉又给她倒了一杯，她懒懒摇头："有酒吗？"

张莉又去倒酒，砚台抢过杯子放一边，说："没酒。"

欧欢看看桌上，起身自己去倒，砚台不客气地将她推回去："有事说事，这里不是酒吧，不提供酒水。"

欧欢望望砚台，软软地叫了声："砚台姐……"

砚台不耐烦地打断她："别姐姐妹妹的，我跟你又不熟。"对这种言而无信的人实在没好感。

"我想好了，我要去做志愿者！"欧欢像下决心般地宣言："我明天，必须离开成都！"眼泪夺眶而出。

"志愿者已经定下来了，你去别的赈灾组织试试吧。"砚台淡淡回绝。

"不，我要去汶川！"

你要？你要人家就得配合？砚台起身去收拾桌子，不理她。

张莉看看砚台，又看看欧欢，过去将她扶起来，小心翼翼地问："咋了？是碰到不顺心的事吗？"

欧欢像捞到什么一样，反手一把抓住张莉的胳膊，眼泪哗哗地给张莉讲述了一段惊天地泣鬼神的爱情故事，夹杂着大段排比句："我多么多么……他怎么怎么……我那么爱他，他那么爱我……没有爱情的婚姻是不道德的，靠孩子来绑架自由的家庭是卑鄙的……她根本不了解他这个人，只有我才……"真是令人不解的深情——对别人的丈夫！她倒是莫名其妙地站在道德制高点上了，怎么站得住？还滔滔不绝宣扬自己多优秀，别人老婆多丑陋。

真是被她的戏剧性给惊倒了，莫名其妙就跟陌生人涕泪滂沱，算哪门子事？砚台在一边冷眼旁观，心想这种二货怎么能加入我们伟大的赈灾组织呢？绝不能够啊！起身离这个哭哭啼啼的家伙远一点，那张精致的脸庞已经妆容尽毁，活像个惫赖的女鬼。别人都有错，就她最无辜——肯定琼瑶小说看多了！琼瑶笔下的小三千篇一律都是柔弱善良为爱不顾一切的纯洁小白兔，还多才多艺，长三堂子里那一套样样都会，小三与别人老公的爱情都是纯洁的，婚姻都是各种利益绑架的产物……当然，那是琼瑶奶奶转正以前。琼瑶奶奶转正成大奶之后，她笔下的小三就开始变异了，阴险、自私、贪地位贪金钱，纯洁坚贞的爱情从此只存于夫妻之间，小三的出现，只是推波助澜维护夫妻感情更上一层楼——砚台很想建议这姑娘看看琼瑶奶奶后期的作品，剧情早已逆转，不要对小三这一人生逆旅入戏太深。但看看她那副样子又把话咽回去了，用不着费那个劲！任何金玉良言在她强大的傻 × 逻辑面前都一钱不值，真想给她一锅铲！

张莉估计都没搞清来龙去脉，就被这"逆流成河"的哀伤给淹没头顶，像个溺水之人，发出局促而紧张地短语："咋能这样呢，咋能呢……"眼巴巴地将眼神投向砚台，指望砚台说点什么。

砚台说："灾区苦得很，一丁点不浪漫，澡没地方洗，屎都没地方拉，你还是回家吧。"

欧欢一甩头发，坦言自己什么都不怕，活着对她来说已经失去意义，她愿意将自己的余生奉献给灾区的孩子，死在那边也无怨无悔，"……将来，将来孩子们会记得她！"说到这里，她又开始哽咽："即使被全世界遗忘，我的人生也不会再孤单……"说着说着她又哭开了。她真是想多了，世界跟你也不熟，更谈不上遗忘。

砚台这人还是有点迷信的，这家伙还没去要死要活的，太不吉利了！虽说人想活不一定能活，但想死一定能死的成，这简直是一定的。

这姑娘太神经，不适合去灾区做志愿者，动不动还极度委屈，这种人动辄会觉得全世界都对不起她，索取是理所当然的，怎么会有奉献精神？张莉还接受过心理培训呢，咋不明白？还陪着她试图做心理抚慰，简直浪费时间。悲观的人是下坠的黑洞，会吸走别人的力量。当然，如果不漂亮倒还罢了，危害性不大，问题是长得还挺漂亮，一副柔弱伤感的林妹妹型号，容易激起荷尔蒙过剩导致智力下降的雄性动物的保护欲，坦白说，砚台顾虑军心不稳。

张莉越安慰，欧欢哭得越酣畅，真是一个乱糟糟的夜晚！张莉明天要去汶川，砚台还有好多事情要和张莉商量，决定召唤豪哥。豪哥说过，女人绝对安慰不了女人，只有男人才能直截了当地安慰女人！

给豪哥打电话求助，介绍情况，豪哥打断她，直截了当地："那姑娘给操不？给操就安慰！"

砚台一时没忍住，破口大骂："驴啊你？我们在赈灾诶，你能贡献点力量不？你好歹还是个四川人嘛你个锤子！"

豪哥在客厅跟姑娘一杯一杯地喝酒，理解她，安慰她，同情她，声讨另一个她……她终于放过张莉了，跟豪哥聊得情投意合。

砚台迅速将张莉拉到阳台上，说："张莉，这姑娘不能带汶川去！"

张莉有点为难："那咋办？她说不要她就去死。"

"真的吗？"砚台简洁明快地回道："那就让她去死吧！"

"咋能说这样的话！"张莉仿佛不认识砚台，睁大眼睛瞪着她，"欧欢肯定有她的难处，也许是需要做志愿者这个机会，暂时离开一团糟的生活。"

砚台冷笑，说："张莉，你自己想清楚了，我招志愿者是为你和阿亮所用的，决定权在你们那边，你愿意带她去汶川就带过去吧。"

"砚台，我第一次见到你的时候，你说过助人自助。欧欢如果去灾区成为一名志愿者，她也许会重新打开自己人生的局面，不会这么悲观。何况，还有阿亮呢，不会让她出什么事的。你说过对他人的困苦要伸出援手，这也是我来做志愿者的原因，你那样说的时候，我就决心跟着你一起做事。"张莉语气诚恳。

"张莉，你要知道我的心意是什么，不要急着从道德上来说服我，我的判断是出于常识去做出来的，你不要认为我在反对你的善良。你要知道，我个人不必跟志愿者打交道的，麻烦也好，累赘也好，最后都是你跟他们在一起做事情，你要是坚持接收，我不会坚决反对的。但是，你好歹听我一句劝，你并不足够牛逼到拯救所有冲上来的傻逼，你要绕开。"

但张莉依然认为欧欢是太单纯了，不懂怎么保护自己，现在她受到挫折了，只要我们给她一个机会，也许会改变她的生活。何况她在最难过的时候，想到的依然是去帮助别人，去奉献自己，说明本性不坏。

"行吧，你要坚持，我就尊重你的决定！"砚台忽然有点意兴阑珊，人们为何对显而易见的事物视而不见，非得蒙上一层救赎的光环呢？这世上有多少情非得已的小三？仅凭爱情这个理由就可以悍然去伤害他人吗？

也许此时此刻，她，欧欢，张莉，都不在一个情境里面，各有自己的立场。欧欢在斗争中失败了，然而她决不甘心，要在别人的婚姻中留下一个伤感的尾巴，她要决然毁坏自己的生活（她以为去重灾区赈灾就是一种毁坏自己人生的方式），好让别人的丈夫后悔，没有在她伤心的一刻紧紧抱住她挽留她。砚台对欧欢以示弱做手段的把戏看透，却无能为力，因为夹杂着张莉在其中。张莉处于爱情懵懂即将萌芽的阶段，因爱滋生的喜悦足以让她对许多事情心生温柔情怀，那个时候，她不仅希冀着某个人，她对整个世界都怀有柔情万种的希冀。因为这种情感的存在，人世间有了更优美和更柔情的价值，没什么不可原谅，没什么不可变好。

这世上有各种各样的女子，有张莉那样的，心思纯净，固执起来简直愚蠢。也有欧欢那样的，紊乱到已失去为人的本来面目。当然，也有砚台这种的，爱憎如刀锋，伤别人也伤自己。

一早起来，张莉往大号登山包里塞了好多物资，塞不下，又把自己的随身物品拿出来，精简到只剩一套换洗衣服，继续塞文具。砚台试着背了一下，站不起来，劝她拿掉一些："里面不通车，徒步背这么重的东西不方便，万一遇到塌方，逃命起来都不利索。物资少背一点，后天就有一批志愿者去汶川，让他们带过去……"但张莉舍不得减少物资。

"不是舍不得给你物资，是怕你背不动，要不，分开两个包，和欧欢一人背一半。"

张莉看看欧欢，对砚台说："不用，她太柔弱了，还是我背吧。"

张莉这人太倔强逞强，越坚强的人，越会承担更多重负，自己想扛，别人也会理所当然要你扛，直到压垮。砚台拿她没办法，于是又想让欧欢留下来，劝她和后天的志愿者结伴走，人多比较安全。其实是怕她路上连累张莉。但欧欢自信地说："有张莉姐保护我，我什么都不怕。"

砚台深呼吸，忍了几秒钟还是没忍住，说："你是不是有认姐癖呀？论年龄你比张莉还大，别以为你叫声姐，人家就得罩着你！大家都做志愿者的，不要指望着被别人保护照顾，你和张莉都是女孩子，你要是生活不能自理，麻烦你不要去汶川给别人添麻烦……"

张莉生怕砚台跟欧欢吵起来，赶紧打圆场："哎呀，我在灾区有经验，没事的，欧欢我们走吧，还要赶车呢。"砚台不依不饶，坚决拦住欧欢，说："你其实并没有柔弱到非要人保护不可的程度，你并不是弱者，而且——也没有人就非得是那个该死的强者！"

欧欢白了砚台一眼，夺门而出。砚台真是心都气肿，她的队伍竟然混进小三一枚，完了，队伍的纯洁遭到毁灭性打击！

豪哥上来跟砚台说，那包太重了，放到张莉背上的时候，张莉差点仰面跌倒，又责怪砚台："欧欢那种女的只有一条生存之道，就是做有钱人的二奶，别的啥也干不了！根本不应该让她去灾区，你这个决定太傻逼！"

砚台正没好气，讥讽道："少得瑟！那种女的跟你这种男的一个样，你不也想傍个富婆吗？处心积虑想吃软饭的男人还说别人来得那个溜，切！"

豪哥脸色大变："你是受啥刺激了吧？你这种女的又是哪种？长得又不丑，怎么就没人爱呢？我告诉你，没男人会喜欢你这种死硬到底的女人！"

"呵呵，像你这种娘炮当然无法直视我这种女人，只有真正 MEN 的男人我才会对他柔情似水！男人自己弱还怪女人比他强？你这种类型的恨不得拉低整个人类的质素好去迁就你！傻逼！"

"你才傻逼！根本不懂什么是爱情。"

"哈？你这种将天下女人只分为给操的和不给操的两种的纯傻逼也配谈爱情？给老子滚出去！"

两人遂互删电话拉黑 QQ，以示绝交。

34. 请大家酌情相处

第一批去汶川的六名志愿者，如期抵达成都，三男三女，都是未毕业的大学生。优选大学生完全是基于维稳的考虑，单纯，做事有热情，队伍好带一点，第一批志愿者相当于"垦荒者"。一周后出发的第二批志愿者年纪平均在 30 岁上，有社会经验也有能力，不乏佼佼者，是作为队长人选的。砚台担心阿亮和张莉初到汶川根基不稳，罩不住这群好汉，所以安排他们第二批到汶川。

六名年青的志愿者朝气蓬勃，一进门，房间温度顿时就上升了好几度。

美琪和祝好是好朋友，大学没考到同一所学校，所以约齐了一起来做志愿者，又能趁机一起混一个暑假，两人好得形影不离，像双鱼座吉祥物。这二位的自我介绍都是能歌善舞，会耍宝会讲笑话，积极乐观。在条件艰苦的灾区，尤其需要乐观精神。

徐敏行来自湖北宜宾，齐耳短发，行动说话都很干练，是校学生会的干部，中共预备党员。她有一种使命感，认为年轻人有责任有义务响应国家号召去到最需要的地方，这次来灾区赈灾是她送给自己的十九岁生日礼物，以行动来磨炼自己。和美琪、祝好不同，徐敏行对自己的人生走向有很清晰的目的和计划。

田春来是武汉大学才子，博闻广记，知识面极广，性格有点温吞水，戴一副深度金丝眼镜，文质彬彬。报名时砚台说灾区很艰苦，他自称是农民的后代，做志愿者未必比干农活辛苦，农村人没什么苦是不能吃的。

刘旋和陈振都是因为武功高强被招募过来的，刘旋哲学专业，但他的报名表上注明从小习武，形意拳传人。陈振是国家一级运动员，广东省散打冠军，中泰对抗赛冠军，曾代表中国国术总会参加香港举行的世界中华国术大赛，获 56 公斤级散打冠军，他还带了一名 17 岁的徒弟，博得 48 公斤级武术散打冠军，这说明他在为师方面也很厉害。这两人是作为帐篷学校的武术教头招募过来的，又具有安保作用，砚台觉得希望之窗以后在灾区能横着走了。

三名男孩子都是来自农村的，三位姑娘都是城市的，前者朴实稳重，后者开朗热情。尤其美琪和祝好，对即将去往农村的支教工作兴奋不已，虽然这个农村是重灾区，但也不妨碍她们对农村充满美好的想象，有牛？有山花？有纯朴的乡民？……叽叽喳喳问个不停，不等回答就径直幻想开了。这氛围下没法开会，砚台先让他们彼此熟悉起来，提供茶水小点心，把客厅让给他们举行茶话会，砚台提出，去汶川路途遥远且危险，让三位姑娘各自选一位男生做保护人，这项临时安保工作到汶川为止。还特意加了一句："不要趁机谈恋爱，以赈灾为重！"

这话一说完，立马跑题，美琪和祝好开始考核三位男生，家里有几亩地，瓦屋几间，兄弟几人，牛有没有……祝好拍拍旁边的美琪，说我们家美琪还待字闺中，你们很有机会的喔。美琪点点头，一本正经表示正式开始考核，哪位先说？

三名男生被整的很局促，刘旋直接面红耳赤说不出话来，田春来推推眼镜，一五一十地回答："我们家六口人，七亩八分地，旱地三亩，水田四亩，还有八分自留地，种菜和杂粮，爷爷奶奶年纪大了，不能作为主要劳动力，主要是我爸妈在种，我还有个弟弟在读高中，房子还是老房子，明三暗五的老瓦屋格局，牛有一头，公的，岁口有点老，猪有两头，鸡鸭鹅也养了一些，下蛋换点油盐。本人，本人暂时不打算被丘比特之箭射中，要保存体力振兴家业。"

大家哄堂大笑，祝好又问陈振，陈振吃吃艾艾，推辞："哦普通乏杠不好啦。"祝好问："普通话都讲不好，你怎么做老师？"陈振面红耳赤，这一闹腾大家熟悉了不少。

砚台看这架势要搞成相亲会，不得不打断他们："赈灾期间易生情愫，还望大家酌情相处！"这帮家伙一听，顿时乐不可支，立马八卦起来，有没有志愿者在灾区谈恋爱？咱们组织允许恋爱不？

砚台没办法，只好给他们讲述希望之窗这个草根组织的经历，从二百五十块开始，沐水村的办校历程，那段经历过于苦憋，大家才慢慢安静下来。

饭后，让大家核对课程安排，报名时就提前让各人按所长准备教授的课程，检查一遍，做好课程记录带给张莉。又跟大家讲灾区注意事项，尤其安全问题，逐条细讲。徐敏行边听边拿本子记录，很认真。这姑娘能力怎样还不知道，但起码可以看到她想做好事情的态度。砚台将这六个人编成一个临时队伍，让徐敏行做协调人，对内协调好队员之间万一可能发生的矛盾，鼓励士气，对外负责外联事件，简而言之，她要负责协调好各种关系。他们中间年龄最大的陈振做队长，队长的职责是带好队伍，负责沿路的安保，负责物资运输。这种编制一刚一柔，后来每一批去汶川的志愿者队伍都沿袭下来了。

砚台诚恳地跟大家讲："希望之窗前期经历过很多波折，如今渐渐平稳，迎接你们来接手，请珍惜这个机会。你们不是在为希望之窗做事，甚至不是在为任何人做这件事，是为你们自己的一段时间所选择的工作负责，不管身处何种境遇，都不要辜负自己的时间！"

接到张莉电话，都江堰那条路通行不了，她们被耽搁在映秀了，建议下一批志愿者走马尔康进汶川。砚台找出地图跟大家商量，进入汶川主要有4条线路：东线可从绵阳经平武、九寨沟、松潘、茂县到汶川。西线分为两支，一支从雅安走大渡河，经丹巴、小金，翻巴朗山到卧龙，过映秀镇，进汶川。另一支是红军长征曾经走过的路线，从雅安经甘孜、小金，翻山到马尔康，经理县进入汶川，也是张莉推荐的路线，从都江堰出发走213省道到汶川县城是最近的道路，路程不到一百公里，而成都距离马尔康约400公里，马尔康距离汶川还有200多公里，这一绕就绕得相当远了，同时还有个艰巨的任务，物资要他们带过去了。

砚台领着新成立的小队，去看这批带进汶川的物资，足足两个立方，重量和体积都庞大。见物资中有一百多张塑料凳，他们很不理解。砚台说："帐篷学校的孩子没有凳子坐，汶川当地物资很匮乏，有钱都买不到，不过，就算有物资卖，我们也尽量减少在当地购买物资，日用品那些最好在成都买够了带进去。"

路途遥远，砚台担心这批物资难运进去，他们倒是信心很足。砚台看看时间，已经晚上十一点多了，问："明天一早5点钟就要出发，这批物资里面还有三块大白板，一米乘一米五，出租车放不下，公交车那么早也没开，怎么带？"把问题抛给他们六个人，看看这个新队伍怎么协调工作，也看新选出来的队长和协调人怎么组织大家沟通解决问题。最后队长陈振和协调人徐徐敏行过来说他们的解决方案：现在立即出发，扛着白板走到车站去！

"知道茶甸子车站距离这里有多远吗？"

他们摇头。

砚台说："打车在不堵的情况下也需40分钟。"

陈振一听，急了："那更要立即行动起来，不然早上走不到车站。"

砚台看看外面，说："下大雨呢。"

徐敏行说："没事我们有伞。"说完，他们真卷起裤腿，开始搬运物资。

砚台把他们又带回房间，请大家坐好："我要跟你们说件很重要的事，一定要记住，无论谁给你们分配任何任务，你们一定要先掂量自己能不能完成，完成不了就要立即拒绝，不要勉强，更不必逞强！这个不仅对你们在汶川适用，在以后也同样适用。今天这样的事情，也许你们咬咬牙能完成，走到明天中午能走到车站，但是有必要吗？有我在这里，你们不妨问下我，有没有别的途径可以解决，遇事不必死扛，要晓得寻求帮助！"停了停，又说："我是希望之窗的后勤，也是你们的后盾，此后，更是你们的朋友！接下来你们所有的事情都可以向我寻求帮助，我做不了的会向其他人寻求帮助。如果尽力了还解决不了，那也没什么，可以不做。"说完，砚台打了个电话给志愿者何明，何明是开小货车的，偶尔做志愿者，是砚台之前在各种赈灾队伍中厮混时认识的。何明问清楚白板尺寸，说车能装得下，明早开车来送他们去车站，而且表示他非常乐意贡献一点力量。

放下电话大家都欢呼起来，砚台催他们去睡觉。单独留下徐敏行，跟她聊了一会，刚刚在讨论的时候，她有些意见很对，但大家没及时表达拥护，她就没坚持，有点怯，似乎对于新上任的领队工作不敢发号施令。砚台给她打气，既然承担这个职责就要对得起这个位置，得做决定，并且有勇气承担后果，不作为是更大的失职。徐敏行有点担心车站不给他们带那么多物资。砚台说："将困难坦诚相告，寻求车站领导的支持，告诉对方车站帐篷学校的现状，灾区孩子急等文具开课，志愿者远道来川赈灾，国人不负川，川人尤当体谅自己的同胞。如果这还不行，就团团围住车站负责人，对他们集体号啕大哭，把鼻涕眼泪抹在他们身上，把事情闹大，这叫先晓之以理后动之以情！"说着两人忍不住笑了起来，砚台补充："要学习使用感性的力量！人皆有情，通情才能达理。"

天还没亮大家就起来了。何明准时开车来接，大家把物资往车上搬。几个小姑娘瞌睡得跌跌撞撞，要知道她们昨天是坐了 30 个小时的硬坐才到成都的。结果，一番折腾赶到车站，当天去马尔康的票卖完了，只好将物资寄存车站，买了明天的票。呼啦啦又回到砚台家，一头扎倒就睡过去了，客厅里横七竖八躺倒一片。

上午又来了两名志愿者报到，敲门敲得跟鬼子进村一样。门口一位面貌黧黑的女孩，姓黎，身材健硕，穿着大裤衩大汗衫，趿拉着双拖鞋，浑身上下没一点女孩子气，说话还有点吐字不清。砚台小声嘱咐，当心点，别踩着人。只听她那个大嗓门喊道："哇塞，好刺激啊，砚台姐，这么多人都是去汶川的吗？"

砚台差点给她一掌："发神经啊？没看到人家在睡觉啊？"

阿黎是以做帐篷学校医生的名义被砚台招募过来的，今天过来报到，聊过才知道她爸是医生，她，不是！太扯淡了，砚台让她哪里来回哪里去。

这姑娘赖里吧唧："我要去！我就要去！求你了，让我去嘛。"砚台气沉丹田，不理她。

跟阿黎一起来的叫唐甜，是导演专业的。砚台与她商量电影课："给孩子讲电影是怎么拍的，写小剧本，由孩子们来出演，邀请老乡做群众演员，帐篷学校的老师都可以来参演，实践拍小电影。"

"这样都可以？"

"上课不一定要排排坐，你的课可以自己决定形式。"

"可是，我还没拍过呢！不知道行不行。"

"再牛逼的大师也是从第一部开始，把汶川工作当成自己的电影实践课吧，对了，你的工作记录可以是一部小电影。还有，可以上电影赏析课。"

"帐篷学校里没法放电影怎么上电影赏析课？"

"这倒是！这样吧，我想办法给你把电影带过去！不过，现在还不行，还缺人手和物资，我解决了这些问题，会想办法组织个电影队去帐篷学校放电影。如何？"

"哇塞，太强了！"唐甜和那个假冒的神医一起欢呼起来。砚台看了看她，心想关你什么事。

假神医立即表态："我也要去！反正我们一起来的，她去我也要去！"

砚台很头痛，问："人家去了能教孩子知识，你去干什么呢？我们这是做正经事情，又不是买个锅还非得搭个搪瓷缸！别瞎凑热闹。"

"要不，我给大家做饭吧，我做后勤！"

"大家都去上课，你甘愿做后勤？"

"愿意！只要能去汶川，组织让我干啥都行，绝对服从分配！"

砚台想了想又加强语气，叮嘱道："不许给人看病，你不是医生不能乱来知道吗？"

"知道！你就收了我吧，求你了！我都跟好多人说我去做志愿者了，去不成多丢人啊……"阿黎又是保证又是耍赖。

这家伙赶也赶不走，砚台只好把她收了，将这两个临时队员交给徐敏行。徐敏行让两位赶紧去车站买跟大家同一趟的车票，第二天一早一起进汶川。

第二天，凌晨四点徐敏行就把大家喊起来出发，物资太多，担心车上放行李的地方不够，要早点去抢位置。这女孩果然心思缜密，这一队人当中只有她提前预见问题。这两天真把他们折腾得够呛，平时在家都是娇生惯养的，估计长这么大也没有这么辛苦过。祝好瞌睡得下楼时一头撞在墙上，声音之响，把大家都吓了一跳。天还没亮，外面又下着瓢泼大雨，临要出发了，砚台看看大家很不放心，忍不住地碎碎念："队长要带好队，男孩子要像男子汉一样有所承担，对女队友多担待。吃的东西多带一点，下雨路不好走，车不一定能按时到达，万一遇到塌方，堵路，可能会堵很久。"想想又把徐敏行叫到一边叮嘱："带队安全第一，路上万一遇到危险状况，就不要管物资，扔掉，人最重要，如果有这样的状况发生，你要毫不犹豫做决定。"说了又说，心里很舍不得他们，感觉就像自己的弟弟妹妹，热情有余，处事经验又着实有限，两厢一对立最容易出状况，实在叫人放心不下。

35. 不要和小三同行

张莉和欧欢从成都坐车往都江堰，都江堰车站被地震震得只剩下框架，在休息亭上方能看到天空。车站没有到映秀的车，路不通。阿亮那头正从汶川往映秀赶，电话里告诉张莉路上只要看到车都想办法搭，一般车只要看到是志愿者能搭都会搭一段，他赶到映秀镇来接她。

都江堰距离映秀镇约40来公里，张莉让欧欢留在原地看物资，她去找车，问了几辆都不肯去映秀镇，有位司机介绍了另一个家在漩口的朋友，正要回去，顺路可以带她们，车费一个人180元，问张莉坐不坐。张莉一咬牙说，坐！

那位漩口的司机站在一辆很小的车前，车已经烂得看不出型号，车头瘪进去了，车尾保险杠也掉了，车身又是刮痕又是泥水，像刚从泥石流里才挖出来就上路了。

司机是藏族人，边开车边跟张莉聊天。他家里的人都不在了，整个漩口没几栋还健在的房子，地震来得太凶，好多人直接就埋了，好几天救援都到不了，先是伤病员撑不起，伤亡惨重的很，又没吃没喝，停电停水，井水都变成了泥浆子，大家只能往外面逃，自求生路。跟外面又没得通信，不晓得是好大个地震，个个都以为自己这里是震中，都往外面逃，路都塌完了，没有一段路不是扭曲的，紫坪铺水库那一段被巨石隔断长达一公里，逃生的人都从碎石上爬过去，旁边就是悬崖，又是倾盆大雨，又是余震不断，山上直往下塌石头，这路上埋了多少人啊！到处都是残肢断体，一路上哭的哭，喊的喊，人间地狱也不过如此了……

司机师傅望着前面的路，神情很抑郁，说："有时候嘛，想想活下来了，老天爷给了我这条命，无论如何都要好好地活下去，活一百岁以上，把我们家人寿岁都活回来才够本。觉得遭到这么大的地震能活下来，以后啥子困难都不算什么了，不能放弃，不能悲观，要赚钱，要重建家园。有时候，一瞬间又觉得没得啥子意思，我一大家子人，如今就剩我一个人，重建起来也没有家了，我啥子都不怕，也啥子都不爱了，做啥子都没得意思……"

欧欢忽然扑在膝盖上痛哭失声，司机吃了一惊，回头望望她，苦笑道："嗨，不说了，不说了。"安慰欧欢："姑娘，你别哭了，嗨！我没事的，只是走这条路上就心情不好，想的多了些，没事的，都过去了嘛！"

司机真是想多了，欧欢哭的根本不是他，一边哭，一边开始狂拨电话，发现电话打不通，哭得更凄惨，向张莉发脾气："他不接我电话！他不接我电话！"张莉拍着欧欢的背，小声安慰她："可能在忙，没听到，你别急！""他竟敢不接我电话？他竟敢不接我电话！……"欧欢很狂躁。

司机沉默了。

张莉跟司机说起自己在沐水村办帐篷学校的见闻，这次到汶川，是去草坡乡办帐篷学校。司机说："这次大地震草坡乡也遭惨咯！两边都是高山，逃命的都没得出路。草坡乡也还没通车，路太危险了！虽说我们四川人都感谢你们志愿者，但是，说句良心话，要是自家的娃儿，那是担心得饭也吃不下！"

路上经过著名的百花桥，巨大的桥体断成一截一截向岷江倾斜，所有的桥墩全倒了。一路地面不时出现扭曲成闪电形状的裂缝，深不见底，像被什么力量在瞬间撕裂。司机路上还指着个地方，是胡主席、温总理在地震的时候讲话的地方，多难兴邦还是啥子的，你们要不要去拍个照片？张莉摇摇头。

到漩口，天开始落雨，雨不大，但渐渐沥沥一时难以停下来。司机很担心，建议张莉在漩口停留，等雨停再去映秀，下雨最容易塌方。张莉解释汶川那边有志愿者过来映秀接她们进汶川，约好了的，对方已经出了汶川往映秀的路上赶。

张莉搬物资下来，脸挣得通红，包里全是书和本子，特别沉。那司机在一旁看着，看看张莉她们，又看看天，又看看往映秀的路，叹了口气："算了！你们等我一下。"

司机借了辆车过来，他那车走不了去映秀的路，又帮张莉把物资换到车上。过了第一个隧道，往前走一截，司机说："现在我们走的这个道刚通车，5天前山体滑坡，有20人遇难，路被堵住了，过往的车子都是绕着走的，你看那边还有车道。"沿着岷江的山体凿出浅浅的道路，很难看出路的痕迹，灰蒙蒙一片，一些老乡背着物资像攀援一般行走于陡峭的山路，时见山石砸落岷江溅起一阵水花，铲车在前面艰难地开着道。

一直在下雨，路上泥泞不堪，中午到了映秀镇。映秀镇一片废墟瓦砾，是整个地震灾区塌的最彻底的地方了，碎成齑粉，没一栋完整的房屋，浓重的消毒水都无法掩盖的一种奇异气味。司机对映秀镇比较熟悉，将张莉和欧欢带到政府办公的地方，途中经过一栋废墟，司机说这是地震前的映秀政府楼，映秀是这次大地震的震中，全部的房子都夷为平地，就剩政府大楼还存在，原来是四层楼，塌成一层了。司机将她们送到政府办公处就要回漩口，在这里跟张莉分别，张莉想着都江堰到漩口说好的车费是 180 元一个人，现在司机又将她们送到了映秀，不知道给多少合适，就估摸着多加了 150，递给司机。

司机往后退了一步，摇摇头，说："我要是为了钱，绝对不会把你们送过来！我是看你们都不顾生命安全来给娃儿们上课，才送你们进来的，不能收你们的钱，心里过不去。"说着就非常伤感："我一大家子就剩我一口人了，我要钱也没得啥子用。"眼眶一红，转身走了。

张莉带欧欢找映秀镇团委登记，这一路登记了好几次，进出管理非常严格。团委得知她们要进汶川，拒绝给她们登记，说："汶川进不去，这里也缺少志愿者，有志服务灾区的话，留在映秀也是一样的！"不容分说，给张莉和欧欢一人发个垃圾桶和夹子，派她们去捡垃圾。张莉给阿亮打了个电话，说自己被映秀团委截住了，安排在团委帐篷周围打扫卫生。

两人一边捡垃圾，一边商量，欧欢不想去汶川了，太危险，留在这里做志愿者也一样，刚在车上听司机大叔说话，已经想通了，不能拿自己的生命冒险，劝张莉也留下来，好有个伴相互照顾。

张莉没有犹豫，拒绝了她："不行，我要是一个人，我愿意留下来陪你，但我们是一个组织，答应了就要做到，汶川那边的孩子还等我们去开课呢。"

欧欢继续劝："反正那个女的还会招人去汶川的。"

"谁？"

"成都那个女的。"

"她叫砚台！叫人家那个女的不礼貌。"想想又说："砚台本来不同意让你去汶川的，你一定要去，我还帮着劝她，现在你又不去了，还叫我也不去，你这样不好！应承下来的事情要做到，不然就是失信！"张莉语气虽然温和，但言语很直接。欧欢望着她眼睛眨巴了两下，眼泪刷地就流下来了。张莉这下是真懵了，不让她去汶川，她也哭，让她去，她也哭。

欧欢站路边哭哭啼啼，过路的人都驻足停下来围观，张莉手足无措："你别哭了，你要坚强！"

一个使劲哭，一个不会劝，正僵持着，阿亮赶到了，挨个帐篷大喊："张莉！张莉！"

　　张莉扔下欧欢和垃圾桶，寻着喊声跑了出去，看到阿亮正大步流星朝这边走过来，还没来得及说话，张莉想起什么，转身又往回跑，冲进团委就把那一大包物资扛了出来，团委的人以为出了什么事情，连声惊问。张莉在前面跑，团委的人在后面也跟了出来。

　　阿亮快步过去接住，两人相望一笑，终于会师了！虽然也没多久，但感觉上有很久没见了，阿亮晒得更黑了，皮肤黑得很健康，泛着光泽，脸上胡子拉碴，比在沐水村初期更多了一份男子汉的粗犷，一米八以上的个头，站在帐篷前几乎跟帐篷一样高，将张莉罩在他的身影里。张莉一时不知道说什么好，伸手指了指阿亮手上的包，说："这是物资。"又指了指欧欢，"这是新招的志愿者，叫欧欢。"

　　欧欢已经不哭了，正在一边打量阿亮，见介绍自己，就过来打招呼："亮哥好，叫我小欢吧。"

　　"欢迎你加入我们，小欢！"阿亮冲欧欢点头一笑，说："砚台终于给招个漂亮姑娘进来了，难道是为了鼓舞士气吗？哈哈哈。"

　　欧欢微笑，说，"张莉姐也很漂亮嘛。"

　　阿亮摇摇头，一本正经："她哪能叫漂亮！"看张莉脸色不善，马上补充："我们张莉可不能用漂亮来形容，她是一朵奇葩，是我们希望之窗镇校之宝！"

　　正笑闹着，团委的人过来了，问："你是希望之窗的负责人吗？"

　　阿亮赶紧打招呼，自我介绍。

　　团委的人说："你们不能进汶川，太危险了。"

　　阿亮说："我刚从汶川过来的，路上能走。"

　　"我们接到通知，不允许非正式志愿者进入汶川，这也是为你们自己的人身安全考虑。你们要不留在映秀工作就回成都去。你作为负责人，也要考虑志愿者的安全！"

　　阿亮表示听从安排，团委说的对，他决定带张莉和欧欢回成都。团委的人这才放心，指了下路，说那边有去都江堰的车。路上又来了辆越野车，也是志愿者，一行五人要进汶川，同样被拦下来了。阿亮去搭讪，想搭他们的越野车进汶川，阿亮认识修这段路的四川路桥的朋友，只要能过映秀这个关卡，后面路上就不用担心被拦了，以这个作为条件，搭他们的车。正在说话，那辆越野车司机忽然趁对面工程车过来，路障一撤，马上就冲了过去。阿亮追了几步没追上，只好回来了。

三人蹲路边商量行程，阿亮说要赶到索道，否则今天就进不了汶川，六点索道关闭，现在已经两点半了，要过的话赶紧动身，不过的话他就马上返回汶川。欧欢很紧张，问："封路怎么办？"

阿亮跟她分析："封路是封不住的，里面还有老百姓住呢，封是封营运车，但封不了老乡背吃的进去，这一路都有人背物资徒步进去的。还有，工程车那些也是封不了的，要修路，他一路搭了不少工程车过来。"阿亮让张莉和欧欢早点做决定，他反正要回汶川，帐篷学校刚建起来，离不开人，他不在，一个老师都没有。这路上越晚越危险，都快下午了，天黑之前赶不到汶川的话，耽搁在路上可就糟糕了，要早做决定。

一说到孩子，张莉马上坚定地说：我跟你一起去！

问欧欢，欧欢煞白着脸，说："亮哥，你能不能过几天等路通了来接我？"

阿亮还没回答，张莉就说："不行，这路太危险了！阿亮多走一次就多一次危险！你要进去我们就今天一起进去，要是不进去，你就留在映秀工作。"

欧欢看看周围，全是废墟，帐篷挨帐篷一个人都不认识，说："你们不能把我一个人留在这里！"眼眶又红了。还没等她开始哭，阿亮着急地打断她："要去赶紧走，迟了大桥就要关闭！我刚刚从这条路走过来，没有事的，能走的过。"

说着背起张莉的包就起身了，张莉跟在后面，欧欢跟在张莉后面，虽然不情愿，但她又不敢一个人留在这里，不得不跟上。

三人绕过团委，往映秀小学那边走，那边有许多花圈和烧剩的纸烛，一些大吊车，工程车还停在路边，阿亮让大家挨着工程车走，别被团委的人看见。过了大桥，竟然有辆营运的面包车在揽客，政府允许川 U 本地牌照的车短距离拉物资，这司机就做起来运输的活，帮老乡拉物资收些费用，每人10 元，只能送一公里。阿亮几人赶时间，不管送几里地都坐，到一公里了，车上的人都下完了，司机叫阿亮也下车，阿亮再三恳求，再往前送一截，送到渡口，司机咬咬牙给再送了一截，没多少路，就让他们下车，说你们走下去渡口吧，这段路不收你们的钱了，看在你们是志愿者才送的，再往前，真不敢走了！

三人下来徒步，阿亮背着张莉的包，张莉背着欧欢的包，欧欢甩着手在后面跟着，一路还哭丧着脸。去汶川的路，中间夹着岷江，路就在两岸高山上凿出来的，这边塌了，就坐船去对面走，对面塌了再坐船过来走。开快艇的是当兵的，扔了几件救生衣过来，让他们穿上。岷江水流太急，快艇不能直接开过去，需要顺着波浪斜到江对面。风高浪急，遇到浪头，阿兵哥眼疾手快将快艇猛地横过来，张莉和欧欢不约而同地惊叫了一声，身上溅满水花，劈头盖脸。听到她们尖叫，阿兵哥不禁乐了："不要紧张，要放松！平时你们去冲浪还要交钱呢，现在是免费的！"也许是快艇上坐了女孩子，阿兵哥着意要卖弄冲浪技术，在浪涛里转过来转过去，时而呈九十度直角拐开，压着浪头滑翔，像飞行的鱼。

到对岸，两个女孩子已经腿软得爬都爬不起来，抖抖嗦嗦缓了好一会儿。沿着山体走了一段路，看到前面有拖拉机，张莉赶紧追，请求搭车，师傅说他到前面工棚，500米。500米也搭，三人爬上拖拉机。果然走了一会，到了隧道口，司机让大家下车，张莉给司机塞了把零钱，也没数，连着谢谢一并塞给司机。阿亮在隧道口找了根木棍，将地上的草席烂布随便一裹做了个简易火把。让两人跟上，这隧道有两里路，举着火把就进去了。隧道里死黑一团，一个人影都没有，阿亮说，现在已经下午了，他过来的时候是村民最后一批往映秀赶，天黑了就很危险。危险也是一种动力，三人一路小跑着往前走。出了隧道看到一大片军营，大家松了一口气，在灾区看到军营很让人有安全感。军营前有个长竹竿拦住去路，当兵的拦住登记，好意解释："有好多人从中里到汶川没有登记，在半路上死了，也不知道是谁。"这个好意解释真是让人后背发寒。张莉看到登记处后面有一辆小面包车，问："可不可以送我们一截？"当兵的说车主就在里面。张莉找到里面的人，说了好半天，那人就是望着张莉直乐，起身出来，当张莉的面，将那辆面包车轻轻一推，车就翻了，露出草席，原来他的车在地震中砸坏了，剩下外壳抬过来做了个简易窝棚自己住的。

失望前行，张莉暗自埋怨没看仔细，耽误时间赶路。过一座桥，桥塌得像个骨折患者，破骨支棱，钢筋刺穿路面。桥面上有巨大的裂缝，岷江水就在下面翻腾，三人弓腰弯背，像轻功高手一样蹑手蹑脚地爬过，恨不得脚不点地飞过去。这一路没看到什么车通行了，路两边的房屋全部垮塌成渣，一路始终有股消毒水和着刺鼻的臭味挥之不去。

途中经过一所村庄，那所村庄已经没有一间房屋，没有人，也没有动物，没有一只活物，死一样的寂静。不，走了一会，竟然看到一位老大爷坐在废墟上，那栋废墟可能是他家过去的房屋，走了这一路都没看到个人，忽然看到，像在黑暗中看到一盏亮灯一样，张莉跑过去打招呼，手上还有半瓶矿泉水，递给他："喝口水吧！"大爷默默地接过来，也不说话。

走出很远，还看到那位大爷孤独地坐在废墟上，静止不动，和废墟浑然一体。

要过老虎口了，这里是往汶川最险地段之一，阿亮重新编队，他在前，欧欢在中间，张莉断后，他看前路，张莉看上面，时刻警惕塌方，三人小跑前进，一路轰隆声不断，时而在江对面，时而在前，时而在后。路上有砸坏的工程车，巨大的钢铁怪物，半倒在江里，也许是掉下去的，也许是推下去的，不能挡路。

刚下老虎口，遇到铲车在通路，阿亮向司机打手势，铲车巨臂悬在半空，容他们先过，欧欢抖抖嗦嗦，慢吞吞爬过巨石，张莉在后面等，一身黑衣黑裤，天又落雨，暮霭沉沉，铲车司机以为人已经过完了，铲斗轰隆隆就伸下来，朝张莉铲过去，阿亮一看来不及，返身扑过去，双臂高举挡住铲斗，大喊大叫。

阿亮拉着张莉到安全地带，冲欧欢大吼："张莉差点被你害死！你磨蹭个屁啊你！"

欧欢被阿亮吼呆住了，竟然没哭。

阿亮不理她，拉张莉往前小跑了一阵子才停下来，看看稍微安全点，让大家歇会，将物资放下来，背上衣服已经湿透。跟张莉说："快到索道了，过了索道就安全了，有车去汶川。"张莉看看时间，发现已经5点50，给阿亮看，阿亮顾不上歇息又背上物资朝前跑。还有十分钟，索道就关闭，赶不到汶川，这地方没一处是安全的。一路小跑着前进，说是小跑，也只是比步行快那么一点点，大家都已经精疲力竭。路上堆满巨大的落石，翻上去，爬下来，很耽误时间。

走了一会看到有几个戴安全帽的工人往这边走，是四川路桥的，开始收工了。阿亮赶紧打听索道关了没有，工人说，前面有辆车被石头砸江里去了，汶川要来人，索道要晚点关。心里松了一口气，鼓起劲往前奔。前面聚集了七八个人，都是四川路桥的，坐在石头上歇脚抽烟，望着江里，指指点点。阿亮喊了一声，问索道关了没有，那几个人认识阿亮，打招呼，不要急，索道没关，来得及。欧欢眼尖，一眼就望到那辆半沉江里的越野车，惊叫了一声，指阿亮看。

正是那辆从映秀出发的越野车，三人没赶上的那辆。

事后或许有后怕，但当时阿亮并没有特别的惊乍，只看了一眼，甚至不想看，就拉上张莉和欧欢快步穿过。没什么可说的，也不能驻足缅怀，除了冲过这段路，其他的都不重要，在那个时刻！欧欢又开始哭，但好在脚下并不停顿，张莉抿着嘴一声不吭，体能已经接近衰竭，她没哭，也不打算哭，拼此一命往前奔。终于在6点半赶到索道。

所谓索道就是横江铁索挂一吊篮，桥断了半截，吊篮拉过去大约七八分钟。吊篮破破烂烂，一次只能坐两个人，阿亮让张莉和欧欢先过，他带物资断后。欧欢拼命摇头，眼泪鼻涕横流，惊惶得头发都炸起来了，要跟阿亮一起过，攥着阿亮胳膊不撒手，极度恐惧使她本能要依附强者。张莉只好提出让阿亮带她先过，自己带物资断后。

岷江水湍急无比，混浊的江水卷起一个又一个的浪头，吊篮就挨着水面，湍急的岷江水就在脚下，对面的工人操作吊篮，铁索在风雨里甩得像跳绳，一个弧度晃出去，又一个跟头晃过来。按照工人的嘱咐，站在吊篮的对角，手不要碰到框子上的绳子，手扶住身体两边的铁管，不要往下看，一会就到了。

张莉不敢看脚下，与物资对角蹲在吊篮里，眼巴巴望着对面桥上的阿亮和欧欢，阿亮竟然掏出手机，笑嘻嘻地冲她喊："笑一个，勇士！"

终于到了断桥处，阿亮上前帮忙把吊篮拽住，从吊篮到桥，还要爬一米多长的铁杠才能到达桥上，一踩到实处，张莉神经一懈，腿一软就要跪下，阿亮一把将她抱起来。贴着阿亮怦怦跳的胸膛，张莉霎时感受到了另一种惊吓，在她过去二十几年的人生经历中从未感受到过的，顿时面红耳赤，拍打着阿亮，使劲地挣开。

操作吊篮的工人看到她的窘样也忍不住乐，张莉摸摸口袋，想找点什么感谢这位大叔有惊无险地把她给吊过来，只找到一包口香糖，撕开来，请工人大哥吃糖，物虽小，但加上一连声地谢谢，鞠躬又鞠躬，这份感激也算很有心意了。

过桥就是彻底关隧道了，大家松懈下来，今天怎么走也能走到汶川了。隧道虽然很黑，但三个人手拉着手摸索前行，也是另一种况味。比第一次进隧道的摸黑行走，多了一份坦然和放松。彻底关隧道 500 多米，隧道里有应急灯，隆重的湿气裹着灯光，三人在浓雾中跋涉前进。赶到隧道口看到一辆越野车，张莉脱开阿亮的手就往前冲，扳住车门就要求搭车，正好车上可以坐 2 个人，但他们不去汶川只能捎一截。阿亮当机立断，让张莉和欧欢上车，搭一段是一段，他跑步跟随，好歹让两个女孩子省点体力。

过了彻底关隧道又进福堂隧道，长 5000 多米，隧道里有许多赶路的老百姓，漫长不见头尾的队伍在伸手不见五指的隧道里，蠕动着，也和张莉他们一样，见车就拦。

隧道口有塌方，张莉搭的这辆车也暂时停在稍微安全的地方等待通行。前方堵了 2 辆越野车，司机大哥说，我帮你去问问他们去不去汶川，去的话可以捎你们一截。两辆车都只能勉强安插一个人，阿亮也跟过来了，问："师傅，后备箱空着吗？"那司机探头出来看看阿亮，说："哥们，你这个头可挤不进后备箱。"张莉忙说："师傅我能，我个头小我坐后备箱！"

在等通行的时间又出现两次塌方，大家都不敢待车里面，司机把车停到靠岷江这边，还有许多老百姓，都站在那里紧张地等着。前方四川路桥的工人正在奋战，山上不时滚落石，偶尔打在工程车顶砰砰巨响，所有人心里都一紧！张莉紧张地望着，想起在新闻中总听到全力以赴抢修生命通道，这是千真万确地在拿人的生命抢修，亲眼所见，热泪满眶。

晚八点多，终于抢通，这抢通也只是暂时的，随时会塌，工人招呼大家赶紧过。车一过，心里终于松了一下，能一路搭到汶川了。张莉搭的是国土局的车，他们每天都在这条路上巡查，讨论着，语气严峻，目前为止这段岷江已经出现了 28 个堰塞湖，如果……不到三分钟，张莉就睡着了，没听到如果后面的后果。也许因为这一路太危险太疲惫，坐国土局的车有种莫名的安全感吧，瞬间就睡过去了。

迷迷糊糊不知睡了多久，车停了下来，好像听到说有什么情况。都下车了，张莉也赶紧下车，刚出了隧道，隧道边上的山体在滑坡。看到阿亮了，正在路边揉搓手脚，最后阿亮还是坚持让张莉坐车上，他自己盘进后备箱了，那么大个个头怎么盘进去的都不知道。几个人等动静停下来赶紧上车冲过去，继续往汶川赶路。

夜里十点多到了汶川，张莉惊讶地发现，汶川县城的好多房子都没倒嘛，县上的饭店竟然还有在营业的，街上还有几盏路灯亮着，这，简直跟做梦一样。一路从映秀过来的路上，那种惨烈，村庄到处都成了废墟，连一盏灯光都没有了，她已经做好最坏的打算，现在环顾四周，心里大大松了一口气，暗暗庆幸汶川灾情不算很严重。

晚上在县城找了家旅馆入住，进去后才看到这外面看似全尾全须的房子，里面已经危机四伏，墙上裂缝能看到隔壁房间，隔壁住了几个老乡，也好奇地趴裂缝上看看阿亮他们，都是今天赶回汶川天黑下不了乡的。除了欧欢在嘟哝余震会不会把房子震塌，大家都一言不发，飞快地扑倒在床，恨不得一觉睡到地老天荒。一路奔波到此还能有张床睡，还在室内，别的还能祈求什么呢？

36. 没有物资就不要当老师

阿亮跟娄校长吵翻以后就独自搭小帐篷住，但两个女孩子不方便。虽说灾区老乡都挺纯朴的，但坏人也不是绝对没有，不能让两个年轻女孩子在外面扎帐篷住，不安全。犹豫了半天，硬着头皮把张莉和欧欢又带到了娄校长那边，介绍是刚进汶川的志愿者。张莉主动鞠躬："娄校长好！我叫张莉，是砚台招来汶川服务的志愿者，砚台在成都跟我介绍过您，说您是前辈，让我来汶川一定要先来拜访您，代她向您问好！"娄校长正眼不瞧阿亮，对张莉倒是挺客气，让张莉和欧欢跟他们的女志愿者住一起，带她们去宿舍帐篷。阿亮避嫌疑地站在外面等，表示他跟张莉也没多大关系。

安顿好去帐篷学校，一路张莉都很高兴，问阿亮帐篷学校多少孩子，阿亮说昨天 45 名，今天不知道。欧欢一路快快不乐，情绪低沉，这里的条件之艰苦，超出了她的想象。张莉问孩子们喜欢帐篷学校吗？阿亮犹豫了一下，说："这个很难说。"阿亮的情绪意外地不高，还有点忧心忡忡，张莉感到很奇怪。

到帐篷学校，阿亮介绍张莉和欧欢，孩子们好奇地望着她们，零星几声回应，不大热情，眼睛盯着张莉的背包，问："今天发什么？有没得变形金刚？"坐桌上的，靠柱上的都有，很随意，稀稀拉拉大约二十多人。

看到张莉拿出包棒棒糖，几个男孩子发出嘘声："嘁……"

张莉有点冒汗，这跟沐水村的孩子完全不一样，索性将背包打开给大家看，没有玩具，只有学习用品，拿出来摆在讲台上。孩子们兴趣不大，而且立马以行动表示出来了，几名大孩子起身朝帐篷外走去，小孩子看大孩子带头，也赶紧跟出去，跑得飞快，一会就走得一个不剩。剩下这三名出生入死赶到汶川来献爱心的志愿者，你看看我，我看看你，很尴尬。

张莉很惊讶："怎么这样？"

阿亮说："不像沐水村很封闭，进出不便，孩子都很纯朴，汶川被媒体重点报道过，人来人往送物资的也多，这里好几间帐篷学校，孩子都不愿意去上课，只有外面来人了，到帐篷学校发物资，孩子们才聚过去，老师领着唱唱歌，供人家拍拍照，人一走就散了。记者来采访也一样的，没有东西发，管你是谁，孩子都不配合，很多时候都是在拿物资哄孩子。"

就因为阿亮说孩子们在等老师到，一路这么马不停蹄地赶到汶川，生怕晚了上课时间，背着那么重的物资，那些文具那么沉……张莉觉得有点累，腿酸得站不住，找了块砖头坐下来，发呆。一路想过很多问题，唯独没想到过这个问题。

欧欢气愤不平，跟阿亮说："我们大老远来帮助他们，还挑三拣四？还要哄？哪个哄哪个嘛？我们不给他们办帐篷学校！"

张莉宽慰她："这不是孩子的错，是大人没做好。就这样轻易放弃，不是为了孩子，是为了自己方便。"

欧欢撇撇嘴，说："人家压根就不需要我们来教，他们要的是物资，势利得很！"

"你想想，如果这些都是自家孩子，你会因为孩子习惯不好就不要他们吗？你想象自己是一名母亲，你会轻易放弃自己的孩子吗？"张莉柔声相劝。

欧欢忍不住乐了，说："我还没结婚呢，想象不出来当妈怎么当。"

张莉也笑了，摇摇头，说："是打比方，真的，你只要把他们想成自己的孩子，无论遇到什么情况，都不会把他们放到对立面的。"

阿亮出去把营长找来了，何庭石很直接，说："前几天大家对帐篷学校有热情，也不是爱学习，是因为帐篷学校会发物资，没有物资嘛，大家就不爱来了。"帐篷学校在当地也是分等级的，县团委和乡团委的帐篷学校最高级，经常发物资，志愿者办的帐篷学校最穷，没什么东西发。但是团委的被别村占领了，他们进不去，听阿亮说要给他们村办帐篷学校大家确实很高兴，高兴的是以后也能领到物资了，跟学习无关。团委的帐篷学校物资多，但团委志愿者并不愿意去上课，发物资或者搞活动才把人聚起来。志愿者帐篷学校是想上课，但是没有物资，孩子们不愿意去，所以当地的帐篷学校都开不了课。

阿亮问："你自己喜欢学习吗？"

"谈不上，反正以后都是要去打工的，读到初中毕业都不读了。"

"村里有大学生吗？"

"没得。"

见阿亮不说话，何庭石继续说："我们这里教育是不行的，条件差，稍微有门路的老师都调到县上去了，平时老师也不管，上课纪律差，想学习的反而被大家嘲笑，龟儿子你还是想考大学生嗦？我们这里，有钱有势力，拳头硬，才是老大。"

阿亮问："你出过汶川没有？"

"去过都江堰，比我们县上繁华得多，初中毕业我想去都江堰打工。"

"何庭石！一个人有文化有思想，比有钱拳头硬更让人服气！你才十三岁，不要急着把自己的人生就定位在去都江堰打工，那样很没出息！同意你做营长不是因为你拳头最硬，是因为你脑袋够聪明，够出色，我觉得你将来会有所成就，有能力为你的家乡做出更多贡献。"阿亮语气严肃，何庭石不说话了。阿亮语气放缓，说："阿亮叔叔家里也很穷的，农村出来的，跟你们一样。农村父母供养读书很辛苦，子女要努力有所作为才能报答父母的辛苦。虽说现在大学生也多，找工作也难找，但是不读大学，对我们普通人家的孩子来说，机会更少！"让何庭石先回去帮家里干活，下午把孩子们都叫过来"开会"。

几个人去小卖铺吃了点凉面做午饭，大中午的，帐篷里热得馒头熟，三人躲在帐篷外的阴影处熬着，商量怎么上课，一想起上午的情形，几个人对下午的课毫无信心。张莉当机立断，趁中午这两个钟头的休息时间去做家访，跟老乡们打打招呼，邀请家长们下午都来参加帐篷学校的开课。

37. 陌生人的信

下午，在何庭石的招呼下，孩子们总算给面子都到了，五十多人，年龄参差不齐，大的十五六岁，最小的才三岁，还拖着两道鼻涕。帐篷学校没凳子，大家搬了些砖头、树桩进来坐。这是绵篪安置点第一次这么多人规模的开课，动静大了些，除了家长们，附近的老乡也过来围观，一些婶婶大娘们则借帐篷的阴凉坐一边绣羌绣。

张莉说："大家辛苦几天，过几天新志愿者叔叔阿姨会给大家带凳子过来。今天不上课，跟大家聊聊天，认识一下。"先和欧欢自我介绍一番，张莉依然把那一大包棒棒糖拿出来，让营长挨个分发，可能何庭石跟孩子们说过什么，或者因为家长都在场，没有孩子发出嘘声。张莉看看孩子都分到了，又拿出些棒棒糖，挨个给在场的老乡们发，打招呼，老乡们都笑着收下了。

回到讲台上，也发欧欢和阿亮一人一支，大家边吃糖边聊天。

"地震后怎么办？"

"重建家园……"孩子们拖长腔调回答。

欧欢问："地震时你们害怕不害怕？"

有的说怕，有的不说话，有个大点的男孩，嬉皮笑脸："怕啥子，好刺激！"

何庭石上前冲后脑勺拍了一巴掌："死好多人嘛你娃还刺激？脑壳有包！"两人迅速展开战斗，拳来脚往，孩子迅速投入围观，课堂纪律瞬间崩溃，帐篷外家长也在吼，上课还打架？！翻天了！

张莉愣了，一言不合就开打？这些羌族少年都是些半大的小子，精力旺盛得跟斗兽一样，张莉上前劝架，差点挨拳脚，又退回来。所幸两人力量有悬殊，营长很快打赢结束战斗。孩子们又纷纷回到帐篷学校继续上课，若无其事。

张莉花了一分多钟才平复自己的惊讶，装着若无其事，继续跟大家聊天。

"打算怎么重建家园？"

援建单位来盖房子，国家扶持，一方有难八方相助……各种回答都有，很多都是宣传条幅上的话，孩子们每天看也看熟了。

"你们想不想用自己的双手把自己的家乡建设好，跟地震前一样美丽？"

"想！"这个回得倒挺一致。

"那我们是不是要学习更多的知识，才能建设好我们的家乡？"

有人说要，有人说不要，有钱就可以重建。

"谁能告诉阿姨知识是什么？"

有人说知识就是力量，有人说知识就是多读书，有人说知识就是有文化……

张莉在白板上写了几个字：知识让生活更好！举着棒棒糖问："你们知道棒棒糖怎么做的吗？"

有人回答："在糖上插一根棍子就成了棒棒糖。"孩子们哄堂大笑，连帐篷外的老乡都忍不住笑了起来，张莉也笑了，说："是我的问题提的不好，你回答的不算错。"又有人举手说，糖是从甜的东西里面提炼出来的。

张莉点点头，问："怎么提炼的呢？"这下没人知道了。张莉告诉大家如何从甘蔗，谷物中将糖分子提炼出来的方法，将单糖和双糖拟人化，尽量讲得浅显易懂。讲完，示意大家剥开糖纸，一起吃糖，问："甜不甜？"

孩子们笑嘻嘻地说：甜！

"这就是知识让生活更好的一个小例子！还有很多很多我们身边许多事物都是知识的运用，包括我们头顶的这帐篷，就是伟大的发明，叫尼龙，防水，轻便，是美国的卡罗瑟斯博士发明的，他运用知识让人类的生活变得更方便！直到许多年以后人们还记得他呢！还有许许多多让生活更好的发明，以后帐篷学校里会有科学老师，专门给你们讲。"

张莉又问："除了知识之外，还有什么让生活更美好？"

孩子们有的说钱，有的说还是知识，有的说好吃的……

张莉在白板上写下一个大大的"爱"字，说："接下来，我们一边吃这甜甜的棒棒糖，一边听阿姨讲故事好不好？阿姨给大家讲讲这小小棒棒糖的旅行故事。"

张莉给大家讲起希望之窗这个草根组织，在沐水村办帐篷学校的经历，那里的小水滴们和小水滴课堂发生的故事，如何一次次地重建帐篷学校。孩子们听得很认真，不时地提问题。这些羌族孩子很活跃，提问都很大胆。

张莉说："这些糖，并不是张阿姨给你们准备的，除了张阿姨和阿亮叔叔这些来到你们面前的，还有很多你们不认识的叔叔阿姨在为孩子们努力着，我们都是中国人，四海是一家，地震让我们汶川的孩子受苦了，大家都很心疼，都在想办法帮助孩子们。这棒棒糖是北京的一位叫刘晓虹的阿姨给你们买的，她将这些糖果交给成都一位叫砚台的阿姨，砚台阿姨又交给我，我背着这包糖从成都出发，经过都江堰，经过漩口，经过映秀，那一路有多危险？阿姨长这么大都没有经历过！但是想想我们的孩子，"5·12"时经历的恐惧，阿姨也不害怕，一路走啊走到汶川，将这糖果递到我们孩子手上。小小棒棒糖不值钱，但是，是叔叔阿姨给孩子们带的一份心意！我们这个帐篷学校不会有很多物资发给大家，如果是学习用品，叔叔阿姨再难，也会想办法满足大家的要求，游戏机，玩具那些，叔叔阿姨不会为这个去努力，我们这个帐篷学校不会有团委办的帐篷学校物资那么多，但是叔叔阿姨的时间都属于你们，陪伴孩子们，教我们所学到的知识。爱，和知识，是叔叔阿姨能给孩子们最好的东西，我希望我们的孩子将来有所作为，地震已经过去了，活下来的人要更加努力才行！羌族只要有自己的人才，羌寨一定会建设得比以前更好！羌族有自己的人才，羌族美丽的文化才会发扬光大！"

话音才落，场外听课的羌民纷纷鼓起掌来，有家长忍不住冲课堂上的自家孩子喊话："何庭继，你娃要好好学习！"

张莉一番话说完，自己也眼眶发热，恳切地望着孩子们。

孩子们吃着糖，不说话了，破例没有很多问题要问。

何庭石站起来："听到了吧？哪个上午起哄的，要脸不要？哪个再跟我说别个帐篷学校又发了物资的，滚出我们直台村帐篷学校，到别个村去！"

孩子们垂着头，不说话，一扫之前的憨皮臭脸。

阿亮拿了包东西上来，说："孩子们，这是沐水村小水滴写给你们的信。"一份彩纸包得方方正正的包裹，上面还打着蝴蝶结。张莉忽然想起来了，是阿亮离开沐水村的那天，孩子们写了许多小字条，托阿亮带给汶川小水滴，那个蝴蝶结还是李灵芝从自己头上解下来绑上去的。

张莉解开蝴蝶结，将最上面那张纸条拿出来，念给大家听："汶川小水滴，你好，我是沐水村的小水滴李德恒，我们这里也经历了5·12地震，那天我好害怕，我家的房子也倒了，门前的树也倒了，我家狗狗也跑了，到现在还没有回来，我一直都想它。听说你们那里地震更加凶，你不要不高兴，我很想认识你做好朋友，阿亮叔叔说小水滴长大了就会认识做朋友，我们现在好好学习，长大了一起耍子做朋友，相互帮助重建家园，跟从前一样地好起来……"念完，孩子们神情默然。

张莉让大家上来，各人自己伸手在一叠信里面抽取一封。故作神秘地说："这里每一封信都是你将来的好朋友写来的！在你们伸出手去抽取信件的那一瞬间，你就选中了一位朋友，这就是你的缘分。如果回信，阿亮叔叔下次去县里时帮你们邮寄给沐水村。"

孩子们被张莉的神秘感染了，又期待又有点紧张，有的将小手在身上擦了又擦再去取信，有的孩子抽取之前伸手在自己胸膛上按按，认真地对着一堆信件说："你好，朋友……"小孩子认真起来真是各有各的仪式。已经抽到信的都开心得很，相互询问，你朋友叫啥子名字？你朋友给你写了啥子？不认识字的便请大孩子帮忙读信，每个字都听入耳朵，记下来。

直台村的第一堂课，是关于信的课，沐水村的孩子和汶川的孩子通过信件的方式建立起共同的感情联系，由此，也让直台村的孩子意识到这所帐篷学校的不同之处。

38. 我们不想被招安

希望之窗帐篷学校开课的消息很快就传遍了安置点，时有人来围观，娄校长那边都派人过来打探消息，连县团委的黎书记都赶过来巡视一番，见帐篷学校整洁有序，纪律分明，倒是有点刮目相看，将阿亮表扬一番，阿亮感觉这真是太阳打西边出来了，但总怀疑这话说在前头是个引子，后面有杀招。

果然，黎书记与阿亮商量，将这个帐篷学校并入团委，作为绵篪安置点的示范学校，当然，阿亮和张莉都可以在里面支教。阿亮立马摇头，说："我们一群流寇办的帐篷学校怎么能并入团委呢，那不是给团委脸上抹黑么？不行，不行。"黎书记招安不成，脸色很难看，阿亮赶紧让孩子们鼓掌欢迎团委领导讲话。

黎书记勉强上台讲了几句，与其说叫"谆谆教诲"，不如说警示的意味更浓："你们要遵守纪律，不准打架，志愿者要自觉带头维护灾区的治安，管好学生，出什么事情你要负责！"说完就沉着脸走了。

　　跟黎书记一起来的两名团委志愿者没走，是刚分过来的大学生，团委除了登记志愿者，无事可做，她俩又来的晚，行事资历在团委排不上号，只是个被指使着跑跑腿的角色，没啥意思。见帐篷学校孩子众多，羡慕大家玩得开心，偷偷留下来跟阿亮商量，她们也来帐篷学校当老师。阿亮想着团委要招安我们当然不行，你们投奔我们，当然可以！脑子一热就答应了。

　　团委两女孩子办事也很热血，立马回去扛了几箱物资过来，让欧欢把孩子们组织起来，发物资。孩子们才被张莉说过，不发物资，忽然物资又从天而降，又惊讶又开心。何庭石不解，悄悄问欧欢："欧阿姨，张阿姨不是说不发物资么。"欧欢随口道："没有物资当然不发，现在有物资了当然不一样。"

　　那边娄校长也看到了张莉的能力，两天时间就将帐篷学校管得井井有条，这番魄力是他旗下志愿者不具备的。也将张莉请过去商量，邀请张莉跟他合伙办帐篷学校，并向张莉展示了他雄厚的资金背景，和实力。实力就是那一大片空置的帐篷，希望张莉将孩子们带到这边来上课，条件也好一些。张莉说自己是希望之窗招募的志愿者，这帐篷学校是希望之窗组织办的，不是她个人的，如果砚台愿意合并，她没有任何意见，另外，她办帐篷学校积累了一点点带孩子的经验，如果娄校长这边开课，需要她来帮忙上几堂课，她非常愿意。

　　娄校长虽然很遗憾，但也没法说张莉有什么不对，相反倒是挺欣赏张莉的老实负责的态度。

　　张莉回到帐篷学校，发现两个陌生人在派发物资，不明这两人来历，把欧欢叫到一边询问，得知是团委的人过来发物资，很不满，但她又不能随便打断别人，只好在旁边等物资发放结束。张莉想着昨天才鼓励过"士气"，很不甘心今天就失败，让孩子们萌生想头，无论如何，一定要把物资从孩子们手上再收回来。等团委的志愿者带孩子们唱完歌，拍完照，张莉想了个主意，走上去，将那几个空箱子堆在讲台前，说："昨天张阿姨说的话，孩子们还记得吗？除非是必需的学习用品，其他物资一律不发放，我看到团委的阿姨给大家发了许多玩具，现在阿姨向你们募捐，将你们的物资捐上来给阿姨，由张阿姨来替你们保管，游戏课的时候再发给大家好吗？"

少有孩子把到手的物资交上来，大家都很犹豫，相互看脸色。张莉又发起一轮动员，让各组的组长带头上缴物资，但大部分孩子都不愿意缴纳物资。团委的两个姑娘很不高兴，质问张莉："这些物资是我们给孩子的，不是给你们的，你怎么能这样？"张莉也很强硬，说："我是这个帐篷学校的负责人，你们来这里发物资要经过我同意！"

对方很惊讶："你是负责人？那李亮是谁？是李亮让我们来的！"张莉一听阿亮同意的，也很惊讶，说："李亮是我们组织的负责人，但我是这个帐篷学校的负责人，帐篷学校的教学是我的工作，李亮没跟我提起过这事，我不清楚。"

欧欢劝道："张莉姐，团委的同志也是好意，这次就算了吧，发都发下去了。"张莉语气严厉："欧欢，我不在帐篷学校时，你应该把孩子们带好！昨天才跟孩子讲那么多，今天就发物资，那昨天的课就白上了。就是因为老是人来人往的孩子们发这发那的，把孩子习惯都养坏了，见人来就伸手要，觉得要别人东西是应该的。好习惯的养成比教多少知识都重要，这个头不能开坏了！"欧欢被张莉一顿严词，颇感无趣，悄悄退下。

团委的志愿者在一边听着也觉得脸上挂不住，上来争辩："这些物资本来就是全国各地的爱心人士捐给灾区孩子们的，不给孩子们难道我们自己留着？发放赈灾物资也是我们团委的工作，难道给孩子们发物资还发错了？"两姑娘一左一右夹着张莉，争执起来。见她们为这物资的事情吵架，孩子们有点胆怯，悄悄把东西又放回来了。团委的姑娘一见这情景，更生气，觉得孩子们被张莉给吓住了，又要将物资往下发，张莉毫不退让，坚决阻止。

阿亮接到欧欢电话匆忙赶过来，老远就看见张莉和团委的志愿者站在帐篷学校外僵持着。顾不上张莉，先跟团委志愿者打招呼，跟张莉介绍她们以后要在帐篷学校支教，示意张莉表示一下欢迎，张莉一言不发，掉头就走。

阿亮一看这架势，张莉是真生气了，又不顾上团委的了，赶紧去追张莉。

张莉很生气："说好了，志愿者都是砚台负责筛选的，你怎么凭空就同意别人来我们帐篷学校支教？"

"不是别人啊，也是志愿者啊！第一批志愿者还没到，就你和欧欢两个人，不是担心人手不够嘛，不是担心你辛苦嘛，才同意他们来支教的。"阿亮好言哄劝。

"阿亮，如果团委的志愿者能好好教孩子，那就相安无事，如果她们不好好教，还老觉得自己高高在上，跟我们这些草根志愿者不一样，怎么办？我管还是不管？不管的话，别的志愿者看到了怎么说？ 管的话，她们会服气吗？到时候再让她们走就难了！有句话叫请神容易送神难！" 张莉神色焦虑。

"嗨，人家也是小姑娘，单纯得很，有啥问题好好说就行了，沐水村那么多志愿者你都带得挺好，怎么忽然面对团委志愿者就这么没信心了？而且，我都已经答应她们了，总不能失信吧？"阿亮笑嘻嘻地说，其实他心里也觉得张莉说的问题有可能会发生，怪只怪自己当时没考虑就答应了，现在再叫她们走也晚了。

"她们加入我们帐篷学校可以，但她们必须服从我们的管理，不能因为自己是团委的，就跟大家不一样！"

"那当然！"阿亮语气爽快。

张莉加强语气："不管是哪里的志愿者，政府的，草根的，在我们帐篷学校支教都要服从我们帐篷学校的规则！"

"这肯定的嘛。"

"那让她们跟下批新志愿者一起接受培训吧。"

"什么？"

"接受三天培训，合格才上岗，不合格就回团委去。我们办帐篷学校不是为了满足随便什么人想当老师，我们的孩子就得随便给人教！说好了宗旨是一切为了孩子，那就都从孩子的角度来判断事情！"张莉语气不容商榷。

阿亮暗道不好，但也说不出啥来反对张莉，毕竟这个规则从沐水村就建立了，一直是这样执行的，不能说对方是团委的就可以不遵守，但他也知道团委的志愿者未必肯接受山寨志愿者的培训，尤其刚刚又发生了矛盾。阿亮僵在那里，没法同意也没法不同意，咬着嘴唇不说话了，心里焦虑的很。第一批志愿者八人明天就要到汶川，他要安排住的地方，娄校长那边虽然有空帐篷，但是关系紧张，不可能再借住更多人，马上第二批志愿者也要到，得有自己的根据地了，但是，谈何容易？这里人地两生，资源紧张，连多占块空地都难的很，还要建宿舍更是难上加难。加上直台村是龙溪安置过来的，当地老乡本来就很不满，觉得他们占了地盘，平时气氛就挺紧张的。阿亮指望团委的人过来任教，搞好关系，说不定那两女孩能帮他从团委那里再申请几顶帐篷来做宿舍——但这些他不好意思跟张莉说。张莉太正气，脑子不带拐弯的，说不定还觉得阿亮行事卑劣呢。

砚台只负责帐篷学校的物资筹措，并不负责志愿者在灾区的生活，志愿者在当地的生活安置都由阿亮去置办，所谓开拓就是要干这个，并非把帐篷学校的棚子搭起来就算完成任务。阿亮赤手空拳要安置这么多人，难度可想而知。

张莉回到帐篷学校，将物资又发回给孩子们，并且申明立场，她之前所说的话，她坚持，这些物资不是希望之窗发给大家的，是团委给孩子们的，让孩子们代表自己对团委表达感谢。那俩姑娘不知道张莉葫芦里卖什么药，很是狐疑。果然张莉马上就提出，在这里支教可以，但要接受她的培训，为期三天，合格不合格，让孩子们来评判，孩子们愿意接受她们作为自己的老师，她们就正式成为希望之窗的一员。

团委的志愿者去任何一个草根组织检查工作，对方都诚惶诚恐，生怕留下不好的印象，这张莉如此强硬，竟然还要培训她们。两人兴冲冲而来，碰了一鼻子灰，拂袖而去，一女孩走出去，看到送物资来的空箱子，气不过，一脚踹飞。

张莉默然，将那个代人受过的纸箱捡回来，用白板笔在上面端端正正写了四个字：敬惜字纸。放在帐篷学校里，立下规矩，以后凡是写过字的纸都放到纸箱里来。

又在白板写上：敬惜字纸，如爱思想。跟孩子讲敬惜字纸是中国文化传统的良好美德，有两层含义，一层是敬仰先贤造字，敬重文化的流传，所以字纸不可践踏，另一层是谨慎立言，谨慎思想的传递。

"如果我今天醒悟昨天所教是错，那张阿姨今天就会纠正自己，但是张阿姨检索昨天所说的，并没有过错，所以还是坚持。"张莉又说："正因为如此，阿姨才不能同意随便什么人，都可以来教我们的孩子。如果连三天的培训都不愿意接受，说明对做老师这件事情就没打算付出多少，对我们的孩子也没有起码的诚意。不是人家给，我们就必须接受的，接受也是一种付出！"

等阿亮安排好接第一批志愿者的车，赶回帐篷学校，事情已经无可挽回，团委俩姑娘已经气跑了。

而得罪团委的志愿者，也为后来一系列的冲突事件埋下了许多的隐患。

39. 他们会不会抢我们做老婆？

大雨倾盆，徐敏行一行人赶到茶甸子车站，找到了昨天后来的两名志愿者阿黎和唐甜，却发现千叮嘱万叮嘱，她们还是买错了票，跟他们这一批不是同一趟车。徐敏行拿了她们的票到处找人询问，想换到同一趟车方便同行，问了许多人，有的答应了，但马上又反悔。徐敏行冒着大雨在车站穿行着，最终也没换成票，她们还是只能坐六点四十的车，徐敏行只好叮嘱她们，到马尔康后哪里也不许去，在车站汇合。

徐敏行跟队友们会合，发现由于自己忙着换票，物资还停留在原地，起了个大早就是为了抢位置放物资，几个志愿者队友还在原地等她安排，顾不上责备，赶紧抢运物资上车，车上已经坐满人，没有多少位置给她们放那一大批物资了，离开车时间很急，徐敏行当机立断，将部分物资转移到六点四十那趟车上，几个人气喘吁吁地扛着物资到那辆车上，那趟车的司机却不允许她们放物资，一张票能带的行李有限制，只有两张票，不允许带这么多物资。可是，车上明明还有空位。

徐敏行向司机解释："大家都是外地入川赈灾的志愿者，灾区学校没有凳子，小朋友都站着上课，如果不是这么急需，也不得这么麻烦师傅……"司机不为所动，只说车站有规定。徐敏行再央求，司机点了支烟，将头扭向一边，不听她说。那边六点三十的车已经在鸣喇叭，要发车了，徐敏行不管三七二十一，叫大家搬物资，给放也得放，不给放也得放！司机要她们补交运费，徐敏行干脆地回道："运到再交钱！"司机很凶，骂骂咧咧，但因为对方只是个小姑娘，也不好真的动手。

还有三块白板，无论如何也要带的，回到六点三十的车上，不顾司机阻拦说放不下，几个人冲过去就将白板抬上车，全车的人眼光刷刷地望着他们，徐敏行眼里噙着泪，生生没让它落下来，打定主意，如果司机阻拦，大不了大家都别走了。白板长一米五，高一米，几个人换位置到最后一排，将白板顶在膝盖上，怕白板在颠簸的车上撞坏，大家轮流撑着白板。

从成都往马尔康，近 400 公里，行程 17 个小时。很多人都是第一次坐这么长时间的汽车、途经泸定，康定，大渡河……仿佛是另一场长征之路。

一路西行，风光渐渐开阔，已经到了高原地带，风劲云低，早晨的不愉快渐渐散去，一群没有出过远门的年轻人被高原壮阔的风景所震撼，欢乐劲头又回来了，大惊小怪，一路拍照。

夜里十一点才到马尔康车站，大家已经蔫了，下车都一瘸一拐，白板搁在膝盖上颠十七个小时，每一双膝盖都颠塌了皮。马尔康这地方冷得不像话，根本不像夏天，大风呼啸，凛冽刺骨。徐敏行挂心那两个掉队的志愿者和那批宝贵的物资，打电话联系，却得知她们比六点三十的车还先到，还很能干地给大家找到了旅馆。阿黎和唐甜迫不及待表功："最后那司机没收到我们运费，坚决不给！我们说给运费可以，但之前他骂我们，要向我们道歉，但他又不道歉……"两人甚为得意。

几个人为将物资寄存车站还是带到旅馆在紧张地商议着，担心车站不安全，但这夜里又没有车了，扛到旅馆要分两趟，留女孩子看物资，男生负责搬运。说来可笑，这点东西也不值几个钱，只是这一路带过来，吃尽苦头，倍觉珍贵。

马尔康风特别大，卷得人走，几名藏民驻足盯着她们，朝她们轻佻地吹口哨。祝好惊抓抓地拉住陈振："哎呀，他们会不会抢我们做老婆呀？"陈振抬头看了看，简短地说："他们打不过我。"徐敏行也有点紧张，分析：

"抢人应该不会，倒是要小心我们的物资不能给抢了！"美琪点点头，深以为然："对，物资没有腿，被抢了自己跑不回来，人能自己跑回来，啊呀，你们男生还是保护好物资不要管我们了。"祝好也连连点头："对对对，我们被抢了，瞅空子我们自己还能跑汶川去跟大家会合，你们扛物资走吧，就让我们掩护你们吧！"

几名男生本来很紧张，被几个女生这一番煞有介事给逗乐了，男子汉气概油然而生，谁敢抢我们的女孩子和物资就跟他们拼了！但这下又不放心只把女孩子留下看物资了，只好两名男生搬运，留一名男生下来守住物资和女孩子们。

第二天一早五点钟，徐敏行先起床去车站给大家买好到汶川的车票，又买好早点，土豆包子买了一大堆，头天太晚，大家都没吃到晚饭就睡了。赶回旅馆叫大家起床，七点半的车，大家要提前把物资扛车站去——继续抢位子！

大家狼吞虎咽将几袋包子一扫而空，感叹从来没想过土豆竟然也能做包子馅，比肉馅还好吃！不过，半个月之后他们对土豆的感情就没这么深了，苦巴巴地感叹，为什么汶川只有土豆，肉都去哪了？

40. 冲突的导火索

一早，团委的何志愿者给阿亮打电话借桌子，团委下午在坝子上安排迎奥运活动，让孩子们穿民族服饰参加，特意交代还有外面的记者来拍摄采访，务必重视。阿亮正到处给志愿者找住处，让何志愿者自己去帐篷学校搬。才七月份，奥运要那么早就去迎吗？都花那么多钱了，不迎的话它还赖半路不来吗？阿亮很不以为然。张莉刚到帐篷学校，正在跟孩子们建立初步规则的时候，这个磨合期对张莉来说很宝贵。但这通知是命令式的，必须配合，除非不想在汶川混了。

阿亮打听到绵簾小学有两顶救灾帐篷，没人住，在这么紧张的情况下竟然还有空置的帐篷，简直不敢相信有这么好的运气。阿亮去跟他们商量借住，他们倒也很爽快地同意了。阿亮马上出发去汶川接新志愿者。

张莉在帐篷学校里跟孩子们商量怎么迎接新志愿者，还透露其中一名叔叔武艺高强，是砚台阿姨特地招过来教武功的。男孩子对这个消息都很兴奋。正聊着，团委那两名女志愿者带了六个男的进来，也不打招呼就动手搬桌子。孩子纷纷站起来护桌子，那时候帐篷学校还没凳子，大家都围成一圈坐在地上上课的，张莉也站起来了，那几人看到还有大人在，就停下来了。带队的那两个女志愿者跟张莉有不愉快，不跟她说话，只对着孩子说："你们阿亮叔叔让我们搬的。"张莉说，"我不了解情况，阿亮去汶川了，你们等他下午回来再过来吧。"

"不行，那来不及，我们活动等着用呢！"

张莉想了想，说："你们先别搬，我给阿亮打电话问下情况。"阿亮在电话里好言相劝："借吧，张莉！借给他们迎下奥运，办下活动就还回来。"张莉却说："这些桌子不是我们的，是和孩子们共有的，我再问下孩子们意见吧。"挂了电话，阿亮在那边焦头烂额，生怕张莉跟团委的人起冲突。

张莉跟团委的志愿者说："我知道情况了，但桌子是我们孩子使用的，要征求下孩子们的意见。"团委的女志愿者脸色很难看，认为张莉借机故意拿捏她们。那是她们不了解，帐篷学校没有文化课，每天的课程就是日常所发生的事情，逐件跟孩子们商量、一起解决。

张莉跟孩子们讲明情况，问借不借。

孩子们说：不借！

"为什么不借？"

孩子们很直接："我们一共才十三张桌子，自己桌子都不够用，不愿意借！"

张莉慢慢开导："我们帐篷学校就像一个小家，孩子们爱惜自己家的财产很对。但这个小家是建立在一个大家的基础上的，这个大家就是国家，举办奥运会是国家的大事，虽然我们也同样需要桌子，但相比，我们的需要稍微轻那么一点，我们把桌子借给叔叔们好吗？"

孩子们虽然很不情愿，但总算勉强同意。有孩子举手："阿姨，我有一个问题，我们可以借桌子，叔叔他们可以说一下，什么时候还？"

团委志愿者说："17 号下午还。"

"下午几点还？"

"下午四点还，可以吗？"

"可以。"

何庭石说："我们要平等交换，我们借桌子给你们，你们以后不得对我们哪个凶！"孩子们都笑了起来，团委的几个志愿者面色很僵，一言不发，扛起桌子就走。

张莉趁机拿这个事情给孩子讲课："以后，如果在我们都非常需要的情况下，有人向我们借东西，我们要衡量一下，他的事情重要还是我们的事情重要，他的事情急还是我们的事情急，站在自己的位置上想一想，再站到别人的位置上想一想。比如今天的事情，如果不急，你们要对他们说，给叔叔阿姨说一声，然后经过叔叔阿姨同意以后再借给他们。如果他们非常急用，叔叔阿姨都不在，那你们把家里的大人叫过来，让大人拿主意。现在咱们帐篷里面所有的东西，桌子，学习用品，体育用品……不是某一个人的，而是我们大家的，帐篷学校就是我们的家，我们要一起保护好自己的家，有人向我们借的，必须通过大家一起商量。"

有个孩子举手提问："张阿姨，要是我们借给别人的东西被弄坏了，咋个办？"

张莉反问他："如果你借了别人的东西损坏了，你怎么做？"

孩子说："那我给人家道歉，修好了再还。"

"要是修不好呢？"

"那我买个新的还人家。"

"要是新的也买不到呢？"

"那我赔偿损失，更加地道歉，争取别人原谅。"这孩子不到十岁，跟张莉一问一答很流畅。

张莉问大家："他的处理方法好吗？"

大家说：好。

张莉说："那我们应该为他的回答鼓掌！"说着就带头鼓掌，那孩子很高兴，脸蛋红红的，冲大家鞠躬致谢。这鞠躬的礼仪张莉并未在这里教过，担心这里的孩子比较叛逆不好接受，所以只在日常行为中自己去做，眼见这孩子以鞠躬礼还大家谢意，心里真是高兴极了。

当时没意识到，希望之窗成立以来最大的一场纷争已经从此刻悄然拉开序幕，而导火索正是这借出去的六张桌子。

41. 拍你个锤子

团委迎奥运的活动手笔很大，坝子上扎红挂绿，条幅飘飘，地上铺了巨幅白布，长达数百米。灾区物资那么匮乏，真不知道他们上哪弄到这么长的白布。好多媒体记者在拍活动照片，全安置点的孩子都给集中过来了，叫灾区千名儿童迎奥运喜绘百米长卷。不，其实没有一千名儿童，震后灾区这类大型庆典活动，儿童简直不够用。

黎书记过来巡视现场，何志愿者跟前跟后给黎书记撑伞。每次黎书记只要一出现，他必然跟着撑伞，他有个荣誉绰号叫撑伞哥。天太热，黎书记站了一会就顶不住，跟撑伞哥交代几句又回到凉棚里歇息。早上他们一边拉横幅挂彩旗，一边还专门搭了个新凉棚供领导遮阳的，从这点上来看他们的办事效率有时也挺高的。

坝子上乱糟糟的，团委几名志愿者指挥孩子们按各乡各校排阵型，年纪小的孩子在队伍中乱穿插，根本不听指挥。撑伞哥在维持秩序，面色煞白，如临大敌，急于领导马上就要到，队伍还没整好，那副紧张架势，仿佛天要塌下来，拿着个大喇叭冲孩子们直吼。坝子上光秃秃的，一丝阴凉地都没有，新推平的土地还带着生气，被炙热的阳光烤得暑气蒸腾，孩子们热得小脸通红，撑伞哥还责怪他们没有穿民族服饰，气势汹汹地质问张莉。张莉解释："天太热了，怕孩子们中暑。""热？这天谁不热？你有没有集体荣誉感？你有没有组织纪律？"撑伞哥一叠声地追问，杀气腾腾。张莉很委屈，气温高达三十七八度，羌族服饰整套穿起来有好几层，还都是很厚的绣花，根本没法穿。撑伞哥才发过脾气，一转身面对镜头，他又热情洋溢，笑容堆得能抓的起来："汶川赈灾工作已经取得全面胜利，目前我们是在汶川县绵簸安置点为奥运加油！为北京加油！预祝我们的奥运健儿旗开得胜，为祖国争光！"

好不容易整好队伍，领导又临时有事，要推迟活动时间。团委志愿者不准孩子们解散，怕领导过来一时队伍整不起来，让大家原地待命。孩子们热得受不了，想往凉棚钻，但那里被团委几个领导占领，将孩子们又呵斥出来，大家都很不满，队伍乱得一塌糊涂。团委那两个女志愿者也在维持秩序，训斥："怎么就你们帐篷学校纪律最差？你们老师怎么教的？"孩子都知道她们俩对帐篷学校有意见，发出阵阵嘘声，有孩子小声说："亏我们还借桌子给她们了！一点礼貌都没有。"撑伞哥在坝子上用大喇叭喊话："奥运会是祖国的荣耀，全国都在迎奥运，灾区也不能落后！大家务必打起精神来，热情地、饱满地、迎接奥运，是我们每个人的责任和义务！"

张莉也在给孩子们打气，再坚持一会。忽然想起自己包里还有瓶水，提议大家带水的都集中起来。一共四瓶半水，张莉说："水不多，就这么点，我们先让弟弟妹妹喝，再到哥哥姐姐们，好不好？"孩子们自觉将水传下去，很多孩子就舔了舔，润了下嘴，就传给下一个，几个大点的孩子传到手喝都没喝就直接传给比自己小的。四瓶半水，在五十八个孩子手里传了一圈，回到张莉手上还剩一瓶半水，孩子之间的这种顾惜之情，让张莉又心酸又感动，问："谁还没有喝水？"何庭石说："张阿姨，你还没喝水。"张莉拧开水喝了一口，再将水传下去。天太热了，炙热的阳光像岩浆一样倾泻下来，张莉觉得这样不行，不知等到什么时候，让营长带一下队伍，她去找欧欢。找了半天，在团委的凉棚里找到她，正跟团委的几个志愿者聊天，张莉有点不高兴，孩子都在太阳地里站着呢，她倒自己躲起来了，但也没说什么，让她去带队，自己去买水。

张莉匆匆忙忙扛了箱矿泉水回来，却发现队伍已经全散了。老远就看到欧欢在冲孩子们大喊大叫，撑伞哥也在对几个大孩子推推搡搡，眼看就要起冲突。张莉冲过去，像老母鸡护雏一样张开双臂，将孩子跟撑伞哥隔开，请他离开，她来整队。欧欢向张莉投诉，孩子们站没站相，一点纪律都没有。

张莉刚看到欧欢对孩子们任意训斥，已经非常不满，不禁反问她："这么热的天，让这么小的孩子站太阳地里等领导，团委的人都躲在凉棚里，我们的孩子已经比他们做得好多了！你没看到吗？你还帮他们训我们的孩子，你到底是不是我们帐篷学校的志愿者？"欧欢涨红了脸，说："你一走他们就散了，故意跟我捣乱，好说说不听，我火气才上来……"

"欧欢！"张莉大喊一声，打断她，"你自己打阳伞，却要求孩子们在太阳地里站军姿，你自己都没有做好榜样，怎么还要求孩子做的比你好？你想让孩子服气，先做到跟孩子一样，做不到，你就没有资格来要求他们！"张莉瞪着欧欢，眼神咄咄逼人。

张莉一直对欧欢很照顾，忽然发火，而且是当着这么多人面，欧欢下不来台，冲张莉喊了起来："你能干你管，我不管了！"转身就跑了。她不了解张莉，张莉没一般女孩子的小心思，平时相处几乎没什么要计较，唯独在帐篷学校上面不容马虎，这是她唯一坚守的阵地。

这边几个大孩子也气愤不平向张莉投诉，是那个团委的太凶了，老是对我们吼，要我们站直了，挺起腰杆，我们不想听他的。还有那两个女的，说我们是全安置点最差的，她们是故意的！营长也很委屈："连欧阿姨也凶我们，说我们没得教养，站到团委一起说我们，丁点儿义气都没得！"还有孩子跟张莉投诉："她们借我们的桌子垫脚用，我看到他们站我们桌子上去！我们桌子要被他们踩坏了！"

张莉将水分给大家，柔声安抚大家的情绪，喝点水，再等一会，鼓励："既然来都来了，就做好一点！让大家看看，坝子上哪个村的帐篷学校队伍最整齐，争口气！"

没想到，这一整齐，果然争到气了。

记者见这边队伍站得最整齐就过来摄像。帐篷学校最小的孩子才三岁多，外号小老虎，天太热了，本来不让他参加，但他硬要跟着来凑热闹，果然很热，自己把衣裤脱得一干二净，光着屁股站在队伍前面。女记者跟张莉商量，把这个光屁股的孩子带开一会，拍进去不好看。一见要将自己清出队伍，小老虎很不满，跳着脚，指着大家，口齿不清地喊：上电视！上电视！

我也要切（去）！张莉赶紧掏出棒棒糖把他哄开，自己在一边看着他。

摄像记者看了一会，又打手势，指队伍前的一个孩子，意思是这个也不行。那孩子叫何清恩，患过小儿麻痹症，摄像记者觉得在镜头里不好看。女记者过去跟何清恩说了几句，他马上涨红了脸，勾着脑袋退出队伍。本来记者过来这边摄像，孩子们都挺高兴的，小小虚荣心立即爆棚。何清恩一听要让他站出去，还是跟一个光屁股的三岁小孩一起清出队伍，难过得眼泪都流下来了。

张莉赶紧过去拉住何清恩，问大家："何清恩是不是我们帐篷学校的一员？"

"是！"

"你们有没有觉得何清恩影响我们帐篷学校的形象？"张莉声音里压着火气。

"没有！"

"那你们觉得何清恩要不要离开？"

孩子们说："不要！"

女记者见张莉这么较真，赶紧过来缓和："行行行，让那个残疾孩子站到后面去，看不到就行。"

张莉丝毫不妥协："我们帐篷学校的队伍排序就是年龄小的，个子矮的排前面，大的站后排。"并加强语气："这样，每个孩子都能被看到！"

摄像记者一看起争执了，过来说："哎呀，理解，我们完全理解老师的心情，只是我们在工作，你们能不能配合一下？就几分钟，行不行？不耽误你们多长时间！"语气很不耐烦。

张莉觉得他根本不理解这件事，完全忽略了何清恩的心情，只想着别人都应该配合他们，要知道别人根本没有义务要配合他们的工作。强硬地说："既然是拍孩子们，就让孩子们自己做决定。"喊营长出列处理。

何庭石走出队伍，轻蔑地看了摄像记者一眼，说："不稀罕你们拍我们！上个电视咋子了嘛？拽上天嘛？温总理过来也不得像你们这样狗眼看人低！"从张莉手上接过何清恩的手，牵他入队。

摄像记者是个男的，火气很大，凶巴巴地："你是谁家孩子？把你家长叫过来！一点教养都没有！"何庭石很刺，回道："你家长是哪个？咋个没教好就把你放出来了？"这羌族少年气势狂野，毫不示弱。小老虎一见这架势，踢踢踏踏跑过去，把小手塞进营长手里，意思也要归队，何庭石将小老虎也带进队伍，命令他："你娃把衣服穿上，雀儿都给别个看到咾！"还回头恶狠狠地冲记者说："我们帐篷学校娃娃一个都不得少！"

摄像记者下不了台，又不能跟个灾区的孩子真吵起来，立即将矛头转向张莉，追问是哪个组织的，要找负责人出面解决。张莉态度强硬："我不问你是哪家媒体的，你也不要问我是哪家组织的，我们有权不接受你们的采访！"对方则扬言他也有权拍这种行为恶劣的志愿者，给灾区不良现象曝曝光。一边说一边示威地将摄像机举起来朝张莉脸上伸过来，这种行为很侮辱人，张莉本能护脸，扬手去挡。何庭石正要归队，见张莉受欺负，立即冲回来，一把将摄像机夺过去，带子还套在记者脖子上，连人带摄像机一把拖倒。

一见营长动手，这些羌族孩子非常齐心，瞬间队伍涌动，女孩子往外围撤，男孩子从四面八方围过来将摄像记者裹在中间，何庭石脱了脚上的鞋，伸长手臂用鞋底板猛抽对方脑袋："狗日！叫你表拍还拍，拍，拍你个锤子！"场上一片大乱。

42. 别打我，我是记者

徐敏行一行志愿者抵达汶川与阿亮会合，一路阿亮给大家介绍帐篷学校的孩子：这些羌族孩子跟汉族孩子不一样，性格桀骜不驯，没有怕老师这一说，大家要以德服人，只要他们感觉到你真心对他们好，会很讲义气。羌族孩子生性勇猛，能打架决不吵架，不过，纵然内部天天打架，一旦有外力欺负，又能马上抱团一致对外……

关于这点，志愿者们很快就见识到了。

刚到绵篪安置点路口，帐篷区冲出几个孩子。阿亮指志愿者看，说："是帐篷学校的孩子，张莉派来迎接你们的。"几个孩子跑到跟前，冲新志愿者匆匆一鞠躬，喊："叔叔阿姨辛苦了！"不等志愿者反应，又急冲冲跟阿

山 寨

亮说："报告阿亮叔叔，那边在打架！"

"啊？！张阿姨呢？"

"张阿姨也在打架！"

什么个情况？阿亮倒抽了一口凉气，隔着一堆物资慌不择路，迈开长腿直接跳过去，喊道："女生留下看物资，男生上！"陈振反应很快，将背包一扔，立即跟上。

气氛急转直下，徐敏行几个女孩子，你看看我，我看看你。阿黎豪迈地喊了一声："打架不分男女，一起上！"

阿亮老远看到人头攒动，一团乱战难分敌我，阿亮人还没到就拼命地喊张莉，心都悬到嗓子眼。忽然一个身影越过众人，还隔好几米就一个助跳，腾空而起，从上往下一拳，瞬间，战斗就结束了。是陈振，这家伙果然身手了得，出拳干净利索，能在一群人的揪扯中，准确无误地击中目标，自上而下一记重拳，对方已经倒地不起。女记者发出尖叫："出人命啦……"

阿亮也赶到了，将张莉一把从人群中扯出来："受伤没？"张莉愣愣地看着阿亮，不知他什么时候出现的。阿亮抓住张莉肩膀将她拨拉着原地转了一圈，发觉她除了脑筋有点停滞，身上没受伤痕迹，顺手往身后一拉，说："女孩子都回去，男生留下来！"

那摄像记者被打蒙了，晕了十几秒，这时才从地上坐起来，表情好像他刚刚时空穿越到此地一样无辜和不明状况，也随着惊抓抓地喊："出啥事了？你们想干什么？"他完全忘了自己才是这场纠纷的起源。阿亮一把揪住他头发，提溜起来，问："你敢动手打我们孩子？老子掐死你！"那记者头发被揪住，面皮发紧，表情都变了样："别乱来！我是记者！我是记者！"伸手抓捞着胸口的证件。

"嗬！记者了不起呀？不装逼能死啊你？第一次来灾区是吧？搞不清楚状况是吧？还好今天天热，老乡们都没出来，要是看到你打他们的娃娃能用锄头挖死你！记者算个屁！前天还有个什么领导，被老乡抢锄头追了好几里地！"阿亮一见场面尽在自己这方的控制之下，开始叨哔叨对其谆谆教诲。

女记者见势不好，立即去搬援军。黎书记一听说记者挨打，一路脸色煞

176

白，还没赶到就提着嗓子连声高喊："李亮！李亮！你给我出来！"

阿亮火气正盛，没工夫给她"应有的尊重"，也不想跟这个官瘾很足的女人说话。

黎书记高喊："李亮你给我出来，再胡闹我报警了！"

阿亮冲营长使了个眼色。营长立即出列，挡住黎书记。没等营长说完就被黎书记打断，她急着领导马上要到场，顾虑这场活动能不能顺利举行，是非顾不上，吼道："不要狡辩！打记者就是你们不对！真是要翻天了你们！李亮你赶紧整队！"又跟那个女记者说："你带你们同事去凉棚歇一下，今天不少领导要到，大局为重，这事我回头一定给你一个交代！"女记者愤愤不平："我们地震后天天报道，天天加班，灾区人民就是这样对我们的？记者在灾区挨打？传出去哪个愿意来帮你们？"黎书记冲阿亮严词厉色："活动结束你到团委来一趟，当面给记者同志道歉！否则你们帐篷学校不要办了！"

阿亮心里有一万头草泥马奔腾而过，每一头草泥马都嘶吼着去你妈勒个逼！但确实也要"大局为重"，这个大局不是团委的迎奥运活动，更不是害怕记者的一家之言会给灾区带来的什么负面宣传，是帐篷学校在汶川要不要办下去的"大局"。阿亮气势一泄，叫营长带大家整队。

"不行！他必须跟何清恩道歉，必须跟我们孩子道歉！"张莉的声音清亮亮地响起："道过歉我们再配合活动！"见张莉这么硬气，孩子们精神一振，立马都跟着喊："道歉！道歉！"

黎书记冲阿亮施压："李亮！你到底听不听话？管不管得住你的志愿者？管不住都给我滚出汶川！"阿亮看看张莉，看看孩子们，跟张莉小声请求："别闹了，先整队，回去再说，好不好？"

"阿亮！他欺负我们的孩子，必须道歉！"张莉眼神尖锐，毫不退让，瘦小的躯体好似蕴藏着某种可燃烧之物，在不停地提供能量和火力。孩子们都望着阿亮，新来的志愿者也都在看着他，阿亮心里像一锅沸水在翻滚。示狠，当然容易，尤其是在占理的时候，示弱才是艰难。

阿亮选择对团委示弱，对张莉示狠："张莉，你听不听话？这个组织我是负责人！"

张莉盯着阿亮，非常失望。转身朝何庭石做了个手势，张开五指再迅速并拢，示意整队。何庭石含恨看了阿亮一眼，悻悻然带大家整队。

在张莉的注视下，孩子们效率奇高，不到一分钟就完成了队列。

新来的志愿者刚刚抵达就见识了张莉刚毅的一面，但这个传说中背着大包物资翻越泥石流的"钢铁侠"，跟眼前这个黑瘦的女孩子形象并不相符，张莉更像是一个长期生活在农村的基层民办教师，朴素得有点土气，但她在这群孩子们面前拥有绝对的威信，这些羌族孩子骁勇的很，面对成年男人都敢群起而攻之，没一个后退的。同时也发现了一个怪圈：孩子们听张莉的，张莉听阿亮的，阿亮很怕得罪团委，团委很怕得罪记者，而团委和记者加起来都搞不过孩子们和张莉。这个怪圈相互制约着，持衡着。

43. 我们是高山上的羌族

见事态平息，阿亮松了口气，语气故作活跃地对志愿者们说："走，带你们去住处，等活动结束了再过来跟孩子们认识一下，现在待在这里有危险！"开玩笑地指指张莉。张莉面色不善，明显气得不轻，大家都不熟，也不好意思插话。

路过娄校长的帐篷区，阿亮领志愿者们驻足参观了一下，德国帐篷，漂亮吧？三室一厅的帐篷！这边是游戏帐篷，法国产的，法国人就是浪漫，帐篷都被他们造得这么温馨有爱。还有进口厕所，人站上去钢板就会分开，起身就会闭拢，一点都不臭！大家喜形于色，没想到条件这么好！祝好感叹道："没想到灾区条件这么好！"阿亮立马说："嘿，别误会，这是景区，带你们来参观一下的，继续走！"

穿过安置点马路，越过密集的帐篷区，越往安置点后面垃圾越多，遍地都是，一直走到最后，靠近岷江，有两顶救灾帐篷，阿亮说："就这两间，还是问人家借的帐篷，大家体谅一下，灾区条件有限。"美琪很懂事，故作欢快地说："男左女右，好，宿舍分配完毕，你们男生去左边，没事不准进女生宿舍哈！"拉着祝好率先抢驻，一掀开帘子，一股刺鼻的气味夹杂着热浪扑面袭来，两人像是被气浪所伤，惊叫一声，返身又跑了出来，祝好脸色发白，指着里面说："什么味道？"徐敏行惊疑地问："什么什么味道？"一边说一边探头进去，抬起的腿马上就收回来了，惊慌地问："阿亮，这是什么地方？"

阿亮也没进去过，惊讶道："大惊小怪什么？"探头进去看了看，里面几架高低床，堆着几床血迹斑斑的棉被，地上散落着些带血的绷带，高低床上还挂着空药瓶，一股刺人脑髓的臭味就从那些棉被和物件上散发出来。心想，怪不得这里没人住！阿亮闷了口气，沉稳地道："别一惊一乍的，这里以前可能医疗队住过，打扫一下就行。"阿黎颇有点男孩子气，袖子一撸就进去收拾，徐敏行一咬牙也加入其中，美琪和祝好也赶紧跟进去，为自己的大惊小怪有点不好意思。大家将棉被抱出来晒，趁太阳还炙热，可以消消毒。有床棉被上好大一个人形污渍，腿的地方却是面盆大的一滩血迹，几位小姑娘不敢直视，战战兢兢牵着被角，心里直发抖。这帐篷里不知道住过什么人，发生过什么状况，简直不敢多想。比起女生，那几个男生就镇定得多，稀里哗啦把帐篷里的东西全部清出来暴晒。田春来谈笑风生，大讲自己在宿舍里大扫除的趣事，在床底扫出了历届学长的臭袜子，那些袜子拎起来放下去能立住，味道能把人熏翻个跟头。忽然听到女生宿舍那边尖叫："妈呀，这是什么东西……"

阿亮进去拎了个沾染陈旧血迹的锯子出来，随手扔出老远。美琪冷飕飕地说："我想起一部电影。"祝好默契地接到："电锯惊魂……哎呀妈呀，这里会不会有鬼啊？"大家忍不住哈哈笑了起来，笑着笑着总觉得脑后生风。陈振跟刘旋、田春来略一商量，过来跟女生换宿舍，他们男生来住这间"电锯惊魂"的帐篷，女生住隔壁去。隔壁也好不了多少，不过心里稍稍安慰，许多污秽的东西已经被男生清理出去了，只是帐篷里的气味依然熏人欲呕。

阿黎一见这架势，立马以随行校医自居，掏出几包三无产品分给各位志愿者，介绍是神医连夜为灾区研制出来的小药丸，专治时疫苦毒，并加强语气："有病治病没病强身，增强抵抗力，大人小孩都能吃！"徐敏行想起临行前砚台特地交代过，就说："阿黎，砚台说了不让你做医生，你别乱来！"阿黎兴致勃勃，毫不在乎地说："嗨，别告诉她就行。这药不是我做的，是我爸做的，我知道用法的，真的，你们不信的话，我吃给你们看。"说着就拈了一粒小药丸塞嘴里，嚼巴嚼巴咽下去了，还张开嘴，伸出舌头挨个凑人家跟前，说："吞下去了！你们要不放心的话，就等两个小时，看我是不是把自己吃死了，嘿嘿。"唐甜也帮腔："她爸真的是我们那里有名的神医。""真的假的？"阿亮好奇，拿了一颗放在鼻端闻，药丸有股凉丝丝的香味，放嘴里尝尝，微苦，口腔里冷风嗖嗖的，问："有薄荷？"阿黎摇摇头："不知道啥做的，我爸专门为我去灾区准备的，相信我啦，我爸不会害我！"大家心想，谁知道你们父女关系到底咋样，保险起见还是要等等看，看阿亮和阿黎这两家伙会不会毒发身亡。

阿黎又掏出一包药粉在帐篷四角分撒，说是苗寨里人家解瘴毒防蛇虫的草药，为了方便携带，她爸给她特地焙制成粉末。黄褐色的药末，撒在地上一会儿，颜色越来越深，渐渐变成黑色焦粉，帐篷里的味道果然淡了，弥漫着一种类似茶叶和苦艾草混合的味道。效果立竿见影，让大家对阿黎刮目相看，怪不得阿黎身上总发出一股药香，原来是这个东西的味道。阿黎大大咧咧地说，"从小我爸就给我试验各种药草，我长这么大连感冒都很少得，壮得跟头牛一样！"一女孩说自己壮得跟头牛一样，让大家忍俊不禁。大家对这个不用吃下去的药放心很多，一人要了一点用纸巾裹着放口袋里。

收拾完宿舍，阿亮带大家去帐篷学校，张莉已经带孩子们回来了，正在等他们。老远见他们走过来，孩子们就开始鼓掌，掌声一直迎接他们站到讲台前。张莉手掌往下一压，掌声立歇。八个人站在讲台前，轮流介绍自己，尤其是陈振，还没开始介绍，孩子们就开始欢呼，简直要审上讲台拥抱他，他那腾空一拳，迅速让他成为大家心中的偶像了。张莉将志愿者带过来的塑料凳发给孩子们，五十八个孩子，每人一张凳子，实行个人保管制，这些物资来之不易，如果不爱惜弄坏了，以后上课就得站着了，没有替换的。从那以后安置点出现了一道风景，希望之窗帐篷学校的孩子每天扛着凳子来上学，放学拎着凳子回家。

张莉又给志愿者介绍营长何庭石，让他上来为志愿者们介绍汶川和羌族。祝好和美琪眼尖，看到这男孩子脚上穿的是绣花鞋，两人心意相通，忍不住偷笑。何庭石顺着话题马上就讲到了羌族服饰，讲到自己脚上的鞋：

"我们是生活在高山上的羌族，云彩常年围绕在我们脚下，所以我们羌族，男的鞋子上绣的是云纹，象征我们羌族勇士踩高山时脚踏祥云，叫云云鞋。女的鞋子上绣的是羊角花，叫花花鞋。"孩子们纷纷抬脚展示给志愿者们看，果然一双双脚上穿的都是绣花鞋子，一种别样的风情。

何庭石向志愿者们深深鞠一躬，说："感谢叔叔阿姨远道来帮助我们，我们为叔叔阿姨准备了一首我们羌族的歌曲《美丽的羌寨》，我们羌寨已经没有了，塌完了，但是，我们可以唱给叔叔阿姨听！将来，等我们重建好家园，再邀请叔叔阿姨到我们家里去做客！"冲孩子们说："喊一二三我们就一起唱！"

孩子们全体起立，小老虎下巴只到桌面，他努力垫脚，旁边的小哥哥把他抱起来站凳子上，还用自己的袖子给他把鼻涕擦掉。这真是心无芥蒂的友爱！

这支临时合唱团唱得并不齐整，但是孩子们唱得那么认真，一双双黑亮的眼睛专注地望着志愿者，用力唱出自己最响亮的歌声，如同呐喊，脸蛋挣得通红。这首歌旋律欢快，但孩子的眼神里却流露出一种跟年龄不相符的感伤，也许是因为在大地震之后唱起这首描述羌寨之美的歌曲。

先是羌语唱，又用汉语唱一遍，当唱到："羊角花扬起了灿烂的笑脸，白云擦亮了万里蓝天，我们的羌寨最美丽……"坐在角落里的徐敏行感觉自己忽然被某种情绪击中，猝不及防，泪水夺眶而出，掩饰地低下头。旁边美琪悄悄塞了张纸巾给她。美琪、祝好早已情绪崩塌，泪流满面，连一向大大咧咧的阿黎都红了眼眶，几名男志愿者也都低着头。帐篷外，河山破碎，桥塌路崩，歌里那美丽的羌寨，还在孩子们的歌声里悠悠回荡着，有种难以言述的悲凉。

这首《美丽的羌寨》从这天起被定为直台村帐篷学校的校歌。这首歌可谓帐篷学校神曲，唱哭了后来一批批志愿者，唱哭了许多来帐篷学校的人。不知为何会有这种让人猝不及防被击中的力量，让人瞬间就泪流满面。

徐敏行几个人从"电锯惊魂"的惊吓中彻底缓了过来，心里被另一种悠远纯净的情怀所取代。

歌声一停，张莉带着一种抒情完毕的表情走上讲台，宣布流程："先接受培训，为期三天，我负责对大家进行培训，要求很简单，志愿者跟孩子们一起上课，孩子能做到的，志愿者也要做到，要教孩子，先过孩子们这一关，比孩子做得差，那就不够资格站在前面来教孩子，孩子有权选择老师，请接受孩子的监督。"唐甜举手想提问，被张莉手一挥打断："不要急着提问题，多看多做多想，少说话少提要求，一切看你们的实际行动！"

张莉眼神犀利，从志愿者们脸上一一扫视过去，课堂上一点声音都没有。唐甜还想说话，被阿黎拉了一把，立马也闭嘴了。大家都被张莉强大的气势给压制住了。

张莉要求志愿者以父母之心去爱孩子，这几个平均年龄才20岁的志愿者感到很困惑，虽有心去爱，但不知如何表达。尤其是既要求志愿者学着做爹妈，又要求志愿者重做小学生向孩子学习，大家觉得信息有点乱，但张莉太强势，一副不容置疑的样子，大家心里直犯嘀咕，却不敢提出不同意见。

44. 还唱悲伤的歌

消停下来，阿亮才发现少了个人，欧欢不在。问张莉，张莉脸色铁青不说话，只好自己出去打电话。电话接通了，欧欢却也不说话，只在电话里嘤嘤啜泣。阿亮问她出什么事了，欧欢只说让他去问张莉。阿亮不耐烦的很，问她出啥事了直接说，别绕。她就把电话给挂了，再打，就不接了。却接到团委电话，黎书记让他立即到团委一趟。阿亮心里正火急火燎，不禁怒从心头起，一句话没说就把电话给挂了。

阿亮在安置点找了一大圈没找到，又回来找张莉问情况，听说事情经过，更着急了。天快黑了，安置点四周山体险峻，不时有塌坡，危机四伏，张莉也有点慌，叫上志愿者帮忙，分头去找。直找到晚上八点多，杳无踪迹，大家都精疲力竭，从成都到汶川，一路马不停蹄，下午到安置点就没歇过。张莉很自责，要阿亮带大家去吃饭，她去找人。阿亮不同意，这到处黑灯瞎火的，她一个人到处跑也危险，大家不能散开，一起去吃了饭再找。

坐在小饭馆里，气氛很压抑。张莉难过得吃不下东西，自我检讨："都是我的错！让大家受累了！"从到绵篨一直看到的都是张莉刚毅的一面，忽然见她开始做检讨，都有点愕然。

阿亮却有点不耐烦："现在说这个没用，当务之急是先找到人！"

阿亮又打电话，发现已经关机了，这下算是彻底失去线索了，大家商量着是不是要报警。阿亮很犹豫，报警动静太大了，本来跟团委关系就不好，怕被抓把柄。但如果不报警，欧欢真出事了呢？他承担不了这个决定。想了想，决定暂时不惊动官方，去找几个学生家长帮忙，他们在这里时间长，对地形熟悉。

安置点电力紧张，帐篷里都没有电灯，晚上九点多老乡都已经睡了，阿亮没别的办法可想，只能去求助。老乡一听帐篷学校的女志愿者失踪了，都觉得事情严重，马上去喊人。一会儿就来了十几名老乡，坝子上人语喧闹，打起火把，分头去寻，有的上山找，有的沿河沟找，这算是做最坏打算的排查了。

十点多，大家再聚集在一起，还没找到，已经有点绝望了，欧欢在这里也不认识什么人，也没什么地方可去。张莉坐在地上，一句话都说不出来，身上汗出如浆。

阿亮也没办法了，这事捂不住了，只能请团委出面，请警方和军队一起找。打了黎书记的电话，黎书记已经睡了，一听情况就火了，说："你们这些草根组织都是什么狗屁纪律？你那个女志愿者下午在我们团委哭哭啼啼，打电话给你你还不接，你要解决不好矛盾干脆解散！"

阿亮心里这才定下来，先跟老乡们说明情况，跟大家道谢又道歉，把大家折腾起来跑上跑下的，实在是过意不去。老乡倒是很厚道，安慰阿亮，只要人没事就好，还帮他叫车。坝子上有辆破面包车，那个叫阿金的小伙子从车里钻出来，二十来岁，瞌睡得直甩脑袋。老乡跟阿金用羌语说了一通，那小伙子点点头，跟阿亮说："走嘛，我跟你去县上接人。"

张莉松了一口气，带大家回宿舍休息，她去路口等人。这么一闹腾，大家都不瞌睡了，出来陪她一起等。张莉很感激，讲起下午的冲突，检讨自己，没考虑到对方的承受能力，引出这么大的事情，说："以后我有做的不对的地方，大家当面指出来，我会改。你们千万不要拿自己的生命撒气，这里是灾区，太危险了。"张莉语气诚挚，不像是在虚伪笼络人心。

美琪安慰她："放心，我们没那么娇气，打我们我们也不敢自己乱跑。"

徐敏行说："你批评欧欢没有错，只准她吼娃娃们，不准别个吼她，她是搞双重标准，你也不要太自责！"张莉心里稍微轻松点，说："这样吧，以后我们每天晚上开个小会，白天发生什么事情，矛盾，当天晚上就一起说出来，解决掉。关于教学上的安排有意见有想法都可以提，大家商量着来做事。"这些话说出来，大家心里都开阔了些，也许张莉并不是个只固执己见的人。

这里昼夜温差很大，晚上有点凉，徐敏行起身去加衣服，忽然惊呼了一声："你们看！"大家纷纷抬头，只见漫天的星光，灿烂银河倒悬头顶，在城市里生活的人很难得看到这么明亮的星光，大家惊呼感叹，惊喜莫名，毕竟都很年轻，心绪马上就转变了。张莉也抬头看看，心里很喜悦。

不知等了多久，阿亮带回了个醉鬼。欧欢站不稳，整个人挂在阿亮身上，两人救死扶伤趔趄着往回走。张莉赶紧上前去扶，欧欢跟被烫了一下似的，尖叫："不要碰我！"像只受伤的动物直往阿亮怀里钻。张莉尴尬地缩回手。阿亮耐着性子，尽量压制丹田之气用美声细细哄她："别闹了行不行？老乡们都睡了！大家都找你找了一晚上了，你看，大家都还没睡都在等你，有什么委屈你好好说。"

"我不说，你们都是一伙的！"欧欢环着阿亮的脖子把自己吊在阿亮身上蹭来蹭去。有谁在黑暗中忍不住扑嗤笑了起来。阿亮很尴尬，叫徐敏行过来扶一下，徐敏行看着这个又哭又撒娇的家伙，有点慌，离欧欢还有好几尺，弱弱地说："你站稳了。"还是阿黎上前一把把欧欢从阿亮怀里拖出来，说："消停会吧！"

"就是，再蹭下去，我们亮哥该把持不住了，哈哈。"美琪促狭地接道。

"我说，你们几个能不起哄吗？"阿亮擦了把汗，累得一屁股坐地上，耐着性子问欧欢："到底出啥事了？"

张莉走过去，在欧欢跟前蹲下，说："你别哭了，下午的事情是我不好，我向你道歉。"

欧欢猛地指着张莉："哪个要你道歉了？哦，现在又来假惺惺演戏？长这么大我爹妈都不敢说我一句重话！你算老几？当那么多人面骂我，你好威风嘛，故意打我的脸给自己装脸，现在又装好人，装给哪个看？"

手指差点塞张莉嘴里，那么近的距离，张莉静静地望着她，一言不发。

欧欢有点心虚，收回自己的手，又环上阿亮的胳膊："亮哥，你明天送我出汶川，我要回去！我不在这里待了！有她没我，有我没她！"伸手向张莉一指。

"行，你想回去就回去吧，走马尔康回成都，那条路正常通，不用送，安全的很。"阿亮尽量使自己的语气平和有理，用暗劲把胳膊抽出来。

"不行！你把我接进来就要把我送出去！你要对我负责！我要是在路上出了啥事情，我家里人不会放过你们的！"欧欢又哭起来。

一向伶牙俐齿的祝好终于忍不住了："别人凭什么要对你负责？阿姨，我看你就一个字。"

美琪马上接到："作！"

"你叫我啥子？"欧欢像被咬了一口，挣扎着要扑过去。

祝好哼道："别问我哈，我不跟智商低的人说话，嘿嘿，洋气吧？"得意地朝大家扮鬼脸。

"你比祝好大十几岁，尊老嘛，叫你一声阿姨也没叫错。"美琪故作劝慰状，欧欢气得要过去打她，美琪一边起身躲，一边喊："救命啊振哥！"陈振望望两个都是女孩子，交错着手，不好意思动。

阿亮感到一阵剧烈的头痛，眼冒金星，喊了声："都别吵了！阿黎，把她扶帐篷里去。"他刚从阿黎的行动中已经看出这姑娘比较猛。阿黎得令，立即拖起欧欢脚不点地塞进帐篷里，还守着门口不让她出来。

"怎么这样？跟母老虎一样！"田春来一副惊魂未定的语气。

阿亮擦了把汗，"还说呢，在汶川差点打起来！"

阿亮在汶川的大排档把她给找到的，正跟团委那个撑伞哥在喝酒，阿亮去接她，她还不肯回来，哭哭啼啼，控诉张莉如何如何欺负她。撑伞哥还不让阿亮带欧欢走，理由是这名志愿者现在情绪很不稳定。阿亮一看他那张黄鼠狼脸，立即动手把欧欢拖上了车，为此还跟撑伞哥产生了点小摩擦。欧欢一路又哭又叫，还唱悲伤的歌，把开车的小伙子吓得不轻，给人家车上吐得到处都是，简直一塌糊涂，阿金没地方住，白天干活，晚上住车里，搞得人家没法睡，阿亮明天一早还要去给人家洗车。

阿亮越说越怒："张莉，你要改改你的脾气！我才不在一个下午，你就跟团委吵，跟记者吵，跟志愿者吵，安置点都被你吵遍了！"

张莉在黑暗中瞪大眼睛看了阿亮一眼，阿亮脸上一团黑，虎着脸。张莉什么都没说，低下头去。

见阿亮这么护着欧欢，还批评张莉，大家心里都替张莉不服。阿黎忽然出来嚷嚷了一句："哎呀，都几点了？大家该吃药了！"这句话太突兀，大家都愣了，忽然想起阿黎说她吃了药没挂掉的话，就要相信她，吃她的药，大家不禁笑了起来，故意笑得受不了，气氛终于缓和下来。

45. 梁子算是结下了

早上雨很大，张莉六点钟就起床了，看看大家还在睡，舍不得叫醒她们。担心帐篷学校会漏雨，拿了块木板顶着，闷头往学校跑，一头撞在某人胸膛上，是阿亮，撑了把伞在雨里等她。阿亮伸手摘掉她头顶的木板，将雨伞罩她头上，很绅士地邀请张莉共进早餐，他已经在小饭馆泡好方便面了。张莉本来想着再也不理他，但看阿亮笑得那么温厚，眼神炯炯地望着自己，不知怎么鼻头一酸，说不出狠话。

路上遇到何庭石和几个大男孩，看张莉跟阿亮共一把伞，一反常态，不仅不打招呼还转身就跑，张莉在后面喊了几声，他们也不回头。张莉有点奇怪，问："他们今天怎么了？"阿亮笑得意味深长，说："他们肯定觉得我是个坏蛋。"张莉说："有时候你的立场也难，回头我跟他们解释一下就行。"她以为孩子们记恨阿亮昨天站团委一边。

阿亮尽量将雨伞向张莉倾斜，见他半边身子都在雨里，张莉就把雨伞往他那边推，说："你都淋湿了。"阿亮一笑，说："你向我靠近一点，我就不会淋到雨了。"阿亮又说："我向你走近一点，你也向我走近一点，我们之间的距离就会越来越近。"伸手将她往自己身边拉，张莉使劲挣，窘迫地说："待会给孩子们看到了。"阿亮不在乎地说："孩子们难道没见过谈恋爱的吗？"张莉感觉自己耳朵轰鸣一响，不，是连续的响，接着这暴雨倾盆的世界，轰隆隆响声大得吓人。两人并肩走在帐篷集中营里，地上水流得哗哗的，垃圾都漂了起来，打着旋涡从脚边倏忽而过，像是走在一条长河里。阿亮没有再说下去，她开始疑心自己听错了，就算没听错，细想起来好像也不说明什么。但心情却渐渐愉快起来了。

吃过早饭，阿亮在帐篷学校前冒雨挂国旗，志愿者带过来的国旗，昨天没来得及挂。阿亮笑着说："张校长，这是我第二次为你校挂国旗了，记得吗？这是我们的第二所帐篷学校了！"张莉也笑，想起沐水村那次挂国旗的清晨，头天帐篷被暴雨摧垮了，第二天是从头开始的日子，好像那天也下着雨，感觉是很久以前的事情了。

这天早上是直台村帐篷学校第一次升国旗的日子，孩子们都到的很早，张莉跟孩子们讲升国旗仪式，新志愿者也到位了，站在队伍最后一排。营长带孩子们喊帐篷学校口号：我是一颗小水滴，我有一种精神叫做坚持，坚持乐观与向上，坚持朴素与正直，坚持爱与善。孩子们的声音盖过雨声响彻整个安置点，大家向着红旗，齐唱国歌。

升完国旗，张莉跟孩子们商量："昨天团委的叔叔说今天八点整到空地上集合，参加迎奥运的歌舞彩排，我们去不去？"

孩子们都说不要去。有人说下雨了，彩排不成。有人说团委的叔叔对我们凶，又要我们去配合他们搞活动，我们不想去。

"那昨天我们答应团委的叔叔没有？"张莉问。

孩子们这下回答的有点参差不齐了，有的说答应了，有的说不记得了。

"到底有没有答应？"张莉语气忽然严厉。

"答应了！"

"好，我们答应别人的事情就要做到，守信用是对别人，也是对我们自己，每答应一件事情，就等于对自己许下了一个诺言，如果失信，那就是失信两次，对别人失信一次，对自己也失信一次！"见孩子们神情有些沮丧，张莉将语气放柔和："我知道孩子们昨天受委屈了，团委的叔叔不应该对孩子们吼。但是我们不能因为别人不好，就改变自己的为人呀，德行是自己的！" 张莉在白板上写上弟子规中一段：见人善，即思齐，纵去远，以渐跻。见人恶，即内省，有则改，无加警。给孩子们细细讲解。

讲完后，问孩子们去不去参加活动，孩子们以荆轲刺秦的气概吼：去！

本来都不愿意去参加活动，但经张莉一讲，这事忽然变成了另一种性质，成为彰显自己美德的一个机会，都变得很踊跃。出发前，张莉仔细检查大家的雨具，帮小孩子卷起裤腿，一名大孩子带一名小孩子，排成一纵队朝坝子上前进，志愿者安插在队伍中照顾。阿亮留下来补帐篷漏雨的地方。

张莉带孩子们到了集合地点，却发现坝子上一个人都没有，空荡荡。有点怀疑，怎么别的学校的孩子都没有来？难道因为下雨，他们迟到了？也没多想，让营长整队，齐喊小水滴口号三遍，激励士气。

团委的几个蹲点志愿者在帐篷里打牌，浑然没有意识到一股强大的气流正向他们逼近，直到听到外面的口号声，撑伞哥才探头出去看了一眼，一大群孩子齐整整地站在坝子上。孩子们也看到他了，但他嗖地就缩回去了，还把帐篷给拉严实了。张莉就站的队伍前面，他们也看到了，但谁也不想出头去跟张莉交涉。

等了一刻钟，雨越下越大。营长再一次鼓励士气，领大家背诵早上教的弟子规。张莉走到队伍前，问："孩子们，我们答应别人的事情已经做到了！接下来，我们应该怎么办？"

孩子们说回去。

张莉斩钉截铁地吐出一个字："不！"

张莉举着雨伞在队伍前走来走去，神色冷峻，眼里像有火焰喷出来，发表演讲："今天，我们的孩子都做得很好！小水滴做到了有信义，言必行行必果！但是，团委的叔叔阿姨做得不好，尤其是他们看到我们前来践约，在雨里站了半个钟头，却没有一个人出来跟我们打声招呼。张阿姨一贯要求我们的小水滴做一个好人，但是，好人不等同懦弱，受到不公正的待遇不要忍。现在，我们要做另一件事情，叫作公道！"

孩子们本来已经等得兴味索然，张莉这么一说，立马精神一振，纷纷大喊："团委！出来！团委！出来！……"难得遇到这样"合法闹事"的机会，点火就燃，简直是小孩子的天性。吼声之大，气壮山河，连安置点的老乡都被惊动了，纷纷探头出来观望。

这下团委的终于待不住了，派了个人出来。那人远远向张莉招手，张莉盯着他，站在原处一动不动。那人没办法，只好走到张莉跟前，说："今天下雨，不彩排了，你带孩子们回去吧。"说完就想走，张莉大声说："孩子们在雨里等你们半个钟头了，你自己跟孩子们说吧。"

那人只好又走到队伍跟前，说："孩子们，今天下雨，不举行活动了，你们都赶紧回去吧，别感冒了。"孩子们瞪着他，一声不吭。那人有点焦虑，又喊："都听到了吗？赶紧回去！"

何庭石举手，张莉点头，他出列向团委的志愿者敬礼，语气严正："团委叔叔好，我有两个问题，请您回答一下，可以吗？"

团委志愿者回头看了看帐篷，在雨中静寂得像个碉堡，没一个人伸头，他很无助，只好说："那你问吧。"

"第一，为什么我们在雨里站了半个钟头，你们才出来跟我们说今天不举行活动了？第二，为什么只有我们的帐篷学校到了，其他帐篷学校和乡小的都没来？"

"可能是忘记通知你们了。"那人边说边往后退。

"全乡那么多小学都通知到了，为什么唯独就忘记通知我们龙溪乡直台村？你们要不要为你们的忘记向我们道歉？还有，你还没回答我第一个问题，我们这么多人在雨里站了半个钟头，距离你们团委帐篷只有三十米，你们还有人探头出来看了我们，为什么不出来跟我们说一声今天不举行活动了？"何庭石言辞咄咄，毫不放松。

"为什么？你们自己想想为什么偏偏就不通知你们！"那人飞快地说了一句，转头跟张莉说，"赶紧把孩子带回去，下这么大雨，杵在这里傻不傻？"边说边转身，说到傻不傻的时候人已经跑出几米远了。

"团委，道歉！团委，道歉！"孩子们边喊边朝团委帐篷移动。

张莉忽然接到阿亮电话，阿亮说，撑伞哥刚给他打电话，让他把孩子们带回去。张莉把情况一说，阿亮就明白了，说："他们是故意的！昨天闹了点矛盾，他们取消活动故意不通知我们帐篷学校，让你带孩子白跑一趟，故意整我们，给我们颜色看。"

团委几个人都出来了，站在雨里，傻眼了，望着孩子们一步一步的逼近，安置点许多羌族老乡也打伞过来探望。

撑伞哥终于迎难而上，说："张老师，不好意思，是我们工作疏忽，请你谅解，带孩子们回去吧。"

张莉毫不谅解，说："孩子们遵守约定来这里了，失约的是你们，请你自己跟孩子们解释！"

撑伞哥艰难地对孩子们说："是我们工作有疏忽，请大家原谅，都回去吧！"

何庭石站出来说："你们工作有疏忽，凭什么要别人原谅？你应该道歉！"

"好吧，对不起！孩子们，我们做得不对，向你们道歉！" 撑伞哥溃不成军。

孩子们不说话，都看着张莉。张莉点点头，像受降使节一般，对败军将领以示安抚："好，我们帐篷学校接受你们的道歉！如果下次有什么事情，请别再把我们忘了！我们愿意配合团委的活动，也请团委尊重我们的孩子！"

孩子们和志愿者都兴高采烈，像打赢了一场了不得的战争，齐整整唱着校歌离开。团委几个人站在雨里望着，表情复杂。这群团委的志愿者也都很年轻，加上身处官方阶层，气势本来就盛，这梁子算是深深地结下了。

46. 他们没有心，吃了防腐剂

回到帐篷，祝好眉飞色舞，向阿亮如此这般地描述一番，总结道："亮哥，你没去太遗憾啦，你都没看到团委的志愿者脸色难看得跟屎一样！"阿亮劝张莉："你看看，刚来的志愿者就被你带成这样了，这是来支教的，还是来跟团委打仗的？差不多就行了，我们还要在团委手下做事，别闹太僵。"

张莉心情很好，说："我不犯人，人也不要犯我，反正谁也别想欺负我们的孩子！"

阿亮看看四周，问："欧欢呢？没跟你们去？"张莉说："不知道，我去看看？"阿亮赶紧拦住："算了，你上课吧，我去。"

"亮哥，你也别去，容易出事！"美琪一脸坏笑。祝好接道："不对，不是容易出事，是容易失身！"阿亮没好气地在她脑袋上敲了一记响栗，借了把伞出去。

经过上午的事件，帐篷学校里士气大振，尤其孩子们，感觉昨天的窝囊气一扫而空，兴奋不已。张莉趁机以这个事件作为今天的主课程，跟孩子们讲，要做一个有原则的人，行事要有信义，遇到委屈也坚决不窝囊，团结起来！一个人的声音很微弱，大家一起发声，这个声音就不容小看，就像一滴水很快就被蒸发掉，大家团结在一起力量就像大江大河，什么都阻挡不了。

张莉就这样在一次次面对外来压力的时候，坚持和孩子们并肩共进退，正是这样的坚持，才让帐篷学校的孩子紧紧地团结起来。这并不是她的手段，她就是这样一个认真的人，在她的词典里没有"差不多""马马虎虎，过得去"这类词，她拈一根针都凝神以对，如泰山压顶，别人看了替她吃力，她自己是浑然不觉。

祝好忽然跑进来，故作玄虚地："哎呀！我看到一件事情，我不知道该说不该说，说的话呢，可能要挨打，不说呢，我可能会憋死。"大家耳朵马上竖起来了。阿黎马上说："嘿！吊胃口哇？不说你马上就挨打！"祝好笑嘻嘻地说："好嘛，是你要我说的哈，万一我挨打你得帮我。我看到亮哥和欧欢在帐篷里抱在一起诶！"孩子们一听立马开始起哄，拍桌子，跺脚，又笑又闹。美琪说："你应该大吼一声，禽兽，放开那个畜生！"大家哄堂大笑。

张莉没有笑，严厉地说："祝好！没看到在上课吗？跟孩子们说这些干什么？站出去！"

祝好吓了一跳，伸了伸舌头，可怜巴巴地站外面去了。阿黎很过意不去，塞了把雨伞给她。

帐篷学校顿时安静，气氛紧张。志愿者们表面端正坐姿听课，但个个都思绪飞扬。

下午，何庭石向张莉报告，团委借的桌子还没还，快到时间了。张莉让他选两名学生代表去提醒团委，还有一个小时就到答应归还桌子的时间，未免他们忘记。张莉叮嘱学生代表："态度要恭谨，话说到就回来，不要说别的。"

两名学生代表一会儿就回来了，团委的叔叔在打牌，冲他们挥挥手跟赶苍蝇一样，没说还也没说不还。张莉点点头，说等到四点的时候看他们还不还。学生代表心疼地说："回来时我们去看桌子了，我们的桌子在外面坝子上淋雨！"张莉面色沉静，继续上课。

等到四点，桌子依然没还过来，要下课了，孩子们不肯回家，都在等桌子。议论团委肯定是故意的，晓得我们等桌子，故意让我们都着急，他们在报复我们！

一女孩说："我们自己都没桌子用，借给他们一半，他们一点都不爱惜，放到外头淋雨！"她同桌连忙附和："就是嘛，昨天我看到那么大的人，还站到我们桌子上踩！我看到桌子腿都在抖！"孩子们七嘴八舌越说越气，团委在孩子们印象中本来就不好，现在群情愤慨，简直像妖怪了。何庭石提议："张阿姨，我们的桌子还在外头淋雨，今天晚上还要落雨，我们自己去搬回来，反正约定归还的时间到了，我们不算失信。"

张莉不同意："借给人家的东西要等人家还过来才行，自己不打招呼就去搬回来，那我们很失礼。小水滴的校训是做好自己，做好自己的事！无论如何，自己先要做好！"

"那，咋个办？他们要是一直都不还我们桌子勒？"营长疑惑了。

"不会的，团委的叔叔们可能在忙，等他们忙完了就会还我们桌子。"张莉说。

"他们没有在忙，他们在斗地主！"学生代表不服气。

张莉柔声安慰："我们再等一天，团委的叔叔们本来今天还要使用桌子做彩排活动的，但因为下雨，今天没有彩排成，大家都知道这个原因，我们再等等吧，他们用完了一定会还给我们。"

何庭石说："张阿姨，桌子是我们跟绵簏小学里借的，要是弄坏了，我们以后还桌子就是失信。"

张莉提议拿些防水布去把桌子盖一下。孩子们虽然不情愿，但还是很听张莉的话。

徐敏行一群志愿者带着孩子们去坝子上盖桌子，孩子们盖好雨布，又拣了些石块把防雨布压好，仔仔细细。志愿者看着都很感动，到了灾区才真正感受到一点点物资都不易。团委的志愿者听到动静，从帐篷里探头出来看了一眼，又缩回去了。

回宿舍的路上，美琪忽然问："你们说，团委志愿者看到孩子们这样做，究竟会不会感到惭愧？"

"不会的，他们没有心，吃了防腐剂！"陈振冷冷地说，他既心疼孩子们，又非常气愤团委那些志愿者的麻木，拳头握得铁紧。

田春来叹气，说："真的很悲哀，就是这样的一群人，他们以后会成为官员，管老百姓，看看他们就知道中国的官员是个什么德行了，他们现在还只是下乡混资历呢，已经把一副官老爷的嘴脸熏陶得十足了！团委，呵呵，党的助手，党的预备军！"

徐敏行犹豫了一会儿，小声反驳："不，我在学校里也参与校团委工作，确实有混日子的，但也有真心想做好事情的，不要一竿子打翻所有人。至少，我就一定不会成为这样的人！"

"你怎么知道以后的你不会是这样的人？现在说这些还太早！在中国当官最容易使人变成魔鬼！"阿黎语气略带揶揄。

"你对我了解多少，你怎么就那么确定我以后会是怎么样的人？"徐敏行气得脸色发白。

"是不是，等你当几年官之后再来跟我吹牛逼吧！现在就说这话，我只能说呵呵了。"阿黎毫不示弱，跟唐甜说："没想到我们志愿者当中还有团委干部呢。"不顾唐甜使劲拽她，坚持说完。

美琪跟徐敏行关系比较好，也插进来了："阿黎，你啥子意思嘛？徐敏行一路照顾我们，你眼睛看不到？扯啥子团委身上？"

陈振和刘旋看看这几个女孩子，你一言我一语谁也不相让，不知如何是好。田春来试图相劝："我说姑娘们，你们这是完全没搞清楚啊，是敌我矛盾，不是内部矛盾，矛头应该对准团委，不是对准我们内部队友啊！"

徐敏行气不过，说："她就是针对我！"

"针对你？你以为你是谁啊？还真把自己当团代表了！"阿黎毫不退让。

"你们再吵，我就冲到团委把他们打一顿！"陈振大吼一声。徐敏行赶紧拉住他："你可别冲动，亮哥说了要跟团委搞好关系！"陈振说："你们吵架都是那群混蛋的错！该打的就是他们！"阿黎一看陈振也怒了，马上顺杆下，说："是我不好，我刚刚气昏头了，对不起。"她只说对不起，并不对徐敏行说，眼睛也没看她。

远远看到祝好跑过来，伞都没打，一头钻到美琪伞下，美琪嘲笑她，"罚站结束了？"祝好不好意思地问："我今天是不是说错话了？"又跟陈振说："振哥，张莉姐一个人出去了，好像心情很不好，我想陪她，她叫我先回去，下雨呢，我看她朝河边走了，她会不会想不开啊？"徐敏行没好气地说："说啥子呢？你就是屁话多，迟早要惹祸！"

几人商议一下，不好跟去太多人，让陈振假装散步，跟着张莉。

47. 信不信我打得你妈都不认识你？

安置点下面就是奔腾的岷江支流，下了一整天大雨，水位暴涨，带来上游的垃圾，隐约可见家具，房梁漂浮其中。对面山上寸草不生，在雨水中时时倾泻下一片泥浆，江水更混浊了。沿江搭建的帐篷风雨飘摇，有顶帐篷一角已经吹起，再不加固就可能整个帐篷吹走，张莉下意识走过去拽绳索加固，忽然旁边伸出一双手，是陈振，接过张莉手上的绳索，拉紧，熟练地在大石块上打了个结。

两人沿着江岸往安置点走，张莉在路边捡了块小石头，攥在手里。

"你喜欢搜集石头？"

张莉说："有时觉得自己快没力气了，握着石头，那么坚硬，千万年不变，鼓励自己呢。"

陈振点点头，说："训练的时候很苦，苦得感觉撑不过去了，那时候就在心里念坚持，再坚持一下，再坚持一下就过去了，所以小水滴的口号跟我的理念很符合呢！"陈振说着，就冲滔滔江水大声念起来："我是一颗小水滴，我有一种精神叫作坚持！"张莉笑了。

走到坝子上，看到那六张桌子，张莉默默地立了一会儿，说："我们应该坚持下去！不然，我们自己都是在撒谎！"陈振不明白，看着张莉，张莉笑笑说，走吧。

还没到宿舍，就听到帐篷里吵得不可开交。又在吵！陈振感到一阵头皮发麻，女孩子多果然麻烦多！

传来祝好的声音："你就是不要脸！"

"你把话说清楚，我怎么就不要脸了？老子撕你的嘴！"欧欢在喊。

"抱着阿亮蹭啊蹭啊，你以为别人没看到啊？"祝好的声音，更彪悍，"还想灭口？信不信老子打得你妈都不认识你？！"

"哎呀妈！你不能小声点嘛，整个灾区都听到了，太影响我们组织形象了，人家以后还要教学生呢！"美琪看热闹不嫌事大地喊。

"你少夹枪带棒的，我不稀罕教学生！"

"欧阿姨，你误会了，我不是说你，我是为我们这群志愿者形象考虑，我们来这里可是为了做志愿者的，又不像某些人是打着志愿者的幌子来勾引男人的！"美琪毫不客气。

张莉本来要进帐篷，听到她们为这事吵架，又停下了，看看陈振，陈振跟帐篷起码保持了十米远的距离，张莉犹豫了一下，也退回来，掀开隔壁的帐篷，发现田春来跟刘旋蹲帐篷里，气沉丹田做闭关状。张莉小声问："你们咋不去劝一下？"刘旋冲张莉摇摇头，低声道："劝过了，太凶残了！"指了指田春来，田春来伸出胳膊，上面一道挠痕，新鲜热辣，看来案发不超过十分钟。田春来委屈地说："莉姐，我都被打了！这事对我以后的恋爱和婚姻都很有阴影！"

"你们一群人欺负我一个是吧？"欧欢尖着嗓子在叫。

"嘿，你不要脸我可没说你！"传来阿黎的声音："你要硬把我扯上，你马上就要挨打！"

"你动手试试看，不要以为灾区就没有法律了！"

"呵呵，法律？你再用手指着我试试？信不信我把你打成肉酱，明早做包子赈灾！"

真是一群"好汉"啊！几名男生在隔壁听得头皮一阵阵发麻。

不知谁踩到个脸盆的，哐当一声巨响，欧欢的哭叫陡然爆发，还好雨声也很大，不然安置点的老乡准以为这里发生凶杀案了！

陈振跑进来，跟刘旋和田春来如此这般布置一番，三人起身冲到隔壁帐篷，里面正处于斗争白热化的几个女汉子还没反应过来，被三人一人拽一个，脚不点地地拉出帐篷，分别朝三个方向一通狂奔。徐敏行她们猝不及防，眼睁睁地看着欧欢，美琪，祝好三人瞬间消失，世界终于清静了！

48. 肱二头肌就是说服力

自从希望之窗的招募公告四处传播，来报名的志愿者络绎不绝。除了要加入灾区教育工作的，还有医疗，路桥，基建……各行各业五花八门。也有自称什么都不会的，不清楚自己到底擅长啥，也要去灾区，坚决要去，不让去就生气！

这位来自东北，四十出头，自称老高，浓眉小眼，精光四射，特别能唠，砚台让他做下自我介绍，他竟然从他生下来是个早产儿唠起……

旁边沙发上还有其他报名的志愿者正在等着呢，砚台不得不打断他："您是干嘛的啊？"

"我来做志愿者啊！"

"我知道，我是问您来这之前是做什么的。"

"哦，螺丝铸造厂厂长。"递上烫金名片一张。据说螺丝生意很好，思谋着成功的企业家都要回报社会，于是就给自己放了个假来四川赈灾，但在成都待了一个星期还没找到组织接收。

"您说，您堂堂一个厂长亲自来做志愿者，实在是太……客气了。"砚台生生把浪费咽下去了，她其实很想叫他回去好好办厂赚多多的钱，捐点钱给帐篷学校比他亲自来做志愿者实际多了。

"不客气，不客气，这是应该的，是吧？你说，发生这么大的灾难，谁能坐视不管呢？作为一个中国人，一个爷们！"他没有拍胸脯，很意外，一般这个语气之下要捶胸的。

"说的……好！"岂止好，简直盛情难却，问："高厂长，请问擅长做什么？"

"我们主要生产山型卡、六角母，六楞母，多功能垫片，步步紧，穿墙螺丝、高强丝杆及配件。以现代的理念，精湛的技术、科学的管理，优质的产品，一流的服务……"

"不是的，高厂长，可能我没说清楚，我是想问您有什么擅长的可以教给孩子们，不是问您厂子生产什么。"这位高厂长大概是跑供销出身，说起来一套一套的全是卖螺丝的。

"我不会教书！"这句话他倒是答得干脆利落。

"那您会干什么？除了造螺丝。"

"嗨！我这人没啥文化，但你看我这体格，救个把人是没问题的，有受伤的老乡我也能扛，急了还能跑！"

"老高，您来晚了！现在是后赈灾时期，不用刨坑救人了。我们是为帐篷学校招募老师的，您看有什么可以教孩子，不限定要书本上的知识，只要现实中有用的知识都行。"

"我会做饭！我做的饭可好吃了，真的！不信我做一顿给你尝尝，你这有厨房么？有菜没有？我整两小菜，中午喝点酒，咱们边喝边唠……关于赈灾这个事情，我其实是很有想法的！"一边说，一边站起来东张西望找厨房。

"好好好，我信，不用证明了，除了做饭你还会干点别的吗？比如搭帐篷？"砚台想着，倒不是要教孩子，至少这家伙体格健硕是一把好劳力，帐篷学校肯定需要干基建的人。

"搭帐篷太容易了啊，我是户外运动专家啊有证的！"高厂长激动了，转身就去登山包里摸索，摸索半天掏出个腰包，腰包里再掏出个钱包，钱包里抽出一张卡，是某户外俱乐部的会员卡，朝砚台显摆了一下，得意的很："那玩意儿可不是吹的，我搭的帐篷可结实了，八级台风都吹不走，你知道为啥吗？"

砚台摇摇头。

他脸上忽然露出蒙娜丽莎的微笑："我会打水手结！"

"额……这样啊。"砚台不大确定他是不是幽默。

他一定是看到砚台脸上的表情很懵懂，又补充："对了，我还可以训练孩子们野外生存能力。"

"你训练那些羌族孩子野外生存能力？得了吧，他们就是野生的，不需要再训练了。"砚台摇摇头，"高厂长，你去别的组织试试吧，做基础援建的那些组织也有的，好多组织在红十字会门口招人的，你去那里看看？"

"不，我在那都找了一星期的活了。"高厂长有点气愤，说："那些组织太乱！不像干活的人。这么跟你说吧，我这人其实心态好得很，有活干活，没活干，就去路上捡石头扔下去，清理路障，为灾区能尽一份力就尽一份力，绝不藏着掖着！这么大的灾难，举国震惊啊！都是中国人，这时候还有啥话说？我们厂所有职工都为之心碎啊，尤其我厂女职工，哭得哇哇地，到灾区，我就是一颗螺丝钉，哪里需要哪里拧……"砚台不得不再次打断他："这样吧，我看你挺结实的，力气也有，如果你实在是这么热情，一定要去帐篷学校做志愿者的话，那你去帐篷学校做保安兼后勤吧！不愿意的话就算了，你另外找别的组织去。"

"后勤？"他瞪着砚台。

"嗯，你又不会教书，那只能贡献蛮力了。搭帐篷啊，挖排水沟啊，还有，当地环境挺复杂的，你长这么壮，如果有人捣乱，你就上前镇压，负责帐篷学校的安保工作好了。"

他紧皱眉头，沉默不语。

砚台说："老高，赈灾工作不分大小，实干才是硬道理，后勤不丢人！你如果愿意去，我就把那群年轻志愿者托付给你了，在外你是大哥，多顾着点下面的弟弟妹妹们，很多人还是第一次出远门呢！"

他想了想，说："有你这句话，不管怎么着，嗳，别的话也不多说，你走着瞧吧，我保证不让那帮志愿者受欺负。别的不说，我这人打起架来不吃亏！"老高朝砚台亮了一下肱二头肌，以示说服力。

砚台把阿亮电话给他，叮嘱一番，老高心神不定，起身冲门外张望了一下，说："那个，还有一位。"

"谁？跟你一起的吗？怎么不进来？"

老高有点不好意思："我侄子，嘿嘿，这次也把他带出来历练历练。"起身出去拎了个"杀马特"少年进来，一头爆炸兼狂风的发型罩在鼻梁上，看不到有没有眼睛。

"打网游，学也不上，我哥嫂给他气得吃不下饭，叫我给领出来了。"老高指指那个少年，还长叹一口气："都是家庭条件好给造的！哪像我们小时候啊，家庭越苦孩子越能成材！这不，想带他去灾区历练历练，看看人家农村那些孩子的生活，让他长点心！"

我们帐篷学校不是戒瘾所啊，这事整的！砚台暗叹一声，问那少年："你想去赈灾吗？"

"不想，是他强迫我来的，我是被绑架的！我压根不想做什么鸟志愿者！"那少年冲他叔怒吼，"高××，我要回家！"

"你这孩子，一方有难，八方相助，咱们都是中国人……"

"关我屁事！"老高痛心疾首，却被他侄子一句话打断。

"你这孩子怎么就不学好呢？你说你爸妈把你养大也不容易……"

"关你屁事！"

这家伙似乎对一切问题都能用"关你屁事"和"关我屁事"来回答，忽然感觉屁好忙……砚台看看老高，又看看小高，这叔侄两看起来都挺扯淡。老高放弃跟他侄子屁来屁往的沟通，将求助的眼神投向砚台："老师，你给说说？"

砚台很无奈，问："只喜欢打网游？"

"是啊！"小高梗着脖子像只斗鸡一样，小眼睛横视砚台："接下来你要问我为什么了吧？我告诉你，空虚，无聊，颓废，没有理想没有出息一无是处。然后你会跟我说现实谈前程对吧？现实关我屁事！我就喜欢网络，在网络世界可以想干什么就干什么，在现实社会我只有一件事情想干。"

砚台想，老子才没那个劲去开导你呢，但还是忍不住好奇，问："啥事？"

"杀人！"

"哦！去汶川还想这样干吗？"

"谁妨碍我，我就杀谁！"小高恶狠狠地道。

"那你还是回家继续打网游吧！"砚台诚恳地道，转头对老高说："这家伙想杀人勒！我们罩不住这种好汉，你们还是哪来回哪去吧，灾区又不是戒瘾所！咱们这是赈灾，瞎凑什么热闹啊？赶着大环境顺带着教育你家娃儿是吧？扯淡！"

那小高冲他叔喊："高××，把钱包、手机还给老子！"

老高腾地站起来，作势撸袖子："兔崽子，你信不信老子抽你？！"

"靠！打架出去打，表在我家闹事！"砚台从桌下捞起一根棒球棍狠狠敲在桌上，一声巨响，大小高都愣住了。沙发上还坐了一位农民大叔，也是来报名的，吓得腾地就站了起来。砚台冲他挥挥手："坐下，不关你的事。"狠狠地瞪着那对叔侄。

老高赶紧道歉，发誓自己能管住，管不住就马上带走，绝不给组织添麻烦："到汶川是找一个叫阿亮的领导是吧？行，我记住了，你忙！"指了指沙发上，不等砚台反对，说完就跑，砚台跟后面连追带喊："不行，我没有同意你们加入，去了也不会接收……"这叔侄两跑得脚后跟打屁股瞬间就没影儿了。

沙发上这位沉默寡言的大叔，五十来岁，叫陈水标，来自山西，看到报纸上山东农民带一袋大饼就进了灾区赈灾的英雄事迹，这大叔扔下锄头，也背了一包锅盔向灾区进发了。但这位老实巴交的农民的赈灾经历，不亚于一场惊心动魄的电影，他从抵达四川大地就被"卖猪仔"两次，还进入了传销的黑窝。他自称这一路"恓惶"的很。

他最初加入的是炳叔的队伍，炳叔地震初期曾在砚台这里落过脚，发表了一通从地球表面打个洞前往地核定期释放能量的高见之后就消失了，但他依然活跃在灾区，灾区永远都有他的传说。这次又听说了他要填平紫桴坝水库的狂想，鼓捣一群民工成立了个"愚公小组"，他认为这次大地震是因为紫桴坝水库的修建导致地壳受力不均，只要把这个水库填平就能有效地缓解余震。

砚台自诩也是颇有想象力的人士，但跟炳叔一比，她还是甘拜下风。

"老炳让我过来找你，说你路子广认识人多，能给推荐个做活的地方。刚听你们说帐篷学校，没文化插不上嘴也帮不上忙，要是做活可以，厂长能做的，我都能做。老辈的说当年打鬼子，川军在我们那块打得苦啊，冬天当兵的还穿草鞋！都是中国人，一人帮一把，难关就渡罢咧！俺一个农民，捐款捐不了多少，力气有，能给灾区做点事就行。"陈水标言辞恳切，带着农民特有的憨实。

"大叔，我们这里确实是招支教的老师，就算招后勤，也不得要许多人。你咋不跟炳叔他们干？"

他老老实实地说："老炳是好人，但那填水库的事不中，政府不给同意的，我们赈灾是给政府帮忙，不能给政府对着干。姑娘，你这边要是有需要干活的，我给你们干活？"

这大叔敦敦实实地坐在那儿，默默地巴望着砚台，砚台实在无法拒绝，但帐篷学校实在又没地方安置。两人就相互沉默着。大叔终于失望了，起身去提地上的蛇皮袋。

砚台于心不忍，问："大叔你吃过饭了没有？吃了饭再走吧。"

"不了，带了干粮呢。"陈水标点点头，"不麻烦了，去别处再寻寻。"蛇皮袋上还拴了两柄铲锄，真是带着家伙什来干活的。

"不，大叔，你等等。"砚台实在受不了他就这样走出门去，上前把他的蛇皮袋又拎回来。

给阿亮打了个电话，托他在汶川给陈大叔找活干。阿亮倒是很干脆，"让他过来吧，真想干活哪会找不到活干啊。"砚台把阿亮电话给了大叔，详细跟他说去汶川的路线，不要再坐那些私人的营运车，要去车站坐正规车。这一生都没出过远门的老农民，这次跨省来赈灾，所遭遇一系列状况完全超出他的现实经验。

砚台觉得这光怪陆离的大城市对他来说过于凶险，想想还是把他送到车站，买了车票交到手上，叮嘱又叮嘱："就坐这趟车，车号记住了，路上不要随便就跟人家走，你现在是有组织的人了，到汶川阿亮会接你，安顿你做事。有事打我电话，响两声挂掉，我给你打过去，电话费节省着用……"这一刻砚台倒像个家长，对着大叔碎碎念，"我们组织还有个山西人，叫张莉，你到汶川就有老乡了。"

49. 队伍越来越复杂了

把陈水标大叔送上去往灾区的车，顺便接了东北过来的志愿者石剑波。回到住处，发现门口又蹲了三个人，又是炳叔指过来的。就因为砚台请他喝了顿酒，他就觉得砚台这人颇仗义，不厌其烦地麻烦砚台，老是指人家过来砚台这里借宿落脚，这里都成他们组织的中转站了。炳叔手下基本是由农民、进城务工者、小摊贩等组成的志愿者队伍，年龄层还都偏高，真是不赈灾不知道，原来大叔大娘们也是有一腔热血的。话说回来，发现赈灾初期坚持到现在的，手下都有了一票人马，郫县的炳叔，汶川的娄校长，还有希望之窗。这么一想，还真有乱世出英雄之感嘞。

石剑波是东北那批志愿者队伍的队长，一共六人，两男四女，分两批行动，石剑波先带两名女生来灾区探路。另一队带队的姓牛，牛先锋，河北人，自称是航天科技的专家，"文革"后恢复高考的第一批大学生，现在已经退休了，要去灾区发挥余热。牛叔叔戴着巨大的黑塑料框眼镜，不知道是近视还是老花，脚上穿着褐色的老式包头塑料凉鞋，鞋带还用塑料皮胶接过，很朴素，人也很拘谨，说话字斟句酌，远不如旁边那位大姐奔放。四十出头，介绍自己姓花，花木兰的花，古有花木兰代父从军，今有花大姐代表河南人民来救灾，能文能武，文能洗衣做饭，武能种地挑担，只要能为灾区服务，干什么活都不挑。一番话说得嘎嘣脆，掷地有声。

还有一位，比较沉默，神情有些消沉，弓着腰坐在沙发上，双手压在大腿下面，眼睛盯牢脚前三尺左右的地盘，从进来还没说过话。花大姐说："这位大兄弟，是跟我们一起的。他的经历说来话长，但不能不说，我们对组织上不能隐瞒，对吧，大兄弟？"

那人点点头。

"你自己介绍？"花大姐问。

那人又点点头，沉默了一会，开始讲叙："孟铁柱，男，35，都江堰人，因土地拆迁纠纷失手打伤村干部，2001 年 3 月入监服刑，2008 年 6 月刑满获释。有水电安装施工技术，有电工证，愿为灾区服务，回报社会。"说完就不再吭声了。

"灾区都在忙着重建，你出来做志愿者，你家里怎么办？"砚台问。

"我家人都没得了。"仍旧是简短的一句。

砚台抬头看看花大姐，花大姐点点头，替他补充："地震时没有的，他自己没有见到面。"

"都江堰也是灾区，为什么不留在自己家乡做志愿者呢？"砚台问。

"不想在村里待。"

三人都是炳叔的队伍中退出来的，原因不得而知，而炳叔也不计嫌，积极为他们联络新的赈灾岗位。但砚台实在不想收，已经勉为其难地接收了陈水标大叔，再这么接收下去，不是办帐篷学校了，会成为各路流窜于灾区的散兵游勇集散地了，希望之窗接下来会成为一个什么样的组织真是很难控制。

但大家都一腔热情来赈灾，尤其那位刑满释放人员，砚台是真不敢伤他的心。不是嫌弃，是不知道他们去帐篷学校能干嘛。但怎么拒绝一时想不好说辞，都说拒绝也是一门艺术，她完全是这门艺术的门外汉。

石剑波一行是师范学院的学生，也是自发组成的志愿者队伍，只待暑假就亲赴灾区赈灾。他们为这次行动准备了很多：学习地震知识，学习应急医疗救护技能，学习灾后心理干预知识，包括体能训练，从地震后每天坚持跑十公里锻炼身体。原本有二十多人，但准备的时间太长，两个多月，许多人热情消退，到真正出发的时候，只剩下六名志愿者。石剑波作为队长，还给大家拉到了赈灾赞助，解决了行动经费和户外所需装备。就在这六名志愿者终于等到暑假，准备前往灾区大干一场，却发现根本找不到组织接收。在许多官方组织的网站上都提交过服务申请，均被拒绝。石剑波担心再拖延下去，剩下的几名队员也涣散了，决定带两名志愿者立即出发，直接找当地的志愿者组织，但在都江堰待了几天都没结果，后来在网上搜到希望之窗的招募公告，抱着试试看的想法联系上了砚台。

了解了他们漫长的准备过程，赵队长和花大姐都很感慨，这一代年轻人能有这样的意识，并且不冲动，能为行动做充足的准备，实在是难能可贵，国家建设就需要这样的年青人，有头脑有行动力，冲石剑波竖大拇指。砚台也很感动，有心接纳他们，但以前在沐水村发生过志愿者一整队抱团闹分裂的事件，她不得不跟石剑波要一个承诺："一旦加入就是希望之窗的队员，要服从安排。"

但石剑波有顾虑草根组织的安全没保障，希望他的那群志愿者他自己带，说："我可以约束队员服从希望之窗的领导，做好支教工作，但前提是我能保障队友的人身安全，不然我回去没法向学校交代。"

砚台坚持："不，加入希望之窗之后你不再是队长，你和你的队员都是希望之窗的一员。安全问题在电话里跟你说过，重灾区没有绝对安全的地方，暴雨、泥石流、余震，等等，一旦发生，官方组织和草根组织都一样，自然灾害不会因为是官方组织的就网开一面，在这点上老天倒是公平的。"

石剑波拒绝："我们是一起来的，不想分开。"

砚台心想，正因为如此我才有这么多顾虑，说："我们会在汶川办好几所帐篷学校，哪里缺人手就要去哪里服务，你们可能会因为岗位调动被分开，这不是针对你们，所有志愿者都是如此。我们去灾区做事情，首要原则应当是为事情服务，而不是让事情来迁就你们。"

石剑波不说话了。

砚台说："每个现成的组织都会有已经形成的规则，如果不想遵守别人的规则，那就单独行动，直接带你的队员去灾区，想支教就自己建帐篷学校，你想要自由，那就承担自由的责任！"

牛队长咳嗽了一声，表示要发言，说："我完全赞同！我这个队长也是临时带队的，加入希望之窗之后，我保证一切听从组织安排，毕竟你们在灾区时间长，有经验，给我们一个机会，让我们这群老家伙跟着你们年轻人去为灾区建功立业吧！"

砚台没肯定也没否定，说："一直在听你们介绍自己，现在我来介绍一下希望之窗这个组织吧。"将建立这个组织的想法和盘托出，包括中间经历的无数挫折，毫不隐瞒，也不夸张，坦荡交流。这个帐篷学校就像一个美好的游戏，游戏规则就是每个参与的人，必须将自己最优秀的能力加入到这场游戏中来，每一位加入的人都用最适合自己表达的方式，设置一门课程教给孩子，这门课程就像成年人送给孩子的一份成长的礼物。之前报名的志愿者在跟砚台交流之后，抵达成都之前，有一段充足的准备时间，准备好自己要教什么，如何教。因为这几位是临时审进来的，砚台把这个问题抛给他们自己。

赵队长对帐篷学校选择老师的方式很赞赏，但他也很苦恼，不知道自己要教什么。

石剑波说："这个我们准备去赈灾之前都已经思考过，我们是辽宁师范学院的，培养的就是教师，必修课就有儿童心理学和青少年心理学，我想大灾之后儿童可能会需要心理老师，我们几个师弟师妹都打算去做心理支援。"

"很好！"砚台点头，问："你们一共六个人，对吧？我们的问题是一所帐篷学校容不下六名心理老师！"

又开导石剑波："帐篷学校之间相距也不会很远，又不是跨省，何必非得在一所帐篷里呢？你们来灾区做事也不是为了聚会，做事更重要，还是你们在一起更重要？再说，放学后可以去隔壁村看你的师弟师妹呀。"

石剑波终于点头。砚台很较真，要让他说出来："你同意吗？"

"同意。"

"这算是一个承诺吗？"

"算。"

"好！"砚台伸出手："石剑波，欢迎你加入希望之窗！"石剑波做出决定之后也显得轻松了些，跟砚台握手，说："两名师妹还在都江堰等我的消息，我出去打个电话告诉她们。"

砚台看看花大姐，花大姐面上有些惭愧，主动说："姑娘，俺没啥文化，教书可能帮不上啥忙，能不能给志愿者们做后勤？有文化的去教书，俺给文化人服务，也算是服务灾区了，中不？"

"不，大姐，我们帐篷学校不拘泥于文化课，语文数学那些不教，因为我们不是正规学校的教师，不能打乱他们的教学。只要你有擅长的东西，对孩子们有用的都可以教。知识，并不仅仅语文数学那些。"

这下花大姐也陷入了拼命地思索。砚台看看孟铁柱，他一直没说话，但显然在听。孟铁柱见砚台望着他，他将脑袋转向一边，说："我没得啥子擅长的，大哥大姐他们去哪我就去哪。"

花大姐点点头："柱子，大姐不会扔下你！"有点担心地看看牛队，这队里就牛队是文化人，倒是担心他扔下自己。牛队没有留意到她的担心，在默默思索，不时蹦出个空气动力学什么词。问："我能给孩子们讲航天科技不？以前节假日的时候，学生来参观科技馆，我就负责过讲解，孩子们对这些还是蛮有兴趣的，当然，动手做个模型之类的，孩子们学习兴趣会更大。"

砚台也来劲了，问："牛叔叔，你会造飞机不？"

"知道飞机制造的原理，但一个人可造不出来。"牛队笑了。

"那你会造热气球不？"

"那个容易，有材料就能造出来。"

"那你给咱们帐篷学校造个热气球呗，这样我们能坐热气球去别的帐篷学校送物资，不用走山路了，山路危险的很。"砚台兴致勃勃："你一边教，一边造，寓教于乐，又付出行动，这课程肯定很棒！"

牛队胸有成竹："只要有材料就能造出来！"

"好，算你一份子，牛叔叔！材料再想办法呗，哪能一下子把所有的问题都想到都解决掉啊。"砚台热情地伸手跟牛叔叔握手，"欢迎你加入！"想想又不放心，直截了当地说："不过，我还没招过像你年纪那么大的志愿者，汶川那边的负责人都是小姑娘呢，你可别倚老卖老不服从工作安排啊！"

牛叔叔笑了，保证服从安排。

"牛队,我们咋办?"花大姐急了。

"不急,不急,再想想,这么大人教孩子还不是很轻松?"牛队踌躇满志。

"俺想不出来了,俺这人没啥文化,俺去灾区给你们做饭。"花大姐说。

"那哪行,一个人要发挥自己最大的价值,那样才有意义,做得有劲!"牛队显然沉浸在自己的喜悦中。

"不不不,都是为灾区服务,做饭挺好,对吧,姑娘?"花大姐看着砚台,很着急。

"大姐,你仔细想想,一个人哪里会没几手自己擅长的事情啊。"

"那,绣花?纳鞋底?算不?教学生们纳鞋底?不中!不中!"花大姐说着,自己也笑了起来,摇头否定。

"嘿,绣花行啊!那边羌族的女孩子个个都要学绣花的,她们叫羌绣,你绣得好不好?"砚台觉得有戏。

"咋就叫绣得好呢?得过县上的奖,登过报纸,算不?"

"应该算吧?"砚台说。

"俺还会剪纸,听说剪纸也是一门艺术咧,民间艺术,是吧?俺大姑婆就叫'民间艺术家',洋人都来给她照过相。"她说"民间艺术家"使用了很正宗的普通话,加强说服力。

"啊呀,我还会裁缝嘛,我做衣服功夫可好!我们做姑娘的时候,哪里有时装买呀,都是做的衣服,我专门学过裁缝,你看,这件衣服自己做的呢。"花大姐拉开提包,翻出一件衬衣,递给砚台。砚台接过衣服看了看,又递回去。花大姐有点气馁,说:"嗨,那也不能给学生们教这个啊,做啥梦啊,这辈子还能当老师了?算了,俺还是烧饭吧。"

又是个要做饭的,又不办食堂,哪用得了这么多厨子啊?"不,花大姐,你有这么多手艺,当然可以做老师!"砚台认真地说。

"真的?"花大姐急切地看着砚台。

"你可以做生活老师,教女孩子绣花,缝纫,还可以在帐篷学校里开剪纸课,这是传统手艺,想学都不知道上哪学呢,你会,就教给孩子们吧!"

"孩子们能愿意学?"

"多门手艺当然好，我都想跟你学呢！只要课程有趣，孩子们会爱学的，你可以跟帐篷学校的美术老师合作教课。"

"对了，剪纸作品还可以纳入帐篷学校的项目自循环计划。"砚台忽然脑子一亮，跟大家说："我们在做一个灾区儿童画笔计划，搜集帐篷学校孩子们的绘画，手工作品拿去做展览，义卖赚的钱又可以支撑帐篷学校的运营，叫自循环计划。这样我们就不用每一笔钱都伸手向别人募捐了，帐篷学校的孩子靠自己的作品赚钱来支持课业费用，这样对孩子来说也是很有意义的事情！"

"好，好！年轻人脑瓜子就是灵光！"牛叔叔连连鼓掌赞叹，花大姐容光焕发，一扫之前的犹疑和担心，忽然看到坐在一边的孟铁柱，耷拉着脑袋，不禁帮着问砚台："那我们兄弟？"

这人拒绝交流，自然很难启发他，砚台想了想，问："之前还有个叫陈水标的大叔，你们可认识？"

"认识，山西来的吧？在老炳那队里干活的。"

"嗯，他今天刚出发去汶川，我托那边的志愿者给他找活干，一个人也是找，两个人更好，孟铁柱跟你们一起去汶川吧，就在安置点找活干，虽然他不教孩子，但你们也不算分开。灾区百废俱兴，只要有心做事，总会找到事情做的。"

如此一来，皆大欢喜。花大姐感激不尽，拉着砚台的手摇了又摇，说："姑娘，你不仅能干，心眼也好！"砚台也不谦虚，得意一笑，说："如果找活干的人多，我们也可以额外成立个基建队，帮助灾区重建工作。"后来，她这个顺嘴一扯的想法竟然还真的成立了。

石剑波也回来了，得知大家都加入了希望之窗，有点意外，草根组织门槛真低啊，什么人都能进。

牛叔叔很开心，热情跟石剑波握手，说："以后我们就是同志了！这感觉让我想起当年，当知青下乡的情景，那时才十八九岁的年纪呢。年青人都到农村去，广阔天地大有作为。"说着还做了个豪迈的挥手姿势，抒情地："啊，青春！"

石剑波被大叔给逗笑了，说："大叔，我们现在就是新一代知识青年下乡活动啊，我们校辅导员就是这么说的，震后超过百万志愿者入川赈灾，大部分都是大学生呢！"

几个人商量了一下，决定坐车去都江堰，接上石剑波的队友，一起进汶川。

50. 请提供无犯罪记录证明

几天后，又一批志愿者如期抵达成都。大学老师柳安新，高中班主任谢思谦，幼教老师刘巧红，新闻记者陈松芒，外企高管冯丽军，海军上尉张若芳，加上客家姑娘林小月和重庆小伙子景天，这两人年纪小一点，其他志愿者年纪都三十岁以上，是作为各帐篷学校负责人储备的。

还有两名志愿者在路上，砚台让大家先聊聊天，熟悉一下，等人到齐了再开会。正聊着，又来了两女孩，暑假闲着没事干，抱着试试看的态度来报名。

两人像个提问机，问题多多。

"过去了住哪呢？要自己带帐篷吗？"

"自己带更好，能有私人空间。我们提供的是大型赈灾帐篷，合住的。"

"吃饭怎么吃？"

"志愿者轮流做后勤，伙食费平摊。"

对方马上说："我不会做饭。"

"不会做饭学学就会了，不难。"

"能不能这样，不会做饭的志愿者可以多出一份伙食费做补偿？这样就公平了。"其中一女孩跟砚台商量。

"你干脆雇个人替你去做志愿者得了。"海军上尉张若芳忍不住插话，她军人出身，最看不惯人犯公主病。

女孩不好意思地笑了，又问："那灾区能洗澡吗？"

"应该能吧，难道地震两个月汶川老乡都不洗澡的？"砚台疑惑地反问，大家都笑了起来。

"你们组织里能洗澡吗？"

"我们没办澡堂子，洗澡属于私人问题，自行解决。"

正说着，那两名志愿者赶到了，回族姑娘马友兰和湘西的苗族小伙子张济邦。砚台不等这两姑娘继续提问，赶紧说："灾区不适合你们，赶紧回去吧，我们要开会了，好了，不送。"把两姑娘连哄带推送出门外。

刚坐下跟大家开会，马友兰就急匆匆地问："你们这组织合法吗？有相关证明文件吗？我要看一下。"

砚台有点惊讶，报名时就告诉她是草根组织，说："没有，草根组织都没有证的，中国没开放民间公益组织的注册手续，只有隶属政府的慈善机构有证。"

"为什么不给你们注册？"

砚台说："我不知道，这要咨询一个神秘的部门。"

"什么部门？"

"有关部门。"砚台一本正经，大家忍不住乐了，气氛松弛了一点。

冯丽军说："并非所有的事都要个证才叫合法，有着合法身份干不合法勾当的组织也不少。小姑娘，有证不说明个啥。"

但马友兰还是不放心，追问砚台："如果我加入了，你们怎么保障我的人身安全呢？万一出事了咋办？"

"这个问题问得好！本来就要在开会时跟大家讲的。"砚台先叫了一声记者陈松芒，让他做会议记录，然后才对大家说："我现在说的话都可做呈堂证供，灾区确实有危险，加入须慎重，我无法保障任何人的安全。我和你们一样，都是自愿来灾区做志愿者，也是第一次做志愿者。我只是起步早，能为后来者提供帮助，但不会因此反而承担更多责任，说实话，我付不起这个责任。如果我在灾区不幸遇难，我想国家不会颁发英雄奖章给我，也不会有抚恤金和丧葬费。你们也一样，都是非正式志愿者，每个人都应该为自己的选择负责，不能指望别人给你一个安全感，这东西很珍贵，我自己也缺！在灾区，没任何人能保障你绝对安全，建议大家去之前购买意外险。"

砚台将登记表抽一份出来，念："我自愿参加希望之窗5·12儿童关护志愿者组织开展的支教志愿活动，自觉遵守中国法律、法规，遵守希望之窗工作准则，尊重当地风俗习惯，服从组织统一安排。我将积极参加支教工作，牢记使命，尽己所能，为帮助他人和服务社会而努力。我在此申明，在志愿者工作中能够做到生活自理，家人知情，风险自担。"

大家都表示来报名之前已经看过了，心里有数。冯丽军也劝马友兰："砚台肯定保障不了这么一大群人的安全，我们在汶川她在成都，她怎么保护我们？而且真遇到极端情况，谁也保护不了谁，来做志愿者之前，这些问题都要考虑清楚，当然，现在要退出也来得及。"

砚台说："我们现在做的工作相当于一个桥梁，我在后方筹集物资，阿亮在前方开拓，搭好帐篷学校让大家安心支教。当然，要是嫌我们这个草根组织没证，可以试试去红十字会之类的机构去报名，他们有证。"

"我报过名了，不收！"这姑娘倒是很实在，嘟哝道："你们这个组织会不会是骗子？"

砚台有点不高兴，反问："你觉得你有啥值得我骗的？"

"我同学说有些传销组织也在打着赈灾的幌子招志愿者，实际是拉进去做传销。"马友兰特严肃，眼睛紧紧盯着砚台，似乎要在她脸上看出什么破绽。她绝对不是开玩笑，大家都看出来了。

张若芳忍不住了，说："听你这话，怎么感觉我们这么多人杵在这里不是傻子就是托儿一样！"

马友兰不理她，继续追着砚台："就算不是，你怎么证明呢？"

"证明啥？证明我不是个骗子？我绝不会为你的不信任做任何努力！从一进来，你每一个问题都带着恶意的猜测，像你这样的人，想加入我还不要你呢！"砚台火了，冲她指了指门外，"不送！"

不理她了，跟大家对课程安排，发现这群志愿者里，课程准备最精细最到位的竟然是年龄最小的景天，十七岁，不由得刮目相看。其他几个年龄大点的志愿者，课程准备的不充分，倒是对学校怎么办有很多看法，包括"中国的教育"这么大的话题，各有观点。还没去灾区，他们之间就在会上各持己见，争论不休。这让砚台有点担心，主张多有时并不是好事，怀疑张莉能不能带好这批志愿者。事实证明她的担心是完全有必要的，这批志愿者到汶川后掀起有史以来最大的一场纷争。

对完课程，砚台指定冯丽军做这批志愿者的协调人，让景天做队长带队。大家对前者没什么异议，因为冯丽军年长，人很沉稳，能力也突出。后者就让他们有些不解了，怎么会选最小的来带队呢？

让景天做队长，其实有景天自己都不知道的原因。景天的母亲跟砚台在电话里长谈过几次，既担心儿子的安全，又希望儿子能做志愿者锻炼锻炼，纠结万分。本来砚台不想招这么麻烦的志愿者，但他妈妈说自己一个人把景天带大，过于保护，加上从小缺乏父爱，成长中缺乏成年男性的榜样，景天性格有点弱，明年要出国读书，再怎么不放心到时候也要放手，所以想趁这个机会先让景天历练一下。这么一说，砚台才理解。让景天做队长，是因为在这群人当中，景天最需要这样的机会。另一方面，这批志愿者都是已经在社会上工作的了，没有队长他们也能到汶川。

砚台问景天："你能带好队吗？"

景天坚定地说："我竭尽全力！"

"好，那你要把人和物资都平安带到汶川！"

"保证完成任务！"小伙子很精神地回道。

眼看大家要整装待发了，马友兰又忍不住跟砚台说："我也想去！"

砚台不理她。她又说："我刚在网上查了希望之窗，是真有这个组织，还有学生上课的照片。"砚台问："是不是新浪博客，博主叫砚小台？"马友兰瞪着眼睛，砚台说："那就我写的，这你就相信了？太单纯了吧？骗子如果要骗人的话，肯定要做做广告之类的啊。"

"我相信你们是真的办帐篷学校了，我也想参加。"马友兰不好意思地说。

"那你去问下队长带不带你。"砚台将景天叫过来，跟他说："既然选你做队长，你的队员你来决定，收不收，你自己判断。"

景天跟她谈了好一会，过来说愿意带上她。

结果马友兰又出新花招，她要这个组织负责人的身份证复印件，传真给她家人和学校老师。

砚台这下是真生气了，说："张莉和阿亮都在汶川山里，没可能出山去复印身份证给你传过来，不会这样做，也没这个条件，出一趟山很危险，出来也不一定能找到传真机给你发传真。我这里是有条件，但我没有义务把我的身份证给你家人备案。要知道，按你的逻辑，你应该先提供无犯罪记录证明给我呢！姑娘，你赶紧走吧，别碍我的事，好吗？你再啰唆就是存心来找茬的了，别怪我对你不客气！"

马友兰涨红了脸，在一边不吭声，也不走。大家自顾忙着领物资，核对清单，忙的热火朝天，没人理她。过了会，砚台看她心气差不多没了，过去跟她说："每个到汶川的志愿者都要到当地团委登记，登记之后会拿到一个赈灾身份的证明，这算是有证了，你可以想办法传真给你家里人看。"

"那如果我过去你们的人不带我去登记怎么办？"

"放心吧！这一路去汶川不少关卡都要登记志愿者身份，你不想登记都不行。"话锋一转，"你知道为什么吗？"

她摇摇头。

砚台说："之前有些赈灾志愿者没登记身份，出事后不知是谁，给认尸带来了很大的麻烦！"她眼睛忽地瞪得溜圆，瞳孔都扩张了，砚台忍不住哈哈大笑，总算出了口气，拍拍她："别那么紧张，没那么危险的，要去就赶紧交钱给队长，马上要去买票了。"马友兰没说话，默默掏出钱包。

砚台又跟大家说："汶川那边吃饭每人每天大约十块钱伙食费，大家轮流做后勤，伙食费三天一交，记住，不要多交，万一有人携款潜逃不至于损失太大！"想想又问："饭大家都会做吧？"见几个男志愿者面露窘色，砚台安慰他们："不会做也没关系，赈灾回来肯定都是烹饪高手，别以为自己是男的就不用做值日哈，男女平等从做饭开始！"

送大家去坐车，等车时，砚台忽然想起希望之窗好歹算个人马众多的组织了，竟然还没个成文的组织规则。喊他们等等，把香烟盒里的锡纸扯出来伏站牌上写了几条，分守纪、坚持、律己、宽人、勤勉、恭敬、俭朴、谨慎八个方面，叫希望之窗志愿者工作守则。匆忙写就，字迹很潦草，以至于各帐篷学校传抄时版本都不一样。

51. 到底是情不可却还是情不自禁？

安置点都是用柴火炉子，阿亮依样也给帐篷学校准备了一套。阿黎不会弄，柴禾又湿，烟雾大得把安置点老乡都引过来了，以为着火了，结果看到一头大妞被烟熏得眉眼不分，眼泪哗哗。阿黎在砚台跟前吹牛，说自己做饭手艺多么多么好，其实根本不会做饭。七手八脚搞了半个多钟头，实在受不了饥肠辘辘的志愿者们一次又一次地探头殷勤询问："行不行啊？"阿黎决定大放血，自掏腰包请大家去安置点马路对面的小饭馆解决晚饭。小饭馆只提供一种食品，面条，只提供一种面条，叫方便面。祝好絮絮叨叨，已经很多年没吃过方便面了，一般只吃高贵冷艳的鸡蛋煮挂面……

吃完饭，大家趁着安置点八点到十点的电力提供，批改孩子们的日记。

徐敏行边看日记边挠痒痒，忽然想起什么，说："好像我们来这里都忘了一件事。"大家望着她，等她下文。"忘了洗澡这件事！"徐敏行皱着眉头。

大家扑嗤一笑，忽然都转过头探究地看着张莉。

张莉很不自在："看我干啥？"美琪直截了当，问："张莉姐，你来汶川后洗过澡没有？""咋这样问呢，你在改哪一组日记？"张莉边说边探头去看旁边祝好的本子，企图将话题引开。祝好啪地将日记扣上，说："我要洗澡！我受不了了，今天振哥拉我们做体能训练，浑身又是汗又是泥，还摔了一跤，安置点泥浆多厚啊，我粘在地上爬都爬不起来。"边说边哀怨地看了陈振一眼，陈振憨憨一笑。

听听外面还在下大雨，阿黎出了个主意："我们去淋雨洗澡吧！""啊？被老乡看见咋办？"张莉脸都红了，但禁不住大家怂恿。

几名女生躲在两顶帐篷之间的夹缝中，又紧张又刺激，站在瓢泼大雨中洗了来汶川的第一个澡，颇具灾区风情，远远还能听到山体塌坡的隆隆声，终身难忘。

三名男生背对女生，分守三方站岗，异常严肃。

晚上十点多阿亮才从汶川接人回来，石剑波一行三人，牛叔叔一队加上陈水标,一共七人。

大家已经睡了,又爬起来,迎接新志愿者。电力供应已经结束,四处一片漆黑,田春来摸出一支蜡烛点亮,陈振在背包里翻了半天,找出几支皱巴巴的口香糖,分给大家聊表心意。帐篷里可谓家徒四壁,啥都没有。大家相互做自我介绍,帐篷里挤得密不透风,一顶救灾帐篷 12 个平方,挤了 18 个人,闷热不堪,所有的物件潮湿滴水。外面又风雨交加,无驻足之地。

陈水标大叔先到汶川,等了一天,跟牛叔叔和石剑波他们在汶川会合才一起过来。牛叔叔又说这情形让他想起年轻的时候插队到云南,住草棚子,时而大雨时而艳阳暴晒,一伙年轻人青春热血啊,拿苦当饭吃,现在想来都令人怀念!等你们到我这把年纪,想起当年在汶川赈灾的经历,肯定也很怀念吧!

花大姐也说到灾区才知道灾区老乡生活过的苦,这日子都回到建国初期了。陈水标打算明天去山上砍些茅草杂树来给大家搭个新棚子住,跟大家说:"有大叔在,怎么着也得把条件改善了!你们这些城里娃娃哪里吃过这种苦啊,你们爸妈知道你们在灾区这么艰苦,心疼碎咧!"谁也没告诉他,这山上,根本就没有草木了,全被泥石流塌方给盖住了。

相比牛叔叔这一队老志愿者的乐观,石剑波三人有些心理落差,虽然准备了两个月才到灾区,但真到了这个 12 平方帐篷里歇下脚来,都沉默的很。女友小雨和同学杜娟紧紧跟在他身边,眼神凄惶不安。

草草寒暄一阵,就直接进入今晚的主题,如何住宿,床不够,又逢下雨天,地上全是泥浆,没法打地铺。阿亮提议分上半夜下半夜两班轮着睡。牛叔叔这边几个也小声商议了一番,说:"我们这些老家伙就不睡了,反正瞌睡少,年轻人少睡一晚几天都补不回来,明天他们还要给娃娃们上课,耽误不得。"陈水标大叔更是说自己等他们的时候都睡足了,现在一点都不瞌睡。父辈那一代人总是替人考虑的多,阿亮很感激。忽然想起帐篷学校还有些桌子,男生带上铺盖去把课桌拼起来睡,如此勉强解决住宿问题。

第二天,雨过天晴。阿亮将陈水标和孟铁柱引荐给驻扎在安置点的援建单位,很欢迎,包吃包住还有工资,不过二人坚持不要,申明自己是做志愿者的。牛叔叔跟着新来的志愿者一起端坐帐篷学校后排接受培训，笑言重做小学生。花大姐目睹了志愿者做饭的作孽相，主动提出先干后勤，给娃娃们做饭。她对志愿者和帐篷学校的孩子一律统称娃娃。

把大家安顿好，阿亮又赶去汶川一趟，购买生活用品，一下来了这么多志愿者，碗筷都不够用。欧欢逃避张莉的培训，跟着阿亮寸步不离。明天又有新志愿者要到，地方不够住，阿亮忙得焦头烂额，希望欧欢回成都，欧欢却缠着要阿亮送。阿亮又怕自己不在帐篷学校时，几个女孩子再闹起来，出于维稳把欧欢带在身边，但这个举动却进一步加深了欧欢和队员们的隔阂，包括她和张莉之间。

志愿者吃饭都是交伙食费给值日的去采购，但这些志愿者平时在家里花钱大手大脚惯了，不会计划着花，每每不够。现在有专人做后勤，大家商议提高生活费，花大姐却胸有成竹，保证大家都能吃饱。

傍晚放学，花大姐已经把饭做好了，帐篷里也收拾得井井有条，被褥都抱出来晒过。还拣了块木板用废砖头给垒了个吃饭的矮桌，宿舍里也各垒了个小台子，给大家放东西，虽然依然简陋，但略像个正式过日子的样子了。有人持家果然不一样，大家都很开心。

陈水标大叔和孟铁柱也收工了，在单位吃过饭来串门。才一天没见，感觉好像很久一样，大家热情招呼着，花大姐问长问短，活重不重？能吃饱不？

“吃得饱，伙食好着呢。”陈水标大叔一边回答，一边从袋里拿出两个饭盒，打开放在志愿者们的饭桌上。祝好眼尖，“哇塞，有肉！”美琪说：“回锅肉！”两人笑得花枝招展。两人的馋相惹得陈大叔又是笑又是爱怜：“看给娃娃们苦的！”

后来才知道这肉菜是陈大叔跟孟铁柱从自己嘴里省下来的。

孟铁柱还扛了些旧木头和篷布过来。花大姐有点紧张，“柱子，这些是哪里来的？我们可不能拿灾区的东西！”孟铁柱擦着汗，憨笑。陈大叔赶忙解释：“是我们队长给的，晓得志愿者们不够住这个情况，给些物资让搭个棚子。”大家一阵欢呼，陈大叔也很高兴，说：“大叔说咧，给咱们生活条件改善一下，哪晓得这山上都没个草木，特地跟队长申请下来的，大叔卖老脸咧。"

张莉过来自我介绍，山西运城的，砚台说大叔也是咱山西老乡。

"砚台是说有山西老乡咧，昨天，天黑黑没认识下，还想着哪个是我们山西女娃咧。"陈水标大叔乐呵呵地说："还是领导咧！"张莉不好意思，笑着说："大叔，你们来了，就是我们长辈了，哪有啥领导咧。"

趁着天光还亮，孟铁柱跟大叔开始动手搭棚子，男生也飞快吃完饭去帮忙。女生帮忙收拾碗筷，将坝子上晾晒的衣服被褥收回来，大家忙忙碌碌，洋溢着祥和充实的氛围。有年长的人在这里，感觉像有主心骨一样，心里很踏实。

还剩几根木头，孟铁柱又去扛了些草席葭竹过来，搭了个四面围合露天的棚子。祝好好奇地问："这是干啥的？"美琪钻进去望望，说："看星星的？"孟铁柱笑笑，说："给你们搭的洗澡棚子。"

"哇塞！柱子哥你好伟大啊！这样都可以！"两人又笑又跳，跑出去一喊，大家都来围观洗澡棚子，尤其是女孩子，简直感激涕零："柱子哥你太好了！柱子哥你太牛了！太崇拜你了！"热烈的表扬此起彼伏。孟铁柱很窘，这么多女孩子围着他又喊又叫，他眼神都没地方放，憨厚地笑着，笑得很吃力。

花大姐拎了桶热水过来，知道孟铁柱性子内向，挥手赶小鸡一样把大家驱散了："趁天还亮，大家赶紧去给学生改作业，大姐给你们把水烧上，一个个来，最小的丫头先过来洗澡，数你喊的凶。"祝好得意非凡，冲大家做了个剪刀手，倍觉自己受宠。

安置点电力有限，只有部分帐篷通电，教室帐篷、村干部帐篷和军人帐篷有电。其余电力只提供路灯照明，但这边宿舍位置很偏，路灯也照不到，大家就着天光赶紧批改当天的日记，改完日记天就黑完了。每天还要记工作日记，服务期结束后要提交，几个志愿者就跑远处路灯下记日记，光线也很差，牛叔叔担心大家眼睛用坏，很想给大家接一盏电灯过来，但没有电线，跟孟铁柱商量明天问队长再要点电线过来，孟铁柱在那边做电工。

　　按照张莉跟大家的约定，每天晚上开个会，将白天的事情聊一聊，以作改进。陈大叔自忖不算帐篷学校的一分子，就提议他们先回去，不影响大家工作。张莉邀请他们列席，诚恳地说："有长辈在，也帮我们拿拿主意，我们有做的不对的，长辈可以给我们指出来。"大家纷纷挽留，陈大叔才又拉着孟铁柱坐下来。

　　今天所有的日记都在谈桌子事件。张莉跟新来的志愿者大致说了下团委借桌子的经过。桌子今天依然没有还，志愿者今天都在帐篷学校，目睹了孩子们的气愤，当然，他们自己也很气愤。下午彩排活动已经结束了，张莉派了四名学生代表去提醒团委还桌子，对方却说谁借的就问谁要，这事跟他们无关。但那俩借桌子的女志愿者办完活动就回县里去了。

　　张莉问大家对这个事情怎么看。祝好和美琪是一贯不怕事大，两人都认为要给团委一点颜色看看，我们不能就这么被动地等。刘旋和陈振也这么认为，有借有还，天经地义，借是以团委的名义借的，现在要他们还却推到个人名义上去，说白了就是对我们帐篷学校有意见，故意刁难，我们不能太软弱。阿黎和唐甜保持中立，如果起冲突她们就撸袖子上，如果和平解决她们也没意见。

　　张莉询问地看看徐敏行。徐敏行一向比较理智，考虑也周密。徐敏行认为团委下面的人有过错，但上面的领导不一定知道，是不是跟团委的领导报告一下。牛叔叔这群年长的志愿者也同意徐敏行的意见，团委的干部也是为群众服务的，下面的人有些官僚主义，上面的领导不一定同流合污。花大姐也赞同牛叔叔，不要斗气，事情要好好解决，可不敢跟政府闹！

　　田春来忽然问："你们觉得黎书记是个明事理的人吗？"

　　一言问得大家都沉默了。

　　石剑波一直没说话，这时却发声了："无论如何都不能跟团委起冲突，这个压根不用争论。如果明天不还桌子，我们打声招呼，自己搬回来就得了，毕竟我们是外来赈灾的，多一事不如少一事。带队的尤其要避免自己一时意气，把队员带到危险的境地。"

　　张莉听着觉得刺耳，说："我们每天跟孩子讲，叔叔阿姨就是帐篷学校的家长，有什么事情叔叔阿姨会保护你们，现在是孩子有理，我们却想敷衍了事，以后我们有什么信义在孩子面前立足？讨论这么多，都是在为团委考虑，为志愿者设想，究竟有没有体谅孩子的心情？"

安置点又是垃圾堆又是臭水沟，天一黑，蚊子就跟捅了马蜂窝一样，轰轰地袭击人。张莉的问题飘在空中，只剩下打蚊子的声音。

阿黎拿了截黑乎乎的东西，在上风头点燃，一阵阵细细的烟冒出来，气味清香，说这是她们家自制的蚊香，纯植物的，于人体无害。张莉惊讶道："阿黎真是随身有百宝箱呢！"阿黎一高兴就说："其实我还有更好的东西，只是带的不多，既然领导表扬，我就献出来吧。"掏出个香囊拆开，将里面的东西倒出来。唐甜也有一个，见状也把自己的香囊拆开，合在一起分成许多小份，用纸包上分赠大家。阿黎说：这里面都是草药，有金银花、紫苏、艾叶、丁香、藿香、陈皮、薄荷……合在一起能清热解毒，驱除蚊虫。

被阿黎这么一搅和，冲破了沉默，大家纷纷惊赞这就是传统文化留下来的好东西。祝好佩服得五体投地，正式喊阿黎作黎大夫。小雨和杜娟初识阿黎的本事，又惊又喜，没想到帐篷学校还有这样的神人。

阿亮忽然回来了，说："嘿，在分啥好东西呢？"阿黎赶紧递他一包，说："五虫净，驱蚊虫的，给你留着呢。"没给欧欢，欧欢不屑地撇了撇嘴，阿亮见状就把自己的给欧欢，笑言："我一男的皮糙肉厚没关系，给女孩子吧。"阿黎讥讽道："有的人皮厚着呢，不用香包蚊子也叮不透！"这家伙说话简直要人命，本来欧欢也没打算要，被这么一说面子上挂不住，往地上一扔，说："你晚上吃了啥嘴巴这么臭？要不是亮哥给我，我接都懒得接。"她多少也有点顾忌阿黎，马上退到阿亮身后。

花大姐赶紧打圆场，捡起来，说："哎呀，都少说两句！好东西呢，可不敢糟蹋了。"捡起来吹吹尘土，递给欧欢。欧欢接过来，用力扔到更远处。大姐望望她，非常尴尬，几乎一瞬间，阿黎冲上去一把揪住欧欢，吼："给老子捡回来！给大姐道歉！"欧欢使劲往后挣，哪里是阿黎的对手，被阿黎跟扯布娃娃一样往那边拖。阿亮喝道："嘿，别动手，都别动手！"花大姐也拉阿黎，喊："阿黎，阿黎，可不敢打架！"

"阿黎，坐回去！"一声严厉的指令，是张莉。

阿黎不甘心地搡了欧欢一把。欧欢还要扑过来，被阿亮给拉回去了。

"欧欢，你今天去哪了？为什么没来接受培训？"张莉语气严厉。

"我跟亮哥去县里办事了。"欧欢避重就轻。

"为什么不向我请假？"张莉继续追问。

"为啥要跟你请假？亮哥都没我说什么！"欧欢很不屑。

"张莉，是这样的，欧欢今天跟我去了一趟汶川，帮忙采购物资，没来得及跟你说一声，早上看你在上课就没打扰你，这事怪我。"阿亮赶紧解释。

张莉早就不满阿亮老是维护欧欢，质问："我们怎么分工的你究竟还记不记得？"

"你负责志愿者培训和教学，我负责帐篷学校开拓。"阿亮回得极快。

"那你为啥干涉帐篷学校的培训？大家都在接受培训，为什么欧欢就能搞特殊化？你带走志愿者为什么不跟我说一声？如果觉得我做的不好，你可以开除我！"

"不，张莉，你做的很好，是我做的不好！"阿亮认错也认得很快，一心想平息事态。

"那请你做好自己，做好自己的事，教孩子们的校训请你自己也做到！不要讲一套做一套！"张莉语气冷硬，每个字都像石头一样砸出去。

大家看张莉向阿亮发难，立马都识时务地闭嘴了。花大姐还想打圆场，被美琪用胳膊拐了一下，也闭嘴了。阿亮讷讷无言，不好说是出于维稳才把欧欢带在身边，而且他也确实利用了欧欢去办事。他去团委申请帐篷申请不下来，欧欢跟撑伞哥一撒娇立马就搞定两顶帐篷，这样明天新志愿者到，住的地方就解决了，有些事情能做不能说。

张莉在这么多人面前把他说得无招架之力，大家也都替他感到尴尬，花大姐忽然像想起什么："哎呀，水烧好了，还有哪个丫头没洗澡赶紧去洗，都别杵在这里，做好自己做好自己的事！"徐敏行赶紧说，哎呀，轮到我了，起身跑了。陈大叔也趁机起身，说检查下新搭的棚子，孟铁柱立马跟上。

阿亮诚恳地说："张莉，对不起，是我做错了，欧欢明天正常接受培训，我不再插手帐篷学校的教学事务。"

"我不接受她的培训！芝麻绿豆屁大的官，还真来劲呢，大不了，我退出你们希望之窗！"欧欢半天不说话，见他们说到最后，她还要去培训，顿时就炸了，"从一开始你们都歧视我，成都那个女的也一副高高在上的样子，好稀罕嘛？不就是个草根组织吗？搞得跟建国一样！何大哥说了几次叫我去团委工作，要不是看着亮哥的面子，我根本不得跟你们混一道！"

"行！欧欢！你要是看不上我们草根组织你就离开吧，不用看我的面子。"阿亮声音里透着极度的疲惫。

欧欢背了包就要走。阿亮顿时紧张，拦住她，说好话安抚。欧欢哭哭啼啼，一甩手又又又……跑了。

事情又搞成这个样子，阿亮很疲惫，看着张莉，说："欧欢只是爱发发小脾气，娇气了点，心地并不坏，大家一起做志愿者就不能包容一点吗？"指了指扛回来的帐篷，说："这帐篷还是欧欢帮大家申请下来的，不然第二批志愿者到了没地方住，不要老是盯着人的缺点。"

先来的一批志愿者跟欧欢是"积怨已深"懒得说什么，石剑波那批新来的不了解状况，不好说什么。张莉坐在黑暗中也是一言不发。阿亮叹了口气，又又又……去追欧欢了。

"哎呀妈，这剧情好琼瑶哇！一个哭哭哭，一个追追追！"估计着阿亮听不到了，美琪才叹了一声。

"她怎么那么多眼泪啊，是把尿都抽上来支援泪腺了吗？她觉得阿亮是胖大海吗？"祝好一本正经地叹道。阿黎不解，美琪说："她是想用眼泪把阿亮同志泡软啊！"众人忍不住大笑。

"嗨，几个丫头别火上浇油了，你们都不拦，阿亮也不去拦，咋办？这大晚上的，又在灾区，可不敢乱跑！"花大姐说。牛叔叔起身，"要不，我也帮着劝劝？""你甭去，年轻人的事情让他们自己解决。"花大姐一副过来人的语气。

"那亮哥到底是情不可却还是情不自禁？"阿黎一本正经作探索状。

张莉起身走开了。

52. 一句道歉就有那么重要！

安置点有五条间隔道，张莉一条条走过去。帐篷前拉了许多绳子，帐篷空间有限，只要不落雨，衣服都挂在外面，做临时衣柜之用，夜里看过去，好像挂着许多残肢败体的人。每户帐篷前都堆了许多杂物，废砖头，旧木板，碎车皮，废墟里刨出来的破家具……为了节约电力，路灯的瓦数都很低，发出黯淡的光晕，像一朵朵昏黄的云，飘在头顶，笼罩着这临时的人世，夜色荒芜，有乱世之感，一切都草草凌乱，没有长久之物，却又相互侵夺不息。张莉一个人在安置点走来走去，期盼着什么，却又害怕看到什么，像个迷途的小姑娘，有点委屈，亦有不甘。

"为何来到了这里？"心里有个声音在问自己，有时自己也感到惊讶，怎么一路走到了这里。从山西到成都再到沐水村，又到了汶川，感觉力气一点点地用光了，虚弱起来。

路灯忽然灭了，十点了，电力供应结束。张莉愣了一下，回身慢慢往宿舍走，想起晚上看到的日记："张阿姨，为什么团委的叔叔可以不讲道理？却没有人批评到他们。他们借了东西不按时归还，还态度那么撇，我不服气！我要做一颗优秀的小水滴，可是我也不想受欺负。"张莉暗暗咬牙，明天，明天要想办法解决桌子的事情，与孩子们刚刚建立的信任比什么都重要。如果是成年人之间发生这样的事，宽容一下就过去了，但孩子不一样，如果敷衍了事，孩子会认为这些叔叔阿姨保护不了他们，会产生不信任感。张莉手揣在口袋里，紧紧地攥住一颗小石头，要坚强，要坚持。

新一批志愿者十人已经在路上。早上阿亮召集大家开了个会，说了两件事：一是欧欢已经正式脱离希望之窗组织，跟撑伞哥从政去了，在汶川团委服务。二是要带几名志愿者去草坡办帐篷学校，大家不能都挤在绵篪这里，他先带三名志愿者过去把帐篷学校办起来，再回来接新志愿者去草坡乡支援。准备先带徐敏行、美琪，刘旋三人去草坡开拓。砚台专门给他打过电话，推荐徐敏行，可以考虑让她单独带一所帐篷学校。经过这几天观察也发现这姑娘性格沉稳，做事踏实。刘旋话少，人很老实，徐敏行第一次带队伍，特意给她挑个老实的队友。

美琪和祝好本来听到欧欢脱离希望之窗还挺开心的，一听说她们要分开，立马不嗨皮了，又是撒娇又是发狠，要么一起去草坡乡，要么一起留绵箐。两人保证不再给阿亮叔叔添堵，阿亮不为所动。又央求张莉说好话，张莉一句话就给她们挡回去了："一切为了孩子，个人感情不是理由，要服从工作安排。"

祝好很伤心，觉得自己完全是因为欧欢才得罪了阿亮，张莉竟然一点都不维护她。两人平时一唱一和谁也离不了谁，这一拆散，跟生离死别似的，眼泪涟涟。这队里有两对闺蜜，唐甜和阿黎，美琪和祝好，阿亮挑人的时候大家都挺紧张，一听挑的是美琪，阿黎和唐甜就松了一口气，立马笑嘻嘻，幸灾乐祸，叫祝好做好准备，待会可以唱《驼铃》了。

那边刘旋跟田春来和陈振也在告别，男生的方式没那么缠绵，拍拍肩膀，拥抱一下，道一声保重。

下午上完课，桌子还没有送过来。张莉再派学生代表去团委询问，事不过三，这是第三次知会团委，如果依然不理，我们一起去团委解决。

张莉去帐篷拿东西，正好看到四个孩子在搬桌子，孩子钻在桌子下面头顶背扛，前翘后颠，吃力地挪动着步子。团委的人站在一边看，无人伸手帮忙。张莉又心疼又恼火，立即上前制止，当着团委志愿者的面说："这桌子不是自己跑这里来的，应该由借的人把桌子送回来！"把孩子们带走了。

没一会团委的人把桌子送过来，正要抬进教室，却张莉挡住了，说："桌子先放到外面，孩子们问了我几个问题，我不知道怎么回答，请你们来回答吧！"张莉将团委的六名志愿者请到讲台前，说："小水滴，有客人来我们帐篷学校应该怎么做？"

营长出列，带队唱校歌《美丽的羌寨》欢迎团委的志愿者。团委的几个人面上阴晴不定，很是忐忑。

欢迎仪式一结束，营长就发问："1. 为什么没有按时还桌子？ 2. 我们向您要的时候，你们为什么第二次还没有按时还？ 3. 我们的桌子怎么还坏了三张？你们打算怎么解决？"团委六个人站在前面被六十多双眼睛盯着，很不自在，没人做出解释，几个人你看看我，我看看你，很局促。忽然有个光头开始说话："我也是灾民，我父母挖出来没有 2 分钟就死了，我做志愿者容易吗？"这话很突兀，张莉看了他一眼，说："谁都不容易，今天我们在这里不是讨论谁家在地震中更惨，是讨论还桌子的事，借了桌子逾期不还，是团委失信，团委应该为自己的失信向孩子们道歉，其次，损坏的桌子应该修理好再归还。如果你们不清楚情况，只是接受命令送桌子的，那么我们就等你们负责人过来再说！"

孩子也都瞪着他们，僵持了一会，他们商量了一下，有几个人过去叫负责人去了，还有三个人站在讲台前，气氛很尴尬，都不说话。张莉就说："孩子们，这几位叔叔只是负责送桌子的，对情况不是很了解，我们再给叔叔唱首歌好吗？"说着，站在讲台前的有一位教过孩子的志愿者说话了，就是张莉到的那天，看到他在带孩子们唱歌。那志愿者也是想缓和气氛，就主动说他来领歌，唱他曾经教过的歌。更为尴尬的一幕出现了，那志愿者领唱的第一句飘在帐篷学校里，像断掉的线头，无人接起。孩子都板着脸不张嘴。

帐篷学校外围了许多老乡，都是孩子家长，这几天也都听孩子们说过了，此刻都围在帐篷外，默默地看着这个事情怎么处理。那个光头志愿者走出帐篷，用四川话对老乡喊话，说自己的身份既是灾民也是志愿者，请老乡管管自家孩子，不要让事态扩大化，地震后谁都不容易，老乡也要体谅政府的工作，不要受别有用心的人挑唆，不要一点点小事就起对立情绪……

没想到老乡开口就是批评团委："你们借了娃娃的课桌就应该还，还一再地推脱，就是不对，屁大个事情你们非得傲里傲气！"

"团委好了不起嘛？该是对就是对，该是错就是错，道理你总违不过，你们政府部门就可以不讲理嗦？"

"你们政府也要一碗水端平，不要总欺负我们外地安置村民！水嘛不给我们接，物资嘛发不到我们头上，还硬是要到我们头上来放屁撒气，连我们娃娃都要受歧视！"

"电视上说全国捐了好多好多款好多物资，都到哪里去了？为啥子我们每天十块钱的补助都发不到？"

"体谅？为啥子总要老百姓体谅你们？做不好就下台！表在这里装疯卖傻放狗屁！"

……

直台村震后两个月才给安置到了绵篪安置点，作为后来才安置过来的灾民，位置安置得很偏，他们自感受到很多歧视和不公，包括之前孩子们去团委的帐篷学校被排斥一系列事情，可谓积怨已深，这时像个缺口一样爆发出来，重点已经不在桌子事件上了，桌子事件只是个引发矛盾的导火索，老乡们汹涌而至，纷纷声讨政府的不公正和不作为。

外面群情愤慨，孩子们坐不住，也想冲出去，被张莉喝止："现在五点钟了，到写日记的时间了，做好自己，做好自己的事情，要有定力！"志愿者也都很紧张，没想到老乡火气比他们还大，外面已经一片谩骂之声。

被叫来的撑伞哥还没进帐篷学校，就被老乡包围了，撑伞哥一看事态不对，已经超出掌控的范畴，竟然掉头就跑了。帐篷里的几个志愿者见撑伞哥跑了，也立马跟上，转眼之间团委的志愿者跑的一个不剩。

六张桌子草草丢弃在帐篷学校外。放学时孩子们围着桌子看了又看，但没有人动手搬进来。

傍晚，娄校长特地派人把张莉叫过去谈话，安置点就这么大点地方，桌子事件早已传遍。娄校长劝张莉停止闹事："你们这样做很危险，很容易就被扣上煽动群众的帽子，这是大忌！"张莉试图将事件来龙去脉跟娄校长说一遍，但娄校长没兴趣听，武断的很："汶川那么多志愿者都在默默地奉献着自己，只有你们希望之窗三天两天演大戏！这种行为是给志愿者群体抹黑，严重影响志愿者在灾区的形象。李亮到汶川的时候是以我们组织的名义在团委登记的，你们现在这样搞，让我们也相当被动！"张莉见完全无法说下去，就默默鞠了一躬告辞。娄校长还是追出来说了几句："你们不要高估自己，这事情闹大了，吃亏的是你们自己，到时候还会连累这边服务的其他志愿者！"

晚上开会主要话题就是桌子事件，桌子已经搬到帐篷学校外了，张莉拒绝接收，团委如果置之不理，这事情如何收场。今天大家都睹了村民的激愤，一会儿就围了黑压压一片，有老乡的支持，让大家既振奋，又有点怕，万一出事怎么办？

志愿者分成两派，一派以石剑波为主，主张大事化小，既然团委已经把桌子归还了，就算了，不要再起事端，毕竟以后还要和团委打交道，留个人情余地。在座的志愿者多数都赞同。

另一派是祝好，陈振等，反正已经得罪了，关系不可能修复，要团委向孩子道歉。只有让团委看到我们的强硬，以后才不敢轻易招惹我们，不然后患无穷。

争执不下，石剑波提议实行民主投票来决定，少数服从多数。张莉立马说："好！既然谈到民主，那就明天让孩子一起来投票，决定是妥协还是坚持。这事关系到孩子，不应该把他们排斥在外。"

如果孩子都加入投票那肯定是大多数了，石剑波只好放弃投票这个决议方式，给大家分析形势，如果把这个事情闹大了，对我们一点好处都没有，拿最简单的来说，下一批志愿者到汶川还要到团委那里去登记，如果不给登记，这批志愿者就没有合法赈灾身份，争这一口气，会给我们带来很多麻烦，大家是来做事的，不是来跟政府对抗的。

年纪大的志愿者都倾向于石剑波，牛叔叔说："你们年轻气盛，没吃过亏，人生在世不是什么时候都讨得到公平的。"孟铁柱深有感触地说了一句："这不是说理的事，你们搞不过政府！"

田春来一贯理智，说："同志们，我们好像吵偏了！应该考虑孩子的感受，而且，矛盾已经起了，现在退让也晚了，要退让就该前几天我们自己去把桌子搬回来。是团委做人有问题，送桌子回来顺便道个歉，一句话的事情非得那么傲慢，才引起大家不满。"

阿黎也说，"对，是这个道理，现在连老乡都站在我们这边，我们自己怎么反倒不团结，相互攻击了。"

张莉说："我们帐篷学校没有专门的文化课，最主要的课程就是日常发生的事情，志愿者跟孩子一起去面对和解决，我们在这里的作为直接影响到孩子对事情的认知！现在是我们的孩子有理，如果我们敷衍了事的话，那孩子们会怎么想？"

"孩子会觉得我们保护不了他们，真遇到压力的时候就把他们给出卖了。"祝好说。

"但如果这事闹大，帐篷学校被取缔了，所有的设想都成空，其他的都白搭。先要保全帐篷学校的存在，才有可能教给孩子们更多东西。"石剑波说，他这说法很多志愿者都赞同。

"一句道歉有那么重要吗？"石剑波质问张莉。

"很重要！"张莉斩钉截铁，"我们教孩子们讲信义，遇到不公要团结起来维护自己的权利，志愿者更应该身体力行，如果一遇到压力马上就妥协忍让，怎么做孩子的榜样？抗争有成功也有不成功，但不抗争就退却，是太懦弱。即便帐篷学校被取缔，那也是团委的错，不是我们错了。"

祝好鼓掌，说，"就应该这样！团委这么傲慢就是因为没遇见过较真的，给惯的！"

张莉又给大家讲沐水村校长拆帐篷学校的事情，"这个事情和今天并没有多大不同！"张莉坚定地说："只要孩子和家长站在我们这边，谁也拆不了我们的帐篷学校，大家不用为这个担心。"

陈振说："团委的人今天一看到老乡都指责他们，不是灰溜溜地跑了么，取缔帐篷学校的事情可能是想多了，说说明天我们怎么做吧。"

大家开始一起想办法，最后决定帐篷学校以后制定一周两次大扫除，清理安置点垃圾，争取老乡和安置点各个驻点单位的好印象，让安置点每一个人都知道小水滴帐篷学校，打好群众基础，扩大影响力，这样就算团委想取缔小水滴帐篷学校，也不得不顾忌舆论。

花大姐一脸困惑，这争论了一晚上，咋最后就商量出个打扫卫生的办法了呢？但她看大家又团结起来，她也打心眼里高兴，说："不吵架就好，打扫卫生我赞成，我明天也加入！"

第二天张莉把决定跟孩子们一说，发起动员："为了树立我们帐篷学校良好的形象，我们要有公益性质的集体行动，让安置点的叔叔阿姨都看到我们小水滴的优秀！"并严肃地说："这个行动是针对团委的桌子事件的，我们要争取大家的支持，这是一场战斗，为维护我们帐篷学校而努力！"虽然孩子们并不太清楚这个打扫卫生跟桌子有什么关系，但看到叔叔阿姨很重视桌子事件，也都很振奋。

张莉在白板上画安置点地图，进行"作战部署"，指挥大家兵分几路，特意分出一路包围团委，大家要唱着校歌去打扫卫生，声音要洪亮！

很快，小水滴的校歌就在安置点各个路上响起，老乡们纷纷探出头来观望，看到孩子们干劲十足地在清理垃圾，老乡乐呵呵地表扬："娃娃们好能干哈！"医疗队的医生很高兴，马上跟随而上，孩子们清理一片地方，他们就喷洒药水。医疗队一直为安置点的卫生状况焦虑，对这个行动赞赏有加。有人关注着，孩子们干得都很起劲。没想到过了一会，军营那边也出动了一路人马，一队铁军战士唱着军歌，扛着铁锹、扫帚，加入了大扫除。这阵仗太大了，老乡们也开始自觉清理门前垃圾，将杂物堆放整齐。

没想到能带动大家都开始打扫卫生，小水滴们与有荣焉，歌声更加嘹亮。许多老乡一边劳动一边唱起山歌，安置点罕见地呈现出一副热火朝天的景象。

清扫干净后，军队特意调了洒水车过来清尘，一个上午的劳动，安置点焕然一新，人人都心情愉悦。

张莉带孩子们洗完手回来，祝好跑过来报告，刚刚碰到团委的人了，说他们明天上午十点多来帐篷学校解决桌子事件。听到这个消息，孩子们一片欢呼雀跃。志愿者们也很振奋，"这算是隔山打牛么？"田春来乐呵呵地问。但牛叔叔并不乐观，他认为人家是说来解决桌子事件，不是说来道歉的。但大家那时都很兴奋，没人把他的话当回事。张莉已经在想着明天团委的人来，她要趁机借这个事件教孩子们，从弟子规选了几句对应的来教孩子们：事非宜，勿轻诺，苟轻诺，进退错。错能改，归于无，倘掩饰，增一辜。

陈水标大叔和孟铁柱每天收工都要到宿舍来坐坐，跟花大姐，牛叔叔聊聊天，他们这一队老志愿者关系好得很，可不像那些年轻的志愿者，吵来吵去，翻脸跟翻书一样。傍晚，孟铁柱带来了一些电线，牛叔叔跟村长协商过，接一盏灯到宿舍这边，供老师们晚上批改作业。趁天没黑，牛叔叔和孟铁柱就动手接电线了，花大姐很紧张，拿了根大棒子跟前跟后，牛叔叔不解，花大姐解释说："电老虎厉害着呢，万一，我是说万一弄着电了，我用棍子把你们打下来。"牛叔叔哈哈大笑，说："现在还没通电呢，到八点才来电，再说了，柱子是专业电工，接盏灯还不是小菜一碟。"孟铁柱也笑了："哥，你咋不懂呢，大姐那是紧张你呢！"花大姐飞红了脸，不好意思地用棍子敲打地面，说："这地上浮尘咋这么厚呢？要是下场雨就好了！"牛叔叔看看花大姐，心头一暖。

电灯接过来了，虽然还没通电，但大家也照例欢呼一番。灯头上还带了个插座，可以给手机充电了，标志着生活质量的大飞跃。田春来抒情道："黑暗时期结束了，光明即将来临。"大家会意一笑，这天晚上的会议基本洋溢着胜利的喜悦，破天荒地没有争执，当然，也有部分原因是欧欢走了。

但大家不知道，几个小时后就会从天而降一名更厉害的搅事精到这个组织。这个女人不寻常，她从上海出发，一天功夫就到了绵篪安置点，这行动纪录在震后尚且无人打破过。

她从天而降，成功地点燃了矛盾的火焰，三天后又不翼而飞。

53. 警察叔叔送来一个妖孽

夜里忽然听到警车的声音，越来越近，停在了宿舍门口，外面在问："这里是不是希望之窗宿舍？希望之窗负责人在不在？"大家心头一阵狂跳，出事了？！张莉头发都来不及扎就跑出去，说："我就是，请问有什么事情？"一名警察说："有个志愿者到了汶川找不到你们，打电话报警，给你们送过来了。"张莉一听才放下心来，但有点疑惑，没听砚台说今天有新志愿者到。

警车里钻出来个女人，大约三十多岁，短发，穿着也很中性化。问张莉："你是希望之窗的负责人吗？我叫周萍，你叫什么？"张莉介绍一下自己，把她带到帐篷里。

周萍很健谈，从晚上十点多呱呱呱讲到凌晨两点，精力旺盛得不可思议。左手烟，右手二锅头，讲她临时决定来汶川赈灾，念头一闪就让助手订机票，她拎包出发去机场，几个小时候她就到成都了。到成都后她助手已经把从成都去往汶川的四条线路发到她手机上了，她决然选择了最近的那条路，就是从都江堰到映秀再往汶川。这条路阿亮带张莉走过，非常危险，周萍竟然一个人闯过去来了，张莉看着她觉得不可思议。周萍到了汶川已经是晚上，包了辆车杀到绵簾安置点，因为不知道帐篷学校在安置点哪块，她毫不犹豫地打电话报警，让警察把她送过来……

报警！阿亮时时叮嘱大家悄悄地干活，不许接受采访，有麻烦也不要找政府，生怕被关注到，惹来麻烦。而周萍竟然为这点小事惊动警方！大家听得一愣一愣的。周萍自己也得意非凡，这一路惊心动魄的危险，被她一股子猛劲稀里哗啦闯过，简直像关羽过五关斩六将般酣畅，而且一路雇车还不忘砍价，谁也没能宰到她，简直牛逼！直讲得眉飞色舞，恨不得自己拍拍自己的肩膀，干得不错！

张莉却听出一个问题，周萍整个过程中没提起过砚台，问："你去过砚台那里吗？"周萍问："砚台是谁？"张莉问："那你咋知道我们组织的？"周萍说："我一朋友认识你们组织的一个叫李亮的人，我出发前给他打了个电话，他说他在一个叫什么草坡的地方，叫我到绵簾安置点找希望之窗组织，我早上八点出门，晚上十点就到绵簾了！哈哈。""是李亮让你过来的吗？"张莉问。"对啊，阿拉又弗晓得你们在哪里嘛！"周萍得意地用上海普通话拽了一句。

张莉的怒火腾地就上来了，这个阿亮！一次次地干涉别人的工作，招人是砚台的工作，他随便就同意别人过来，他自己连见都没见过，是个什么样的人都不了解，就轻易招过来。每次都是他做好人，随便答应人家，把麻烦都丢给自己，一次次把自己推到坏人的角色上。

张莉硬邦邦地说："我们组织每个志愿者都要经过砚台面试，同意之后，我这边才接收的。"周萍正在兴头上，愣了："什么？""你没经过砚台的同意，我这边不能接收你。今天晚了，你先住下吧，明天你自己走。""为什么啊？！"周萍气血翻滚，差点眼前一黑，冲张莉大喊了一声："神经病啊？！"张莉不理她，起身去睡觉了。

周萍表情疑惑，问大家："这女人脑子有毛病啊？"大家哼哼哈哈不置可否，迅速散去。

上午，张莉在看陈振给孩子们上散打课，孩子们对散打冠军给他们教打架课是最盼望的，每逢散打课，周边的一些小青年也过来学，格斗能力迅速提升。石剑波跑去叫张莉，团委的人来了。

团委来了七八个人，帐篷外的桌子上还放了几箱物资，张莉说孩子们正在上课，大概还有十分钟下课，先请大家到帐篷学校坐一会。团委志愿者说："外面的物资搬进来吧，是我们团委领导专门拨给孩子的。"张莉说："物资先放在外面，等孩子回来，大家先把桌子的事情说清楚吧。"几个人静了一下，面面相觑。

忽然上来一个男的，冲张莉叫道："你就是张莉吧？好！趁孩子还没到，我先跟你说清楚！你唆使娃娃和老乡跟当地领导对抗，一点点教养都没得，一次次跑到团委来威胁！娃娃都给你教坏了，不懂尊师重道，目无领导，一个个跟流氓一样！"说话的人自己就活像个流氓，上衣不穿搭在肩上，光着膀子，下身穿了件松垮垮的大裤衩，挂在脐下，毛都露出来了，开口一股酒气扑面而来。这人不是团委的志愿者，是绵篪乡的人，张莉在安置点见过他。

张莉见他有仗酒撒泼的架势，下意识往后退，说："你不了解情况，你也不是团委的人，让团委了解情况的人来说！"那流氓一步步朝张莉逼近，满嘴脏话，伸手猛地推搡张莉："老子不是团委的，但老子是汶川人，看不惯你们在这里横行霸道，利用娃娃闹事嗦？你不是要说清楚吗？今天你就给老子说清楚，容不得你在我们绵篪撒野，再闹事让你们吃不来兜起走！"张莉个头瘦弱，被推得连退了好几步，后脑勺撞在白板上，砰喵一声。团委的人都坐在一边，沉默地望着，没一个人起身制止。那人追上来又猛推了一把，吼道："说啊，你不是能说吗？给老子说清楚！"张莉退无可退，后背顶着白板，她看看团委的那群志愿者，那群人面无表情。张莉涨红了脸，心里却寒得直打颤，质问他们："地震后，你们四川省团委 24 小时不间断地向社会发布公告，招募志愿者来灾区赈灾，现在，你们就是这样对待志愿者的吗？雇当地流氓来学校闹事？你们可以威胁我，我也可以威胁你们，我今天就算血溅当场，这事也不会过去，桌子事件全安置点的老乡都知道，我们娃娃这几天所有日记都记的这件事，公道会有的，一定会有人来评判这个事情的是非！乡团委不给个说法，我会找县团委，县团委跟你们一伙，我就会找省团委，直到你们团中央，拼死也要把公道讨回来！"张莉性格中刚烈的一面陡然爆发，眼睛要瞪出血来。团委的志愿者犹豫了一下，把那个"醉酒的老乡"喝止了："老乡，你也不要动手，有话好好说。"又故作无奈地对张莉说："老乡看不下去了要插手，我们也不想造成这样的场面，都说要好好解决，你们个人太霸道……"

张莉转身出了帐篷，到坝子上，跟陈振说课暂时停一下，留五分钟，她要给孩子们上课。张莉让孩子们席地而坐，讲什么是信用，什么是尊严，什么是尊师重道，什么是好老师，什么是平等，然后告知孩子们团委的叔叔们来了，今天来跟孩子们解决桌子的事件。讲完把孩子们带到水龙头那里洗洗手回帐篷学校，没说帐篷里发生的事情。牛叔叔看出张莉脸色不对，跟上去问她是不是出什么事了，张莉低声说，"大叔，您昨天说对了，他们不是来道歉的，是来发火的！"周萍听到了，凑上来一叠声地追问出啥事了。张莉没好气地说："你还不是我们组织的人，不要老跟着我们，我们的事情跟你无关！"周萍不以为然："我给李亮打过电话了，他让我在这里等他回来。"

到了帐篷学校，那几个人还在，都很沉默。张莉做了个手势，孩子们迅速坐好。张莉说："趁团委的叔叔们都在，我要教孩子们几句话"，在白板上写下：事非宜，勿轻诺，苟轻诺，进退错。错能改，归于无，倘掩饰，增一辜。写完带孩子们读一遍，再细细讲解，做不到的事情不要轻易许诺，一旦许诺而不兑现，进退都是错！但是，有错能改则归于无，倘若有错还要掩饰，更加错！

团委的几个志愿者脸色很难看，起身打断："我们不是来听你们上课的，桌子还回来了，还有啥问题你们直说。"张莉没接话茬，说："孩子们，现在团委的叔叔们都在，关于桌子的事，有问题的都可以问。"营长举手，张莉让他上讲台前来问，营长先跟团委的志愿者鞠一躬，问："你们向我们借桌子时约定 17 号下午 4 点还桌子，为什么没有按时归还？"

团委的说："当天下雨了，活动没有举办成，是天气的原因才没有还，你们也应该晓得。"

"那活动结束后，我们先后去了团委三次，提醒归还桌子的时间到了，为什么依旧没有还？"

"孩子们，我们工作也很忙，都是在忙着为灾区做事，不只是还桌子这一件事情，我们的工作也都是在为你们灾区服务，希望大家体谅！"

"那天我跟何庭继去跟你们说还桌子的时候，你们在帐篷里斗地主！"有个孩子站起来指责。张莉说："要发言先举手，一个一个来，不要抢话，这样不礼貌，重新说。"

那孩子赶紧坐下，举手，张莉示意他起来，孩子站起来又重复了一遍。

团委的志愿者沉默。

又有孩子举手，补充："桌子还回来只有几步路呐，你们在打牌，不给我们还桌子，我们天天都在等！你们还把我们桌子损坏了三张！"

营长又问："借的桌子损坏了三张，你们打算怎么解决这个事情？"

"桌子是损坏了一点，但是，你们也看到了，我们带了好多物资过来给你们。"团委的志愿者指了指外面的大纸箱。

"孩子们，你们要学会讲道理，明白是非，不要光听你们老师唆使你们干啥子就干啥子，团委的叔叔也是外地来汶川赈灾的志愿者，为我们灾区做了好多贡献。你们看看，这么热的天，团委的叔叔亲自搬好多物资送过来，大家不要单听个别人的煽动，眼里也要看到好的一面！"那个绵篪本地的"老乡"忽然不醉酒了，也不撒泼了，言辞还挺恳切。

张莉说："小水滴，我们第十三条校训是什么？背诵一遍！"

"做自尊、自强、自立、自信、快乐的小水滴！"孩子们依言诵读一遍。张莉问："营长，你的意见是什么？"

营长对团委的志愿者说："我们不要你们的物资！我们要尊重和平等，你们还桌子迟了，应该向我们道歉，桌子损坏了，请你们修好了再还给我们！"

周萍忽然从后排站起来，说："孩子们，团委的叔叔刚刚已经解释过了，桌子坏了，也赔了物资过来补偿你们。人都有疏忽的时候，你们也不能仗着自己年纪小就得理不饶人，要学会体谅！"说完，冲团委的志愿者笑笑："我看这个事情就到这里吧，回头我们自己好好跟孩子们说一下就完了。"

孩子们不认识她，但看她跟志愿者老师一起坐在后排，以为她是新报到的阿姨，不好说什么，但都沉默不接她的话。周萍见孩子不说话，以为自己说的话起作用了，起身走到讲台前，继续说："老师的话要听，但别人的话也要听，兼听则明。老师教你们好，就学好，教的不对，也不要盲目服从，团委的叔叔不一定全部都错，但老师也不一定全部都对，人都有疏忽的时候，这样追着别人不放，没有一点宽容之心，是不对的，良好的品德比几张桌子重要得多。"

团委的几个人正被营长一番话说得哑口无言，周萍冷不丁一番峰回路转的说辞，让他们如释重负，也立马附和："孩子们，你们这个女老师就说的很有道理嘛，很小的一件事情嘛，天天纠缠这个哪还有时间学习？"

孩子们依然沉默，眼睛望着张莉，张莉脸色沉郁得发黑。

周萍转头跟团委的志愿者说："你们也辛苦了，孩子们小，认死理，一时扭不过来，你们也别放在心上，回头我们慢慢开解！大家都是来赈灾的，为灾区好，都不容易，相互体谅一下，这事就过去了……"

张莉火气一点点地在燃烧，猛然爆发："周萍！这件事你不了解情况，请你不要多嘴！"周萍一愣，心想我好心在帮你们化解矛盾，你这家伙不识好歹，还不明状况地继续挑事，也火了，说："张莉，孩子不懂事情有可原，你这么大个人了还不懂事吗？你作为帐篷学校的老师，这样由着小孩子起哄你究竟是想干什么？你要为你的行为负责任的！"张莉语气强硬："这是我们帐篷学校的事情，你不是我们帐篷学校的人，轮不到你来替我们解决。"语气忽然严厉，"请你出去！"陈振和田春来在后排蹭地就站起来了，瞪着周萍。

周萍点头："行，我不是你们帐篷学校的，你们自己闹去吧！"转身出了帐篷，但她不走，站在帐篷外继续说："人家对你们够客气了，已经登门来道歉了，你们就不要蹬鼻子上脸了，志愿者是来服务的，不是来给灾区添乱的……"

双方情绪已经很敌对，她这番话更是火上浇油。团委的人开始指责张莉："娃娃们咋个做都不过分，毕竟还小，我们都能谅解，但你个人一再地在里面挑起事端，还以为我们怕你嗦？"

张莉怒不可遏："周萍，团委什么时候给孩子们道过歉了？你看到了？听到了？他们一直在推卸责任，要孩子们体谅，要孩子们理解，他们自己做错了，怎么一直要别人体谅？你不了解情况就不要在里面挑事！"团委的志愿者再也绷不住了，说："物资你们不要就算了，这事情我们不管了！桌子也不是我们几个借的，责任本来就不在我们身上，一番二番三番，两个、四个、八个，不停往团委派小娃娃去闹事，要不是看到是灾区的娃娃，早都给你们赶出去了。娃娃不懂事听你唆使，你以为别人都是傻子？还真以为都被你吃住了？你告去嘛，告到团中央去，看能把我们咋样，还无法无天了你！"

团委气哄哄地把物资都带走了，桌子还在外面放着，一副替人受过的可怜相。这边周萍跟张莉的舌辩还没结束，张莉吵不过周萍，转身走了。周萍战斗力旺盛，亦步亦趋跟着张莉后面不停地说，张莉去宿舍她就跟到宿舍，张莉上厕所，她就站在厕所门外说。有志愿者不放心，跟过来看看，周萍严肃地挥挥手，不用跟踪我们，我就是跟张莉讨论一点问题。开始张莉还反驳她几句，后来发现辩方逻辑混乱得无懈可击，还滔滔不绝，她根本插不上话。张莉被周萍跟了几个小时后，已经疲惫欲死，彻底地怕了，这人什么材料做的啊，执着精神丝毫不亚于她，可算是碰到狠的了。周萍一边追着张莉说教，还抽空给阿亮打了个电话："李亮，你赶快回绵篪，出大事了，你们帐篷学校有个疯子，马上就要把你们帐篷学校给毁了！"阿亮已经知道帐篷学校的事情了，团委的书记打过电话给他，但人在草坡，临时走不开，心急如焚，赶紧打张莉电话，张莉的语气跟周萍惊人得一致："阿亮，帐篷学校来了个疯子！可把我害苦了！"

帐篷学校怎么会忽然出现两个疯子？！阿亮也傻了。听到张莉声音里带着哭腔，阿亮的心顿时就揪起来了。

54. 黑马王子

阿亮带着徐敏行、美琪、刘旋三人出发之前，特意绕到帐篷学校前看了一眼，帐篷学校沐浴在朝晖之中，桌椅齐整整，地上干干净净。阿亮心情黯然，想起从沐水出发来汶川时，张莉带着孩子们站在帐篷学校前相送，那天早晨的阳光和现在的阳光一摸一样，明亮而澄澈，张莉向他一遍遍地挥手。

到了汶川后努力组建帐篷学校，等张莉过来跟他会合。但到汶川后，两人之前在沐水村建立的默契和体谅却慢慢地消失了，阿亮不知为什么。

一行四人带着白板，音箱，学生用的写字板，笔记本等一大批物资搭阿金的车进草坡。旁边的山体裂痕交错，不时有石头滑落，扬起一片尘土，几个人心情有壮烈也有不安。进入草坡段，路上就没人烟了，一路都没有遇见出来的车，就只有他们这一辆车往里开，阿金全神贯注，好似命悬一线。美琪哭丧着脸，还沉浸在离别的情绪中，徐敏行询问草坡的路况，阿亮故作轻松地说："很近的，七八公里，不会让你们扛物资的，一路坐车进去，二十多分钟就能到⋯⋯"

话还没说完就被四川路桥的工人拦下来了，前方塌方严重，路不通。美琪惊慌地望了阿亮一眼，阿亮嘻嘻一笑。阿金只能将大家送到这里了，卸下物资回绵篪。四川路桥的人说进草坡还有五六公里，大家商量了一下，将物资寄放在四川路桥的工棚里，委托他们路通了将物资带回草坡乡。背上各人的背囊徒步前进。四川路桥送了他们一人一顶安全帽，叮嘱一看二通过，小心加小心。

阿亮给大家打气，走过去很快的，我上次晚上八点钟才从草坡出来，十点钟就到绵篪了。大家对他的话明显不大相信，他说二十分钟就能到草坡乡，车开了二十多分钟就遇到塌方了。

一路到处都是碎石，震塌的楼房，堰塞湖中偶尔能看到电线杆头，弥漫着与世隔绝的恐惧和绝望。中午山谷里开始刮风，大风呼啸，漫天沙尘，河水轰鸣，不时有石头滚落江水溅起一大片水花，骄阳似火，夹杂着知了没命的嘶叫，一行四人仿佛流窜于山间的难民，一路夺命狂奔。却在距离草坡乡还剩下一公里的地方遇到了最大的挑战，前面一段路由于山体塌坡已经把路完全给埋掉了，形成一个陡峭的斜坡直插江里，山体还不停地往下塌，江水到此陡涨，混浊带着泡沫的江水一次次扑向岸边。

四川路桥建议大家不要进去，等情况稳定之后再进去。几个人卸下背包，坐在路边等。中午四川路桥还给大家送来了饭菜，让他们耐心点，这里河谷一到午后就刮大风，这个时间段最危险，一般傍晚风就会停，山上落石的情况会稍微稳定一点。一听还要等好几个钟头，阿亮迅速将小帐篷搭起来，建议大家开始午睡，恢复体力，四人挤在一顶小帐篷里，居然也很快就睡着了，极度的疲倦让大家什么都顾不上了。那么酷热的河谷，竟然都没有中暑，只是醒来的时候发现大家都成了灰土人，满嘴沙子。

风已经小了很多，大家收了帐篷，将背包带紧固好，准备冲过那片滑坡。还有几名背粮食进草坡的老乡，也被这段滑坡阻在这里，大家结伴，分成两队，一队先过，一队断后帮忙看山上滑石，连冲了七八次都退回来了，就像陷入打地鼠游戏，只要他们一冲到下面，上面山上就开始滑石头，滑坡间隔时间太短，过不去。塌方最严重的地方其实只有几十米，每次都想着咬咬牙冲过去，剩下只有一公里就到草坡乡了，但来来回回折腾了好多趟还是没能过的去，在那片滑坡地带耽搁了两个钟头，天黑耽搁在这条路上太危险。几名老乡决定马上返回，走鲤鱼背那条路回家。那条路阿亮走过，就是震后草坡老乡背粮食走的那条"天路"。这一天的路白赶了，还要回头，大家都很沮丧，明知道前面到草坡乡只有一公里路了，还是不得不放弃。

为了节省时间，阿亮给路桥的同志打了个电话，问他们可不可以支援一下，四川路桥的马师傅二话没说开上吉普车就来了。那么危险的路，一面之缘的人，一个电话就慷慨相送，也许，只有在地震期间才有幸相逢这样的情义。

往回折返的路上，经过几辆工程车，马师傅说："刚才塌方，这里埋了个背粮的老乡，我们还没有挖出来，估计是不行了。"车上所有的人都沉默了。

翻鲤鱼背，这次路况跟阿亮上次走又不一样了，山体的形状被频繁的余震改变不少，多了许多巨石，大家在巨石中间折来折去，翻上爬下，七十度的山体，一路手指甲都抓翻，对几个女孩子体能严重考验。美琪脸色煞白，黄豆大的汗珠不停滚落，刘旋接过她的背囊，美琪还想硬撑，刘旋默默地说："你忘啦，在成都砚台姐就把你分给我照顾的，你是我的女生，我要照顾好你！"美琪心里一暖，眼泪差点流下来。

到了山顶，老乡让大家把身上的汗吹吹干，再进洞，里面水寒的很，接近零度，要走四十分钟。听说还要过涵洞，美琪终于忍不住了，抖抖嗦嗦，小声跟徐敏行说自己今天来例假了。徐敏行惊道："那咋办？那你不能浸冷水啊，咋个早不说！""咋好意思说嘛，一出发就说自己来例假？又不是在学校里上体育课，这是灾区做志愿者，耍娇气多不合时宜嘛！"美琪带着哭腔问徐敏行："浸了冷水会怎样嘛，我以后会不会不能生娃儿啊？"徐敏行安慰她："不会的，红军翻雪山的时候也有女红军生娃儿的。"将背包打开取出外套递给美琪，叮嘱她待会下水的时候多穿件。

涵洞里死黑一团，志愿者和老乡排成纵队，相互手拉着手，摸索着前进。领头的老乡用手机微弱的光照着，后面的人什么也看不见。洞里的水刺骨的寒，深及大腿，慢慢两条腿都麻木了，寒气直往腰上，背上透，机械地跟着队伍走，阿亮提议唱歌，徐敏行带大家唱《美丽的羌寨》，才一开始唱，发现老乡们也会这首歌，大家一起唱着，摸黑前行，歌声在涵洞里被放大了，回音很大。

历经十二个小时的艰辛，晚十点抵达草坡乡，志愿者们受到草坡老乡的诚挚欢迎，真的是诚挚欢迎，在灾后大家都那么艰苦的时候，老乡家竟然做了十个菜宴请志愿者，还有"肉王之王"美称的草坡腊肉，还是震前的呢。美琪连吃了三大碗米饭，破了她长这么大的饭量之最。

晚饭后，徐敏行和美琪去溪水边洗漱，这里铺了几块平整的石板，还接了盏路灯，村民日常洗漱用水都是到这里来，自来水早就停了。

美琪跟徐敏行絮絮叨叨说："我儿子死了！""不会的，待会找点姜给你熬点汤，驱驱寒气，你以后肯定能生娃儿。"徐敏行安慰她。"呜呜呜，我还这么年轻，要是不能生……"美琪眼泪汪汪。

"你咋了？哭啥子？"

美琪一抬头，一个黑黑壮壮的男孩子站在溪水对岸，正看着她，月光清亮亮地照在他身上，光着膀子，估计正准备洗澡，忽然看到对岸有两个姑娘。

徐敏行大笑，美琪表情囧的很，问："你是谁？"

"我叫孟苇，你呢？"

"我叫美琪……"话音未落，忽然听到一阵轰隆隆巨响，地动山摇，美琪和徐敏行哇啦一声喊，扔了脸盆就跑，跑了几步，发现没事，两人站溪边愣住了，脸盆已经飘远了。那男孩跳下溪水抓住脸盆，涉水过小溪，递给她们，说："是余震，不要担心，这里天天都震，你们是志愿者吧？听我们爸说过。"

"你也是汉族的吗？"

"不，我是羌族。"那男孩笑了，又问："你刚哭啥子？有什么难处跟我说，我是本地人。"

美琪忽然脸红得抬不起头，拉徐敏行，小声说："不知道他刚听到了多少，我们赶紧走吧。"孟苇探究地望着美琪，不知道她为何忽然羞得不行。倒是徐敏行比较镇定，问那个男孩子："你能给我们找点姜吗？要是有红糖就更好，我们想熬点姜汤。"

"姜有，红糖没有，有白糖，你们是住在孟娇娇家吧？等一下，我熬好了给你们送过去。"孟苇说完，再次涉过溪水，朝村子里走去。

美琪惊喜地看着他的背影，跟徐敏行说："到草坡第一天就遇到雷锋了，哈哈。"两人嘻嘻哈哈，洗漱完就回去了。

那时候美琪还不知道，她那天遇见的那个男孩，不是雷锋，是她十九岁那年的黑马王子。小溪边初问芳名，那一声轰隆隆的余震，正是一场恋情萌动的开始。

55. 进驻草坡乡

徐敏行几个人得知自己这批是第一批进入草坡乡的志愿者，一股自豪感和使命感油然而生。胡书记对志愿者非常客气，申明团委工作的一部分是为志愿者服务，他们在草坡有什么问题都可以找团委帮忙，希望大家在这里工作愉快，一起服务灾区。这态度跟汶川那边团委的志愿者截然不同，让大家非常暖心。

草坡乡的李川书记和乡长任剑也来了，李书记上次没见到阿亮，以为他也被艰苦给吓跑了，没想到阿亮言而有信，真的带着志愿者进草坡来给孩子们办帐篷学校，很高兴，说："我们草坡乡震前是非常美的地方，乡民也很富裕，可以说是个安居乐业的好地方，但是这次地震，我们老百姓遭惨了，损失非常大。由于地理环境限制，草坡乡在震后一直是个'孤岛'，外面的人难进来，里面的人难出去，你们是第一批进驻我们草坡乡的志愿者，我们，说真的，非常非常地感动！我代表草坡乡全体人民欢迎志愿者，感谢志愿者！"言语诚挚，一样的话，却跟跟平时听到政府官员代表谁如何如何，感受完全不一样，让这群年青的志愿者很是振奋。李书记又特意叮嘱阿亮，所有希望之窗的志愿者在草坡乡的生活由乡政府来管，吃饭去政府食堂吃，住宿帐篷也由他们提供。这简直是"贵宾"待遇了，跟阿亮之前在其他地方办帐篷学校完全不一样。

登记完，回到原中心校操场，已经聚集了许多老乡和孩子，都在帮忙搭帐篷学校，村里的大学生杨倩也加入了希望之窗，昨天送姜汤的孟莘也赶过来帮忙，不到两个钟头就将帐篷学校给搭起来了，中心校的校长打开教室门，让大家搬课桌椅，要多少搬多少。来了二十多名孩子，纷纷加入搬桌椅的行列，有个叫刘小双的男孩子，才九岁，像个大力士一样，左手挽张桌子右手挽张椅子，脸蛋挣得通红，还逞强说没得事，力气有的是！

上午来了20多名学生，下午阿亮带美琪去村里家访，第二天到了70多名学生，正式开课。

八点不到，教室里就坐满了孩子。孩子们，久违了！对于这些已经告别学校两个多月的孩子们来说，他们也许需要和同学们一起坐在课桌旁的那种踏实与快乐。

按照小水滴帐篷学校的上课流程，整理队伍，升国旗，唱国歌，音乐响起时，在场的老乡和乡镇领导都自觉起立，一起唱国歌，气氛庄严。升旗仪式结束，徐敏行按组分配卫生区，将周边环境清理得干净，列队去小溪边洗手回帐篷学校，第一堂课正式开始。

那天乡里书记，乡长，村长，连当地驻军，济南军区铁军秋收起义红二团的团长和指导员也来了，当地党政军全部到位，来参加帐篷学校的开学仪式。

第一堂课先自我介绍，志愿者们走上讲台给大家介绍自己，介绍希望之窗帐篷学校，孩子们介绍自己，师生相互认识。第二堂课讲民主和选举，选举班干部，孩子们可以自我推荐，发表拉票演讲，也可以举荐别人，发表举荐理由，再由孩子们投票。原本还担心大家怕生，结果发现完全多虑，孩子们都很大方，一个个上台发表宣言拉票。也许因为许多大人在旁听，孩子们的表现欲全被激发出来了。这边这么热闹，连医疗队的人都过来看热闹，钻进帐篷听课。

晚上在食堂吃饭，又聚在一起，大家对志愿者的课给予很高的评价，李书记说："你们带来的不仅仅是知识，你们更是带来了新气象，震后我们尤其需要这样的气氛，鼓励士气，这个比啥子都珍贵！看到娃娃们的笑脸，真是觉得我们草坡的天都蓝了！"

也是从这一天开始，这几名志愿者真正感受到了工作的快乐。这是前几天在绵篪安置点完全没有的体验，全心付出，并且被人认可，被鼓励，这是一种巨大的快乐，也是动力。

两河村这边开帐篷学校的消息很快就传到了草坡乡其他村，码头村、足湾村、金波村等村村长都来乡里找志愿者，希望志愿者也能为他们村办一所帐篷学校。阿亮一口应允，跟几位村长说要迟几天，等下一批志愿者到汶川，就分配人手去各村办帐篷学校。

阿亮把每个村都走一遍，看看地形，顺便家访，为办帐篷学校做准备。才走到半路，就接到周萍的电话，说帐篷学校有个疯子。打张莉电话，也说帐篷学校有个疯子。阿亮急坏了，半路又不能折返出草坡，不知道帐篷学校出了多大的事情，心急如焚。

56. 激烈的肢体交流事件

冯丽军一行志愿者十人刚刚抵达绵篪安置点，正在跟孩子们做自我介绍，外面来了一群人。是团委的黎书记来了，带着县公安局的人，到了绵篪当地又将龙溪乡派出所的叫上，还有当地团委办事人员，一行十几个人，气势汹汹冲进帐篷学校。

冯丽军等人不知道是什么情况，见来许多警察都很紧张。张莉上前介绍这些是团委的领导，请志愿者先站到后面去，让孩子们鼓掌欢迎团委的叔叔阿姨来检查工作。孩子们正要鼓掌，黎书记厉声喝止："不用欢迎，叫李亮出来！"

张莉说："李亮在草坡办帐篷学校，这里我负责，我叫张莉。感谢黎书记过来看我们，孩子们，我们唱首歌欢迎大家好吗？"

黎书记再次打断："少搞这套把戏，我不是来听你们唱歌的！"孩子们都停下来了，瞪着她。黎书记将张莉打量一番，说："你就是张莉是吧？桌子事件就是你发起的？"

张莉不亢不卑："桌子事件不是我发起的，是乡团委志愿者引发的，您如果不了解情况，可以听孩子给讲一遍。"

"这个事情我已经知道了，不用再说！"黎书记狠狠地打断张莉。

张莉说："那我们就不说了，孩子们，欢迎黎书记讲话！"手微微一抬，孩子们开始鼓掌，像是示威一样，掌声雷鸣，孩子们眼神一个个都狠狠盯着黎书记。

黎书记说："我今天过来，没有话要对孩子们说，我是过来通知你们帐篷学校不用再办下去了！今天就取消！"

此言一出，满堂皆惊。张莉顿时就急了，问："您以什么理由取消我们的帐篷学校？这里还有六十多个孩子呢，怎么能说拆就拆呢？"自己都感觉自己的声音不像平时的调子，喉咙干哑。

"因为什么？因为你们挑唆群众，聚众闹事，影响灾区安定团结，扰乱治安！帐篷学校立即停办，希望之窗志愿者全部离开汶川！"黎书记语气果断，后面一句让在场的志愿者心里一片尘土飞扬，傻眼了，后果这么严重？！尤其是冯丽军那批志愿者，千辛万苦才赶到帐篷学校不到十分钟，不禁脑袋一木，嗡嗡作响。祝好眼尖，看到欧欢也来了，站在撑伞哥后面。用胳膊拐了下阿黎，指了指欧欢，阿黎低声骂了句贱人！石剑波拉了阿黎一下，示意她此刻实在不宜闹事。

黎书记挥挥手："孩子们都赶紧回去，这帐篷学校停办了！"又叫绵簏派出所的过来拆帐篷。孩子们立即起身，以行动捍卫，抱紧柱子，一言不发，紧紧地瞪着他们，眼神充满仇恨和愤怒，大有玉石俱焚的气势。派出所的几个警员一看这架势也没法动手，只是好言相劝，让孩子们赶紧回家。

不知谁通风报信，村民从四面八方围过来，堵住了帐篷学校，乌压压一片，人还在增多，沉默的村民，眼神不善，都在关注着事态的发展。

黎书记有点慌，没想到会来这么多人，稍稍调整了一下自己，缓和声音，说："这些志愿者行为违反规定，我们正在处理，请老乡把自家的娃娃都领回去。"

村民问：他们到底是哪里违反规定了？我们看到的是他们做的好得很，比你们做得好。

这话让黎书记脸色很难看，冷静了一下，话锋一转，问："这些志愿者都登记过了没有？"

张莉见事情有转机，赶紧说都登记过了。

黎书记没理她，让龙溪乡派出所的人过来登记这群志愿者的身份证，结果他们也说已经登记过了。黎书记见他们这么不配合工作，差点失控，加重语气："这些人不老实！再登记一次，备案！"龙溪乡派出所的人点点头，却转身出去了。

这时，营长举手提问："团委的领导您好，我叫何庭石，是帐篷学校的营长，我有问题问您，可以吗？"

黎书记看看帐篷外人越来越多，心神不宁，随口说："你问吧。"

营长问："我想请教您，是法律规定了我们一定要受你们团委管吗？这个帐篷学校是叔叔阿姨和我们爸爸妈妈一起搭起来的，你们团委办的帐篷学校不准我们直台村的娃娃去上课，我们就自己搭了帐篷学校，跟你们没得关系，为什么你非要拆我们的帐篷学校？拆掉我们的学校，是为我们好还是为了报复桌子的事情？你们团委借我们的桌子，到了时间一再地不归还，我们去团委通知你们，你们在打牌，就是不给我们还桌子。后来还过来了，有三张桌子损坏，我们要求团委修好了再还给我们，团委却扔下桌子就走了。我们到底是哪里理亏？请您给我们说一遍！"

小小少年一番话，掷地作金石声，干脆利索。帐篷里忽然爆发出一阵骤雨般的掌声，营长一番话说出大家心里想说，酣畅直接，局势陡然一转。

黎书记没想到何庭石一个十几岁的少年，说话这么有理有据，一时竟然不知道如何作答，含糊道："这些话，是你们老师教你们的吧？你还小，许多事情你还不懂，这是大人的事情，你先坐下吧。孩子们，这个帐篷学校取消，我们会安排你们去别的帐篷学校，条件比这里好，老师也比这里负责，不会耽误大家学习。"营长态度强硬："这些话就是我想请教您的问题，请您直接回答我的问题！还有，我们哪个学校都不去，我们就要在自己的帐篷学校！"

黎书记擦汗，沉默。

帐篷外的老乡还在增多，全直台村的村民都来了，帐篷学校要被拆除的消息很快就传开了，看热闹的也不在少数，安置点光龙溪乡的就有几千人，来了一小部分人就将这周围的路全堵住了。县公安局的几个警察，如临大敌，试图让他们都散开，动作可能粗暴了点，只听啪的一声，一位大叔用力打开警察的手，怒道："推啥子推？让我们也听听领导的高见！"立即有人喊："警察你还是想打人嗦？""哪个龟儿敢动手，今天就搞死他！"外围的老乡看不见里面的状况，本来就急，一听警察打人，情绪就激动起来了，吼声顿起。人群涌动，都拼命往前挤。绵箎派出所的也很紧张，被挤得站都站不住，他们跟安置点老乡都熟，就跟村民喊话："老乡们，就是来查一下志愿者的身份证，没得大事，千万不要激动……"

"娃娃问的问题，我们也想听听领导咋个回答！究竟是凭啥子来拆我们村的帐篷学校！这些志愿者究竟是吃你们的还是穿你们的？还是欠了你们啥子？一批又一批地来找麻烦？"一名家长在人群中喊道。

"天地良心！志愿者没吃他们穿他们，是这些领导吃我们老百姓穿我们老百姓，还来欺负我们！拦到救灾物资自己享用不发放，不管我们的死活……"人一多势就众，一人喊，众人和，各种怨声排山倒海向团委的人压过来，县里几名警员已经拦不住了，见群情激动也不敢过分拦。龙溪乡派出所的不过是做做样子，根本不参与。

"把我们这么多人撂到这儿，到底是啥子打算？到底搬不搬？"

"狗日下来住段时间嘛，让当官的过过我们的日子！看哈是不是人过的日子！"

"你们救灾物资屯起不发放，上面领导来检查，你们连夜里往江里头倒！有没有一点良心？我们没得吃穿，你们还把救灾物资往江里倒，地震咋个不震死你们这些狗日的！"

声音越来越多，不得不说，争执方向再度偏离。临时安置的生活太难熬，是否异地重建又迟迟难以定论，一提到救灾问题，老乡们气得要爆炸。

黎书记虽然平时官腔十足，威风凛凛，但她也没见过这种阵仗，维稳经验不足，一时有点木，脸色煞白，还想勉强镇住场面，喊："老乡们，你们对我们工作有意见可以提，但是要理智，不能聚众起哄，你们这是违法行为，出了事你们要负责的！"

正是最后一句话激怒了众人，大家火冒三丈，狗屁法律，你们当官的要活命，我们老百姓也要活命。一天十块钱的补助都扣着不发，你们吃肉，连汤都不给我们喝，你们当官家里的狗都比我们老百姓活得安逸！越说越怒，都往帐篷学校里挤，一挤就跟那几个警察发生激烈的肢体碰撞，有人喊唉哟打人了！有人喊，揍嘛，揍他个龟儿子！有人喊不要挤，里面还有小娃娃……乱成一锅粥，帐篷被人群挤得剧烈摇晃着。张莉也在喊："老乡不要挤，帐篷要垮了，还有孩子呢！"又有老乡跟着喊："不要挤，狗日不要挤了，帐篷要垮了，里面有娃娃！""叫他们出来说，不要当缩头乌龟！"外面的人在喊，骂的，挤的，乱成一团。

黎书记和团委那群志愿者愣在当场，没想到事情会发展到这一步，手足无措，路已经堵死，出也出不去。志愿者也吓坏了，尤其是刚到的那群志愿者，这事对他们来说没有前因后果，冲击太激烈了。

在场唯一亢奋的就是孩子们，趁机里应外合地喊："哪个敢动手拆我们帐篷，跟他们拼了！狗日就晓得欺负我们……兄弟伙，操家伙！"男孩子们把压篷布的砖头掂手里，跃跃欲试。张莉声音都在抖："都别动，营长你干嘛？维持秩序！"营长手上也掂了块板砖，第一次面对张莉的命令犹豫不决，脸上露出骇人的暴戾。这些十三四岁的羌族少年，个个都是生瓜蛋子，没有怕事这一说。

忽然，坝子上响起齐整的脚步声，驻军出动了！

有人拿扩音器喊话，怪异的声音忽然响起，大家都静了一下："老乡们，有话好好说，不要挤，娃娃们安全第一，不能把娃娃们挤坏了，我是县里的刘书记，有啥子事情我来给你们解决！桌子的事是团委同志做的不对，我们特地带了物资过来跟娃娃们道歉，请老乡让一让，让我们进去解决！"

老乡让开了一条路，又鱼贯而入一群人，抱了九大箱物资进来，一直溜码在帐篷学校里，顺便用物资把老乡和帐篷学校隔开了一点。领头的是位四五十岁左右的男人，上来就问："哪位老师是帐篷学校负责人？"

张莉走上前："我叫张莉。"

刘书记主动握手："张老师，您辛苦了！我代表灾区感谢你们的服务！桌子的事情我听说了一点，本来昨天就要过来听取情况，但是临时要开会，就耽搁了，实在是抱歉，给大家造成这么大的误会！"

张莉说："如果您不了解情况，可以让我们的孩子给您说一遍，或者听你们团委的人说一遍。"

"不，我要听娃娃们说，我今天来就是想听听娃娃们的意见，不听他们的。"刘书记笑着说，又跟团委那边说："你们也好好听听！"团委那群志愿者脸色发白，又不得不连连点头。

营长起立，先鞠躬，然后将事情经过叙述一遍。刘书记时而点头，时而皱眉，时而威严地扫视团委一干人等。营长讲完事情的经过，还以弟子规中的几句做结束：事非宜，勿轻诺，苟轻诺，进退错。错能改，归于无，倘掩饰，增一辜。

刘书记走到讲台前，说："谢谢孩子们教会我做人的道理，今天，我学到了我从来没有学过的知识，你们的老师教得非常好！你们的老师是非常优秀的老师！桌子事件我已经晓得了，百分之百是团委做的不对，我现在正式向你们道歉！桌子我们一定修好再还过来，而且，我保证，以后绝不会再发生影响我们娃娃学习的事情！你们才是祖国的未来，我们这些老一辈的努力，就是为了将这个国家交到你们手上，你们，是将来中国的顶梁柱，任何事情都不能影响到你们的学习。不然，我们的罪过可就大啰，哈哈哈。"

这一番话讲得峰回路转，一直努力讨要的道歉终于要到了，但孩子们都有些愣怔，不说话，看看他，又看看张莉。张莉也愣在那里，感觉跟做梦一样，今天一系列的事情对她冲击太大。刘书记冲大家呵呵一笑，说："看来我的道歉不够诚恳。"说完冲孩子们深深鞠躬。张莉这才反应过来，冲大家一扬手，孩子们开始鼓掌。团委的志愿者也跟着鼓掌，附和地笑着，黎书记笑得杀气腾腾。

掌声中，刘书记再次向大家鞠躬，说："谢谢，谢谢娃娃们的体谅！你们都是讲道理、通情理的好娃娃！"指了指物资，说："这些物资，都是从很远的地方运过来的，很不容易，大家要珍惜这些难能可贵的物资，要好好学习！"

营长说："我们不要你们的物资！"

刘书记一愣，望望张莉。张莉赶紧跟他解释：我们校训有一条不接受没有理由的恩赐，学会平等交换。刘书记会意地说，那我们想想，想个理由。跟孩子们说："团委借了你们的桌子，耽误了大家学习，这些物资是团委对大家的一点点补偿，请孩子们收下！"

接下来气氛就缓和多了，孩子们起立致谢，唱校歌欢送领导。团委的几个人听完也热情鼓掌，再次感谢孩子和志愿者老师。

这次黎书记走出去时，撑伞哥竟然忘记给她打伞了，一行人走得飞快。他们走后，龙溪乡派出所的也走了，没来登记志愿者的身份证。驻军等到人群散尽才最后撤离现场。

轰动整个绵篪安置点的桌子事件终于平息下来。该事件在灾区流传有不同版本，大致是：2008 年 7 月 20 日，绵篪安置点，不明真相的灾区群众跟政府发生激烈谈心事件，没谈好，随即又发生激烈的肢体交流事件，后高层领导出面继续谈心，终于消除误会，维护了灾区的和谐稳定。

57. 你把孩子教傻了

阿亮于傍晚时分赶到绵簸，团委的人已经离开，帐篷学校也放学了。

周萍在安置点路口迎到阿亮，将这两天的事情按她自己的理解复述了一遍。今天的事她挤在老乡们中间也都围观了整个过程，跟阿亮说老乡和公安局的打起来了，当时人山人海，帐篷差点被挤倒。阿亮听完后一身冷汗，没想到小小的桌子事件后来升级到这么多人的冲突。周萍说：“团委最后是逼于无奈才道了歉，不是服气，是出于维稳，要不是来了那么多老乡，你们帐篷学校已经夷为平地，张莉太刚愎自用！”

阿亮面色沉峻，站了一会儿，没有去宿舍，改道去了团委。

桌子事件虽然以帐篷学校胜利告终，但大家并没有多少胜利的喜悦，惊动那么多人，连军队都出动了，心里还是有点后怕。除了祝好和阿黎几个年纪小的纯粹是看热闹不怕事大，跟孩子们一样洋洋得意。大部分志愿者都比较担心团委报复，聚在一起讨论，对形势很不安，纷纷失悔，惋惜有几次机会是可以收场的，不必闹到这么大。这个时刻，大家忽然都有了各种更好的解决方案冒出来了。

张莉在一边沉默发呆，没有发表任何看法。心情复杂，事件闹到这么大，她不是没有后怕，但事情走到这步，每次都是和大家一起开会商议的，现在好容易争取到了道歉，大家仿佛又有点怪她争取过头了，这让她很寒心。

忽然看到阿亮回来了，张莉心里一阵激动，正要起身打招呼，却看到他身后跟着周萍，张莉本能就皱起了眉头。

阿亮走过来，没看张莉，跟新来的志愿者打招呼，说草坡乡的帐篷学校办起来了，很受当地欢迎，接下来还要再办三所。他在等大家跟他提桌子的事情，果然祝好沉不住气，说团委的人今天来给我们道歉了，还赔了好多物资……祝好连说带笑，眉飞色舞。阿亮听她说完，冷冷地道：“嗯，我刚也去团委道过歉了！”此言一出，大家哗然，张莉猛地看了他一眼。

阿亮问：“你们知道今天刘书记是谁帮你们喊来的吗？”众人一片茫然，

还真没想到这个层面呢。阿亮说："是娄校长！如果今天不是刘书记出面，事情会不可收拾，黎书记度量狭窄，又气盛好面子，如果当时没有台阶下，一定会跟你们争胜到底，当时那么多老乡，一旦发生剧烈冲突，你们以为希望之窗还能在汶川待下去吗？真的闹大了，上面只会不惜一切代价把责任全部推到志愿者身上，官方是不可能有错的，更不会承担责任！不要以为来赈灾的志愿者多了不起，看CCTV看傻了吧？出事的话，志愿者就相当于临时工！"

周萍也补充："你们太天真了，真的以为有理就能争到底？这么教孩子是害孩子！如果孩子都学得跟张莉一样，遇到什么事都认死理，你们想想，他们到底有没有自我保护的能力？这个社会，成年人都做不到，何况一群孩子？！"

张莉气不过，质问道："那都做一群懦夫？受欺负也不为自己抗争？忍气吞声就不会被欺负？这就叫聪明？还是世故？这样才会教坏孩子！"

阿亮说："你们两都没错，有时需要坚持，有时需要妥协，没有一种方式能打遍天下，所以你们不要争论了，争下去显得狭隘！我们应该教孩子们另一件东西，在逆境中做事的能力，这种能力同时应该包含坚持和妥协，何时要坚持，何时需要妥协，这才是大家应该在事件中去分辨出来，教给孩子的。"见大家都不说话，阿亮又继续说："桌子事件我们还应该跟孩子们讲，明白对错是一回事，非得让别人依照对错的审判去行事，又是另一回事。每件事都有多种解决途径，一条路不通换一条路，别把孩子教傻了！"

"我把孩子教傻了？！"张莉感觉血往头上涌，蹭地就站了起来。

"这事到此为止，我不想跟你吵架！"阿亮见张莉像炸了毛的猛兽一般，立即摆手退出争执。

阿亮叫上周萍，扛了两箱物资去娄校长那边道谢。不管之前和娄校长之间有多少分歧矛盾，但这次确实应该感谢他。都是外地来汶川做志愿者的，阿亮也早有意和解，正好借这个机会。

气氛沉闷，见大家都不说话，陈水标大叔上来缓和，说："我这个山西小老乡，性子实诚的很，大家多担待些，都是为灾区服务，大家都出门在外，要团结，古人说齐心协力其利断金，团结才能把事情做好！"

丽军惊讶问："你山西哪的？"

"运城的。"张莉说。

"啊，我也运城的！"丽军惊喜地道："你住哪个区？"没想到只隔几条马路，加上陈水标大叔，三个山西人立马用山西方言开始聊天，虽然他们的方言也不尽相通，但在异乡遇到，除了用方言一时也难以表达这种亲近之感。

似乎是有意打破僵局，大家不再谈桌子事件，纷纷询问新来的志愿者，互攀老乡，花大姐也认识了来自河南洛阳的高中班主任谢思谦，那边张济邦也在喊，有没有少数民族的？我也要认老乡。

马友兰说："有，我是回族。"

"来，美女，握下手，我是苗族。"张济邦笑嘻嘻地说。

"苗族都爱下蛊，我不跟你们苗人握手。"马友兰开玩笑地道。

"嘿，还歧视我们苗人，你那一路两大箱方便面谁给你扛过来的？不是小哥我吗？"张济邦故作气愤地道。

阿亮也回来了，见大家放下争执开始逗乐，心情也放松了，问马友兰："干嘛扛方便面进灾区？真以为我们这边没得吃啊？"

马友兰说："是清真方便面。"

阿黎笑嘻嘻地说："放心！我们来汶川这些天，就没见过肉！"说完，大家都望着张莉，张莉受不了这么多齐刷刷的眼光，嘟哝道："我又没肉。"阿亮一本正经地："嘿，唐甜有肉。"唐甜有点婴儿肥，脸蛋圆嘟嘟，本来就很忌讳，听阿亮这么说，顿时急了："亮哥你欺负我！牛叔叔肚子那么大，他肉才多！"

牛叔叔乐了："哎呀，话说回来，我来灾区，这肚子可减了不少呢。当年在云南插队时生活也没这么苦啊，还能去河里抓鱼，去山上打野物呢。"

花大姐叹息："唉，买不到肉，这菜里一点荤腥都没有，我这做饭做得心里发酸呢！"

58. 没人会惯着你

一早，牛叔叔跟张莉请假，说去县上一趟。那边，花大姐在宿舍里也跟几个女生宣布她要进城的消息，大家都围着她叽叽喳喳带这带那，橡皮筋，清凉油，洗发水，重要的是零食，晚上总是饿。

花大姐在安置点路口遇见牛叔叔，一起搭了车往汶川。车上，花大姐喜滋滋地问："你咋知道我今早要进城？"牛叔叔老实地说："我不知道你要进城，昨晚想着上县里买点肉给大家改善生活呢。""哦。"花大姐有点小失望。

县里的物资也很少，花大姐尽量按志愿者们的购物清单去寻，小姑娘嘴巴就是刁，零食还讲究牌子。负责男生物资采购的牛叔叔工作量相对就轻松的多了，很快就采购齐备，又来帮花大姐，两人把县里几家店都跑了，好不容易给配齐了。已近中午，回去还有 18 公里，虽不远，但路况不好，万一塌方耽搁在路上就不知道要等到几点钟了，牛叔叔提议吃了饭再回去。

炒了四个菜，还叫了两瓶啤酒，花大姐直喊破费。牛叔叔说："平时我看你吃饭连菜都舍不得多夹，尽从自己嘴里省，你自己也要顾惜身体，这离家这么远的，你一个人。"花大姐很是感动，这人平时像个书呆子，心里却是体谅人的，也说："你还不是！我看你这几天瘦了，回家家里人看了心疼呢！""瘦点好！在单位里光坐着不动，肚子减了多少年都没减下去，要是跟柱子去工地上干活，可能效果更好呢。"牛叔叔笑着说。

"可不敢，你是文化人呢，哪能受得了那个苦！"

"嗨，你可别小看我，我以前插队的时候一天能挣八个工分，跟当地老乡差不多呢。"牛叔叔故作不满。

花大姐赶紧解释："哪是小看呢，你是文化人，文化人就得受尊重，要是干苦力，那也是我们这些没文化的人去干呢，你们是国家的人才呢，政府不是说保护知识产权呢。"

牛叔叔忍不住哈哈大笑起来，花大姐不知他为什么笑，见他高兴，自己也高兴，给他夹菜，说："你也多吃点！"

邻桌有两个父子模样的也在吃饭，一边吃一边吵架，小的说："我要回去，这里太落后了。"老的说："你给我老实点，这次就是要让你看看，中国还有这么穷的地方，你小子别整天身在福中不知福！"

"做志愿者也要自愿，我不自愿你也不能强迫我！"

"不能都由着你！你就是给惯的！"过了会，又劝那个小的："你看，让你做志愿者来都花了上万了，熊猫馆去了吧？耐克限量版的鞋给你买了吧？光你这背包就小两千！你小子可不能说话不算话啊。"

花大姐跟牛叔叔在隔壁桌听着，不禁笑了，还有这么来赈灾的！想想希望之窗这群志愿者真是不错，虽然吵起来也吵得不可开交，但没人喊过苦，都不娇气。

在去绵簇的车上，忽然又看到那两父子，还在闹别扭。花大姐指指，牛叔叔会意地一笑，没想到这么巧。更巧的是，到了绵簇之后，那两人问老乡希望之窗帐篷学校怎么走，牛叔叔赶紧过去打招呼，说我们就是希望之窗的，你跟我们走吧。花大姐也乐了，还真是有缘。

那两人不是父子，是螺丝厂厂长老高和他侄子。老高跟砚台报名来做志愿者没有马上来汶川，花了几天功夫贿赂他侄子，才比第二批志愿者都晚到。

傍晚志愿者们回来，老远就闻到肉味，循着香味就窜进了烧饭棚子，后面的人生怕落后，也都往里面挤，棚子差点被他们给挤翻，被花大姐笑骂着全撑出去了。牛叔叔自动做起了安保，守在门口，不让大家打扰花大姐的烹饪工作。

有肉岂能无酒，阿亮带几名男生扛啤酒去了，几人排成纵队，一路高歌，老乡问他们咋这么高兴，田春来自豪地说："今晚吃肉！"被阿亮踹了一脚，说："哥们你低调点行不？炫富啊你？！"既然牛叔叔请大家吃肉，阿亮就请大家喝酒，把安置点两个小卖铺的酒都买回来了，那边也准备开饭了，志愿者们默契地把自己的砖头和碗筷都准备好。几个女生在那里交头接耳，不知在商量着什么。

　　花大姐在热烈的掌声中开始上菜了，每上一道菜，牛叔叔都帮忙高声报菜名，赢得一阵又一阵的掌声，花大姐脸红得跟小姑娘一样。

　　老高带着小高也过来了，见他们没砖头，老志愿者主动让出两块砖头给他们坐，招呼一起入席。小高还是别别扭扭的，也不说声谢谢，杵在一边不落座，嘴里嘟哝抱怨不歇。

　　太阳刚刚落山，坝子上起了一阵凉风，阿亮连呼好爽，有酒喝，有肉吃，还有众位兄弟并肩，同聚汶川济灾，夫复何求啊！这番话激起大家胸中豪情，齐齐举杯，却见女生不满地看着他们，阿亮马上反应过来，说："还有希望之窗众位巾帼英雄，来，敬你们！"女生这才欢笑举杯，只有张莉不喝酒，以水代酒。

　　忽然有人想起周萍，问阿亮。阿亮惊讶地说我不知道啊，可能回去了吧，她只有五天假。阿黎疑惑地问："去掉来回路上两天，只有三天时间在灾区，她是来干嘛呢？"田春来幽幽地说："她是特地来参与桌子事件的。"众人轰然大笑。

　　从到汶川就没消停过，外患不止，内纷不断，直到今天才算是缓解下来。阿亮又敬花大姐和牛叔叔，感谢做席，又敬第一批志愿者，恭喜他们通过培训正式上岗，第一批志愿者又敬第二批志愿者，昨日无酒只有争执，今天有酒有肉正式欢迎。只要想喝酒总会有敬酒的理由，大家你来我往，称兄道弟，小小隔阂渐渐在酒中慢慢消解。几个女生躲躲藏藏端着碗跑了。陈振好奇她们干嘛去了？阿亮说："还能干嘛啊，给自己喜欢的小孩送肉去了呗！都叫大家不要搞偏爱，还是忍不住！"

　　田春来忽然说："哎呀，穆罕默德不吃猪肉！"马友兰不高兴地回他："别给人取外号不行吗？"田春来注意马友兰一直不举筷子，忽然想起这茬，嘴快就喊了出来。花大姐很内疚，竟然忘了马友兰，一连声地自责："哎呀，看我这脑子，我真是，哎呀，小马，真是对不起，大姐给忘了，大姐给你炒几个鸡蛋去。"马友兰拦不住花大姐，生气地瞪了田春来一眼，嫌他多事。田春来心想只有我记得你的习惯，大家都没记得，你还瞪我，真是唯女子与小人难养也！

　　"吃个肉，至于吗？好像一百年没吃过肉一样，你们就装吧！"小高在一边阴阳怪气地说。太煞风景了，大家都停下来，瞪着他。老高立即拍了他脑袋一记，嗔怪："嘿！你这孩子咋说话的呢？让你来灾区就是体验生活的，别以为人人都过的跟你一样！你看帐篷里那些孩子，鞋都破了还在穿，你看看你脚上穿的什么，你一双鞋可以把全班的鞋子都买齐！生在福中不知福，尽说些没素质的话！"说完，发现大家都很不满地看着他，祝好忍不住讥讽："高厂长，你这话也不见得有什么素质！"老高很尴尬："嘿嘿，别见笑，我就是个大老粗，来，我敬大家一杯。"老高刚起身，小高就把一碗饭给扣地上了，挑衅地："他妈全是沙子！"

花大姐刚端上炒鸡蛋，见此情境，愣住了。

坐小高左边的陈振，猛跳起来，以迅雷不及掩耳之势扇了他一记耳光，力量巨大，一把就把小高从座位上扇翻出去，"他妈装逼装到汶川来了！"陈振抓住他头发就往地上按："不把饭舔干净，老子踩死你！"

女志愿者一见暴力事件发生，就赶紧多夹几筷子菜端碗离开，简直训练有素。只有张莉一手护住自己的饭盆，一边理智地进行劝解："别打了！医疗队今天下乡，安置点没人！"

老高冲上来就要干仗，这位壮汉虽说也是以打架擅长而被招募到汶川，但面对散打冠军陈振，还是力有不逮，刚凑上来就被陈振一脚踹了出去，再冲上来，再吃一脚。

既然打不过，就开始讲理："有事好好说，动手就太过分了，他还是个孩子！"

"是孩子就回他妈怀里吃奶去！跑汶川来显摆个屁啊？敢浪费粮食老子把他屎给打出来！"看看老高，陈振恶狠狠地说："连你一块打！"老高一连声地喊阿亮，阿亮在不远处坝子上接电话，已经看到这边失控了，跑过来吼了声："靠，别打了！这都他妈什么事啊？能消停点吗？"

陈振松了手，站到一边，小高躺在地上哼哼唧唧，脸上全是泥，老高将他拉起来，又心疼又气愤，质问阿亮："你们这是志愿者组织还是流氓组织？一言不合就打人？"

"呵呵！"不知是谁，冷笑了一声，说："在家里没教育好就放出来，社会上可没人惯着他！今天不在这里挨打，明天就会在别处挨打，有钱了不起啊？"

阿亮息事宁人："志愿者在灾区打架起内讧，叫老乡看了这算什么事？各位好汉，求你们消停点吧！"

"灾区老乡顿顿吃土豆，一点米都没有！别说在灾区，倒饭这样的事情，在哪里都说不过去。"牛叔叔也很愤愤。花大姐蹲地上一点点地将米饭拢起，倒点水冲冲准备吃，牛叔叔将碗拿过去，说："我吃！"陈振冲过去将碗一把夺过来，说："让他吃！"小高见陈振朝他走来，发出杀猪般的嚎叫："我要回家！！！"

一场聚会不欢而散。

59. 有人想谋反

忽然得到消息，直台村全体村民迁回龙溪乡，通知一出，安置点一片哗然。之前是因为那边实在没有安全地带安置，才将村民迁到绵篪来，现在却又突然下通知把人迁回半山腰，那安全问题排除了吗？关于这个却没有更进一步的解释。人心皆动荡不安。

有志愿者猜测是桌子事件得罪了当地政府，直台村民两次聚众对抗安置点的管理，村民一旦迁走，希望之窗的帐篷学校自然就散了。阿亮及时喝止了这种流言，小小桌子事件不至于影响到搬迁这种大事。

不管原因如何，搬迁是摆在眼前的事了，孩子都很担心志愿者会抛弃他们，而志愿者也对形势多有猜测，不乏恐慌言论，人心纷乱。中午直台村长也特地来帐篷学校，跟大家正式说搬迁的事，命令紧急，三天后就要搬，不晓得能安置多长时间，是不是还要继续搬，都不清楚。村长也很无奈，直台村才搬过来没多久，又要搬回去，穷家薄底，搬一次就伤一次。村民对搬迁都很有意见，但没办法，可是志愿者不一样，不用跟着他们搬。话虽如此，还是多有期待。

张莉立即表明态度："直台村的帐篷学校是为孩子办的，孩子在哪里，我们就会在哪里。"陈书记非常感激，约定到时候村民过来帮忙搬学校，大家一起走。

傍晚，孟铁柱和陈大叔照例来宿舍玩，得知直台村即将搬走，这群志愿者都要离开这里，两人很失落。才安顿好的据点，洗澡棚子，烧饭棚子都一应俱全了，真是可惜。其实，志愿者跟村民差不多，搬一次家损失也很大。

花大姐舍不得孟铁柱这个在灾区认的弟弟，叮嘱他要顾惜身体，做事不能太拼命，待到赈灾结束一起回河南去，以后，还给他说个媳妇，成一份人家，好好过日子。孟铁柱点点头，又摇摇头，非常伤感，谁愿意嫁给一个刑满释放人员呢？那边牛叔叔和陈大叔也在坝子上聊天话别，烟头明灭不定。

面临搬迁，志愿者都对接下来的工作分配各怀心事。张莉显然是要驻守直台的，而阿亮要带一批人去草坡开拓。志愿者当中有关系好的担心被分开，都很忐忑。

晚上，石剑波背着阿亮等人，悄悄拉拢第一批志愿者开小会，向他们透露一个消息：老志愿者因为跟孩子熟悉，会从中挑选四个人跟张莉留守直台。第一批志愿者五人加上他的队员三人，一共八个人，意味着有四个人会调走，按希望之窗分配的原则，会把关系好的分开以免抱团，那么这两批队员都会被打散分开。石剑波继续分析形势，桌子事件已经造成官方与志愿者之间的僵局，张莉几乎是制造了个烂摊子给大家，仅仅留守四名志愿者不管如何组合，都不足以收拾这局面，而且听说进草坡路非常危险，八个人里谁去草坡，剩下的人都不放心，要争取大家不被分开，人多力量大，可以应对不测事件。另一方面，这里是少数民族聚集地，羌族是很野蛮的民族，从那天桌子事件就可以看出来，他们连警察都敢打！虽说那天羌民是以护校为名起的冲突，但其实质是借帐篷学校的幌子与政府对抗，以争取更多赈灾物资的发放，所以说，人心难测，不要光看表面。大家不妨思考一下，为什么桌子事件刚刚平息，突然就把直台村赶回龙溪乡去？这之间有没有背景联系？是不是在整直台村？灾区形势复杂，不能掉以轻心！如果八个人都在一起，有什么事情还可以互相照顾到。

石剑波分析得头头是道，大家简直快要被说服了，但还是有顾虑，祝好压低嗓门，低声说："哥们，你知不知道你这是什么行为啊？我怎么感觉你这是在谋反啊！砚台姐要是知道了，会把你打成肉酱！我们每个人可都跟她保证过的，到灾区之后绝对服从组织的分工安排，不准拉帮结派。"石剑波犹豫了一下，说："砚台远在成都，暂时不用考虑，主要是张莉这人固执，这事能不能争取下来，我也没把握，所以才要大家一起联合起来去跟阿亮说，阿亮没张莉那么听不进意见。"并坦诚自己不认同张莉的工作方式，对人严苛，性格又固执。这点大家都有同感，但也不好就这么闹起分裂，一时陷于沉默。

"谁？！" 石剑波忽然大喊一声，掀开帐篷一角，电筒照去，外面黑暗无人。石剑波坚称看到人影晃过，当时已经凌晨两点，不免让大家觉得毛骨悚然，石剑波女友小雨也透露晚上上厕所时发现有人跟踪，是当地的羌民。此言一出，几个女生顿感到自身岌岌可危。祝好怯懦地往陈振身边靠拢，弱弱地喊了声："振哥！"陈振护住她，说："别怕，我们这么多人在呢，打倒一个，剩下的就怂了，而且我一个人同时对几个一点问题都没有。如果我们的人出事，我第一个找的就是团委的那几个人，谁也跑不掉，我只认具体的人，不找团委这个单位，这个话最好放出去！让他们安分点，别给自己找麻烦！"陈振语气很狠，一时给了大家不少信心。

一直在旁边没说话的田春来开口了："振哥，你冷静点，我觉得这个不至于。石剑波，你对张莉有意见，但至少我个人没有，不要拿张莉来说事。你的目的是不想你们东北来的三个人分开，当然，我们也不希望我们第一批志愿者分开，大家差不多，所以不要绕圈子煽风点火了，也不要造神造鬼吓唬女孩子，大家目标一致。"田春来这番话慢条斯理，石剑波见他是个明白人，也不绕了，直说就是不想分开，他在班上组织志愿者来赈灾，老师并不同意，他来之前跟老师和学院领导都下过保证，负责把这群队友毫发无损地带回去，所以他绝不能让大家分开，以免顾此失彼。

于是八人结盟，商量好要走一起走，要留一起留。

开完会，石剑波还去打了两盆水，放在男女宿舍帐篷门后面，跟大家说，万一有坏人深夜入侵，可能踩翻水盆，有动静，大家晚上睡觉警醒着点。如此郑重其事，让几个女生倍觉恐慌，胆战心惊。

60. 谁愿意出头？

三天的培训期结束，也到了直台村搬迁的日子。

晚上一、二、三批志愿者都在，二十多人围坐在帐篷前。阿亮明天要带一批人去草坡乡，这是分开之前的最后一次集体会议。

张莉先跟大家讲桌子事件，说："有人指责我的做法，我一时想不通，但也许我有做的不对的地方，我为这个也许，道歉！帐篷学校的宗旨是一切为了孩子，希望我们在这个大原则下共事，放下个人恩怨，以工作为重。有缘分会成为朋友，没缘分就做个好同事，不谈其他。"语气先软后硬，继而却惆怅，大家一时不知如何接话茬。阿亮知道张莉是对他说，但他同样不知如何回应。

一番沉默之后，张莉拿出一叠纸条，说："这是志愿者培训的总结。"

大家很惊讶，他们为今晚的会议已经准备好自己的培训总结了，不知张莉此举是何用意。

张莉说："培训之初就说过，孩子接受你们做老师，培训就算通过，所以总结不是你们做，也不是我做，是由孩子们来评判！你们每天的一举一动，都被孩子看在眼里，记录下来交给我了。"

看看大家，没有人说话，张莉拿起那叠纸条逐一宣读。

祝好听着心都碎了，嬉皮笑脸这个成语还是她教孩子们的，他们果然学会用了，不过是用在举报祝好阿姨上课嬉皮笑脸不守纪律。其他志愿者也有背叛感，这几天跟孩子们从认识到熟悉，一起经历桌子事件，不管是主张妥协还是坚持，都在护卫着孩子，每天听着一张张小嘴喊着，叔叔，阿姨，好得蜜里调油，没想到转身就举报他们，给张莉递小纸条。

读完之后依然没有人说话，张莉说："孩子的眼睛是瞒不住的，你们的一言一行都会转到我这里，这些纸条就是你们这几天培训的状况。"

每个人都感到一阵寒心——她竟然派孩子监视我们！

阿黎腾地站起来，指责张莉："你怎么能利用孩子来监视大家？我们跟你一样都是来做志愿者的，不要搞得好像你在管犯人一样好不好？"她被举报带几个大孩子躲在后山抽烟。

"阿黎，你的培训没有通过！要么继续接受培训，要么做后勤。"张莉冷冷地说。

"我不做后勤，我学美术专业的，我要教美术课！我不是来汶川给你们削土豆的，再让我做后勤我就在菜里下毒！"阿黎大喊大叫。

阿亮咳嗽一声，清清嗓子，说："张莉，小孩子都特别较真，尤其是你安排下去的，大家都怕没什么情报提供给你，像什么扣子没扣整齐，上课没坐正这些都是很细枝末节的小事，不要因为这点细节的疏忽就否定大家的努力。"他担心以张莉的高标准这批志愿者没人能过培训期。

新来志愿者对张莉所做的事情了解不多，唯有情绪上的印象，初来乍到就看到张莉一己之固执将帐篷学校差点毁于一旦，现又见她严厉得将大家当自己的看管对象，发动孩子们来监督大家，都很不服气。阿亮的发言像冲开了一个口子，大家纷纷开口指责张莉。

丽军率先发声："你先把别人往坏处想，再来找证据印证自己的想法，你这心态很有问题！而且还利用孩子，行为可耻！"

新闻记者陈松芒也说："你要搞清楚一点，我们都是来做志愿者的，不是你的下属，更不是罪犯，凭什么监视我们？有没有人权观念？"

"张莉！"海军上尉张若芳也忍不住插话："我们不是来教孩子坐姿站姿的，更不是来给孩子们搞礼仪培训的，你那套太古板了，跟军队里一个样！不要让别人都按照你那套行事方式和标准来做事，标准只能约束自己，不能强加别人，大家都是来做志愿者的，不要管志愿者跟你管孩子一个语气！大家都是成年人，麻烦你用成年人的方式来跟大家相处。"

张莉反问："孩子们都能做到，为什么志愿者做不到？做的还没孩子们好，你们怎么教孩子？"

幼教老师巧红也说："张莉，我觉得你的教育方式有问题，在课堂上太严厉，有些孩子才几岁，要求他们一堂课45分钟端坐不准动，这是身体上的折磨，对小孩脊椎不好，对于不同年龄段的孩子要求应该不同，不应该一律死板对待，国外的孩子上课都很自由，人家并不见得学习就学不好！"

"既然来这里，就必须接受我的方式！"张莉强硬地说。

　　阿亮打断张莉："张莉，你得让人说话，这是在开会，开会就是要让大家都把自己的看法说出来。"

　　"我这两天一直在观察你们，你对人对事控制欲望太强！利用孩子做工具去行使你自己的主张，再借孩子之口表达出来——这点我尤其看不惯！"丽军说。

　　"张莉姐是在用自己的方式教孩子，也不能说她在利用孩子们吧？照你指责张莉姐的逻辑，你在课堂上说的那些话，不也是在利用孩子来行使你的观点吗？"田春来说话慢条斯理，却话中带刺，又说："一个人存有利用和把别人当工具的观念，这世上所有的人和事都可以用工具和利用来解释，包括她自己。"

　　丽军愣了一下，说："好，我承认你说的对，指责利用和工具这些确实有诛心的嫌疑。但我也觉得张莉不应该非让别人都得按她的方式去做事，人都有自己的方式，学不来，也教不会，是各人的生活经历慢慢养成的，标准化不了。"

　　大家纷纷点头认可，高中班主任谢思谦也说："都说标准化教育害人不浅，现在又要求大家以标准化方法去教孩子，不是一样吗？"花大姐对这个河南小老乡很是爱护，也忙说："俺老乡是高中生的班主任，教孩子他有经验的，都听听，都是为孩子好，好好商量千万别吵架。"

　　"既然招募的时候强调要大家各尽所长教孩子，现在为什么又要非得按张莉的方式去教呢？张莉的方式就那么百分百正确吗？"大家纷纷提出反对。几批志愿者虽然彼此都还不太熟悉，但此时全部站在一条战线反对张莉。

　　张莉提高声音质问："你们来这里是为了什么？事情还没做，就急着质疑，抱怨，是你们准备好的你们要传递的最优秀的品质吗？这就是你们要传递的关于美好的价值吗？这些冲突，质疑，意见，是以一切为了孩子这个前提吗？还是为了表现自己呢？各人自己去思考吧。我们每个人都是第一次做这样的事情，也可能是一辈子唯一的一次。来到这里不容易，珍惜时间，珍惜相处的机会吧。"

　　阿亮一直在听大家说，这时又打断张莉："张莉，你先听人把话说完行不行，不要急着反驳，你的反驳不在点子上，你仔细听听大家在说什么再回答，现在是要解决问题，不是堵住问题！"张莉涨红了脸，望望周围，众人皆敌意地瞪着她，感觉自己孤立无援。阿亮又说："希望之窗是个草根组织，必然有其不完善的地方，不可能建立一个完备的组织再来灾区赈灾，我们都是边做边改善，大家有问题尽管提，一个一个提，心平气和，别吵架就行。"

每个人意见都很多，教学，课程安排，吃住，纪律，培训，质疑最多的是为什么要听张莉讲课，包括张莉的为人都受到质疑，太有控制欲，权力欲强，听不见任何人的意见，自以为是，霸道，独裁……

张莉在一边听着，一人面对二十多人纷纭而至的意见，不知反驳谁好，连她自己都有点乱了，自己坚持的东西真的对吗？越听心越凉，绷直了身子，像个靶子一样伫立着，散发出阵阵寒气。

过了一会，阿亮回来了，说："我说几句话，刚刚砚台打电话过来问大家好，也托我代她跟大家说几句话，她说张莉一定不是最完美的负责人，如果确实不能服众，她也同意临阵换人，问在座的各位当中有没有人愿意现在就出头，替换张莉的位置，制定一套比张莉更好的方案来带领希望之窗所有的帐篷学校，让大家都满意的，有没有？"阿亮一连问了两遍，没有人站出来承担，刚还踊跃的众人忽然都沉默了。

阿亮笑嘻嘻地说："靠！砚台说肯定没人愿意出头，竟然被她猜到了。为什么大家都指责张莉这也做得不好，那也做得不好，却没人站出来说我能比张莉做得好，我要替换她的位置呢？"

丽军不满："你们有什么话就直说，不要搞这套阴谋诡计！"其他志愿者也很不高兴，觉得阿亮在讽刺人。

阿亮笑了："开个玩笑缓和一下气氛嘛。砚台说张莉可能没说清楚关于培训的目的，她愿意代为陈述一遍。培训要求大家重新学做小孩子，本意是想让大家把成年人的姿态降下来，理解小孩子在意什么，爱什么，需要什么，为什么而困惑。成年人的世界很大，大到细节皆可以忽略不计，孩子的世界很小，小到一花一木就是一个世界，站在孩子的角度去理解孩子，才能在孩子和成年人之间找到交流之路，并非自己觉得什么好，就要以成年人的强势灌输给孩子，好的教育方式是春风化雨滋润心灵，学问有高下，但态度应该平等，了解孩子的需要，也尊重孩子的选择，包括选择谁成为自己的老师，这就是培训的目的，先培养和孩子相处的平等心，再谈教孩子什么。"

阿亮停了停，又说："我也说说我的看法吧，张莉的培训没有涉及大家要教的课程，用什么方法去教，那是各人应做的分内之事，所以，不要急着指责张莉强求大家按她的方式来，这个指责不成立。如果连和孩子们一样遵守纪律的这种平等心都没有，怎么做孩子的榜样？得让孩子从心里接纳你，才会接受你所教的。张莉在课堂上很严肃，从来不哄孩子，但大家可以看到孩子们是真心服气张莉。有个细节，不知道大家注意没有，张莉除了在讲台上，其他时候，只要有小孩子来找她说话，她总是蹲下来跟孩子们说话，为什么呢？降低自己，让自己和孩子的眼睛在同一视线。还有，帐篷学校里只要有孩子生病，张莉都会亲自照顾，带去医疗队看医生，自己定好时间，按时让孩子们吃药，打针，这样的事情，也没有其他志愿者做到过。找别人的缺点是很容易的，这也是知易行难，批评远比建设容易的原因。"

大家安静了一会儿，张若芳说："好，培训的事也许是我们误会了张莉，我愿意接受。但你还是没回答我们的问题，就算张莉像你说的那么能干，她也不至于能干到一点缺点都没有，教学方面别人就不能提出不同意见？"

"当然能，对吧，张莉？"阿亮望着张莉，张莉紧闭嘴巴不发一言。阿亮只好继续说："当然，我希望大家在提意见时顺便提出如何做更好，这样我们才会改进，而不是仅仅停留在吵架上。"

"我也说几句话吧。"丽军忽然开口，她是第三批志愿者的协调人，说话很有分量，大家都静下来，望着她。"我们能接受批评，但这个评价不应该是由张莉向我们宣读小纸条的方式，这样让人感觉被窥探和监视，心理非常不舒服。合适的方式应该是白天在课堂上，由孩子们直接向志愿者提出看法，相互商量，这样才是帐篷学校一直宣扬的师生平等，这样才能更直接地促进师生之间的坦诚交流。无论如何，我都不认可背后搜集证据提交小纸条的行为。另外，我承认，刚刚我们反应太大，对张莉的质疑渐渐超出事情本身了，尤其是关于人品方面的质疑，我向张莉道歉。"

张莉愕然，没想到刚刚质疑最激烈的丽军竟然有如此胸襟。小纸条的方式确实太不尊重，丽军提议的方式确实更好，一直以来都是和孩子一起面对问题，这次自己却逾越了，成为了学生代表。张莉一想通，立即起身向大家鞠躬道歉，接受丽军的意见。

张莉的道歉立即让气氛缓和下来了，大家也发现张莉并不是那种固执到底，听不进意见的人。

阿亮叫陈振和田春来几个志愿者到一边叮嘱了几句，回身跟大家说："我想跟大家讲讲希望之窗的故事，这个故事很长，为了让大家有耐心听，我让小田他们几个去买酒去了，大家等一会。"

阿亮跟大家讲起沐水村第一所帐篷学习办起来的经历，逐条讲那些乍一听很死板的校训，包括"一切为了孩子"这个宗旨的来历，之所以能聚在一起，就是为了孩子，每个人来自不同的背景，各有不同的脾气经历，对事物的看法都不一样，众口难调，每一批志愿者的加入都像一个催化剂，催发矛盾和争执，这个是很正常的，"做好自己，做好自己的事"这条校训，正是从沐水村志愿者的冲突中得来的。从第一批志愿者分裂，到阿亮独自上山砍毛竹搭起帐篷学校，又被大雨毁掉，重建帐篷后，在雨中带孩子们升起国旗，之后又经历校长拆帐篷事件，初期在沐水村和张莉连一碗饭都买不到，到后来校长来拆学校时，村民都来护校，点点滴滴都是在建立，这建立的不仅仅是一所小学堂，包括自己的信心，深信希望之窗一定是在做一件正确的好事，为此，才能忍受许多艰难和各种非议……

张莉坐在人群中听着阿亮讲，只是默默地听着，那些事情都是她和阿亮一起经历的，就在不久之前。然而现在听起来，却像是很久远之前了。那时候没有这么多的人，只有她和阿亮两个人，在那个闭塞的小山村，胼手胝足地做事，然而，那时似乎并不觉得苦，而现在却这么难，无论什么事情，两人之间永远夹杂着一大群人，一大批意见……

阿亮娓娓道来，直讲到深夜两点多，大家终于静了下来，心里甚为震撼，加入之前，并不知道办个帐篷学校会这么难，原来做志愿者并不浪漫，甚至并无"荣耀"，只是艰苦卓绝的一项工作。

会议开了四个小时，一段经历讲完，大家都沉默了，没有问题要质疑了。

明天还要上课，大家都散去了，阿亮也准备去睡觉，发现八个人没起身，石剑波将阿亮留下来要继续商量志愿者分配工作，提出他们东北来的三个人加上第一批志愿者五人，阿黎，唐甜，田春来，祝笑，陈振，一共八人不能分开，要么全部去草坡，要么全部留在直台村。阿亮非常惊讶，这才短短几天时间，都不知道他们什么时候统一战线的，而这八个人态度很一致，显然是背后已经商量好的。张莉本来要去睡觉，见石剑波拉阿亮留下来商议事情，顿时警觉，听完之后一口咬定："这事没得商量，必须服从分配，新老志愿者要打散，重新组队分配工作。"阿亮一见又有吵起来的趋势，马上把张莉支开，让她先去睡觉，明天一早还要带孩子们升旗。

见张莉离开，石剑波开始坦陈自己对桌子事件的看法，张莉不顾众人安危，一意孤行，导致发生那么大的事件，连驻军都惊动了，在这点上，张莉已经不配做一个领导带领大家。志愿者的人身安全应该大于帐篷学校的事务，张莉丝毫不考虑志愿者的安全问题，跟着这样一个负责人，大家都很没有安全感。又说起女友上厕所被人跟踪，以及深夜在帐篷里开会发觉有人偷听，并怀疑志愿者在这里的举动被人窥视，无论上课还是放学，一直都有老乡在不远处盯着大家的一举一动。

阿亮只听并不发表意见。见阿亮不反驳，石剑波提出进一步条件，希望张莉离开，由他们八人接管直台村的帐篷学校，或者，他们八个人同去草坡乡，二选一，如果不答应，他们八个人就一起脱离希望之窗，总之八个人绝不分开。阿亮问："这是你们事先商量好了再来找我谈的吗？"眼睛并不看石剑波他们，只盯着第一批志愿者，五人沉默。石剑波说："没错，我们是商量过了，我觉得我们八个人脾气都比较对路，配合也默契，遇到危险不会散盘，在一起能更好的做事情，不用再磨合了。"

阿亮没理他，问："你们几个，陈振、田春来，还有祝好，你们对张莉就这么有意见吗？非得联合起来赶走张莉？"阿亮声音里有压制不住的火气，还有失望。他没点名阿黎，知道阿黎培训没通过，对张莉有意见。

祝好弱弱地说："我对张莉姐真没意见。"看了石剑波一眼，说："那天你找我们说的时候，可没说让张莉姐走啊，你就是说这边特别危险，我们要团结在一起。"

石剑波只好说："让张莉走是我的想法，我们这边有八个人，人手已经足够，草坡乡那边还要办好几个帐篷学校，人手正缺，张莉可以去那边管理新的帐篷学校，直台这边我们会负责带好孩子。而且，张莉在这边已经跟团委结下矛盾，她离开这里对大家都有好处……"

"行！不用再说了，我同意你们的决定。"阿亮忽然打断他。

没想到阿亮竟然会同意，大家一时反而不知道说什么，阿亮扫视这八个人，说："那么，直台村就拜托给各位了，希望大家不要忘了我们的宗旨是一切为了孩子，以此来衡量自己做事的尺度吧。石剑波，你就做直台村帐篷学校的校长吧，你想要的，我给你，希望你做好！"

"那张莉？"石剑波不放心地问。

"张莉我会带走她！"阿亮快速地回道，看看大家没什么话说，起身出了帐篷。

外面一片漆黑，连星光都没有，阿亮站在黑暗中发呆，明天如何跟张莉说呢？刚才他不是没有想过，干脆这八个志愿者都不要了，让他们走。但同时走八个志愿者，对接下来的工作很有影响，需要再招人，再培训。意气用事固然痛快，但之后的麻烦还是需要去费心力解决，得不偿失。从沐水村到汶川，经历那么多波折，阿亮行事早已不像当初那么鲁莽。同意带张莉走，是考虑到这八个人已经一致对外，张莉倔强有余，心机不够，不是他们的对手，留下来，会受很多委屈，还可能引起新的纷争。阿亮对这一轮又一轮的纷争，早已疲惫不堪。

61. 张莉被赶走了

上课前，阿亮简单跟张莉说了说直台村人员留守的事情，张莉如闻噩耗，蓦地瞪大眼睛望着阿亮，仿佛不再认识这个人。阿亮被张莉的眼神刺痛，从来没见过张莉那样的眼神，惊愕、失望、伤心，继而变得冷漠，眼里的光瞬间熄灭一般，失了神采，蒙上了一层灰色。阿亮原本以为要面对张莉激烈的指责，张莉却什么都没说，沉默得令人不安。

今天是直台村迁徙前最后一课，孩子和志愿者都心神不定，帐篷外人声喧闹，老乡们在拆帐篷搬家，一股强烈的不安和动荡感笼罩着大家。孩子们悄悄打听，哪些叔叔阿姨留在直台，叽叽喳喳安静不下来。张莉提醒了几次都无效，不禁面色沉郁起来，她头天跟志愿者开会时信心和威信都大受挫折，今天又见课堂纪律控制不住，从来没这么乱过，情绪开始失控，罚说话的孩子自己站出去，站出去了三四个，张莉厉声道："还有！"又站出去几个。张莉依然不依不饶："志愿者没做好自己的，也站出去！"志愿者又站出去了几个。张莉一边罚站，一边训话，整顿纪律，讲各种规矩，在这些条条框框之下，自觉没有遵守的，都主动站出去了。张莉又要求孩子互相提醒，互相举报，又站出去三分之一，志愿者中只剩下阿亮和林小月没动。气氛太严肃了，小老虎吓尿了裤子，又窘又怕，大哭起来。

阿亮觉得张莉这个脾气发的太大了，已经完全失控，举手提问："张莉，帐篷外罚站的人多？还是帐篷里坐着的人多？"

张莉一愣，答不上来，阿亮说："我数过了，外面37，里面25。张莉，如果留在教室里人多；是个别人没做好，如果大部分人都没做好，那也许是你没有教好！小水滴，你们说是不是？"

孩子们都闭紧嘴巴，保持沉默。

阿亮只好继续对张莉说："如果要罚，那该罚的人也是你，不是他们，对吧？让大家都回来吧，有问题好好说，别发那么大脾气……"话还没说完，张莉已经气冲冲地把自己罚站出去了。

阿亮很尴尬，本想缓和一下气氛，没想到适得其反，只好宣布提前下课。

小孩子没什么感觉，一下课就跑出去玩了。大孩子觉得自己没做好，连累张莉罚站，都过来跟张莉道歉，想拉她进帐篷里，张莉拒绝。见张莉不肯进帐篷，孩子们都陪在张莉后面站了一串。阿亮见势不妙，赶紧过来喊张莉，下课了，罚站结束。张莉像一座悲凉的石雕，一动不动。阿亮又气又心疼，责备道："你怎么这么犟啊？" 张莉梗着脖子，沉默的像块石头。 阿亮叹了口气："你爱站就站吧！"转身进了帐篷。在他背后，张莉终于失控，泪流满面。

见张莉流泪，几个女孩子也忍不住哭起来了。小孩子也不敢玩了，站过来围成一圈，不知道为什么哭地哭起来了。张莉无声地流泪，大孩子陪着小声啜泣，小孩子一张嘴就哭得嗷嗷的，一时哭声震天，大有六月飞雪之势，众志愿者看傻了，惊叹张莉在孩子心中的地位，简直无可撼动。几名老乡赶忙过来询问，以为出了什么大事。阿亮大为尴尬，解释张阿姨罚站，孩子们讲义气都跟着站了出来。老乡更惊讶，张老师那么好一个人，你们咋罚她呢？几个孩子说不是张阿姨的错，是我们的错，他故意罚张阿姨，他欺负张阿姨……连阿亮叔叔都不叫了，对着阿亮指指点点，很有敌意。

阿亮汗流浃背，冲张莉怒喊了一声："够了！你再站下去，孩子们得跟着中暑了！"张莉让孩子们罚站还是有选址的，让站在帐篷北面，那里晒不到太阳，但她自己罚站却站在南面，烈日炎炎，地面温度起码五十摄氏度，像一个大蒸锅。张莉抬起手臂狠狠地擦了一把泪，转身走了。

孩子们还想跟上去，被阿亮喝止，都别跟着，让你们张阿姨自己静一下。

午饭后，张若芳向驻军借的车到了，大家动手装物资准备去草坡，石剑波忽然跑过来找阿亮，说孩子们全在教室里哭，趴桌上哭成一片，许多家长都来了，哄都哄不好。石剑波面色焦灼，热切地望着阿亮，指望他去镇场子。

阿亮暗暗叫苦，赶紧跟着去了帐篷学校。营长何庭石在班上骂人："叫你们几个上课还说话？张阿姨都是被你们几个害的。"原来孩子以为是他们上午在课堂上说话，连累张莉被带走了，又是难过，又是愧疚，更多的是不舍得。家长看到阿亮来了，也纷纷问，咋个把我们张老师调走了？张老师犯了啥子错误，组织上咋要处罚她呢？我们家长一起给张老师讨个保，组织上就不要处罚她了……

　　阿亮跟大家解释，只是暂时离开，但没用，孩子们根本不信。那边又来人催，东西都装好了，马上要出发。阿亮只好说，我去把你们张阿姨喊过来，让她自己跟你们说。

　　张莉背对着大家站得远远的，巨大的登山包耷拉着，轻飘飘地挂在背上。她已经收拾好行李了，一套换洗衣服，两条毛巾，一把梳子，一支牙刷牙膏，一块肥皂代替了洗发水洗面乳洗衣粉各种玩意，一只同时兼用饮水和刷牙缸的塑料杯，这些是她从山西出发时的全部行囊，在灾区待了一个多月，行李中只多了一本工作记录的小本子，一支圆珠笔。每次收拾行李，张莉都意识到一种干干净净一无所有的释然。但这次她却觉得心头沉甸甸的，压得人背都弯下去了，几乎站立不稳。一股悲愤之气，又酸又苦，从心头涌到了喉咙，穿过紧咬着的牙齿的缝隙溢了出来，她努力地昂着头，死死地盯着对面倾斜的山体，山上纵横交错的钢丝网，兜满了大石头，不胜负荷地拖塌下来，每天还在滚落石，不断地加重。

　　阿亮朝她走过去，走着走着，脚步慢了下来，看到张莉的肩膀在一阵阵地抽动着，仿佛那瘦弱的身体里藏着一头悲伤的怪兽，控制不住地要冲出来。阿亮停在了几米远，没有走上前去，他忽然没法对张莉开口，让她配合去安抚孩子，此时张莉才是最伤心的。

　　阿亮很茫然，也许，自己做错了？但应该怎么做呢？

　　张莉像是感觉到什么，转身看了阿亮一眼，低头朝阿亮走过去，经过时却没有停下脚步，越走越快，朝帐篷学校奔去。帐篷学校里石剑波正在跟孩子们解释，见张莉进来了，像迎接救星一样将她迎上讲台。张莉语气温和："孩子们，张阿姨要向大家告个假，去草坡乡办新的帐篷学校。这段时间由石叔叔照顾你们，大家要帮助石叔叔保护好我们的帐篷学校，还有田叔叔，陈叔叔，小祝阿姨都在陪着大家，我希望每个孩子都成为优秀的小水滴，不管我们在一起还是分开，我们都要做好自己，做好自己的事情！小水滴，能不能做到？"

　　孩子们参差不一地应允着，眼泪汪汪地望着张莉。

张莉看了看孩子们，伤感地道："小水滴，再见！"眼睛快速扫过那八名志愿者，尤其第一批志愿者，张莉语气确凿，一字一句地说："我一定会再回来的！" 几个人被她说的心里一寒。张莉转身出帐篷，孩子们全站起来了，张莉没有回头。

傍晚，八个人回到宿舍，空荡荡，拆走的帐篷空地上留了些垃圾，昨天还人声鼎沸，又吵又闹，今天静得可怕。大家都情绪不高，赶走了张莉，他们并不如预期中有胜利感。

意外发现老高和小高没有随阿亮他们进草坡，悄悄留下来了，要求加入了石剑波这一队。石剑波表示欢迎，但陈振和祝好几人对大小高都没好感，很是不屑。

62. 一碗水见人情

新安置点距离绵簌两个多小时的车程。大卡车绕着山路艰难爬行着，不时停下等前面的车通过危险地带，再冲过去，再说冲过去也比跑步快不了多少，山上不时地有垮坡，在山体上拉出一道道触目惊心的伤痕。山路上有前面的车颠下来的柴火，杂物，来不及捡拾，这一路好似在逃难。志愿者都心情低落，话也说的少，有种前途未卜的忐忑。

从早上直走到中午，忽然看到前面的车停下来了，后面的车也跟着陆续停下，猜测是不是遇到塌方了，陈振跳下车去打探，不一会回来了，说："到了！"

到了？大家纷纷跳下车张望，失望至极，这哪里叫安置点？就是推土机在半山腰新推出的一小块空地而已，这有限的空地还被几块巨石占分割开，应该是地震时从山上滚下来的。空地旁就是山涧，混浊的激流从嶙峋巨石间穿过发出轰鸣声。两边都是高山，滑坡滑得只剩黄土了，延绵不绝，前不见头后不见尾，形成一条天然风道，两山之间风声如吼，卷地三层土，铺头盖脸地向大家砸过来。小雨紧依着石剑波，神色惊惶，其他女孩子也不比她镇定，只是没有男友可依靠，紧紧地抱着自己的行李。而作为这群志愿者的新晋领导，石剑波本应该成为大家的主心骨，鼓励士气，但他只是揽住女友，一言不发，脸上的表情富有戏剧性，惊愕，失望，还带着一丝丝懊悔。小高有点崩溃，说："发神经啊，跑这里来！"老高也很没情绪，嘟哝道："不是说进草坡的路危险嘛。"老高也很后悔，早知道这么个情况，还不如去草坡，那里可能好点。

孩子们也跳下车来，向这新的营地张望。小老虎紧紧抱住陈振的大腿，企图往上爬，陈振伸手抱了起来，抱着这肉乎乎的小躯体，心里才有一点点踏实和归依感。

先到的村民也和志愿者一样茫然失措，四顾周围，帮忙搬家的军人已经开始把车上的家什包裹往下扔了。没错，种种迹象都表明，就这里了！

村长爬到巨石上冲村民挥手喊话，仿佛看到主心骨一样，大家都围拢过去。村长宣布："就是这里了！安家吧，乡亲们！"大家很沉默，志愿者也夹在人群中默默地望着村长。村长环顾四周，说："这里条件是差些，但是，好歹是我们龙溪自己地盘，俗话说金窝银窝不如自家的狗窝窝，这里没得人赶我们走，没得人歧视我们！二年，雨水一落，地里收成长起，日子就好起来了嘛！困难是暂时的，有人在，有土地，生活总会好起来……"

虽然村长竭力鼓励士气，大家并没有振奋起来。还有土地吗？直台村全是坡地，地震时村里的耕地都垮到山下去了，连同房屋牛羊一并埋葬在山涧里。

村长拿了根棍子，在地上比画着，按村民小组划分地方搭帐篷，同时大声催促："大家抓紧时间，这里没有电，天黑前要把家搭起来，老人娃娃那些个要照顾好，摸黑可麻迷烦！"

既然无可选择，大家都赶紧四散开来，抢位子安营扎寨，竹篙碰撞之声不绝于耳，寸土必争，简直跟打仗一样。村长爬下大石头，冲志愿者们笑笑，笑得很辛酸，说："老师们，真是对不起！条件太差了，让你们跟着受苦！"大家表示孩子们能住，我们也能住，不怕苦。话虽如此，心里却惴惴，这里的艰苦超出他们想象了。

几个大男孩跑过来，催促志愿者："快，晚了就没得地方了！"帮忙扛上物资一路小跑。何庭石已经带大孩子在坝子上占好地盘，拦住不让别人夺去。这些羌族孩子确实泼辣能干！志愿者也放下各自的小感触，加入安家的行列。

然而村长还是放心不下，跟过来看了看，说："不行，我们自己苦一点没关系，要给老师争取一下。"说完就走了，不知道他要争取什么。这里无论怎么争取也改善不了多少，如此荒芜，连野草在这里都难以生长的荒芜。没有电，没有水，没有医疗队，没有驻军，什么都没有，只有一群如同被整个世界给遗弃了的难民。只有些年幼的小孩嘻嘻哈哈，叔叔阿姨跟着上来了，他们开心的很，围绕着志愿者追打嬉闹着，快活得好似周遭跟他们一点关系都没有。

两个小时后，村长回来了，说校长很重视来支教的志愿者，同意安排志愿者住到中心校去，在那里画一块地方给志愿者搭宿舍帐篷。村长非常高兴，强调道："那里条件要比这里好得多！"大家闻言精神一振，正好也需要到中心校借课桌，决定跟随军车上去看看。

中心校就是龙溪乡中心小学，也是孩子们地震前上学的地方，校舍整体结构还在，但已经是危房。学校操场整齐排列着帐篷，医疗队，驻军，乡政府，盥洗处，卫生厕所……一切有条不紊，国旗依旧飘扬，有秩序的生活多好！校长接待志愿者们，表达了欢迎之意，很慷慨，课桌需要多少就搬多少。

小心翼翼地走进废弃的教学楼，墙上裂痕的线条张牙舞爪，教室里一地的水泥碎片，醒目的励志标语，黑板上未写完的数学题，提醒着大家，5·12那天，灾难在那一刻啃噬着这一切，瞬息无声。大家轻手轻脚地将桌椅往外搬，生怕一丝丝震动这栋危房将再也支撑不住了。

课桌都堆在操场上了，志愿者们却产生了分歧。

石剑波提议接受村长的安排，大家就住在中心校里，毕竟还有女志愿者，生活太艰苦对她们不便。老高和小高都立即表态，领导英明。但女志愿者并不领情，唐甜和祝好认为这安排不妥，孩子们在哪里我们就应该在哪里，既然争取到驻守直台村帐篷学校，就应该负责，万一学校有什么事情，住这么远顾不到。但石剑波认为学校固然重要，但志愿者的生活也不容忽视，志愿者过好一点又不影响教学，有什么不可以呢？

"是的，这里有干净的厕所，干净的水源，洗衣做饭也很方便，手机没电了，还可以随时充电，这些在灾区都是很难能可贵的资源，可以说中心校的条件比绵篪安置点的还要好。可是，老乡和孩子都能住安置点，志愿者怎么就不能住了？这次大搬迁不就是为了跟孩子在一起吗？"唐甜坚持。

石剑波解释："并非贪图安逸才选择住这里，主要是这里有医疗队也有部队驻扎，能保障大家人身安全，这里是羌族聚集地，羌民习性野蛮的很，风俗习惯都和我们汉族不一样，万一有什么冲突连语言都不通，我现在是校长，有责任保障大家人身安全！"

大家都不说话了，石剑波说："志愿者的人身安全重于一切，我们每个人都不是单独的个体，有父母，有亲人。"

"我不怕羌民，我住在下面，你们害怕你们住这里好了。"唐甜忽然站起来，语气激动，"直台村的帐篷学校可以说是我们齐心协力争取下来了，现在还没开始就怕这怕那，当初又何必拼命争取呢？还背负了叛徒的名义！何苦？如果我们做不好，跟亮哥怎么交代？徐敏行她们更要有风凉话说了！"

"不是害怕，怎么叫害怕呢？"石剑波很苦恼。

见意见不能统一，石剑波又提出新方案，去跟校长在中心校申请一块地方，帐篷学校就办在这里，这里比那个新安置点条件要好得多，让孩子们都到这里来学习。这个提议又遭到反对，住在这里志愿者是安全了，但从安置点到中心校这段路太危险，到处都在塌方，孩子们每天走那么远的路来上课简直不可想象。唐甜直言不讳："这是个馊主意！"

石剑波很为难，这也不行那也不行，领导确实不好当。争论不下，眼看都半下午了，大家决定先把桌子搬回安置点，晚上开会再商议。驻军开车帮志愿者先将桌椅送下山去，志愿者徒步回去。

下山路上，阿黎拉了唐甜一下，示意有话跟她说，两人落下几步，阿黎说："现在大家都想住中心校，你就不要再说话了。"唐甜质问："既然是开会讨论，我为什么不能说话？"阿黎生气地说："这个形势难道你还不明白吗？不要老是拿你自己的高标准来要求别人，像张莉一样讨人厌！"

"我怎么跟张莉一样了？她是不许人发表意见，你们不让我说话才跟张莉一样！"唐甜生气地喊道。阿黎没理她，快步跟上了队伍。

两个好朋友一起来赈灾，第一次产生分歧。望着阿黎的背影，唐甜很失落，我们跑这么远来赈灾，究竟是为什么？一点点物质条件就让人心不齐！

志愿者走回安置点，天色已经暗淡，见坝子上许多村民手拿着钢管篷布在帮着搭帐篷学校，孩子们则在一边帮忙整理文具物资，大家忙碌却有序，何庭继的爷爷都七十多岁了，老得腰都勾下去了，也在帮忙拉篷布。见志愿者回来了，学生的妈妈赶紧送来晾好的凉开水，招呼老师们歇会，学校天黑前肯定给搭好，不耽误娃娃明天的学习。

志愿者很受震动，怔立在原地，此情此景，难以言语。尤其看到干活的老乡们喝的是大桶里的生水，而为志愿者留的却是煮过的水，心里更是百味杂陈。此地生活粗陋，但老乡们对志愿者却给予了最精细的照顾。空地上许多家的帐篷还没搭好，志愿者的宿舍却已经搭起来了。安置点的地方那么有限，不仅留足空地给帐篷学校，甚至还留了一小块场地供学校做升旗列队之用，这样珍贵的心意！就像面前这几碗沉淀干净的水，清澈可鉴。

看到村民对帐篷学校这么尊重、爱护，几个人想起刚刚在中心校开会时的言论不禁惭愧。为什么会把他们想得那样不堪？少数民族的人真的如他们想的那样粗鲁无知，野蛮无礼吗？带着偏见和莫名其妙的优越感说出的那些话，像鞭子抽在各人心里。可笑的是，几个人竟然还被这种威胁论给吓得结起同盟。

至此，威胁论终于破产，没人再提起去中心校住，都留在了新安置点。但失去这个将大家维系在一起的"假想敌"，这批志愿者之间的团结也逐渐动摇。

63. 爱是无形之物

阿亮带着一行人前往草坡，一路倒塌的大桥，被摧毁的房屋，时时引起新志愿者的惊叹。车在这不是路的路上蹦跶着，一车人很快就被颠得七荤八素，新奇感退却了，随着一路往大山里挺进，路愈加艰险，志愿者时时要下车清理路障，尽量拱肩缩背，缩小身形，下意识觉得这样被落石砸中的机会小一点。走一段路，坐一段车，遇到危险地带，就让大家下车跑过去，大家以为车负载过重，司机却告诉大家："这样可以避免一车人被同时砸死的命运。"一句话让大家不由得后背发冷，面面相觑。果然，在经过下一段险路的时候，大家集体狂奔的速度快了不少。

傍晚到达草坡乡两河口，村口一片小树林，溪水漫延开来铺上村路，老远就看见对面一群人在冲他们热烈挥手，是徐敏行、美琪，刘旋三人带着帐篷学校的孩子，还有村干部，大家已经在村口等候多时。孩子们一见志愿者下水，立马不顾徐校长的喝止，也纷纷跳进溪水，溪水哗啷啷溅起，孩子们在溪水里跳跃着，呼喊着，兴高采烈朝志愿者们冲过去，将采摘的山花献给大家。

受到这样隆重的欢迎，志愿者们精神一振，一路的忐忑都抛之脑后。这村庄绿树成荫，还有溪水缠绕，跟一路黄尘漫天塌方不断相比，这里简直如世外桃源。美琪将一群人看了又看，都不认识，第一批志愿者一个都没有，祝好也不在，问阿亮，阿亮没好气地说："少跟我提他们，一群叛徒！"美琪心里咯噔了一下。

徐敏行跟当地关系处得很好，已经提前为新到志愿者安顿好住处，算是解决阿亮一大难题。放下行李，徐敏行又带大家去参观帐篷学校，还没到，就已感受到小水滴的气息，地上干干净净，树上挂的牌牌表明此处属于小水滴帐篷学校卫生区。

孩子们已经规规矩矩坐好，为新志愿者齐唱唱两河村校歌《让我们荡起双桨》，这首歌和村口跳宕奔流的小溪十分应景。徐敏行在讲台前为孩子们打拍子，美琪在一旁用风琴伴奏。傍晚的风一阵阵吹起衣角，讲台上摆放的山花，随风簌簌，馨香扑鼻而来，众人浮躁之气尽消。虽然在灾区，但这童音朗朗，熟悉的旋律，让众人的情绪都有了悠然之意，仿佛重回遥远的童年时代。

晚上在村里吃饭，饭菜丰富，竟然还有酒。大家奔走一天早已饥肠辘辘,放开了吃,向驻守草坡的志愿者敬酒,感谢接待。谢思谦特地向徐校长敬酒,说自己当了许多年老师,第一次感受到当老师原来可以这么美,富有诗意,涤荡心灵。这里恬静的氛围和绵篪安置点水深火热的闹腾截然不同,阿亮也感慨,还是徐校长这里最让人省心,搭了个帐篷给她们,三个人就将这里经营得有模有样,孩子个个举止大方,热情赤诚,从这些都可以看出老师的工作成绩,也向徐校长敬酒,开玩笑地说:"其实,这杯酒我想敬远在成都的砚台,感谢她先给了我一个张莉,又给了我一个徐敏行!"徐敏行非常得意,这可谓极高的评价了,也很乖巧,立即起身敬张莉,感谢那三天对她严厉的培训,获益良多。张莉却神色淡淡,说:"不用感谢我!我们只是做好各自的本分!我也不是为谁谁去做的。"说完也不端杯子,起身走了出去。

一时大家都静了下来,徐敏行很尴尬,端着杯子喝也不是,不喝也不是。阿亮冲她使眼色,示意她不要在意。跟大家讲起昨晚石剑波等八人抱团驱逐张莉的事情,今天白天的事一些志愿者已经看到了,但并不知道昨夜还发生要挟事件,终于知道张莉这一整天寡言少语,情绪低沉的原因。大家都很愤愤,这叫抢地盘,那么艰辛办起来的帐篷学校,就因为八个人抱团威胁就给夺过去了。美琪得知祝好也参与了这个事情,非常失望,要打电话质问她,被阿亮拦下了,说:"事情已经到这一步,就不要让那边军心不稳了,希望他们争取下来了就好好做事。如果不尽力就不可容忍,一定驱逐他们,八个都滚蛋算了。"

徐敏行以己度人,如果两河村的帐篷学校经自己一手办起来后,被一群后来的志愿者给占领,逼走自己,肯定伤心得很,说:"这事最难过的肯定是张莉吧?就像自己的娃儿被人抢走了一样!"马友兰说:"其实,我看到张莉在车开动的时候流泪了,我想她那么要强的人,肯定不想让别人看见,就没吭声。"丽军一听就坐不住了,出去找张莉,她们俩是老乡,虽说丽军初来对张莉的培训方式有意见,但消解之后两人倒成了好朋友。

直台村八人抱团的事成了反面教材,大家都声讨那八个家伙不仗义,想办帐篷学校自己可以去办一个,这样干一点道义都没有!阿亮却打断大家的批判，说："其实，希望之窗的帐篷学校不属于我、张莉、砚台。我们三人所做的工作是在为志愿者服务，志愿者才是真正在第一线为孩子服务的。志愿者有能力就可以独当一面，带领一所帐篷学校，像徐敏行，两河村的帐篷学校很放心地交给她，接下来我们还要去几个村办帐篷学校，新的校长人选就在你们当中，希望大家放下争执，端正心意，为灾区好好做事，才不辜负这番出生入死地进汶川！"一番话有胸襟有气度，大家很感动，也很受鼓舞。

新来的志愿者男生一共五人，自封草坡五侠，老大柳安新，老二陈松芒，老三谢思谦，老四景天，张济邦年龄最小排行老五，借徐校长的酒结盟为异姓兄弟，相约守望相助，一起护卫草坡乡小水滴。

阿亮分配下各村人员名单，柳安新负责足湾村帐篷学校，分配冯丽军、张若芳、张济邦三人给他。谢思谦带景天、马友兰、巧红、牛叔叔前往金波村办帐篷学校。张莉带陈松芒、林小月，花大姐去马头村办帐篷学校。本来想以两河村作为据点，让张莉驻扎这里，以便下一批志愿者到来时培训，但见徐敏行做事出色，就换到马头村去做据点了，两河村志愿者三人暂时不增不减，待到下一批志愿者到再补充人手。

安排一宣布，大家都有所属，徐敏行一颗心也放下来了，两河是她心血所系，生怕自己会被调走。新志愿者负责人纷纷向徐校长讨教经验，徐敏行也不谦让，诚恳讲解："要恩威并施，我跟美琪两人分工就是一个唱红脸一个唱白脸，跟娃娃们相处太远了不行，远了他压根不听你的，太近了也不行，近了能爬人头上来，真的，上次我和美琪想午休一下，打开帐篷真是给惊倒了，全班的娃娃都挤在我们宿舍里，都要跟我们一起午睡，帐篷都给挤倒了！"徐校长说起娃娃经又是幸福又是苦恼，才十九岁的小姑娘，微锁眉头，一本正经，惹得大家忍俊不禁，徐校长也不好意思地笑了，重振旗鼓，认真地道："我觉得还是善意的力量最强大，不管做啥子，要让孩子感觉到志愿者是真的爱他们，理解他们，尊重他们，爱惜他们，这点我就觉得张莉做得特别好，不管多皮的娃娃到她跟前都很懂事，不，也不是单纯叫懂事吧，对了，就是体谅！"徐校长努力地组织着语言："体谅，这个最重要！不能体谅，讲多少道理都没得用，道理说服不了别人，每个人都有好多道理，但是有体谅，好多话就不用多说了，也不用道理去辩论了，就是心意都通了一样，那种相处才是最舒服的，不是我管娃娃们，我们之间不仅仅是师生关系，同时可以是好多种关系，是姐姐，朋友，阿姨，老师，有时候娃娃身体不舒服，又像妈妈一样去照顾他们，有时候甚至娃娃们要当男子汉，那我就做小女生，让他们去逞能，去保护我们女生。"说完大家都在思考，徐校长抱歉地笑笑，说："我这段时间，心里是晓得了好多事情，但是我说就说不好，我也不晓得表达出来了没有。"

谢思谦说："你表达清楚了！很宝贵的经验，我想我懂了，单凭讲道理很难让人从心底信服，但善意和珍重却能直达心灵，和娃娃们的关系并非仅仅师生关系那样一成不变，遇到的事情不同，可以换作不同角度来体谅对待。"大家都点头，赞同。

明日大家就要分赴各村做事，阿亮对大家做临行前的勉励："希望之窗是个草根组织，物资匮乏，募集的资金也十分有限，办得捉襟见肘，数次濒临瓦解，但我一直有个坚定的信念，我们在做一件正确的好事。希望之窗是我们这些山寨志愿者，为灾区儿童建立起的一所强大的精神山寨，在这里，我们与孩子共同面对灾难，分享生活的快乐和美好，也分担生活的苦忧，这些远远超越了物质的价值，我们所付出的，是这个世上最珍贵的奢侈品——爱！也正因为爱是无形之物，所以一旦付出，永不磨灭。多年以后，孩子们回忆起 2008 年的夏天，记忆中不仅仅是艰辛与灾难，还有一些明亮的色彩点缀其中，这道色彩是关于一所叫希望之窗的帐篷学校，这道色彩，也将成为我们这些见证过汶川大地震的志愿者人生中的一道光。愿我们每一位志愿者都发出自己的光芒，温暖他人，照亮自己！"

一番话说得大家胸中豪情激荡，眼眶发热。阿亮举杯相祝："共同进步，不负青春！"大家一饮而尽。

阿亮有些酒意，站起来说："我今天特别高兴，真的，我真高兴看到大家这么融洽地在一起聊天，这才是我理想中共事的气氛。看到大家这么平和地在一起交流，我很怀念和张莉在沐水村共事时的氛围，但这种氛围自从到汶川之后，已经失去了，你们好好聊，我去看看张莉。我想向她道歉！"大家善意起哄，为阿亮倒酒壮行。

64. 认真了你就会哭

阿亮走出帐篷外，一抬头，不禁叫了声："好一轮月亮！"只见山间月明如水，林间溪浪清浅，都明晃晃，分不清哪里是溪水，哪里是月光。夜幕模糊了地震的痕迹，山色温柔。

溪边，俩女孩子坐在大石头上聊天，正是张莉和丽军。阿亮走过去，趁着酒意，说："丽军，我有话要跟张莉说，请你把张莉让给我一会。"丽军看看他，会意地笑笑，起身离开。

张莉见丽军要走，也起身，被阿亮拦住，说："张莉，我有话要对你说！"张莉背过身子，面向溪水坐了下来。阿亮也在一边坐了下来，沉默了一会，说："张莉，有些事情我可能做的不对，向你道歉！"

张莉语气冷淡，问："有些事情，是哪些事情？"

"我今天一直在想，也许应该让你留在直台，但那八个混蛋联合一致排斥你，我又担心你留在那边受他们的气，以你的脾气肯定又要起争执，我在草坡这边又顾不到你，就自做主张把你带过来了。"

"争执？"张莉的声音并不高，却透着怒气："你知不知道你给我惹了多少争执？你知不知道许多争执都是因你而起的？你每次都把我推到恶人的位置，自己缩头做好人！"

"张莉！你怎么会这么想？"阿亮很受伤，如当头一记闷棍。

"你一次次随便招人进来，团委的人，还有周萍，不顾我辛苦建立的规则，随随便便就越过，出了事情，你又跳出来两边扯，好人都给你做尽，尽让我背黑锅，阿亮，你心机太深了，每次都利用我！事情让我出头，出事了就牺牲掉我，讨好团委，讨好大家！"张莉郁气难平，许多事情在眼前闪过，团委的志愿者过来教孩子，管她们会得罪，不管又难让其他志愿者服气，进退都错，可是阿亮偏要答应，后来果然得罪了团委的人，引发桌子事件，跟孩子们讲的道理不践行，自己在这里无立足之地，践行下去又是面对团委那么强势的权力，又是进退皆难，阿亮不反省自己是始作俑者，把她推到那么难处理的关系之中，转过头却怪她处理事情不够圆滑。桌子事件的应对，每次都是大家一起开会商议的，好不容易争取到了道歉，大家却又觉得她争取得过火了，把团委得罪了，纷纷把责任全推到她一个人身上，觉得她是个祸水，没有人体谅她那时候有多难，阿亮还跟周萍一唱一和，指责她把孩子们教傻了，那句话太伤她的心了，把她在这里的辛苦和努力，一句话就给否定了。每一次，都被阿亮推到风口浪尖，事后却又怪她不够能干，不够聪明……张莉越想心越寒，却被一口热气呛在嗓子里，哽着嗓子："阿亮，桌子事件，明明团委做得不对，你怎么还奴颜卑色地跟她们道歉，阿亮，你是一个男人，你怎么这么懦弱？！"

"你怎么会这么看我？！"阿亮气得大吼一声，见张莉不吭声了，又缓和了一下，说"张莉，你还记得刚开始在沐水村的时候吗？每次都是我犯浑，顶撞村长，顶撞校长，每次都是你去道歉挽回，但我并没有认为你奴颜卑色！我想我仗着自己脾气不好，给帐篷学校惹麻烦了，连累你那么为难，我不想让你一个女孩子去受这样的委屈！去给那些混蛋说好话，赔笑脸！所以，我改！你以为我愿意给那个团委的黎书记道歉吗？你以为我没有脾气吗？你不知道，我在团委门口站了二十多分钟，还是硬着头皮进去赔笑服软，你竟然认为我这是懦弱？我告诉你，不是仗着一股子勇猛之气拼个你死我活就叫勇敢！那样不牛逼！牛逼的是不管有多少困难，多少阻碍，最后我们笑着说这事我们干成了！"阿亮越说越气，觉得张莉固执倔强，一点点小事扩大到那么大的事件，他一次次拉下脸去道歉，苦心维稳，以期帐篷学校能平安办下去，竟然被看成是懦弱，是软骨头，奴颜卑色，这对他是莫大的侮辱，气得心都怄成了豆腐渣。

"如果丧失做人的原则，模糊对错，帐篷学校不办也罢了！我们嘴里教孩子的道理，就要践行，言行不一致，这样教不了孩子！"张莉强硬地说。

"张莉，帐篷学校不是施展你人格魅力的地方，你这样做不是为了孩子，你是在展示和印证自己！我们是来办帐篷学校的，记住这个目标，不忘初心，才能走到终点！"阿亮语气严厉，"谁还没点脾气啊？耍脾气也要看场合分对象，有人鸟你，有人不鸟你，回过头你还得收拾烂摊子！女孩子脾气不要那么刚烈！"

张莉气得起身就要走，阿亮赶忙拦住，语气缓和下来："张莉，你也是在为帐篷学校好，我也是，我们的目标并不违背，为什么我们之间却有这么大分歧？我不知道我怎么你了，做错了什么，让你对我火气这么大！"

"你既然不知道你做错什么了，干嘛来道歉？虚伪！"张莉骂道。

"张莉，我只是想，只是想让你开心点，不要伤心，就这点，就这么一点点，我宁愿不分对错向你道歉。"阿亮声音温柔，低声道："张莉，我很怀念在沐水村的时候，那时候只有你和我两个人，齐心协力，你对我犯的错都很宽容，一次次帮我收拾残局，我很怀念那个时候的你，坚韧又宽容！"

"我开不开心跟你没关系！"说起沐水村，张莉难以抑制自己的情绪，她何尝不怀念，如果不是那时的心情，她根本不会来汶川。张莉语气酸楚，质问道："阿亮，哪一次，你是站在我这边的？不管别人怎么对我，你究竟有没有一次是站在我这边的？团委欺负我们，你跟她们道歉，指责我固执；石剑波他就是想要占一个帐篷学校，好让他们东北那一队志愿者不分开，我是知道他的心思的，就因为你在沐水村被志愿者结盟给驱逐，我阻止不让他们结伙，为什么你还站在他们那边，赶我离开直台村的孩子？你商量都不商量，就抛弃了我们一手建立的直台！还有欧欢，她几次都是故意置我于坏人的角色，她老是那么委屈，我根本就没有欺负过她，我不知道她为什么老是哭，老是那么委屈……阿亮，为什么她哭，我没哭，我就成了坏人，你就站在她一边责怪我强势？这是什么道理？还有周萍，她打心眼里瞧不起我们，我心里知道的，她说我不自量力，说我利用孩子做工具，你也跟她一起指责我把孩子们教傻了。批评是容易的，建立却是最难的，她们什么都没做，却一直在指责别人做得不好……"张莉忍了又忍，哽咽道："阿亮，为什么？每次只要有别的人，你都会站在别人一边指责我？"这句话终于问出来，眼泪也如溃了坝一样，夺眶而出。

"张莉，"阿亮艰难地说："我是把你当自己人才这样的。"

"我不是你的人，我们的关系远远不算！就算有那样的缘分，我也不喜欢你站在别人一边指我！"

"张莉，我在心里是和你站在一起的。"

张莉愣了一下，一股辛辣之气呛入鼻喉，摇头道："那，没有用！你在我最需要的时候没有站出来，就像飞机失事时需要降落伞一样，过去了以后，以后就不再需要了。"言语虽狠，却又不禁泪流满面。

"张莉，其实我一直想找机会跟你说，可是事情太多了，这段时间就没有消停过，吵架，打架，闹分裂，抢地盘，我实在是疲于奔命。我总以为你会理解我的，我们一起相处那么久，我觉得你不是那种小心眼的女孩子……"阿亮的声音透着疲惫和无奈。

张莉沉默，不再言语，冷硬得和溪边的石头浑然一体，眼泪却如涌泉般，喷涌而出，不可遏止。她讨厌在人前哭泣，过去二十多年，除了年幼无知时为小事哭闹过，长大后她从未在人前哭泣过，但在汶川却一再失控。她很讨厌这样的自己。

张莉起身，向阿亮轻轻鞠躬，说："阿亮，再见！"

阿亮愕然："你去哪里？"张莉没有回答。

望着张莉决然离去的背影，阿亮忽然明白了，张莉跟他告别的是感情。千言万语哽在胸中，也只是化作一声深深的叹息，能解释的似乎已经解释，想说的那一句，却再也说不出来。

阿亮也许没有犯所有男人都会犯的错，但犯了所有男人都会犯的傻，他不知道无论是什么样的女子，内心都有脆弱和小心眼的一面，并且在疑虑没有及时打消的时候，会一路丰富地联想下去，并将想象当成现实，不可原谅。阿亮想着等张莉消消气，忙完了，他再心平气和地跟她好好谈，于是，他又犯了一次傻，女人要及时哄，有误会要及时澄清，最好不要隔夜，因为在男人等女人消气的时候，女人已经在内心完成了失恋的整个过程，并且体味了其中所有的失落和痛心。悄悄的。

晚风阵起，空气里一股花椒树辛辣的气息，这气味和沐水村的夜晚，一模一样。曾经在这样的晚风中，他修理桌椅，修补帐篷，张莉伏在一边批改作业，时而念一段给他听，时而枕颊思考，脚下柴火堆里照例煨着红薯或土豆，发出温吞的香气。他忽然想起，她曾无数次将土豆剥干净皮，轻轻放在他跟前，又回到课桌前批改作业，好像这样的事情已经做了一辈子那样寻常，而自己当时也似乎并未意识到张莉身为女子的温柔和细致之情……阿亮坐在溪边，看着月亮明晃晃地映照在溪水中，细碎闪烁，过去的时光，如梦一般。

65. 锅都被猴子抢走了

直台村原址在海拔 2800 多米的高山上，是传说中的云端羌寨。羌人生性骁勇彪悍，又能歌善舞，服饰以明艳为美，美丽的羌绣就像缠绕于这个"云朵中的民族"血脉之中的生命之花。虽然时代在变，但他们在高山上过着属于自己的生活方式，养牛羊，种青稞，固守着古老的羌族习俗，三月有祭山会、五月有歌仙节，十月家家饮起收成酒，羌历新年更是歌舞盛会，物质虽贫瘠，精神生活却饱满丰饶……美丽的直台羌寨定格于 2008 年 5 月 12日，顷刻之间，一切化为乌有，全村 117 所房屋全部损毁。

希望之窗帐篷学校随直台村民迁徙到新安置点第二天，照常开课，按照小水滴帐篷学校的规矩，校长每天早上第一堂课讲《弟子规》，以往都是张莉讲，对石剑波代替了张莉的位置，孩子们有隐约的敌意，不回答问题，也不提任何问题。石剑波努力想活跃课堂气氛，讲故事，讲笑话，一堂课上下来，累得嗓子都沙了，但孩子们并不领情，整堂课上唯一一个提问，竟然是张阿姨啥时候回来？石剑波深有挫败感，感觉帐篷学校搬到新安置点后，忽然变得很冷清，丧失了之前的那种朝气，即使在遭受团委打压的时候，大家都不曾丧失的蓬勃朝气，在这里找不到了。

头几天阿黎还能苦中作乐地吼歌：我家住在黄土高坡……当她看到一阵大风将两顶帐篷连根拔起，裹着锅碗瓢盆、铺盖卷，以每秒几十米的速度，从她头顶一路翻滚而去时，瞬间就崩溃了，连哭带跳地跟后面追。一路翻滚数百米，翻越过三米高的土丘，一顶被山石挂住，一顶从石剑波头顶一米处飞过。如果不是阿黎大喊提醒，也许那帐篷就要撞上他的脑袋。石剑波傻眼了，这辈子，第一次见到如此之大的风筝，三十立方，七十五公斤。

如果不是亲身经历，他们无法想象竟然还有这么恶劣的生存环境。恶劣的环境，短短两天就将志愿者们的勇气和热情一扫而空，这里触目荒凉，什么都没有，连厕所都没有，男生还可不拘小节，女生就很为难，尤其一到晚上，吓得连帐篷都不敢出。夜晚的风，穿过两山之间狭窄地带，发出可怕的啸叫，像无数冤魂在哭喊，风卷起沙尘打得帐篷噼里啪啦巨响，从来没见过那么大的风，持续无休地肆虐着。

直台村在地震前就是汶川这个贫困县中的贫困村，全村 85 户，439 人，人均年收入不到 600 元。地震后，这个贫困村被震得一无所有，又经过两次大搬迁，更是一贫如洗。穷到什么程度呢？偌大个安置点，晚上没有一户人家点得起灯火，一到夜晚每户帐篷都静寂得如同荒野，没有月亮的晚上，四周黑得让人丧失存在感，像是被吸入了某个宇宙黑洞里，没了时间和空间。临时安置是最难熬的生活状态，一切都处于草草将就。

震后每人每天十元的政府补助，不知为何没有按时发放下来，村民的生活被缩减至最起码的生存所需，以土豆为粮，煮一锅土豆一家人吃一整天。由于这里少有树木，柴火是紧俏之物，老乡每天缘溪涧打捞上游冲下来的树木杂草，晾干做柴火。安置点中间有个公用棚子，棚子里挖了许多坑，垒了些石头，就是大家做饭的地方。

这里没有谁比他们更穷了，除了山上的猴子。

搬过去第二天，安置点就发生了失窃事件，有人丢失了晾在外面的衣服，有的人家丢失了所有的土豆，一颗不剩。村民相互猜忌，闹得沸沸扬扬，直到有位村民晚上起夜，看到数十黑影，似人非人，在篷子中间跳荡，举止骇人，老乡连呼有鬼。

后来才知道是一群猴子从山上冲下来了，洗劫了这个原本就穷得不能再穷的安置点，真是叫人欲哭无泪。

志愿者也有损失，煮饭的钢精锅被猴子顺爪掳走，显然它们没用过这么高级的玩意，玩腻了，就将这只锅挂在某处峭壁之上展览，人类绝无可能爬得上去。陈振试图用石头将那只锅打下来，却引起猴子的报复，它们占据有利地形，纷纷朝下扔石头，多角度袭击陈振，个别狠家伙，还试图去推动悬崖上的大石头，估计是想即刻把陈振给做了，一了百了。这位曾经得过全国冠军的拳手，寡不敌众猴，落荒而逃。

面对猴患，志愿者们情绪愈发低落，没想到费尽心机占的地盘，竟然处于猴子的势力控制范围。安置点悬挂的横幅，人定胜天，重建家园，多么讽刺，连猴子都搞不过，还好意思跟老天叫板？

阿亮刚到直台安置点，就听到大家一连串的诉苦，包括对猴子的控诉，令阿亮又是好笑又是担心，好笑的是，地方是你们联盟抢的，难道现在指望我去抓猴子？担心的是这帮家伙守得住吗，不会逃跑吧？草坡的志愿者都已经分配到各帐篷学校去了，再重新调动，会影响其他帐篷学校。阿亮想着，幸好新一批志愿者明天就到。

但是，一个电话打乱了他的计划，新志愿者一行六人在马尔康附近被军队扣押！

阿亮一身冷汗，什么事情会惊动军队？志愿者队长孙大磊却对自己这群人为何被扣押毫不知情。阿亮问他有没有带违禁品？孙大磊说除了随身个人用品，就是帐篷学校的文具物资那些，但现在物资也已经被扣了，人和物资被分别关在不同地方。阿亮又问同行的有没有人之前犯过事情，有案底。孙大磊说他和他的两个女队友都是大学生，可以担保没问题，但是其他志愿者就不知道了，得问砚台。阿亮问孙大磊，砚台知不知道这件事情。孙大磊委屈地喊了起来："我第一个就给她打电话，她说正在跟人吵架，那边很吵，听不清楚，好像说等吵赢了再捞我们，我们都被抓起来了，她根本就没把我们当回事！"

阿亮告诉石剑波，出事了！今天出发的一批志愿者在马尔康附近被抓，原因目前不明，他们自己也说不清楚为什么被抓，大巴车走到半路，有军队设卡拦车，检查证件，检查完了就把他们这一批全赶下车，带走了，那一队还有几个女孩子，都给吓坏了，听说还被枪指着，押到了一个地方，只知道下车的地方叫白湾，但不知道自己现在所在的地方叫什么。

大家都很紧张，尤其石剑波脸色发白，孙大磊和两名女生是他的队员，都是从东北过来的，他们这一队六人，分两拨出发，他先来汶川探路，占领直台后才通知那边出发来汇合，没想到出了这么大事情。小雨吓得一连声地问：怎么办？怎么办？为什么要抓志愿者？……

阿亮让大家冷静一点，分析手机没有被没收，还允许打电话，也许问题不严重。话虽如此，大家还是放心不下，纷纷猜测原因，祝好忽然想起之前听马友兰说路上一志愿者乱拍照，害大家全被军队给带走了，问阿亮："哎呀，他们是不是拍照片了？"

阿亮莫名其妙，跟拍照片有什么关系？

原来马友兰她们那批志愿者在马尔康附近也被拦下来过，这事大家都不知道。事情的起因是刘巧红在关卡等登记的时候，闲得无聊，拿出相机乱拍，当场就被当兵的围起来了，一群人全被带到一边去问话，幸亏张若芳是现役军人，拿出军官证给他们看，一见都是军队系统的，这才把大家给放了，只是没收了相机卡，相机也还给她们了。军营，关卡，这些不能拍照，但很多人并不知道。

阿亮马上又打电话给孙大磊核实，得知并没有拍照片。孙大磊说问了好几次，没人理他们，也不说原因也不说什么时候处理，更不提什么时候放人。孙大磊情绪急躁，跟阿亮在电话里喊："你们得马上想办法，天要黑了！"阿亮被他催得火起，吼了一声："他妈的，你是个男人吗？嚎什么嚎，能有点出息吗？"

一群人苦苦思索，实在想不出有什么办法可以把人弄出来，连为什么被抓进去都搞不清楚，叫人无从下手。阿亮给砚台打了好几个电话都没人接，不禁又为砚台担心起来了。

66. 出门遇见鬼

砚台在一咖啡厅做灾区儿童画笔计划的展览，咖啡厅是大老游朋友开的，从沐水村回来之后，大老游正式成为画笔计划的策展人，在很多机构和公共场所举办过活动，募捐效果很不错。希望之窗后续的物资几乎都依靠这个来源。

但今天出师不利，遇见鬼了。

砚台挨桌摆放画笔计划的卡片时，对方忽然将桌上的卡片揉成一团砸她身上，开口就骂："听到地震就烦，还天天号召我们这些穷逼老百姓捐款！捐，捐你妈个狗逼！"

突如其来的侮辱，劈头盖脸砸过来，砚台一阵热血直往头上涌，第一反应是操起面前的果盘给那家伙头上来一下，几乎没有停顿，一念起，她的手就抓住果盘砸了过去。那男子猝不及防伸手挡了一下，坐他旁边的女孩惊得跳了起来，发出尖叫声。周围人都没反应过来，从那男人开口骂人到砚台砸他，几乎是瞬间完成。那男人一伸手就掐住了砚台脖子，大老游也冲了过来，从背后将那男人脖颈也一把扣住，吼："放手！"那男人女友也上来拍打他的手，喊："放手啊，你个神经病，人家是个女娃娃！"

僵持着，呼吸越来越紧，砚台一边抠对方的手，另只手艰难地从屁兜后面抽出刀。一只手没法去掉刀鞘，用力在桌沿拖了一下，刺过去，围观人群发出惊呼，刀！刀！那男人迅速松手，抬腿就踹，虽然大老游用力将他往后拉，但这一脚的力量也足以将砚台踹翻在地。

咖啡馆老板跟大老游合力将那人制住，砚台也被服务员拉住，大家将这两人尽力拉开，隔几张桌子按坐下来。见打不起来了，大家就口舌争执。大老游骂："人家是志愿者，跟政府有啥子关系？你对政府不满，跟人家一个志愿者甩啥子威风？脑残！"

咖啡馆老板也说："人家是外地来川赈灾的，狗日简直是给我们四川人丢脸！"

"哦？老子还要感恩喃？又不是我请来赈灾的，还敢动手？啥子素质？女流氓！"那人叫骂着，沙拉酱从发梢往下淌。

"狗日是你先开口骂人的，还讲素质？"大老游气得手直抖。

"啥子狗屁志愿者，你看哈她那个态度嘛！老子一分钱都不得捐！呸！"重重朝地上吐了一口痰。

砚台跳起来，骂道："向你募捐了吗？怎么就让你觉得自己是个恩主了呢？傻逼！"

旁边一桌人也在劝："人家志愿者在为我们四川的娃娃办学校，又没有逼着你捐，你不捐就算了，骂人就不对嘛！"

男人女友企图息事宁人："他今天是跟我吵架，心情不好，说话冲了点，但你道理都不讲就砸也太过分了！"

"心情不好就可以辱骂别人泄愤？这种傻逼没有道理能说通，只能捅几刀让他懂。"砚台气得浑身抖，指着那男人骂："你这种人渣，迟早被人捅死！暴尸街头的都是你这种二货！"

那人起身，砚台拔刀指着他，他又坐下来了。

回去路上，大老游要带砚台去医院检查，被砚台拒绝了。大老游埋怨砚台太冲动："要打架也是男人打，你一个女娃子冲那么前干嘛？吃现亏了吧？不聪明！要学会保护自己。"砚台心想根本不是考虑吃亏不吃亏的问题，那一刻是要同归于尽的愤怒，哪有时间去权衡？低头看看身上的脚印，认真地说："这是个教训，我要记住！没把握就不要动手，如果要动手，一出手就要让对方没有还手之力，不然人家一还手我就惨了，其实旁边桌上就有一壶开水，用那个砸他就没有还手的余地了。"大老游摇头叹息："这就是你总结的经验教训？怎么这么暴力啊！"砚台怒道："我暴力？那傻逼就是看我是个女孩子才敢这么放肆！不过是欺软怕硬罢了，今天算他走运，捡了一条狗命。"

"那是，我都没想到你这么彪悍，竟然随身带刀！捅死人了咋办？不考虑后果！太冲动了。"大老游叹气。

"大老游，你有没有想过，有些人根本没机会后悔自己冲动就已经被人干掉了。如果谁让我感到危险，我会先出手，不留余地！当时如果我没拔刀，我会被他折断颈骨。"

大老游沉默了。

临下车，大老游还是不放心，问："真不用去医院？"砚台摇摇头。他又问："一起吃晚饭？"砚台还是摇摇头，开玩笑地说："不用了，把饭钱捐给我吧，看在我们这么熟的份上，我给你打个八折！"

大老游不禁哈哈大笑："又来这招？"砚台也笑了，说："也许你还不知道，希望之窗的第一笔资金就是从你那顿饭钱开始的，二百五十块！我心里，一直很感激你！"

大老游也感动了，说："这么说我都不好意思了，相比你们，作为四川人我感到很惭愧！"

"是啊，今天你就应该帮我把那个家伙打一顿，讲啥子道理啊，太遗憾了！"砚台笑嘻嘻地说，跟大老游挥挥手进了小区。

67. 每平方厘米都是国家机密

下午战事吃紧来不及细说，砚台到家赶紧回阿亮的电话，听阿亮说了一遍。又给孙大磊打电话，大磊在电话里抱怨组织办事不力，到现在还没给解决。砚台绕过他的抱怨，直接询问被抓的细节。孙大磊坚称没有任何预兆，查完身份证就把他们一群人赶下车了。

这么奇怪？难道是证件出了问题？

砚台又问有没有人的身份证是假的，或者过期了？孙大磊语气确凿地说没有，大家已经从军队移交到当地派出所了，叫白湾派出所，有两名持枪特警在看守他们。砚台让他去要个所长的电话，他很为难。砚台很生气："要个电话会枪毙你啊？你们自己一点都不想办法，我远在成都能干什么？"如此好歹要到了所长的电话。

立即打过去，先介绍自己是志愿者负责人，然后问这批志愿者有没有违法乱纪的行为？有没有触犯法律？得到否定的答案后，砚台又问："那请问你们是以什么理由扣留我们的志愿者？"所长含含糊糊，具体原因他不便透露。你他妈的把我们人都抓起来了，竟然说原因不便透露？砚台继续追问："不便透露的意思是指你们扣留志愿者的理由并不合法，说不出口，是吗？"对方急了，说自己是听上面的命令，具体原因不太清楚。砚台问上面是指县领导还是省领导，是谁下命令抓人的？要对方电话号码，对方含含糊糊不说，匆匆挂了电话。

电话才挂，孙大磊那边又打电话过来问进展，砚台被他催得很焦虑，跟他说正在想办法，孙大磊说大家都很紧张，长这么大没进过局子，不能留下在派出所过夜的记录，以后档案上说不清楚，影响一辈子。砚台生气的很："跟档案有个毛关系啊？还一辈子呢！你别催我了，催得我心烦意乱，理不清头绪！再催我就不管了！"孙大磊在电话里差点哭出来："我们是希望之窗的人，你们可不能一出事情就不管我们……"砚台啪嚓就把电话挂了，最讨厌男人一点事情就惊抓抓的，一点都不冷静。

俗话说冤有头债有主，得找出是谁下命令抓人的，砚台猜派出所的上级单位可能是公安局，但是在网上查不到公安局局长的电话，忽然又想起是军队抓了人移交给当地派出所的，找局长不一定有用。那到底要找谁呢？军队？公安？政府？对这些错综复杂的单位可是一点都不了解，茫然得很。那边被扣留的女志愿者又给砚台打电话，在电话里反复表达恐惧，还没有吃饭，天黑了，还有两人持枪看押。也许是孙大磊示意的，继续给砚台施压，感觉这样能把她逼成个超人或者奥特曼，瞬间拯救他们。

砚台忽然想起自己也还没吃饭，去煮了点面，煮好了却又吃不下，感到心力交瘁。天又热，如同蒸笼，汗流下来，脖子上一阵阵火辣辣的，那傻逼男人还留着长指甲，脖子被挠伤了。想想自己在四川赈灾，差点被四川人给掐死，不由得一阵寒心……

但她心里也清楚，知道自己这是遇到困难了，下意识地给自己心里暗示，想找理由逃避，想找理由放弃。砚台定了定心神，将这个想当逃兵的想法扯断，扣押的那群志愿者，他们可能还没吃饭，晚上会不会住号子里？会不会吃亏？这群大学生都娇生惯养的，长这么大可能都没受过这种惊吓。

找局长？所长？当地驻军？州委？这事到底应该找哪一个层级？念头不停地翻腾着。不是没有想过，如果闹到州里去，会不会适得其反，给下面小小所长造成惊骇？但似乎这事跟那个所长好好说不顶屁用！既然对方回避解决问题，那"隔山打牛"也许是个更有效的办法。又想起所长一派推脱之词，砚台一不做二不休，决定找那块地方的最高行政长官。

他们向全国号召志愿者来四川赈灾，现在又随随便便关押我们志愿者，还不方便透露原因，丫就是这样感谢志愿者的吗？玩我们吗？他妈的！

有位认识的广东志愿者是在阿坝州委组织部工作，砚台找他要州委书记的电话，把事情跟他一说，他有点胆战心惊，犹豫了好一会，才像个告密者一样把电话号码发过来了，可能是太紧张，号码还少发了一位，又打电话过去核对。对方叮嘱砚台跟书记说话一定要慎重，千万不能乱说话，千万别说出是他给的号码。又说最好是明天白天打，现在太晚了，可能书记已经就寝了。呵呵，还用就寝这么文雅的词！砚台说："不晚，才八点多，书记日理万机，不至于这么早就上床了，又不是汶川的农民，没钱点灯才睡得早。"

听砚台这么野蛮，对方差点哭了。

话虽如此，砚台在打电话之前还是努力镇定心神，六名志愿者被关押在派出所里，相当于人质在他们手上，这个电话关乎那几个家伙的安危。她甚至上网去查这位书记的资料，很遗憾，党对自己的干部保护得很好，几乎找不到个人性情方面的蛛丝马迹。她也知道这个电话很重要，而重要的机会往往只有一次，话要到，理要明，该说到的一定要到位，该含蓄的也要含蓄，不能太强势，当然，也无须过分示弱。这个电话最大的预期是放人，如果达不到这个效果，至少也要保障那批志愿者的人身安全，至少让对方觉得这事不是没有人追究，而且要表现出追究到底的态度，不惜鱼死网破，当然这个要含蓄，点到为止。

砚台拿出纸笔，将自己要说的话在纸上先写出来，反复考究说话的逻辑和语气，调整说话的要点顺序，犹如一场提案。安排好一切，并在心里预演过，才拨通电话。

电话中传来颇为低沉的声音：哪个？砚台简单介绍了一下，包括志愿者被扣押的事情，还没说完，对方就打断她，说正在开会，会后再说。砚台立即问："请问陈书记，我多少分钟后方便再打给你？现在是晚上九点十一分，被扣押的志愿者还没吃晚饭！其中大部分都是女大学生，精神上已经受到极度惊骇，我担心她们今晚会在阿坝州境内的派出所出事情！"对方沉吟片刻，说："半个小时。"砚台快速说："好！我在九点四十二分给您打电话。"

多了半个小时的时间，砚台想起张若芳是军队系统的，先给她打了个电话，请她帮忙联系白沙那边的驻军，探听志愿者被扣押的原因。张若芳听说这件事情，也很关心，说她认识那边驻军的几个人，有他们的电话。

张若芳不愧是军人，行动迅速，十分钟后就回复砚台：被扣原因是其中一名女志愿者所持证件系美国留学生证件。

这个原因被扣押，确实不便透露。特重灾区系政府敏感神经分布最密集的地方，每个平方厘米都是国家机密，岂能容外国势力随便进入？加上奥运会马上要开幕，精神紧张得都快发神经了。

但那名女志愿者报名的时候明明登记的是本国身份证信息，为什么进重灾区登记身份的时候偏偏要拿个留学生证呢？担心了一晚上，百般猜测原因，怎么也想不到竟然是这个原因引起的事件，太没有中国社会常识了，难道她真的以为美国留学生身份会让她在灾区获得额外的照顾？怎么可能嘛！

既然，不便明说，那砚台决定在谈判的时候只做不知，不捅破这层窗户纸，只要他们说不出原因，那他们就是无理由扣押，无理由扣押就可以向他们施压要求放人。

砚台几乎是掐着时间等。九点半刚过，电话忽然响起来了，是陈书记打过来的，声音很威严，但措辞客气："感谢志愿者支援灾区，刚在开会不方便接电话，不好意思，现在请讲。"

砚台也客气一番："书记辛苦了，非常抱歉这么晚还打搅您，实在是我们那些志愿者被吓坏了，都是些女学生，从来没遭过这样的事情，今晚简直是过不去了。"客气一毕，马上进入正题："希望之窗志愿者组织是由一些媒体朋友联合创建的一个支教组织，地震刚开始我们都是在灾区报道灾情，向全国发布灾区消息，发生这么大的灾难，大家都情系灾区，除了主职工作之外，还想尽些个人的绵薄之力，于是一些同行联合创办了希望之窗儿童关护组织，分别在龙溪乡、草坡乡建立了五所帐篷学校，服务以来，获得当地政府，学生及家长的一致好评。但是，今天我们一批志愿者奔赴汶川服务的时候却在白湾哨卡被扣押了，我跟当地派出所长通过电话，得知并确认两点：一，我们的志愿者没有任何违法乱纪行为，这六名志愿者中间也没有任何在逃通缉犯，携带物资全部是文具书本，没有任何违禁品。二，从扣押到现在，我们志愿者全力服从，没有任何不礼貌的言行冒犯当地权力机关。当我询问以什么理由扣押志愿者时，对方却说关押志愿者的理由不方便透露。那么，我猜也许是这个扣押理由不光明正大，不可以明说。这就让人感到很难理解了，我们响应国家号召，组织志愿者入川赈灾，力图为政府分忧，尽绵薄之力，志愿者却在阿坝州境内被某种神秘的理由秘密关押！每一位志愿者后面都有其父母亲人，有其学校，参与赈灾不是个秘密行为，他们无端遭到阿坝州监禁，后面有一群人要为其争取，作为组织者，我们媒体同仁也是其中一分子。如果阿坝州不欢迎志愿者参与赈灾，只要官方明示一句，我保证我们全体志愿者在明天下午三点之前全部撤出阿坝州，并联合媒体同仁发布通告，号召广大志愿者不要进入阿坝州境内，不给政府添麻烦！如果阿坝州欢迎志愿者赈灾，那么也希望州政府用实际行动表达出这种欢迎。陈书记，我向您保证，我会对我个人这番话负全部责任，今天我所反映的问题，句句确凿，全部都录音下来了，包括跟所长的通话，如果有必要对质，我愿意公开发布。如果是我们志愿者有错，当仁不让要承担起个人责任，但如果是白沙派出所的同志工作有疏忽，也请给我们一个解决方案，志愿者一腔热血为灾区服务，不能凉了大家的心！"

电话里很安静，但能听到呼吸的声音，安静了一会儿，陈书记温和地说："你们的心情我完全理解，虽然我并不了解事情的经过，但我可以非常有把握地告诉你，阿坝州非常欢迎广大志愿者，阿坝州人民也非常感谢广大志愿者来灾区赈灾，志愿者行动是当代年轻人非常可贵，令人感动的行为，我想阿坝州人民都会感恩志愿者的无私奉献！这个事情既然我晓得了，我一定会去了解情况，给志愿者一个妥善的解决！你们不要着急！"见陈书记语气和缓，砚台也马上换了种语气："陈书记，'5·12'地震灾情惊动全国，但凡是中国人都起而援之，这是时代赋予我们年轻人的义务和责任，我们承担，并且为之感到自豪！但是，我们大家今天确实都感到很委屈，可能说话的语气不那么礼貌，请领导谅解！主要是所长说关押志愿者是上面的命令，但又不告诉我是谁，我们给市书记打电话，徐秘书回复我们在开会。事情又紧急，几个女孩子吓得直哭，我们大家也生怕她们出事情，都是独生子女，个个都金贵得不得了，哪一个出点差错，大家都承担不起，事情紧急，我只能斗胆联系您，但听您这么说，我也放心多了！那么，几点钟可以放人？"

陈书记说："没有问题，人肯定是要放的，这个你不用担心。但是今天这么晚了，志愿者在当地人生地不熟，出去也不安全。你看这样行不行，你跟白沙那边的负责人讲，叫他们给我打个电话，我先了解一下情况，再安排解决这个问题？"

砚台略一犹豫，说："行！我把您电话号码告诉他们，转达您的意见。但是，不妨明说，我有点顾虑，您那么大的官，对方跟您直接汇报是否有心理障碍？其次，如果今晚解决不了，那些女学生也绝对不能跟犯人关在一起，'5·12'到现在，入川赈灾的志愿者超过130万人次，前所未有！如果在这个形势之下，女大学生志愿者出现非正常损伤事件，恐怕于广大志愿者以及全国都是不小的震荡！我认为，在原因不明的情况下，阿坝州政府应对志愿者的人身安全负责！这个不是我能跟白湾派出所所长沟通的，既然敢关人，也不会顾忌这些！"

陈书记的声音依然沉稳："我们处理问题也需要了解客观的情况，志愿者的人身安全你尽管放心，阿坝州人民对志愿者的感情都很深！要相信我们！"

砚台强忍下一句话：既然您说要解决这个问题，为什么不能拿起电话给白湾派出所打个电话呢？需要这么绕吗？但还是忍了下去，又给白湾的所长打电话，如此这般转告一番，对方听到砚台给州委书记打过电话，按捺不住地喊了起来，责怪砚台乱搞，并郑重申明，本来是一件很小的事情，他们当地就可以解决，但是，既然这个事情已经捅到州委去了，那这个事情就轮不到他来决定了，他个人绝对不可能打电话给州委书记，他要砚台给某局长打电话，这下他倒是竹筒倒豆子一般报了个号码。砚台趁他还没挂电话之前，赶紧说："我已经向州委书记要求过，志愿者既然进了阿坝州境内，志愿者的人身安全就由阿坝州政府负责，他让我将这个转告于地方负责人，照顾好赈灾志愿者！我听说她们这么晚还没吃饭，她们不是罪犯，你们既然关人，就要保障人基本的需求！出了事情，白湾派出所一定会出名的，你们会上头条新闻……"还没说完，电话已经忙音，这素质还不如书记，至少是说过再见才挂电话的。

砚台继续给局长打电话，局长对这个事情的措辞可以叫惜词如金：保证志愿者安全，绝不可能把他们跟犯人关在一起。请砚台转告所长，让所长给他打个电话，待他了解清楚后再向州委汇报，请安心等待。

怎么安心的了啊，我们的人被你们关起来了！！！

这些官怎么都这么傲娇啊？还是他们党内有纪律限制？上级不能给下级打电话了解情况？这皮球踢得比国足还差，简直不含蓄！

也许是这通电话起了些许作用，六名志愿者被安置在会议室住宿，并解决了晚饭问题。

砚台跟孙大磊打了个电话，告知今晚是不会放人了，但他们的安全没问题，明天继续努力，叮嘱他转告大家，在派出所里大家不准谈论任何赈灾、政府等方面的话题，尽量能不说话就不要说，言行务必谨慎，不可再生事端。

又打电话给阿亮告知情况，阿亮说大家都还没睡，在等消息。所谓坏事传千里，汶川那边的志愿者几乎都知道了，大家都有些惴惴不安，每次出事情，都有那么几个唯恐天下不乱的家伙发表负面猜测，这次又在志愿者中间流传"桌子事件得罪了人，现在明显是上面有人要针对希望之窗这个组织"。阿亮非常恼火，这么弱智的流言竟然还有更弱智的会相信！砚台安慰他，等人放出来了，再将扣押原因通告大家，流言自然就消停了，现在根本不必在这种事情上浪费精力。

68. 操蛋的证明

第二天，砚台接到白湾那边的电话：这批志愿者由当地武警护送回去。

"这不就是遣返嘛？！"砚台惊讶地反问。

"怎么能说是遣返呢？我们完全是一片好意，为了保护志愿者们的人身安全，避免他们在路上遇到危险，我们才出动警力护送！"局长语气平和地解释道。

"如果仅仅是担心志愿者在路上有危险，那为何不护送他们到汶川呢？"

"虽然志愿者来赈灾我们都很感谢，但我们原则上是不希望志愿者以身冒险，以自己的人身安全作为代价来灾区赈灾的。"

"按您这么说，之前四川省政府和团中央向全国发出号召，号召青年人承担起时代的重任，要踊跃奔赴四川抗震救灾，难道是错误的号召？一周之内超过百万志愿者入川，这场世界史上最大规模的，也最快速的一次民间救灾运动难道是个错误的召集令？胡总书记在灾区慰问青年志愿者的讲话，难道是想牺牲掉这一代年轻人吗？请问这是阿坝州政府对志愿者工作的最新指示吗？汶川灾区还有百万志愿者在服务，是不是因为安全问题把大家都护送出灾区？"砚台一连串地发问，绝不退让。她觉得既然对方要遣返志愿者，那这次通话也许就是最后一次博弈的机会了。也有点犹豫要不要捅破那层窗户纸，直接指出扣押原因不过是一个留学生证件的问题，但又担心一旦捅破双方就失去转圜的余地了，对方如果强硬起来遣返志愿者，她其实一点办法都没有。

"不，不，不！"对方一连不了好几次，说："我个人说话绝对不能代表阿坝州委的决定，我不是否定志愿者赈灾的事迹，仅仅是担心你们志愿者的安危问题，出于好意！你不要激动，听我把话说完，我们州委领导都非常重视这批志愿者的安全问题，特意交代这群志愿者不能出一丝丝差错，考虑到前面有些路段都比较危险，我们研究决定将这批志愿者护送回来。"

"那谢谢你们的好意，但不麻烦你们相送，放人就行！如你们所说，这批志愿者没有任何违法乱纪的行为，也不是罪犯，那请尊重他们作为公民应有的自由行动的权利，也尊重别人有拒绝你们强加好意的权利。另外，公安机关传唤询问当事人时间不得超过二十四小时，到今天下午七点整，你们如果还不放人，我们就起诉白湾派出所。

"这个……"局长拉长语气，沉吟了一会，说："这样吧，实话告诉你，本来这个事情是很小的事情，我们分局就可以解决，但是你们硬是要把事情扩大化，捅到我们州委领导那里去，既然领导已经过问了，那现在这个事情已经不是我们能做决定的，领导要我们保障志愿者的安全问题，我们就不能撒手不管，一旦出了问题，那就是我们工作出了问题，不好跟领导汇报。现在要我们放人也可以，只要书记给我们发一个指示，马上就放人。"

"那您直接给书记打个电话请示一下不就行了吗？"

"哎呀，说了许多你咋个还不晓得？直接打电话，他是领导还是我是领导？榆木脑壳嘛！"局长忽然生气，普通话都不说了，直接用四川话谴责砚台不开窍。

砚台再次打电话给陈书记，这下她不讲那些套话了，直截了当地陈述问题："因为州委领导过问了这批志愿者扣押事件，现在白湾的负责人不敢自己处理了，直接放人无异于承认他们之前做错了，不放人又没有道理继续扣押，现在他们竟然商量出要遣返志愿者。这群志愿者响应国家号召来赈灾，没有违反任何条例，他们不应该因为政府相互推诿责任就被遣返回去。白湾的负责人是决不敢给您打电话的，这个我想您大概也清楚，所以我恳求您亲自过问一下，您应该也有儿女，也是做父母年纪的人了，那群女孩子已经被吓坏了，他们的父母也是一夜难眠，今天再不放人，各志愿者的父母包括她们的学校领导都要奔赴灾区向当地要人了！"

陈书记说："不是不能打电话，主要是顾虑打电话给他们，有干预地方工作的可能性，这样吧，我给他们打个电话问下情况。"

挂了电话又是等待，焦虑地等待。阿亮也打电话过来问进展，分析如果被遣返，那就只能换条路进汶川了，那些人只要不从他们地头过就不会管许多。

终于等到了新的消息，这下他们不提负责志愿者安全的问题了，要求出具一份汶川当地的接收证明，证明希望之窗这个志愿者组织确实在当地服务。只要把接收证明发传真给他们，就马上放人。

阿亮接到消息，很有把握地跟砚台说，这个很简单，我马上去办。砚台也认为这事不复杂，只是白湾那边需要这么一个手续消解前因后果。打电话给那批志愿者安抚了一下，阿亮已经去办证明，传真过去后就能出来。

阿亮略一判断形势，决定奔草坡乡，希望之窗在草坡乡服务，很受当地政府欢迎，关系也一直相处甚好，让他们开个证明，证明一下希望之窗这个组织在当地服务的事实，应该很简单。

阿亮勉励了石剑波等人几句，午饭都来不及吃，匆匆离开直台安置点。从直台安置点去往草坡乡，经过汶川县城，路途很远，又没有车，为了赶时间，阿亮翻山越岭抄近路到117国道，为节省时间又翻鲤鱼背，涉水过涵洞，进入草坡乡距离外界最近的村庄足湾村，足湾村的志愿者张若芳已经在洞口等他，带他去找足湾村的书记。

村支书听完事情的经过，面色凝重，这个，恐怕村里的证明不行，建议阿亮去乡上开证明。张若芳说，行不行还不知道，您帮我们开一份接收证明先传真过去，如果能放人我们就不用再去乡里了，去乡里的路也很危险，赶过去也耽误时间。村支书很为难，抽烟，喝水，绕了好一会儿，各种分析形势——反正这个证明他们不能开！

很失望！不能在这里再耽误时间了，阿亮决定马上去乡里。

赶到两河口，徐校长在村口接应，已经帮阿亮约好书记，马上带阿亮去乡里。书记详细询问那批志愿者为什么被扣，阿亮当然是知道原因的，非常犹豫要不要告知实情，但唯恐节外生枝，只说不知道情况，但是已经找了州委书记，陈书记让汶川当地开个接收证明，证明这群志愿者是来草坡乡服务的就可以放人。

"陈书记？陈书记都晓得这个事？"对方一脸惊愕加凝重，说："那这个证明，起码要县级单位出具才有效应，乡里的证明绝对不行！没有必要试，开给你们也没有用！"连连摇头，语气确凿。

按理说，希望之窗的许多志愿者确实在草坡乡服务，无论从人情还是道义，这个证明都应该由草坡乡政府出具，就算没有人情道义，从工作范畴来说，他们出具这个证明也是合理的。但无论阿亮好说歹说，这个证明就是不给开。很难理解为何这样一个举手之劳对他们来说那么为难。阿亮很绝望，除此之外还有什么地方可以帮他开个证明呢？只能去找县里了。

已经下午一点多了，草坡乡距离汶川县城 37 公里，草坡到 117 国道那一段路还没通车，如果运气不好，路上遇到塌方，可能今晚都到不了汶川。耽搁不起了，阿亮冲出乡政府，迈动两条长腿一路狂奔，幸好出草坡不久就遇见四川路桥的工程队，得知阿亮有急事，派车相送，得以节省不少时间赶到县里。

县里除了团委，其他单位都不认识，但和团委可谓积怨已深，向她们求助恐怕很难。桌子事件后，团委和希望之窗维持一种微妙的和平，彼此都有些忌惮，互不招惹。阿亮担心被团委知道这边遭遇困境，说不定趁机落井下石，也正是这个原因的考虑，上午路过汶川的时候没有停留，直奔草坡乡。只是没想到草坡乡各位领导平时对这群志愿者的工作赞不绝口，表态要大力支持志愿者工作，而真需要他们支持时，却连举手之劳都不肯帮。

耽误不少时间又折返汶川，已经下午四点多。阿亮到了团委并未进去，找了堵矮墙，靠墙坐下，缓解一下疲惫，思考如何说服团委开证明。那边被扣的志愿者等了大半天，眼看快到傍晚，又躁动起来，打电话催促阿亮。砚台也打电话过来问情况，阿亮告知实情。两人分析，希望之窗每个志愿者都在团委登记过，她们既然享有管理权，那就有责任为志愿者出具服务证明，就算她们不愿意开证明，那也可以要求调出希望之窗志愿者在团委登记的原始材料发过去做证明。

两人如此这般商量一番，阿亮便去团委交涉。黎书记听阿亮讲完，倒也不否认希望之窗这个组织确实在汶川服务，但要白湾派出所给她打个电话说明情况，阿亮说的不算。

"我真没办法让对方给你打电话，要不我打电话给对方？电话打通了给你？对方已经说过只要当地开一个证明，证明确实有希望之窗志愿者组织，确实是在汶川服务，传真发过去就放人，仅仅是个简单的手续，就这么简单的一个手续，希望之窗也确确实实在汶川服务，都在你们团委登记过，你们只要给我们开个证明，证明一下就行，你不开证明也可以，你把我们希望之窗的登记表复印一份给我也行，真的是举手之劳就可以帮到我们，我们只是要一个证明，证明希望之窗这个组织是真的存在……那群志愿者从昨天关到现在，那些女孩子已经吓坏了，很可怜……"阿亮疲惫不堪，反反复复说原话，也确实没什么新鲜的可说，原本就是这么简单的事啊！想想希望之窗这么多人服务灾区这么长时间，历尽艰辛，到头来却无法证明这个组织的存在，阿亮不由得一阵心酸，也感到现实的荒谬。

"你跟我说什么都没用，我不了解情况，这证明不能开。你先让那边开个证明过来，证明你们这群人没有违法，我才能给你们开证明。"黎书记脸上没有任何表情，跟吃了防腐剂一样，板结得没有任何感情流露。

"肯定没有违法啊，违法了就不是开个证明就能放人的事啊，那是要走法律程序，不是你团委开个证明就会放人的嘛，真的，你想想嘛这道理很简单……"

黎书记懒得想，伸手拿份报纸看起来，非常淡定。阿亮停下了絮叨，望着她，他想求她，但此刻她不是一个人，她代表着一种制度，是一个机构的化身，无论别人处于何种困境，对她来说都无所谓，因为她在秉公处理。阿亮感到极度绝望，无能为力。

消息反馈到砚台这边，她也懵了，从昨天到现在心力交瘁，脑子里全是糨糊，费了半天劲才厘清这里面的逻辑：派出所要团委开个证明证明希望之窗这个组织确实在汶川服务才肯放人，团委却要派出所先开个证明证明那群志愿者没有违法才肯开证明证明这边确实有个希望之窗在服务。而派出所绝对不会开这群志愿者没有违法的证明来证明他们是乱抓人，那团委就绝对不会为一群不清不楚的志愿者开证明……

砚台再次打电话给派出所，央求他们给汶川团委打个电话说一下，毕竟人是被他们扣住的。白湾那边的负责人很不高兴，仿佛让他主动打个电话是冒犯了他的权威一样："团委可以主动打电话给我了解情况嘛！他们这是想解决问题的态度吗？"

这事是你们搞出来的，打个电话会死人吗？！砚台不知道费了多大力气才把这句话压下去，深呼吸，力图平静："我们不用绕圈子了！我知道，这群志愿者当中有一名是拿留学生证登记的，这是你们当地驻军的指导员告诉我的，就因为这个原因扣留志愿者！宪法没规定留学生参与赈灾是违法行为！也没有任何一个国家的法律能以此来限制个人人身自由，何况你们还连带扣押了一批无辜志愿者。现在是五点半，七点钟就超过二十四小时，到时志愿者还没放出来，我会在各大网络论坛公布白湾派出所无理扣押志愿者事件，我有这两天所有的通话录音，让全社会来看看你们阿坝州是怎么对待赈灾志愿者的！如果这批志愿者你们实在不舍得放，那就养着吧，养好点，万一死一个在你们手上，全汶川的志愿者都会赶到你们白湾派出所吊丧！"
这两天第一次主动挂掉电话，恶狠狠的。

六点四十分，那群志愿者终于走出了白沙派出所。
接到孙大磊电话报平安，阿亮才松下来，在路边坐下来歇息。酷暑蒸腾，奔波了一整天，衣服湿了又干，干了又湿，发出汗馊味。发现裤腿不知何时撕裂了一大块，露出小腿上几道血痕，可能是翻山时被刮伤，心急赶路连疼痛都不觉。这一放松下来竟有虚脱之感，坐下来就起不了身。
跟政府机构打交道越多，就越失望。除了收获疲惫、寒心、辛酸、歧视，还有什么？还有挫败！从 5 月 13 号抵达灾区到现在，阿亮感觉自己已经到达一个极限，从精神到体能都有衰竭之感。那一瞬间，他觉得这辈子再也不会组织什么志愿者去赈灾了，觉得自己真是个大傻逼。

为什么我的眼里常含泪水？因为我对这片土地爱得尴尬！

69. 只想一觉睡到地震前

志愿者扣押事件终于解决，砚台感觉跟打了一场硬仗似的，跟那些人斗智斗勇太累了，甚至要威胁之，希望之窗当然不是什么媒体人联合办的帐篷学校，但媒体这个名头在某些时刻确实可以辟邪。目前画笔计划在各地都陆续有人接力，希望之窗的物资和办学资金渐渐宽裕，志愿者的储备也绰绰有余，都排到第十批了，只等阿亮召唤就派过去。自从两个月前冷不丁冒出个念头去办帐篷学校，几乎就没有消停过，一直忧患不断，疲于奔命。如今总算可以歇一口气了，砚台骨子里的浪漫主义情怀又冒出来了，打算组织个电影队去汶川巡回放电影"劳军"。在帐篷学校的初期设想之中就有这个环节，但一直没顾得上，虽然阿亮和张莉都对这个想法不以为然，甚至觉得在灾区放电影不合时宜。但在砚台看来，灾区尤其需要快乐，还有什么比露天电影更适合于农村的夏夜呢？除了偷西瓜。

当电影音乐缓缓响起，星空清朗，凉风乍起，人声渐渐静寂，时空在那一瞬间就完成了转换，让大家在退无可退的现实面前，稍稍小憩，舒缓下来，物我两忘。

砚台办事回来，恰巧见小区路边停了辆车，车身喷绘着"光彩事业部、流动电影队"等字样。砚台走过去拍拍车窗，抱着试试看的想法，问："你们愿意为汶川帐篷学校的孩子放几场电影吗？"对方也说他们的活动结束了，放映设备租期到了已经还掉，刚从灾区回来路过成都，大家准备晚上在成都聚餐一顿就各自解散回家。砚台心想怎么这么不巧，又是个没有设备的电影队。他们的队长从路边小店出来，原来是去买水去了，上车要走。砚台攀住车窗，还想努力一下："这么早就回家？赈灾还没结束呢！志愿者同志，你们的任务还没有完成，因为有一批灾区儿童在翘首期待你们的光临！"大力游说他们把设备再搞回来，再干一票，去汶川一趟，为那些可爱的儿童放几场电影。队长姓罗，约莫四五十岁年纪，犹豫片刻，答应再试试，看能不能搞到设备，如果能借到就去，借不到就算了，留砚台电话以备联络。事情就有这么凑巧，罗队手机没电，让队友帮忙记一下电话号码。砚台刚拨过去，那年轻人就惊讶地问："你就是砚台？希望之窗？"砚台也愣了，心想难道我们赈灾事业已经那么赫赫有名了？

那年轻人说自己叫杨洪超，原来砚台之前联系的电影队就是他接的电话，那时他们在北川放电影，打算放完那场就解散回家。今天在都江堰还了设备，经过成都，兜兜转转竟然在砚台住的小区门口又遇见了，就那么几分钟的时间，停车买水，砚台恰好经过。大家都深感神奇，也许冥冥之中自有天意，注定要一场缘分。既然如此，那还有什么可推脱的？罗队立马拍板，再来一次，立即打电话联络朋友借设备。

砚台打电话给阿亮，说联系到电影队来帐篷学校放电影，要他转告小水滴们，过几天会有一群叔叔阿姨来给他们放电影！太开心了，忍不住开玩笑地说："让志愿者们不妨提前期待，酝酿情绪，有惊喜喔！"阿亮意外地情绪不高，声音有点暗哑，让砚台自己打电话给张莉知会此事。砚台很惊讶，问两人是否吵架了。阿亮沉默。

遂打电话给张莉，张莉正在上课，将这个消息做即时传达，砚台听到电话那边一片欢腾，孩子们将课桌拍得山响以示欢迎之情。

砚台待那边稍稍平息，低声问张莉："你跟阿亮怎么了？"

张莉语气平淡："没什么。"

"真没什么？"

"能有什么啊？"张莉反问道。

"靠！你这么一问，我顿时觉得有什么了！麻烦你说实话行不行啊？这可是长途电话，要节约沟通成本！"

"真没什么！你想有什么？"张莉一副不阴不阳的语气。

"我想有什么？我想你们好好的，好好做事情，别内讧！"砚台生气地说。

"没内讧啊，你从哪里听说我们内讧了？难道阿亮跟你告状了？"张莉依旧一副淡淡的语气。

"张莉同志！你知道我在问什么，你也知道我也知道你答非所问！"砚台疲惫地说："麻烦你不要用一副狗不吃屎的语气跟我说话！我这人感情脆弱，受不了你们轮番傲娇！"

"你想多了！"张莉淡淡地说。

"我想多了？恐怕你低估了我的智商！"不耐烦地问："到底怎么了？"

"砚台，你别担心，只要在汶川一天，我都会做好我分内的事情！我答应你的事情我会做到！"张莉诚恳地说。

能不担心吗？放下电话砚台急得团团转，虽说希望之窗也不是没经历过内讧，但这两人可千万不能内讧啊，这两人一内讧立马得散架！希望之窗这破组织是真经不起折腾了。

再打电话给阿亮，问："到底出什么事了？"

阿亮避开问题，只说自己累了，可能需要休息一段时间。

砚台倒抽了一口凉气："能不能打消这个可能性？"

阿亮在电话那头沉默。

砚台只好问："请问一段时间是多久？是打算在哪个村的帐篷学校休息？"

阿亮说："我要回上海。"

"不行！"砚台失声喊道。

"我又没卖给希望之窗！"阿亮不耐烦。

"谁是卖给希望之窗的？这破组织是我一个人的吗？不是我们一起弄的吗？你什么毛病啊？冷不丁地撂挑子？傲娇个毛啊你！"砚台急了。

"砚台，别扯那些莫名其妙的。各帐篷学校都已经办起来了，也很稳定，接下来希望之窗没我也照样能办下去，我真的累了！从5月13号到灾区一直没休息过，你在成都根本不知道我在这里多辛苦！"阿亮的声音透着深深的疲惫。

"累？谁不累？你以为我很轻松啊？"砚台声音陡然就提高了："你们要钱我给找钱，要物资我给找物资，要人我就去招人，你以为我容易吗？我不知道你经历啥非人遭遇了，但你也不知道我经历了什么，但那也得好歹，好歹有个体谅吧？非得把伤口扒开互相查看一番才能达成理解啊？再说了，这事不是当初我们一起怂恿着干的嘛，有啥可抱怨的啊？"

"我明天出汶川！"阿亮咔嚓挂断电话。

听到电话里传来忙音，脑子一阵空白！最恨这种类似摔门而去的感觉，剩下的那个莫名地就被动了。最可恨的是她每次都反应慢半拍，没能抢得先机。要说逃走，她早就有这个想法了，但被莫名其妙的义气和责任约束着，畏畏缩缩迈不出那一步。这段时间太累人了，除了筹款招人的辛苦，还要应付志愿者家属，那些家属一联系不上志愿者就纷纷向砚台要人，尤其是那些妈妈们，一看到新闻报道汶川有泥石流就拼命地打电话过来，哭诉自己就这么一个孩子，万一有个好歹……这些压力真是令人窒息。还有女志愿者的老公，深夜还打电话过来，控诉他老婆不接他电话，盘查有哪些人和他老婆在一起。

砚台放下电话，趴桌上发呆，累得一句话都不想说了，明明是一起做的事情，凭什么要委曲求全？不想求人，不想劝慰，不想思考，不想周旋……啥都不想，只想一觉睡到地震前。

70. 阿亮当了逃兵

第二天，砚台又给阿亮打了个电话，指望他经过一夜平静下来，打消念头，谁知这家伙竟然说自己已经在车上了。砚台脑袋轰隆一响，破口大骂："讲不讲义气啊？你这个逃兵……"电话忽然被挂了，一口气堵着发泄不出去，砚台气得转来转去，眼泪汪汪。

事已至此，改变不了阿亮的决定，只能决定自己要如何应对。静了会儿，砚台打电话给电影队的罗队，要跟他们的车进汶川。罗队正去什邡市拿设备，另一辆车刚从成都出发，大家约在江油市汇合，准备在沐水村帐篷小学放完电影后走平武进汶川，车队已经在出成都市的路上。

半小时后，大宝看到砚台从出租车里钻出来，手里提着个粗布袋子，朝这边跑过来。大宝上下打量她，怀疑地："你就这样去灾区？"

"背包借给志愿者了，没别的包了。"

"不是，你怎么穿双拖鞋？"

砚台拍拍袋子："带了鞋，不过昨晚洗了还没干。放心，作为资深赈灾人士，不会那么不专业的啦，创可贴都有带喔！"

往江油的路上，砚台给大家讲沐水村帐篷学校办校的经历，这一路可谓艰难重重，但毕竟顽强地生存下来了，从这所学校开始打下了在灾区办帐篷学校的经验，可谓模范帐篷小学……电影队的朋友也对希望之窗的第一所帐篷学校很好奇，商量给孩子放什么片子。砚台忽然接到一个电话，是沐水村一名志愿者打过来的，说校长带人来把帐篷学校拆掉了，他人已经离开沐水村。砚台脸色大变，愣了半晌，跟大家说："我们不用去沐水村了，帐篷学校倒闭了！"

电影队的朋友很震惊，纷纷询问。砚台艰难地摇摇头，坏消息总是来得太突然，她也懵了。好半天才想起给阿亮打电话，阿亮刚出汶川，听到这个消息也很震惊。两人在电话里商量了一下，阿亮转道从茂县过江油这边，先去一趟沐水村，砚台直接带电影队去汶川。

由于借到的设备有点问题，需要调试，砚台随电影队在江油住了一晚。第二天下午出发，刚好赶上阿亮从茂县过来，两人在路边小聊了一会。避开电影队的人，砚台坦言道："沐水村自张莉走了以后，一直都很不稳定，缺乏主心骨，内盘是虚的，才导致今天这个结果。"阿亮听出砚台的指责之意，也不辩解，蹲路边一声不吭。眼看已经是半下午，进沐水村还要翻几座山，砚台不放心，建议阿亮在江油住一晚，明天再进山。阿亮摇摇头："不，现在去都已经晚了。"

临上车，砚台忍不住喊了一声："阿亮，我在汶川等你来换班。大家都需要你！"阿亮闷闷地站在路边，冲砚台潦草挥手，头也不抬，脚边放着他那个巨大的登山包。

　　车行渐远，砚台回头看看，阿亮还站在路边发呆，身影落寞。

　　砚台想起很久以前第一次遇见阿亮的情景，虽然也是在灾区，但那时的阿亮打扮得油光水亮，风度翩翩像个外交家，身上散发出古奇香水的味道……这次见阿亮跟变了一个人似的，身上衣服都破了，粗粗用线缀着，人又黑又瘦，意气消沉，一点锐气都无。

第
四
场

71. 码头村的危机

电影队一行六人，大宝、宝宝、李晨、舒畅，杨洪超，由罗队长带队前往汶川。

经绵阳、江油、过平武往松潘。过川主寺，温度渐渐低下来，沿途山坡起伏，温柔平静，七月，这边油菜仍在开花，仿佛窜错了时空。周围风貌皆和以往所见不同，开阔辽远，如果不是去赈灾，而是和朋友们一同去旅行，心境会截然不同吧？砚台一路忧心忡忡，不清楚张莉和帐篷学校的状况，自己和张莉两个人能支撑起那么多所帐篷学校吗？这次将物资全部都带过来了，不知道能不能支持到结束。

愈走海拔愈高，空气凛冽寒冷，呼吸间喉咙干冷嘶痛。进入松潘县，已是傍晚，牛羊归栏，公路上时有成群牛羊挡路，车行缓慢，晚风里，牛铃声传出很远。太阳落下去之时能感觉到温度急速下降，砚台出门匆忙，衣物带的不够，下车买了件外套。那时她绝不会想到，第二年的七月，也是傍晚，她会因为一场意外再次出现在这里，冻得抖抖索索，竟然在同一家店里又买了件外套。简直有鬼！

　　两辆车，罗队和大宝、李晨三人轮换开，非常辛苦。一路走来，山上塌方的痕迹触目惊心。盘山公路十分狭窄难走，地震把路基都震坏了，一路颠簸不已。公路下方江水湍急，奔腾咆哮，山风嘶吼，巨石悬在头顶，仿佛怪兽环侍，稍有风吹草动就会轰隆而下。长途奔袭，沿途又有余震塌方，从体力到精神都已经疲惫之极。夜，十一时许，到茂县，遇关卡盘查证件，登记。夜行车极度危险，罗队和大家商量一番，决定宿茂县，天明再赶路。

　　晨六时即从茂县出发。之前听阿亮说草坡乡公路非常危险，叮嘱尽早通过那个路段，那边中午前后就会起风，风很大，易造成山上碎石滚落塌方。从没听说过风大会造成塌方，不过还是宁愿信其有，凡是关于危险的忠告，大家都一一接受，毕竟这里是重灾区。不敢耽搁，一行人直奔草坡。

　　草坡乡公路在前天刚刚通车，结束了草坡乡震后两个多月的孤岛历程。所谓通车，路况并不稳定，随时一阵塌方路又会断。新修的路是沿坍塌山体硬凿出来的一条通道，一边是碎石堆积的山崖，一边是奔腾的岷江支流，万一塌方滚石，无处可避。罗队开车十数年也少见这么凶险的路，安排两辆车拉开车距行车，以免前一辆通过时，路面震动引起塌方殃及后面的车，自己率先开车领路。

　　上午十点多终于抵达草坡乡两河口，已是电影队自成都出发的第三天。

　　过了两河口风景为之一变，绿树成荫，溪水潺潺。经过两河村帐篷学校时没有停留，砚台急于见到张莉，与徐敏行匆匆打个招呼就往码头村赶。

　　沿溪流一路向上，行半个钟头就是码头村，希望之窗的大本营就设在这里，由张莉镇守。原是一家养鸡场，地震前这里有三千只鸡，现有学童五十八名，嘈杂不休，依旧是全村最热闹的地方。

　　更早以前，这里是土司官寨，周围残留着石片和泥土砌的围墙，依稀可看出当年的规模，还有座古碉楼，这碉楼经历过1933年的叠溪大地震，1976年的松潘大地震，包括今年的"5·12"大地震，依旧屹立未倒。此地背山临水，地势略高于村庄，可以俯瞰下面的溪流，田地。青山白云，安安静静，如果不是那些沿溪驻扎的救灾帐篷，一时并不觉得这里是地震灾区。

　　花大姐等人再见砚台，非常亲热。下课时张莉过来跟大家打招呼，孩子们也早已按捺不住，将电影队团团围住。大宝和李晨刚把设备搬下来，就陷入众孩童的包围之中，问长问短。被人热切地需要着是很快乐的，罗队不禁莞尔，这就是需求，热烈地表达出来了，来这里是必要的。张莉邀请电影队进帐篷学校，正式接受欢迎，一时掌声雷鸣，校歌嘹亮，野马奔腾般的孩子们霎时又变得礼貌周全，态度诚挚。

　　成都一别，又一个多月过去了，张莉更瘦了，眉间有淡淡的积郁和疲惫，再见砚台，并没表现出多高兴，一副心事重重的模样。趁放电影的机会，砚台将随车带来的物资移交给她，一一清点，造物资清单。体育器材不论人数多寡皆每校一份，文具物资则依据各校人数按需分配。谁知张莉竟对其他学校一无所知，连学生人数具体都不清楚，更别提各校物资储备量。各个帐篷学校开课以来，她一次都没去看过。直台学校在龙溪乡，更是音讯全无。

　　怎么会这样啊？砚台一直视张莉为希望之窗的定海神针，正因为她的认真负责，才在历次人事纠纷中都力挺她，绝不换人。

　　很失望："帐篷学校都归你管啊！你怎么能不知道呢？"

　　"不是还有阿亮吗？"

　　"阿亮？你自己分内事怎么好指望别人？"她不知道阿亮已经走了？砚台疑惑地望着张莉。没想到他们会僵到这个地步，一直最担心的局面还是发生了，怀疑希望之窗这次是要分崩离析的节奏了，心情陡然就沉重起来，"你都没确定阿亮是不是在照管其他学校，怎能负气不管？大家一起做事怎能闹个别扭就撂摊子……"砚台忿忿，眼见张莉脸色越来越难看，只好打住，再说下去就是指责了，目前还不知道其他帐篷学校咋样呢，可不能把张莉也刺激走了。缓和一下情绪，"张莉，志愿者都是我们招过来的，总不能把人往山里一发配，连问都不问了吧，多不讲义气的，是吧？这几天趁电影队下各村放电影，一起去看看大家吧，顺便把物资给他们送过去。"

　　中午吃饭时，没见孙大磊，才想起从到这里都没见到这个人，问张莉，张莉依旧不知道。怎么少了个志愿者她都不知道？这绝不像张莉的管理作风。

看看其他人，都有点迟疑不语，真是见鬼了！又问牛瑶瑶，她跟孙大磊同一批过来的，牛瑶瑶避不过去，说："上午还在呢，大概临时有事出去了。"

"他出去没跟你打招呼？"砚台又问，张莉埋头扒饭，避而不答。

"可能知道你今天到，躲出去了。"林小月轻轻吐了一句。"呃？躲我干什么？"砚台警惕性陡然提高。花大姐急忙打断："有啥事回头再聊，先吃饭吧，下午不是还下两河村放电影嘛。"砚台只好忍下，也不好在电影队面前暴露过多"内部矛盾"。

刚吃完饭，正在溪边漱口，牛瑶瑶就过来了，传话孙大磊在溪边等砚台，想跟她聊聊。砚台问："有什么话不能在学校里说？"牛瑶瑶悄声道："孙大磊跟张莉之间有点误会。"

"什么误会？"

"就是张莉这人太强势，两人闹得有点僵，怕加深矛盾，孙大磊不想在学校解决，想跟你在外面先聊聊。"牛瑶瑶说完，又凑近压低声音说："其实，大家都有点看不惯张莉。"

"大家？除了你和孙大磊外，还有哪些人看不惯张莉？把名字告诉我。"

牛瑶瑶听出砚台语气不善，含糊其辞："基本上都不太喜欢她吧，开会的时候，大家能感觉得到那种，气场不合的感觉。反正不像你，听说你要过来大家都挺高兴的，要是你能长期待这里就好了。"

"牛瑶瑶！张莉才是这里的负责人，做事方面你有意见最好开会时当面提，个人喜欢不喜欢她这种事没有必要跟我说，坦白说，就算我自己招来的志愿者也不是每个人我都喜欢的。大家是来赈灾的不是来相亲的，能干活就行，这种喜欢不喜欢谁一点儿都不重要！"砚台盯着她的眼睛。牛瑶瑶惭愧退去，看着她出了院门，砚台知道她找孙大磊去了。

刚那会儿吃饭时问起她们在白湾派出所的情况，听她们描叙在白湾派出所待得很愉快，跟武警做剪刀手卖萌，连看押她们的武警的枪都玩过，似乎是由于她们的可爱而获得特殊优待……这场扣押事件在她们的描述中，像一场春风遇杨柳的误会。一群人被持枪看押限制人身自由，竟然被她们转化成一段卖萌的经历。

想想那几天被折腾得心力交瘁，砚台越想越气，都是些什么人啊，真是不值！

下午，趁电影队下两河村放电影，砚台找林小月询问，果然又是闹分裂！

培训结束后，孙大磊要将他们那队人都带到直台村跟石剑波汇合，张莉阻止，孙大磊就大闹帐篷学校，差点打起来。

"不会吧？是不是有什么误会？"砚台简直不敢相信。

"就是个流氓，差点动手打张莉！后来小唐和千金见事情闹大，就同意分到足湾村和金波村去了。孙大磊偏要张莉把那两个女孩子都召回来，每天追着张莉骂，扬言只要他在这里一天就不会让张莉有好日子过。上午还在呢，你刚到他就从后门溜了。"

"那干嘛不让他滚蛋？"

"问题就在这里，赶他走他又不走！张莉打又打不过，骂又骂不过，一点办法都没有。孙大磊摆明了就是欺负人，那天要不是老乡过来劝架，张莉说不定挨打。"林小月很不平。

"不是还有陈松芒他们吗？块头那么大！"

"要是亮哥在这，孙大磊可能不敢这么放肆，其他人嘛，算了吧。孙大磊也是觉得张莉一女孩子拿他没办法才敢这么嚣张。"小月语气不屑。

砚台心都气肿了，这批志愿者在白湾被扣，费尽心机才捞出来，没想到竟是这么个货色！先有石剑波后有孙大磊，真懊悔招人不慎，这批东北志愿者就不该接收，真是搬起石头砸自己的脚。林小月见砚台脸色难看，安慰道："你别急，这事还是等亮哥过来解决吧。"砚台摇摇头，心想指望不上了，跟林小月说："这事我会解决，不用担心，不是多大的事。"话虽如此，她也没把握，阿亮已经走了，这里就自己和张莉两个女孩子，万一真起冲突说不定吃现亏。想想张莉也挺难的，孤立无援，遇到委屈只能隐忍。

72. 帐篷学校也要维稳

金波村在码头村上游的山里，沿河谷上行约两三个钟头的路程。山路陡峭狭窄,紧贴山崖,一边是深渊,罗队依旧打前阵领头,大宝开车在后拉开段距离相随。张莉说只有一条路,一直走,看到红旗就到小学了。

帐篷学校办在金波小学的操场上,原教学楼没倒,但墙上裂缝能塞进拳头。楼靠山而建,操场临山路,一座简易铁门上着锁,门牌上"金波小学"震得已脱落一半只剩"波小"。

金波这边的校长是谢思谦,正在后排听课,听见有人高喊送快递,心想什么快递公司这么牛,竟然能送到灾区。跑过来,却看到砚台靠铁门上笑嘻嘻地望着他,谢思谦一阵惊讶,连声问:"怎么会是你?你怎么来了?出事了吗?"

"嗨,特地给你们送物资过来,还带电影队来劳军,你能说点好话么?切!"砚台介绍电影队给谢校长,谢校长立即同步将这个好消息向孩子们说了,自然又是一片欢腾,敲桌子跺地都不能尽兴,还要绕场狂奔,一时尘土飞扬,金波村有一百多孩子,叫人想起动物世界里非洲野马迁徙的场景。

谢校长笑看这群野马,忽然失声道:"哎呀,没电!"原来这里是隔天送电,今天刚好是停电的日子。砚台想打电话托徐校长去乡里申请,求供应两个小时的电力给孩子们放场电影。谢校长搓着手,实在抱歉,但还是要说:"这里没信号,要下山才能打电话。"

孩子们已经听说了,眼巴巴地望着电影队朋友,众人不堪重负,抬头看天。忽然有直升飞机飞过,不知为何在上空盘旋,孩子们大喜,以为解放军空降发电机来,欢呼雀跃,兴奋万状。众人啼笑皆非。

好在金波村有一名本地志愿者杨红叶,谢校长让他去村里借发电机。村里从赈灾物资中调出一台新发电机借给学校,不料一分钟就卡死了,崭新的赈灾物资,竟然是这种质量!又去村里面粉厂借了台旧发电机抬过来,一首歌还没放完,油路却又堵了,幸好大宝是位优秀的电工和机械师,仅凭细铁丝、小刀,还有强大的肺活量修好了发电机。

趁放电影,张莉跟志愿者开会。金波村有学童118人,开设课程:弟子规、音乐、美术、手工、武术、自然科学、礼仪、常识等。门上贴着课程细则、作息时间,值日排表,志愿者日常行为规范等,均出自谢校长之手,字迹丰润恭正，可见此人行事严谨，有法度。谢校长搬来课间作品请张莉检阅，又详尽回答张莉的提问，教学计划，日常秩序，物资使用等，谢校长俱安排得井井有条。虽和张莉所规范有不同之处，但谢校长自有其章法，逐一向张莉陈述。但张莉要求严格按照她的步骤来，语气强硬，不容商榷。

砚台不清楚张莉对帐篷学校教学安排，不好插话，只坐一边旁听。千金是孙大磊那一批的队员，砚台特意问她在这里跟大家相处得可好。千金说老大老二老三⋯⋯一路指下去，老志愿者都对她很照顾，因为她是新来的。这里谢校长以长兄自居，如同带领众弟妹，友爱有加。砚台这才说起孙大磊在码头村跟张莉闹事，探询她的意见。千金说她愿意待金波村，这里跟志愿者和孩子都相处很好。尤其谢老大，什么事都罩着大家，连家访时走陌生的山路都要自己先探过，才放心让志愿者过。这位谢校长有君子之风，十分难得。

刚巧，帐篷学校一位孩童对汽油过敏呕吐，谢校长送其回家，砚台提出相陪。路上跟谢校长说起孙大磊寻衅和阿亮离去。谢校长数日不见阿亮，此刻又见砚台匆忙进汶川已经猜到有事发生。此地除了张莉不审校，其他学校之间都来往频繁，课业物资方面都互有协助，对码头村的纷争大家都有耳闻。谢校长对各校的熟悉程度远甚张莉，分析给砚台听，两河村有徐敏行，足湾村有柳校长和冯丽军，都稳重可靠，志愿者之间也都很团结，第二批志愿者五名男生结义，相约守护草坡小水滴，也都恪守诺言，金波更不用担心，这三所学校都很稳定。只要千金和小唐能安耽服务，只余孙大磊一个人也不足为患。一番分析下来，砚台心思也安定下来，情况没她担心的那么坏。

山路曲折，绕青山而行，蝉鸣树梢，愈发显得寂静，孩子伏谢校长背上已经睡着。又聊起各校状况，谢校长建议让各校负责人各司其职，不必张莉统一管理，只要各校运行良好就放手让人去做事，毕竟各人做事方法不一样。砚台也有这个想法，能不依赖张莉一个人最好。

下午随电影队去足湾村放电影。

足湾的帐篷学校很高，快到山顶有块小小的平坝，帐篷学校就搭建在此，云遮雾绕之中几顶蓝色帐篷，鲜红的国旗飘扬在葱翠山林间。

冯丽军和张若芳几人已经带孩子在等，准备了绘画与诗歌展欢迎电影队，学校已经布置成小小展厅，孩童的绘画与诗歌都稚拙热忱，令人感动。足湾村有三位诗人，柳安新，张济邦，还有足湾村书记，三人都热爱诗歌。受志愿者老师影响，每所帐篷学校都有其独特气质，足湾村的帐篷小学校氛围纯净，明快。

那边电影已经开场，柳校长搬来孩子的作业给砚台看，孩童日记最能体现日常情况，砚台抽几本翻阅，知道这里稳定有序，便抛开不看了。和大家聊天，如实告知大家阿亮已经离开汶川，自己过来接替阿亮的后勤工作，希望各校尽量独立运转，足湾村便托付给冯丽军等人，一旦有困难要相互协助，大家一起把帐篷学校办下去。又说起孙大磊之事，征求小唐意见。小唐老实说："昨天你跟千金谈过后，她特地下山给我打电话说这事，我们都意见一致，在灾区服务时间短暂，不能再折腾，好好做事比什么都重要。直台那边的杜娟姐也是这个意见，石剑波已经走了，说什么大家不放弃，在一起，都是空话。"

石剑波走了？砚台一惊，这事竟然一点都不知道。见小唐态度诚恳，砚台也说："现在足湾村缺人手，你暂时在这里服务，等下一批新志愿者到，再把你和千金调一起去。张莉并非一定要拆散你们同学，这么多志愿者，没法凭大家的喜好来安排，请你体谅。"小唐却坚持不要再调动，怕砚台疑心，补充道："一开始确实都不想分开，但现在都没这个想法了，真的！同学下学期都还在一起，但和孩子们分开就不知何时能再聚了。"

既然几个女孩子都没有要扎堆的意思，孙大磊之患算是瓦解大半。只是没想到直台那边又出事，石剑波身为负责人竟然一声招呼不打就跑了，直台恐怕已散盘。

73. 我们就是乌合之众

下午回到码头村，几个志愿者在八卦，听说两河村的志愿者美琪恋爱了，对象是草坡乡高干子弟——两河村村长的儿子。

张莉很不高兴，提醒砚台："你得管管。"

"切，为啥要管这么八卦的事？我又不是居委会大妈！"砚台不屑一顾，满脑子想的都是怎么治孙大磊那个混蛋。

"不是你说志愿者最好不要谈恋爱的吗？"张莉一把揪住砚台，不让她开溜。

嗨！只是不希望她和阿亮恋爱，免得他们没谈好殃及组织，事实证明砚台的顾虑不无道理，现在两人已经僵得一山不容二虎了，哪怕一公和一母！面对张莉的执着，砚台只好敷衍道："嗯，你简直非常对！我决定亲自跟他们谈谈这个不好的影响，那这事你别管了。"张莉还不放心，追出来叮嘱："你一定要好好劝劝。"砚台连连点头，"保证把他们的爱情掐死在萌芽状态！"

孟苇家是开农家乐的，大家一起动手刨废墟——前农家乐遗址，挖出好多啤酒，还有泡椒鸡爪、五香豆干、花生米……地下物产丰富的很。众人在孟苇家吃着本地火锅，喝着震前啤酒，感叹美琪这场恋爱来得可真及时。砚台带头举杯祝贺，勉励二人："好好爱，狂欢地爱！"虽然不知道这段恋情能否修成正果，但经历过大地震的人都比较现实了，谁会去想那么遥远以后的事呢？

孟苇有几个要好的小兄弟，都是本地村官之子，人称"草坡四大金刚"——本地官二代高都有点黑社会气质。砚台起身敬酒："这样一来希望之窗相当于跟草坡乡联姻了，以后有啥事需要大家帮忙，还望各位仗义出手。"坐中有个绰号叫小钢炮的，一拍胸膛："出了草坡乡不好说，凡是你们在这里有啥子事，我小钢炮可以打包票，都摆得平！"孟苇也说："你们在草坡乡有任何事都是我们兄弟伙的事！"

既然大家都这么讲义气，那就不要见外了，砚台立即跟大家讲孙大磊耍横之事，尤其孙大磊不依不饶，竟然追到厕所门口谩骂张莉，激起众人义愤。小钢炮性子急，提议先上码头村把架打了再回来喝酒。几人立即开始安排作战部署，带只麻袋过去，套头一顿打，完了往车里一塞，连夜运出草坡乡地界——扔掉。

"麻袋里要不要留条啊？不然他不知道是我们打的，白打了，起不到震慑效果……"砚台还在考虑细节，话没说完就被徐敏行拉了出去。

避开众人，徐敏行劝道："这种事绝对不能干！我们是志愿者组织不是乌合之众，这样做事跟小混混没啥两样！打架传出去太难听了。"

"咦？我们难道不是乌合之众吗？你没看到这群混蛋一有机会就想另立山头吗？不镇压，希望之窗分分钟就要解体！"砚台反驳之。

"砚台，这事无论如何都不能做！你身为组织者带外面的人打自己的志愿者，这事性质立马就变了，其他志愿者对你的信任会马上降低，大家会担心万一得罪你就会挨打，在这没有人身安全。而且这事一旦传出去，对草坡乡也不好，当地人打志愿者，你想想，这对草坡乡影响多坏！而且，希望之窗这么多人在这里服务，获得当地的认可和尊重，不能因为一个孙大磊就自毁。"徐敏行一番话有条有理，处处点明利害关系，叫人无法反驳。

砚台非常郁闷，徐敏行在道理上是对的，但仅凭一个正确的道理并不能解决问题。尤其面对一个无赖，道理屁用都没有。见砚台不说话，徐敏行又说："张莉的事我们都听说了，那个孙大磊确实很混，你一女孩子最好别管，这事应该让阿亮去解决。"哼！阿亮要是还在就好了，那砚台就理直气壮地跟他说，你上，我掩护你！

回码头村路上，砚台反复想这事，感到孤立无援。志愿者里说起来都讨厌这个人，但没人愿意当面得罪他，更没人愿意出头跟砚台一起来驱逐这家伙。事情都是好说不好做。

既然不能打，就只能谈。

砚台先占据溪涧高处，思谋着，万一谈崩了，只要这家伙一有动手的苗头，她就一脚把他踹溪涧里去。孙大磊距离砚台还有数米远就停下来了，也不打招呼，梗着脖子，眼睛望向一边。两人一句寒暄都无，相互很戒备。

沉默了一会，砚台问："还记得你跟我报名时的承诺吗？"孙大磊不吭声。砚台替他说出来："你向我保证过，到汶川之后要服从希望之窗的工作安排，这个承诺现在还算不算数？"

"小唐和千金是我带出来的，我得对她们负责。这事就这样，说啥都不行！"孙大磊抬头盯了砚台一眼。

"我跟千金和小唐聊过，她们都不想再变动，而且作为孩子们的老师，她们有自己的责任要负，托我转告你，不要担心她们，工作结束时一起回去。"

孙大磊眼一瞪，粗声粗气："你威胁她们了？"

"我有必要威胁她们吗？不想干随时都可以走，你们还真没能干到缺你们不可。你想想，从东北到汶川这么远，来这到底是为什么？其他人都是自费来的，只有你们是拿着赞助来做志愿者的，来回机票有人出，连装备都那么豪华，人家是希望助力灾区，不是资助你们来这开老乡会的吧？不好好做事，回去怎么跟人家交代啊？"

"让我们在一起一样能好好做事，为什么你们就不能成全一下呢？非得跟我们作对！"

"作对？跟你们作对？"砚台一口气陡然就冲了上来，"把你们都安排到一所学校人就太多了，而其他学校又缺人，这道理张莉分配时都跟你们说过，你到底是哪只耳朵有屎听不进人话啊？总不至于为你们把其他帐篷学校的人都重新变动一下？你到底有没有搞清楚，这学校是为灾区孩子办的，你们不是主角！"

"你们被扣押，我们四处想办法，尤其阿亮，为了一张证明，从龙溪跑到草坡，又从草坡跑到汶川，这一路你也走过，知道多危险，阿亮是把脑袋别在裤腰上为你们奔走！把你们接到草坡乡又安排你吃住，安排人培训你们，我们只是陌生人，能为你做到这样，你多少也该顾及这份情义吧？你又不是在为我和阿亮做事，来这是为灾区服务的。你扪心自问，我们哪里对不起你了？到底是谁在跟谁作对？"砚台越说越怒，"休想学石剑波那一套，我在这就不可能容忍这种事发生！忍你们很久了，宁愿办不下去也不会再让你们得逞！"

"跟石剑波有什么关系啊，他是他，我是我。我只是想照顾到我们一起来的女生……"孙大磊不服气地说。砚台忽然打断："石剑波已经滚蛋了，对吧？你当然要跟他撇开咯，多不光彩啊。他走你们都知道，但你们都瞒得死死的。"

"叫我们怎么说？说好了大家一起，他却当逃兵了，我们也觉得他特不仗义！正因为这事我才想让几个女孩子在一起好照顾，我们这队就剩我一个男的，希望你能体谅一下。"

"你是不是喜欢其中哪个女孩子？"

"没有，绝对没有！"

"没有？！你这么起劲地闹个屁啊？大家都是来做志愿者的，别忘了来灾区的目的！何况人家也说了不用你照顾！"

孙大磊不说话，似有所动。砚台缓和语气："我们都是来做志愿者的，我也不想跟你结仇，你要不想好好做就离开吧，不勉强。"

孙大磊面色突变："去哪？"

砚台："像你这样的好汉，我们希望之窗罩不住，麻烦你另谋高就。"

孙大磊开始服软，说自己态度是有不好，但主要是出于义气和责任心……砚台打断他："想留下来可以，向张莉道歉！"

孙大磊跟吃了摇头丸一样，连连摆头，说张莉的态度太坏，如果他错了，那张莉也有错，不说四六也至少三七开，不可能张莉一点责任都没有……砚台忍无可忍："你知道你有多龌龊吗？你一男的追到女厕所门口骂一女孩子你还是人吗？你不过仗着自己是个男的，张莉打不过你，你就任意欺侮她！你现在是不是觉得我也打不过你跟我耍无赖？"

"不，绝对不是，算了，这样说就没意思了，好男不跟女斗，我道个歉就是了。"

"你凭哪点自称好男？在这里你哪点做得比别人出色？"砚台疲惫的很，说："愿意让你以道歉换一个留下来的机会，是看在小唐和千金的面子上，她们还要在这里待，不管别人怎么看你，但你们同学感情还在，我只是体谅她们的心情。"

但开会时，事情却急转直下。孙大磊道歉，张莉态度冷硬："不用跟我道歉，我不接受！做好你自己，做好你自己的事就行。"说完就出了帐篷。

大家愣了，陈松芒和小月都望着砚台，砚台特意安排他们几个等孙大磊道歉时，帮着缓和一下气氛，大家圆一下，这事就算过去了，但张莉扔下一句话就走，根本不给机会。孙大磊愣了片刻，猛捶桌子，大吼大叫："你以为我愿意给你道歉啊？你他妈的啥玩意，给脸不要脸，要不是砚台……"

砚台赶紧制止："桌子是借的，捶坏了还得赔，坐下来说！"

孙大磊又冲砚台吼："这不是我的错吧？你看到了，她以为她什么东西，这种女人……"脏话喷口而出，砚台怒气也瞬间被激起来，一拍桌子："你他妈的闭嘴！凭什么你一道歉别人就得原谅你？你以为你是个什么东西？"

"你他妈的设套让老子丢脸，老子听了你的话真是脑子进水了……"

战火转移，孙大磊和砚台大吵起来，互拍桌子俱不相让，在座志愿者无人敢劝。吵了半晌，砚台才想起自己是来调解纠纷的，硬生生刹住，让小月去把张莉喊来。

张莉本就没走远，又回来了，冷着脸坐最后一排，离众人一丈开外。

砚台说："本来想调解你们的矛盾，没想到你们有这么大的仇，那就算了。孙大磊，说说你的课程计划吧。"

"做灾后儿童心理干预。"

"不行！"砚台一口回绝。这厮自己心理状况都堪虞，还想给别人做心理辅导？

"为什么？"孙大磊语气立马提上来。

"你不是专业的心理医生，这活你干不了！"砚台转头跟张莉说："你安排一下吧。"

张莉想想，说："从中午的午睡故事开始。"张莉认为孩子的心灵非常开放，像海绵一样对周围的事物不加选择地吸收，这种吸收方式是整体输入法。所以午睡时，张莉就挑些经典，优美的故事读给孩子听。

孙大磊又跳起来："瞧不起我是不是？让我一大老爷们哄小孩？"见张莉不理他，又跟砚台说："你看到了吧？她这是故意寒碜我！"

砚台问："为什么讲故事就是瞧不起你？刚还说要服从工作安排，能守点信义吗？"

"反正我不愿意哄小孩。"

"咦？我们帐篷学校就是为娃娃们办的，我们整天做的都是哄娃儿，你不愿意你干嘛加入啊？你可真幽默！你要看不上我们就去四川路桥吧，修路挺适合你，我看你也有一把好蛮力！"砚台笑道。

孙大磊沮丧不语。

散会后，张莉留下来，一连声地质问砚台："为什么不赶走他？你说过，不是什么人都能来教我们的学生，为什么还同意这种人教课？"

"张莉，硬要驱逐只能打出去，可我一个人又打不过他，叫帮手又不合适，我也很为难。"砚台将徐敏行一番话转述给张莉听。

"那就这么妥协？"张莉意气难平。

"无论委曲求全还是威风凛凛都是为了做事啊，既然他道歉了，就退让一步吧。"

张莉怒道："你被骗了，他根本不是诚心来道歉的！"

"可是他道歉了！取人之善，当据其迹，不必深究其心。他给你道歉这个行为是事实，你不能诛心，说人家心里怎么怎么样，这样下去就没完了！"砚台也火了。

"你看他道歉时站得歪歪倒倒的，白眼朝天的，一副痞相！"张莉边说边学。

"那还有句话，叫论人是非，当原其心，不可徒泥其迹！"

"我说不过你，什么都有道理，太圆滑！"张莉气得起身就要走。

砚台赶紧上前拉住："都说女孩子是水做的，你怎么跟水泥做的一样？与人留余地，自己就有余地，柔和一点不行吗？你觉得我懦弱也好，圆滑也好，我们来这不是跟人争强斗狠的，无论如何，帐篷学校得办下去。你想想，我们那么辛苦，坚持这么久，总不能因为一个混蛋就把所有事都耽搁了，那真是被他给打败了呢！"

张莉郁结不语，规则都是砚台跟阿亮定的，老师必须考核通过才能上岗，她不过是执行规则，但他们自己却又破坏规则，一有矛盾立马就妥协，还各种有道理。

砚台也深感为难，这也不行，那也不行，怎么做都难让人满意。

74. 老村长讲话洋气的很

龙潭村长几次邀请希望之窗过去办学，因阿亮忽然离开没去成，砚台接手继续，也好暂时避开怒气冲冲的张莉。将码头村志愿者重新调整，本想把孙大磊调到两河去，但徐校长拒绝接收，只好把牛瑶瑶与曹贝调到两河村服务，免得她们在码头村跟孙大磊勾结。又将美琪、刘旋几人换出来，带去龙潭村办校。

龙潭是草坡乡最偏远的村寨，由于植被丰盛，山体跨坡并不严重。盘山小路一直向上，越走越高，如同走在高台之上，溪涧山花烂漫，犹如花河。早上还落了一场雨，几人背着行李，走走停停，山间凉风阵阵，令人心旷神怡。忽然，砚台拍拍美琪，指指下面，远远盘山路上有个骑摩托的小伙子，山路陡峭，那一人一车却开得疯狂，在山路上跳宕如野马，是孟苇。孟苇因为美琪的缘故，投奔于两河村帐篷学校做志愿者，没想到美琪却要调到龙潭村。早晨已经告别过，才不过一小时，竟然又骑摩托车追上来了。

孟苇一脚踏地撑住车，冲美琪一笑。美琪不好意思地看看砚台，砚台体谅地拍拍她，去吧。二人骑摩托在山路上盘旋，远远跟在面包车后面，美琪迎风展开双臂，笑靥如花一般。砚台望着，不禁微笑，看到别人的幸福间接也感到快乐，跟刘旋说："泰坦摩托号啊这是！"刘旋闷闷地说了句："摩托车太不安全，你不该让她坐摩托车，这路太危险！"砚台看看他脸色，逗他："人家带自己女朋友，你操什么心啊。"刘旋脸红不语，闷闷行走。

小学很小，办公室和校舍都是平房，呈 L 型围合成一个院子，就是小学的操场，院墙外就是溪水，哗啷啷地流过。虽然时间过去这么久了，仍保持着地震瞬间的慌乱，教室里遗落的鞋子，倒在地上的桌凳，墙上的裂缝，虽是静止画面，仍仿佛听到那瞬间的大动荡。而墙上的日历，也停在了"5·12"那天再也没有更新。砚台将队员留下打扫卫生，她去拜访村长。

这里唯小学在山脚，村民皆住四面山上。孟苇骑摩托带砚台上山。山高且陡，有些地方，山路塌得只剩一尺宽，一面临山，一面是万丈深渊，车轮一滑再滑，砚台心惊肉跳，身子不由自主往山这边靠，孟苇一边艰难地把住车头，一边喊，"哎呀，坐正咾！坐正咾！"山上少有平地搭帐篷，有些帐篷就搭在没垮完的路上，经过必须从帐篷里穿行。摩托车穿过帐篷，贴床铺驶过，惊醒一位大爷，惊惶失措爬起来，满脸困惑地瞪着砚台，"哦？"砚台尴尬地笑，"哦！"旁边炉子上还有一锅热腾腾地土豆，大爷紧张喊："哦？哦？哦呀！"四川方言里这个"哦"字的含义随着语调的不同煞是丰富。大爷意思是：怎么会这样？砚台意思是：只能这样。然后大爷的意思是：当心土豆！

砚台既抱歉又实在忍不住要笑，嗔怪孟苇，我们过人家屋头是不是应该下车推行？孟苇很无奈，不是他家屋头，明明是路啊。

一路崎岖，终于到村长家。一男人坐门槛上喝酒，心事重重，已然半醺。砚台上前打招呼，他很惊讶，说自己不是村长，是主任，忽然他自己也疑惑了，问砚台，"咦，我是村长？"砚台一头雾水，问，"那主任又是谁？""哦，晓得了"，那男人嘟哝了一句，爬起来，摇摇晃晃站到山崖边，村长家住在——他朝对面山上一指。砚台一看，天哪，原来是小学对面那座山，爬错了山！两山之间云遮雾绕的，路程遥远的很。

孟苇很抱歉自己记错了，但来都来了，只好算了，毕竟主任也是干部。砚台说明来意，对方听说志愿者都已经到小学了，十分过意不去，要陪砚台下山。见他如此醉茫茫，砚台婉言拒绝，请他代为通知村民送孩子来村小上学。村主任让砚台等一下，自己进了屋。

一会儿，一个巨大的声音响起，非常突兀："注意，注意，各位村民请注意，志愿者进山了，志愿者已经进山了……"喇叭声响遍山里，这种发布信息的方式像是七十年代。这种惊喳喳的语调，更像是鬼子进了村。

到山下，发现村长已经在学校了，正指挥几个村民搭凉棚，全木结构，防震的，带来的凉篷反而没用上。已经有不少闻讯赶来的村民，正在帮忙打扫，擦洗桌凳，几个孩子接力从门前溪里打水上来冲洗水泥坝子。村里的医生背喷雾器过来喷洒消毒水，连校前小路上的杂草都仔细喷洒过。

龙潭村长是位质朴的老农民，从地里直接赶过来的，裤腿还一高一低，腿上泥浆才干。美琪将砚台介绍给他，老村长从棚子上爬下来，跟砚台握手，大概很想对志愿者说些有"水平"的话表达欢迎，于是就背诵了一段新闻联播式的套话，背着背忘记了，一下窘住了，大家都在等，他自己也很着急，想了半天，只好挠挠脑袋，说："记不得中央咋个说了，反正都是欢迎志愿者的好话，你们晓得就行。"大有此处省略若干字的洒脱。志愿者们哄然大笑，砚台强忍着笑，冲他们喊："不许笑，注意素质！"这帮家伙却笑得更欢了。村民也起哄："我们老村长今天讲话硬是洋气得很！"老村长冲他们挥挥手，放弃了洋气的说话，对志愿者说："我屋头住对面山上，你们过来，我指你们看哈，你们要是有啥子事情一定要来找我！我们龙潭沟条件是不好，但志愿者有啥子需求我们村里都全力解决，一定全力配合老师们的工作，总之，我们全村老小都非常感谢你们！"

又来了几位大娘，双手捧着围兜，沉甸甸的，送到厨房倒下，全是青椒，土豆，莲白，还有送柴火过来的。就像新家落成，周围邻里皆来祝贺。

一天功夫，学校就搭起来了，桌椅也擦洗干净，摆放整齐。帮忙的村民相继离去，小学校恢复安静。砚台从书包里拿出一面国旗，让刘旋爬到高处挂上。几名志愿者列队肃立，静静望着国旗升上去，随风扬起，这简单的仪式结束，学校就算成立了。办了那么多所学校，这算是砚台唯一亲手搭建的学校，非常有成就感。

美琪主持第一次工作会议，商议小学校行事规矩，安排课时计划，又核对各人课程，模拟课堂讲习，相互指正。

按照希望之窗的惯例，龙潭村也该有一首校歌，共同拥有一首歌，会令大家情感产生共鸣。美琪提议以民歌《茉莉花》做龙潭村的校歌，原是下午去做家访时，有位老奶奶泡了茉莉花茶招待她，虽然有点不搭，但美琪是校长，大家都尊重她的意见。

砚台想起校务室有架脚踏风琴，不知还能不能用，起身去教室里试弹了下，竟然是好的，音质也非常棒。立即喊男生将琴搬到院子里，打水来擦洗，轻声哼唱着，将谱子凑出来，琴盖上松黄的油漆已经有些脱落，但黑白键如新，发出幽幽的光泽。印象中，脚踏风琴这种乐器总是和乡村教师紧紧联系在一起，在乡间的课堂上发出落叶般的音律。

能在瞬间把人带到一种非常强大的诗意空间的事像，非音乐莫属。当风琴声响起时，这乡村夜晚顿时变得静谧而优美。美琪弹琴，砚台轻轻和唱，几名男生或站或坐，大家都静静。砚台索性将蜡烛吹灭，眼前略微一暗，渐渐月光却明晰起来，青莲色的夜空轻柔覆盖于苍穹。风琴的声音给周遭蒙上一股神奇的氛围，在夜的深处像是有什么与之一同倾听着。

75. 你必须有一颗铁打的心肝

龙潭安顿好交付给美琪等人，趁月色明亮，砚台起身回码头村。约莫三个钟头的脚程，独行夜路，也不觉得害怕，觉得自己此行汶川是做一件好事，心思端正自然百邪不侵。夜风阵阵，花椒树的气味弥漫在山野里，这种气味初来时闻不惯，总要打喷嚏，渐渐却觉得很提神。一路非常安静，偶有人家灯火，像深海的水母浮于夜中。金波电站对面山崖有一处巨大瀑布，发出轰然巨响，月光映射之下如银河倒泻，挟无数星辰，璀璨无比。水汽清新，扑面而来，令人精神一振，想要高声唱歌。

回到码头村张莉已经睡了，帐篷分男、女通铺各一间，砚台摸到个手电筒打开，通铺上一排人，都头朝外。砚台在人头中找到张莉，推推她，示意腾点位置。谁知这家伙忽然惊叫起来，砚台赶忙捂她的嘴。躺下后，张莉却精神起来，要跟砚台谈心，絮絮叨叨。砚台闷声装睡，却听到她抱怨："哎呀，真是的，把人家吵醒了，自己却睡着了。"语气失落万分。砚台忍不住"扑嗤"一笑。张莉立即凑过来小声说："我藏了两袋鸡爪！"砚台相当镇定："拿来给我摸一下先。"张莉在枕头下悉悉嗦嗦地摸索一番，又拉砚台的手过去摸一下，果然。

两人鬼鬼祟祟地爬起来，听到小月睡意浓重的声音，还透着不满，嘟哝道："我听到鸡爪了！"砚台边穿鞋边凑她脑袋边小声嘀咕："这不是真的，不是真的，你这是在做梦，在做梦，做梦，梦……"压低声音做出催眠效果，小月咕哝几声又睡过去了。

月色下的溪水很明亮，微微泛着蓝色，像一条悠长的发光源，流波闪耀。周遭村庄灯火俱灭，人声寂静，两人涉水到中间大石头上坐下，暑气顿消。

桌子事件是张莉心里的一个结，从头细讲，一直说到码头村，张莉停下来，神情困惑，问砚台："我做错了吗？"

桌子事件砚台来之前也听说过，只是每个人给她讲的版本都不一样，如今听张莉讲完，终于明白她当时的为难。想了想，说："事情原本简单，有借有还，约定的事须遵守而已，这件事上错的是团委，不是你！"语气非常肯定。

"可是，他们都指责我！"张莉依然很沮丧。经历桌子事件，以及每一批志愿者的反对打击，令她身心俱疲。

"他们指责的也许是你做事的方式。每个人的方式都不一样，我和你也不一样，但我肯定会和你一样坚持，即便帐篷学校被取缔，那也是强权的错，并非我们错了。若世上的事情都只以成败论对错，那会错失许多真确。你坚持的没有错！"

"可是，他们说我把孩子给教傻了！"张莉语音颤抖，将脸庞扭向一边，"当初报名时就说过，我害怕当老师，当不好，就是作恶……"也许这才是她最感伤心的地方，伤了她坚持做下去的信心。

"希望之窗是个匆忙建立的草根组织，无论如何，必须有个负责的人，谁在这个位置上都很难做，要让每个人满意是不可能的。至于对错这个问题，我不知道有没有绝对真理，但是，有绝对真实，比如码头村的帐篷小学，两河村帐篷小学，还有金波，足湾，直台，沐水，这些都是你做出来的事，无论怎么评价都抹杀不掉。评判别人总是容易的，去做才是最难的……"

砚台忽然停下，想了一会，说，"算了，说这么多没用，谁说的你，我找人打他！"

张莉叹了口气："他们老是说砚台如果在这里就不会这样那样，有时我也很沮丧，感觉吃力不讨好。"

看看张莉是真难过，眼睛愣愣地望着溪水发呆。砚台柔声劝慰："那是因为我不用对志愿者发号施令，也没有直接利害关系，他们一厢情愿地幻想我是个好相处的，有时把我祭出来只是为了打击你，我只是占了不在现场的便宜，这个好人当然做的轻松。但接下来就不一样，他们很快也会发现我的毛病，一样会有矛盾的。 你得坚定，否则时间长了会得抑郁症的。"

张莉笑了，说："真的，阿亮不管这些反而大家都觉得他人好，你不在这里，他们就老说如果你在这里肯定更好，有时觉得自己做得越多落的埋怨越多！"

"张莉！我们之间千万不要存了比较之心，比较之心一起，顿生嫌隙！"砚台语气严正，张莉一惊。

"张莉，你知道为什么一直纷争不断希望之窗却没有垮掉吗？"砚台问道，不过她不需要回答，自顾说下去："因为我们三个人很团结！我筹措物资和人手，阿亮负责开拓建校，你教学执行，分工明确各尽所能，形成一个完整有力的架构。所以，尽管志愿者闹腾，我并不担心，我们做这些可不是为了讨好志愿者们。只要我们三个人团结一心，希望之窗就不会垮掉！"砚台语气诚挚，望着张莉，"现在，阿亮已经走了，只剩我们俩了，我们更要团结，不然这次真的要散架了，之前的辛苦就全白费了！"

张莉一惊，失声问道："他去哪了？"

"回家了。"看看张莉脸色，砚台又补充，"可能他谁也没告诉，大概怕志愿者晓得了，人心不稳。"

"因为这个你才忽然进汶川？"

砚台点点头，问："你们俩怎么僵到这个地步？"

张莉沉默了一会，轻轻说："等阿亮回来，我会改变态度跟他好好相处的。许多事现在想来，我也有做得不对的地方，不能全怪他。"

"不，既然他走了，就要做没有他的打算，接下来任何事都只能靠我们俩。你依旧负责教学，我顶替阿亮的工作。只剩一个月了，我们一定要有始有终，坚持下去！"

张莉一怔，望着溪水发呆。想起那天，阿亮将孙大磊那群志愿者送到码头村，站在院墙外并没有进来，见他背着包，还以为他要去别的帐篷学校，原来他那天就走了。

"张莉，"砚台轻轻喊了她一声，"沐水村的帐篷学校倒闭了。"

张莉猛地抬头，难以置信，砚台朝她肯定地点了点头，"但我们还有七所帐篷学校，对这里来说，我们还有机会做好。"

张莉摇摇头，砚台不懂她的感受，办再多的帐篷小学，在她心里都抵不过沐水村的分量。

张莉一股热泪冲出眼眶，心里空落落，像某个珍贵的事物忽然倒塌。沐水村一幕幕在脑海里闪回，大雨天，跟八个孩子合力支撑帐篷学校……老校长来拆帐篷学校，紧张得手心里全是汗，拼命说好话，孩子们唱歌给校长听……夜晚，闻着花椒树的气味，伏在帐篷里批改作业，阿亮在旁边修理桌椅……走的时候，孩子们在帐篷前列队唱校歌，夕阳黄黄地照着孩子的脸，歌声紧紧地在身后，终于还是越来越远，一次都没有回头……

76. 你慢慢走，我们给你唱歌

阿亮走在昏暗的山路上，凭着感觉，在山路转弯处停了下来，依稀的月光看不分明，但他知道就是那里，有一棵小树。默默地站了会儿，从来没有某处的山路让他这么感受复杂。

夜色下的山路时隐时现，走过许多遍了，弯道起伏都在心里，阿亮闭上眼睛，脑海里的山路比现在的路更加清晰。第一次进山的时候，觉得太漫长了，走走还是山，后来走惯了，倒也不觉得远。但时隔这么久重走，觉得这条路忽然变得遥远，不过，也许是自己近来太疲惫了。

忽然听到说话的声音，有点熟悉，阿亮迎上去，看到七八个少年的身影正从山路拐弯处冒出来，有点像帐篷学校的孩子。阿亮试着喊了一声，那边先是应了一声，几乎是同时，那边反应过来："阿亮叔叔的声音！是阿亮叔叔回来了！"很惊喜，朝这边跑过来。

是帐篷学校里几个上初一的大孩子，说沐水村已经复课了，小学在村里建的板房复课，初一以上的安排在青川的中学里借读，平时住校，周末才回来，明天周一，孩子们在家里吃过晚饭才结伴返回学校。围住阿亮，很亲热，纷纷问怎么才回来，有人说我们以为你再也不回来看我们了，晓得初中要复课的时候我们就天天等，直到去报名的时候你都还没有回来，我们都以为再也见不到你了。阿亮心里很感慨，摸摸这个的脑袋，拍拍那个肩膀，有几个孩子还背着蛇皮袋，很重的样子。阿亮摸摸不像是书，问背的什么。孩子说，洋芋。阿亮惊讶，背洋芋干嘛？孩子说，吃饭吃不起嘛，学校免了我们学杂费，可是住宿费伙食费都不便宜。又有孩子说，要是在家里吃饭就省得多，在外头啥子都要钱，一个菜都要好几元钱，屋头今年都没得收入，好多人都不读了。

"本来我都说不读了，可是我妈还是要让我读，读啥子嘛，读完初中还不是一样地要去打工，早点出来还能挣钱，想到我妈一个人在家里做活就难过的很。"是李德联。阿亮知道他没有父亲，听了心里特别难过，伸手按住他的肩膀，想说什么，却没说出来，尚未长成的少年肩胛，薄薄的，让人心疼。孩子们跟阿亮历数着哪个哪个辍学了，去打工了，有去绵阳的，有去江油的，最远的去了广东都有，李德彪也不读了，还说他最高学历是小水滴帐篷学校，可惜阿亮叔叔没有回来给他发毕业证……

阿亮心酸不已，那些出去打工的孩子都见不到了，他们在秋季学期开始之前，早早地步入了社会，此刻正散落于各个工厂，小饭店，顶替着某个成年人的身份，打着童工。那一张张亲切的、调皮的、精灵的各种丰富表情的小脸，此刻都浮现在脑海里。而将来这些也都会慢慢模糊，难觅踪迹。

在路边说了一会话，就要告别了，孩子依依不舍："阿亮叔叔你走夜路怕不怕？我们送你下山吧！"

阿亮心头一暖，笑道："阿亮叔叔不怕。"走了几步，见孩子们还站在那里，阿亮拉长声音喊："小水滴！"孩子们齐声应："是！"几个人默契地笑了起来。想起当初大家在课堂上跟阿亮捣蛋，故意不回答到，只说是，弄得阿亮很恼火。

转弯处有块延伸出去的大石头，孩子们爬上去，望着阿亮走在山路上的背影，忽然有个孩子喊："阿亮叔叔，你慢慢走，我们给你唱歌！"

歌声响起来，是沐水帐篷学校的校歌。

阿亮回头，看不清楚孩子们的脸，只看到月光下几个少年的身影，冲着阿亮的方向挥着手，歌声远远地传过来，抵达心底……

阿亮眼泪忽然就流下来了。

每次失望，气馁的时候，唯有孩子能真正给他力量，孩子们总是以最简单却又直抵心灵的方式回馈他。

　　到沐水村已经很晚，见校长家灯还亮着，就去拜访。校长看到阿亮又回来了，很惊讶。阿亮跟校长商量，想第二天上午给孩子们上一堂课，就结束小水滴帐篷学校。校长断然拒绝。阿亮拼命说好话，校长推三阻四找各种理由。 阿亮不清楚是怎么回事，虽说刚来沐水村的时候和校长有许多矛盾，后来帐篷学校办得很好，校长也渐渐释怀，也很支持，走的时候都好好的，不知道校长怎么忽然对志愿者又很厌恶，他觉得这其中可能有误会，但他不知道是什么，无从解释起。只好跟校长说自己跟孩子有约定，这所帐篷学校是他办起来的，结束时他一定会再回到这里，跟孩子们道别，恳请校长成全。村里的老电工在校长家喝酒，一直听着他们说话，忍不住插话，帮阿亮劝校长，说这些志愿者在村里建帐篷学校帮我们带娃娃，条件那么艰苦，人家啥子都不图回报，现在人家从那么远回来，专门来看我们的娃娃，连见上一面都不答应，情理上说不过去。校长这才说出自己的不满：当初不同意他们办帐篷学校的，硬要办起来，后来把娃娃托付给他了，他人又走了。留下那些志愿者跟校长对抗，明明村里可以复课了，他们还鼓捣着娃娃们不要去上课，坚持不解散帐篷学校。阿亮解释自己离开沐水村的原因，校长听了脸色有所缓和，他以为阿亮是撒手扔了这边的帐篷学校直接回家了，得知阿亮是去汶川办帐篷学校，校长情绪缓和下来，同意第二天课间的时候，让阿亮在操场上见见孩子们。

　　阿亮去看帐篷学校，发现还在，只是破败了不少，篷布许多地方都碎了，夜风揪扯着啪啪作响。原先棚顶上压着一层苦艾草，既遮挡暑气，又能熏蚊子。那时每天放学，他就和张莉去砍些回来，放在棚顶晒干储备着。见棚顶上还剩下几把，阿亮放下背包，将艾草扯下来拢在坝子上点燃，艾草的气味清香之中夹杂一丝微微苦涩，阿亮坐在旁边发呆。这两个月发生了许多事情，如此丰富，以至于回想起来，感觉几年都已经过去了。阿亮坐到夜深，在帐篷学校和衣睡了一觉。

第二天课间，阿亮背着背包出现在小学操场上，孩子们已经得到通知，看到他都围拢过来，阿亮叫营长整理队伍，李德恒将几个班的孩子按帐篷学校的队列整好。校长和老师，还有好多闻讯赶来的村民都在旁边围观，退伍军人也来了，阿亮专程走到他跟前深深鞠躬，感谢他给予希望之窗的帮助。

阿亮给孩子们讲最后一堂课，一起回顾帐篷学校的建立和教过的弟子规，还有小水滴帐篷学校的十三条公约，每一条都是因为发生事情后和孩子们一起拟出来的。

最后请营长出列，带领大家复述小水滴帐篷学校校训：

我是一颗小水滴，我有一种精神叫作坚持！

坚持乐观与向上！

坚持朴素与正直！

坚持爱与善！

孩子们的声音铿锵有力，激荡着在场的每一个人。阿亮说："孩子们，小水滴帐篷学校结束了！阿亮叔叔答应过你们，在结束的时候一定会回来看你们，正式和你们告别，这个约定阿亮叔叔做到了，孩子们也要记得我们小水滴的校训，努力做到。"

最后阿亮跟校长鞠躬道谢："感谢校长给我机会，让我有幸与这些可爱的孩子共度一段时间，以前多有冒犯失礼，在此一并向您道歉！"校长蠕动嘴唇，想说什么，却没有说出来，只是伸手扶住了阿亮。

孩子们知道阿亮就要离开，队伍一下就乱了，拥过来喊阿亮叔叔，伸手去抓阿亮的衣角。阿亮压制感情，喊营长整队，故意大声说："咦？我们的小水滴怎么这么没有纪律？这是我们的孩子吗？阿亮叔叔很失望。"孩子们赶紧归队，前后左右四顾，队列得整整齐齐，眼睛巴巴地望着阿亮，不舍得，又不敢动，眼泪在一张张稚嫩的小脸上流淌……

校长在一旁看着也很触动，短短的一段帐篷学校时光，师生之情竟然如此！提议让孩子们送阿亮一段，阿亮谢绝，只请孩子们最后为他唱一遍校歌，就在歌声中离开吧。

……我一直有双隐形的翅膀

带我飞

给我希望

我终于看到

所有梦想都开花

追逐的年轻

歌声多嘹亮

哪里会有风

就飞多远吧

……

孩子们的歌声那么嘹亮，听了一分钟，阿亮就转过身离开，一步赶一步，急急行走，不敢回头。

校长追上来送阿亮，阿亮埋头闷走。校长也不说话，一路默然，一直送到村口，阿亮道谢，请校长留步。校长默默地鞠了个躬，说："以前有对不住的，我向你道歉，你说的好，做的也好，没想到你还会回来，做事有始有终，我敬佩你！感谢你们为沐水村娃娃做的工作，欢迎你们经常回来看看！"

阿亮很震动，校长都六十多岁了，头发花白的老人给他鞠躬，承认自己错了。那一瞬间回想起自己多次和校长争执对抗，心里百味杂陈。老校长确实给帐篷学校造成很多困难，但是，替老校长想想，这群志愿者来路不明，一个个都很年轻，怎么放心把孩子交给他们呢？

阿亮也再次鞠躬道歉，校长伸手扶住阿亮，两人相视一笑。

两位老对头，终于在离别之前达成和解。这时刻的和解，是发自内心的和解。

77. 收复直台村

砚台问："想不想回直台村?"

张莉眼睛一亮："想!"

"那跟我去直台,收复失地!"

"可是阿亮不让我去直台……"

"嗨,阿亮都走了。直台是你办的,我要帮你收回来!"砚台豪迈的很。

张莉喜形于色,立即收拾背包,跟砚台一起搭电影队的车出发。

直台村安置点在龙溪乡,地貌和草坡乡不一样,植被很少,多黄土,风很大,沙尘打在车身噼啪乱响。一路都是荒无止境的盘山公路,直到午后才盘到半山腰,路边有个蒙古包一样的圆形棚子,靠着块木牌牌,上面白底粗宋体黑字写着:中共汶川县龙溪乡直台村支部委员会。就是这里了!

一块小小的平坝子挤满竹篾棚子,密密挨挨。棚子中间有块空地,堆拢了些课桌,上面尘土厚积,一些扭曲变形的架子散在地上,篷布零乱地揪扯其中。学校红旗还在,已经残破不堪,只剩几缕布条在风中抖动。一个孩子都没看见,志愿者也不知去哪了。

张莉愣在当场:"怎么会这样?怎么会?"惶惑地望着砚台,发现砚台跟她一样惊愕。电影队的朋友也从车上陆续下来了,漫天风沙卷地而来,纷纷低头掩面。

听到车声,几名老乡钻出帐篷,手搭在眼帘朝这边张望。张莉过去打招呼,问志愿者都去哪了。那边老乡认出她,叹道:"哎呀,张老师你可回来啦!"张莉很感慨,环顾四周,点头:"我回来了!"

忽然旁边一顶帐篷掀开门帘,钻出个灰土土的身影,是陈振,迟疑地看着张莉和砚台,也不打招呼,回头朝帐篷里喊了声,祝好,唐甜,阿黎,大小高,杜娟,田春来陆续从帐篷里钻出来,像一串土拨鼠。几个人走了几步,又站住了,见砚台还带了群陌生人,他们都有点戒备,不再走近,个个都神色复杂。

砚台上前招呼:"辛苦了!没想到直台条件这么艰苦,真应该将你们排在第一位来慰问！"见砚台语气诚恳，似乎并没有将直台村排斥在外，一群人心里松了一下，刚刚都有点担心砚台是来兴师问罪的。但看张莉冷冷地站在一边看着他们，几人又有点惭愧，脸上讪讪的，不知说什么好。

帐篷学校几天前垮了，龙卷风把整个帐篷连根拔起，掀翻一边。帐篷是用三顶三米乘六米的凉篷拼起来的，光钢架就有一百多公斤，钢架下面还坠了石头加固，可见当时风力有多大。幸好篷子落地时已偏移十几米，没砸到孩子。这几天没棚子，太阳又猛，只在早晚上课，现在不是上课时间，坝子上没人。

张莉问帐篷垮了怎么没人跟她说，语气严厉，大家都不吭声。砚台赶紧说："帐篷垮了我们再建起来就是了，人没事就是万幸！况且这么恶劣的情况大家都坚守这里，还给孩子们上课，已经很不容易了，对吧？"大家都不好意思说对，望着张莉。张莉看看周围，又厉声问："你们的石剑波呢？"一副要捉拿叛军首领问罪的架势。

原来安置点的厕所倒了，夜里女志愿者结伴去玉米地方便，忽见暗处有双亮晶晶的眼睛瞪着自己，登时吓得失声尖叫，谁知对方也怪叫一声，刹那间玉米地里到处都簌簌作响，对方还不止一个，几个女孩子当场吓哭。志愿者怀疑老乡跟踪女孩子上厕所，老乡却说是猴子偷玉米。那天晚上到底是人还是猴子，已成直台之谜。小雨哭到半夜，闹着要回家。第二天一早石剑波就带她离开了。

张莉根本不信，"闹着占直台的也是他，不负责任逃走的也是他！根本不是猴子，是心里有鬼！"

直台志愿者一片沉默，非常难堪。想当初，这群人意气风发"占山为王"，没想到沦落到这等凄惶的地步，学校被龙卷风卷跑，队长被猴子惊走。此地状况又恶劣，外面风沙肆虐，一张嘴就一口沙子。帐篷里又非常酷热，白天能有四五十度，人体机能在这么酷热的情况下跟极寒差不多，快了，喘不过气来。这群志愿者白天无处可去，只能蹲在帐篷里等太阳落山，也真是可怜。

"算了，张莉，已经走了的人就不用再声讨了。"砚台说，又看看大家，问："你们前任老大已经跑了，接下来是打算跟我们干还是想再独立？"

祝好吐吐舌头，不好意思地道："我们生是希望之窗的人，死，是希望之窗的吉祥物，保证再不闹事了，嘻嘻。"砚台也笑了："好，之前的事就此揭过，张莉也不许再提了，谁再纠缠以前的事谁就是小气鬼。接下来我们要重建学校，还望大家齐心协力！"话一说开，大家都坦然了很多。陈振带电影队去联络发电机放电影。

孩子们也得知张莉回来的消息了，外面挤满了，围拢了张莉，亲热无比，走路都紧贴着，身体蹭着张莉。小猫小狗都是这样表达亲昵之情的，令人莞尔。张莉背着手昂首在坝子中间踱步，一副"老子胡汉三又回来了"的架势，陆续还有孩子往这边赶，到处都是喊张阿姨的声音，真是小别重逢感情愈浓，孩子们七嘴八舌向张莉描述帐篷学校垮塌的经过。

安置点提供了发电机，但场地找不到合适的，寻来寻去只有烧饭的公共棚子略大，李晨和杨洪超将幕布支在棚子里面，光线稍微暗一点，估计可以看清楚。安置点不大，消息顷刻传遍，全直台村的男女老少都来看电影，孩子们也扛着自己的小塑料凳由各组组长带领列队入场，烧饭棚子挤不进许多人，一直排到外面空地上。老乡自觉让开位置，让孩子坐在中间，大人排在外围，志愿者在最外围，安置点人声鼎沸，盛况空前。

当电影音乐响起时，真是激动人心，蓦地燃起一种诗意情怀。一时之间这莽莽沙尘，漫天狂风都被安抚下来。

正是傍晚时分，幕布下方一溜十几座石头垒砌的简易灶，都在腾腾冒热气，棚子里烟熏火燎，孩子们被熏得直流泪，还咧嘴开怀大笑，七十多岁的何老爹也坐在人群中，几次笑得旱烟袋都落了地。放映员李晨坐在孩子们中间，像个大号儿童，这部动画片他已经看了多遍，依然每个笑点都笑得合不拢嘴，他笑是因为孩子们笑。从心底弥漫的快乐展现在脸上，温暖动人。

砚台和罗队大宝等人站在场外聊天，直台是电影队最后一站，放完这场电影，他们就要离开汶川了。这一路，他们不仅给希望之窗每所帐篷学校放了电影，还给村里的老乡放电影，给当地驻军放电影，所到之处给人带来的尽是快乐，纯粹简单。坝上飞沙走石，人影都模糊，孩子们爆发出一阵阵笑声，几人不时地朝那边微笑张望。世上快乐的事情有很多，给别人带来快乐，也是其中之一。

电影结束，张莉集中孩子们为电影队送行。砚台请他们站到前面来，接受感谢。孩子们面向电影队列队，志愿者亦列队于最后，齐齐向电影队鞠躬致谢。营长带大家唱校歌为电影队送行，《美丽的羌寨》这首歌是他们族群的骄傲，每次唱起都气壮山河。依旧是漫天风沙，孩子们负手背后，站得笔挺，精神傲然饱满，天籁般的童音在夕阳下悠然回荡。这是最朴素的感情，最朴素的美。

罗队代表电影队致谢，道别。望着这一张张稚嫩的小脸，一双双天真的眼睛，如松树嫩芽般的孩子们，罗队忽然哽咽，失声。值此艰难之际，孩子们愈坚韧，愈令人不舍。

直台简陋难以安排食宿，放完电影他们还要下汶川去，砚台略有愧疚，但旋即又坦然，这群好汉岂会在意这些！成都街头偶遇，仅凭砚台几句邀约——灾区的孩子想看电影，就长途奔袭至此，非义气不能至，非至善不能达。

这个夏天，灾区有各种赈灾组织，流动电影队是最浪漫的人！

78. 一次特殊的聚餐

第二天一早，阿黎和老高、小高结伴离去，都说家里有急事。尽管砚台申明既往不咎，实际芥蒂不那么容易消除。不久前石剑波的不告而别，令直台志愿者一片凄惶，张莉的强势回归，导致直台留守志愿者又走了一半。直台联盟的十个人只剩一半，情绪都有些消沉，有不舍，也有时过境迁的怅然。

条件艰苦，士气低落，面对这么个烂摊子，张莉倒是一点不担心，信心十足。召集众人升旗，虽然学校没了，但旗还是要升的，凝聚力不能散。带领孩子们向那面破成一缕缕的红旗诵读校训：我是一颗小水滴，我有一种精神叫作坚持！坚持乐观与向上！坚持朴素与正直！坚持爱与善！

童音朗朗在山间回荡，如同宣誓，集体感油然而生。张莉做即兴讲话：

"环境恶劣，我们不怕！地震都经历了，还有什么不能渡过的？学校垮了没什么大不了，再建起来！当初帐篷学校也是从无到有建立的，任何时候，我们都要有重新开始的勇气，遇到再多的麻烦和失败也决不气馁！"一番话铿锵有力，鼓舞人心。张莉确实有其魅力，一种由心喷涌而出的能量，熊熊燃烧的热情，面庞发光。砚台带头鼓掌，剩下的几名志愿者也为之一振。

砚台带志愿者们将破碎的篷子都集拢过来，男生负责修复钢架，折弯的敲直，折断的找东西捆绑。女生负责缝缀篷布，编绳索。朝阳蓬勃，风沙尚未起，难得的好天气。张莉带孩子们开始晨间第一堂课《弟子规》：朝起早，夜眠迟，老易至，惜此时……志愿者一边干活一边跟着小声叨叨，连日来的疲沓之气一扫而光。

一连几天，张莉带孩子上课，砚台带志愿者加紧修复篷子，虽然风沙呛人，条件艰苦，但眼见学校又一点点拼搭成形，大家都很快乐。课间，张莉也带孩子们来帮忙，此情此景多么熟悉，令她感慨，只是当初在沐水时是阿亮，如今是砚台。

每到傍晚，风会小很多，陈振拉水管浇湿地面清尘，祝好摆上小塑料凳，唐甜和杜娟端上用大脸盆装的红焖土豆块，这是菜，主食是煮土豆，放在小凳上，大家围坐一圈。这里的主食是土豆，当地叫洋芋。虽然一直吃土豆，但老乡的做法很少，无非是烤和煮，稍微讲究一点会做土豆糌粑，将土豆煮熟后捣烂，继续捣……直到捣成很黏很黏的土豆泥，用手再团成小土豆的形状吃下去。志愿者的做法则丰富得多，煎土豆饼、炒土豆丝、焖土豆块，还有时髦的炸薯条，外加上烤土豆，煮土豆。土豆糌粑不做，没有意义，最终还是团成个土豆吃下去。

有张莉在的地方总会成为孩子聚集中心，都围过来，看看叔叔阿姨吃什么，评价唐阿姨做的洋芋就是香。亦有客观的说法，他们的洋芋里有油，我们的洋芋没有油。尽管评价着，无论怎么邀请，他们却绝不尝一口，很客气，"我们就是看看，不吃。"

只有在课堂上发吃的，孩子们才接受，那时食物是作为奖励，是荣誉。帐篷学校发一块饼干都掰成两片分给弟弟妹妹，有时发些稀罕的小点心，孩子舍不得吃，下课捧回去给爷爷奶奶尝尝。这里食物紧张，孩子们都知道，灾难和贫穷也是一种教育，教孩子们早早学会体谅。

帐篷学校的土豆快吃完了，最近土豆爷爷都没有送土豆下来，快没得吃的了。重建帐篷把所有人力都投入进来了，腾不出人手下汶川县去背粮食。何庭石说我们直台山上还有好多洋芋没有挖出来，遭埋得深了。又有孩子说我们屋头的莲白地也遭埋了，莲白容易烂，都毁了。说起直台山，孩子们话题很丰富，说山上还有许多苹果树，估计被猴子都偷光了，啥子都偷，就是花椒它们不要，精得很！以前没得这么多的猴子，也不得胆子这么大，地震后它们好像发神经了一样，人都不怕了。何庭石说我觉得是地震把它们脑筋震坏咯！科学老师你说是不是？

田春来是帐篷学校的科学老师，负责解答一切好奇心萌发的问题，他给孩子们分析，大地震破坏了猴群的栖息地，它们才到处乱窜。

孩子感到很苦恼，问："为啥子它们不重建家园嘞？"

"主要是猴子没得志愿者叔叔阿姨帮忙，也可怜嘞！"小老虎仰着头，很体谅地说。

众人不禁莞尔，祝好把他抱过来介绍给砚台："喏，我们帐篷学校最小的宝贝，刚过生日，4岁了。"小老虎脖子上挂了串绿塑料珠，还是夜光的。砚台夸他的珠子漂亮，他很慷慨，说："可以给你摸一下。"见砚台只是笑，他又补充道："真的，我不是小气的娃娃嘛。"砚台只好伸手摸摸，真是可爱的小娃啊。

明天帐篷学校即将完工，正常的生活秩序将再次回归。大家心情很愉快，商议凑份子钱，下山买些肉回来，吃顿好的庆祝一番。这里最近的肉铺子也要到汶川县上，路途遥远的很，以往这种后勤事务都是阿亮去办，说着就说到了阿亮，祝好问砚台阿亮为何没有上直台山来。砚台只说吃肉简单，明天她下山去办就是了。

男女生宿舍帐篷紧挨着，夜里听到男生那边聊天。田春来说他们那边吃猪肉，稻草绳都不解，整块地扔进瓦罐里慢火煨熟，肉一定要肥多瘦少，傍晚的时候掀开，那个香啊还带禾谷的清甜，肥而不腻，入口即化……说着不禁吞了口口水，咕咚一声。女生这边也有人发出吞口水的声音，夜深人静，大家都竖起耳朵听着。"你们喜欢吃肉，我们那边喜欢吃鱼鲜，干煎白仓鱼，煎之前加一点点佐料腌制一下，煎的时候挤一点柠檬汁在上面，把鲜味吊起来，吃的时候不用加任何调料，外酥里嫩，那才叫最原始的鲜美！"陈振的声音里充满了怀念之情。终于有人忍不住了，唐甜喊道："几位哥哥，你们到底还要不要人活啊？"声音充满痛苦的煎熬。大家哄地笑了起来，"原来你们也没睡啊，聊天呗！"田春来向隔壁的女生宿舍发出邀请："我口头炒个菜给你们吃哈，现在是艰难时期，要吃就吃大荤，小鱼小虾不过瘾，我给你们做个德州扒鸡吧。"不等大家反对，他就开始叨叨地用嘴炒菜开了。砚台积极响应："既然大家都睡不着，我们就来做席吧，每人上一道菜，必须是自己家乡的名菜，假装我们在吃酒席呗。我先来，徽派名菜珍珠丸子。"砚台一骨碌爬起来，盘腿坐好，说："采些新荷叶待用，将糯米浸泡软，上等里脊肉剁成肉泥，加姜蒜末细盐，搓成丸子放泡软的糯米上滚一道黏上米粒，将新鲜荷叶放蒸笼里铺好，肉丸子摆放上去开火蒸熟，糯米珠圆玉润裹着肉丸子，入口还有荷叶的清香，好，端上来了，大家品尝吧。"帐篷里笑成一团，张莉也坐起来了，说："我也给大家做道菜吧，醋熘土豆丝，土豆切成丝用水泡上……"帐篷里嘘声四起："不要做土豆行不行啊？太倒胃口了！"

"那，给大家做啥呢？"张莉很抱歉，说："要不，给大家烙几张饼吧，先和面，发面，锅里倒上油……""嗨！烙饼有啥好吃的啊，行了行了，你歇着吧，简直一点做菜天赋都没得，麻烦你把灶让出来，下一厨师谁，上！"砚台干脆地打断她。张莉很惆怅，嘟哝道："哎呀，我妈妈烙的饼可香呢。"

砚台忽然有了个主意，提议下汶川去买只大公鸡回来，先杀鸡吓猴，解决猴患，然后大家饮鸡血歃血为盟，江湖结义，纪念重生的帐篷，还有重生的友谊，当然，还有最重要的，鸡也是肉嘛！这项提议获得一致通过。

79. 周胖乡长御驾亲征

三顶凉篷经过修复拼搭只搭成两顶帐篷的规模，但总算是勉强把学校搭起来了，免除烈日灼晒之苦。

张莉要举行盛大的复学仪式，一早就去帐篷学校布置。待到上课时间却发现少了十几个大孩子，连营长都没来，张莉非常震惊。去家里喊，他们爸爸妈妈也说没看见，天刚亮就听到起床出去了，还以为是张阿姨回来了，孩子们比较积极。见张莉着急，家长反倒安慰她，可能跑哪里玩去了，不要紧。张莉坐立不安，等到半上午，孩子们还没回来，这些家长也真沉得住气。

张莉觉得十分蹊跷，从办帐篷学校以来，还从来没有发生过集体逃课事件。砚台将大家兵分几路，一路是往乡上的路，怀疑是不是跑乡里小店买东西去了，一路是下山往汶川的路，虽然路途遥远，但也不排除这些胆大包天的娃娃们结伴上县里去了，河对岸也要找找，昨晚说起过猴子的事情，是不是孩子们跑对岸去找猴子了。

忽然有人在外面喊，谁是帐篷学校的负责人？语气很凶，来意不善。砚台心里咯噔了一下，赶紧出去，说："我就是，是不是孩子们出事了？"那人莫名其妙，反问："啥子？"砚台心里一松，只要孩子们没事就好。但是，他们却带来了拆迁的消息，令砚台马上把帐篷学校拆走，把地方让出来。

晴天霹雳啊，刚搭起来！这些残破的架子好容易才拼起来，再拆一次就算鲁班再世也拼不回来了。大家都懵了，砚台傻傻地问："为什么？"那男人一脸不耐烦："不要啰唆，叫你拆就拆！"看他长那么肥，估计是个当官的，灾区老百姓决不至营养这么过剩，砚台探询地："请问您是？"那男人将自己的肥身躯扭向一边，不屑回答。旁边一随从模样的赶紧上前一步，嗔怪道："怎么连我们周乡长都不认识？！"原来是龙溪乡的乡长周光辉大人御驾亲征。砚台实在舍不得帐篷学校就这么拆了，试图挽回："周乡长您好，我们是志愿者，这里是安置点分给我们帐篷学校的地方……"话还没说完就被周乡长打断："这里要安置群众！是志愿者重要还是群众重要？还志愿者！"毫不掩饰对志愿者的鄙视，这赤裸裸的不屑，太让人下不来台了。志愿者们都看着砚台，砚台很无奈，冲他们摇头，表示自己也没办法，说："我们搬，但需要点时间，拆篷子要点功夫……"周乡长不容商榷，一口打断："马上搬，不要影响我们工作！"忽然，张莉这个猛女忽然打斜里窜过来，大吼一声："我们不搬！"周乡长脸色一变，手点张莉："啥子？你敢再说一遍？！"边说边冲张莉过来，那真是杀气腾腾，那架势感觉他下一个动作就要变指为掌，掌掴这个不知死活的志愿者了，好大的官威！砚台赶紧把张莉拉开，拦在中间，连声对周乡长说："你别跟她计较，她脑壳坏掉了，我们搬！马上搬，飞快地搬，屁滚尿流地搬！"

周乡长狠狠地盯着砚台。眼神那种狠意让砚台感到后背一阵发冷，一个照面而已，都是陌生人，难以理解周乡长这种恨意究竟是凭什么。

砚台转身对大家做了个手势："拆吧！"

田春来轻轻说，老乡天天吃土豆，你看他肥成个猪样，都是贪的！大家都动作缓慢，可惜刚搭好的帐篷，磨磨蹭蹭舍不得动手。

安置点下面有户人家，房子早就塌了，门前有块水泥地坪，平时体育课就在那里上。砚台找直台村村长借那个地方扎帐篷。村长说那块地方用是能用，但是没有水也没有电，搬过去很不方便。砚台说只要能搭帐篷就行，其他的现在顾不上，跟催命一样！村长已经知道周乡长驱赶志愿者的事了，但他也没办法，只好使劲地给大家道歉。砚台安慰他，大家来做志愿者不是为当地官员，是为孩子。但村长说他心里委实过意不去，这群志愿者为了孩子，跟他们一起从绵篪迁到这里，条件这么恶劣，那块地方刚搬过来就指定给帐篷学校用的，可是现在他连搭两顶帐篷的地方都不能为志愿者争取。这样说下去只会让人更加难过，砚台赶紧离开。

志愿者们抱着被褥，拎着油壶，向下面荒地转移，好像一群逃难的灾民。杂草丛生，堆满被褥书本，拢作一大堆。许多老乡和孩子都来帮忙，何老爹跟几个村民在下面坝子清理废墟，也正因为有他们的支持，志愿者们才不显得那么狼狈和凄凉。周乡长带着四名干部站在土堆上，或叉腰，或抱肩，看着来回奔忙的孩子和老人，神色傲然，不时催促。

帐篷学校在拆第二顶篷子时轰然倒塌，瘫成一堆废铁。完了！

80. 满血异地复活

推土机轰隆隆碾过，粗暴，冷漠。帐篷小学的防水矮墙被碾碎，推平，孩子们攥着拳头，眼睛紧紧地盯着，嘴里忍不住地发出哎呀，哎呀的叹息，望望推土机又望望志愿者。砚台浑身发抖，还要看着张莉，免得这家伙忽然发疯。张莉失魂落魄，喃喃道："太可惜了，就这么没有了。"

"没关系，我们再建，建新的，建更好的。" 砚台喉咙发紧，声音颤抖尖利。

"砚台！"忽然，一个熟悉的声音响起，简直不敢相信，急急转身，真是阿亮！正朝这边大步跑过来，依旧背着他那个巨大的登山包，还带了个女孩子。砚台快步迎上去，惊喜交加："你这个叛徒，还知道回来！"说完鼻子一酸，眼圈就红了，声音哽咽："你看嘛，我们帐篷学校被拆了！"阿亮很愧疚，伸手拍拍砚台："我错了，不该把你们两个女孩子扔汶川就跑了。"回身介绍："向云笺，认识吧？沐水村的志愿者。"砚台点头："我招的人当然认识！"跟向云笺握手，凑近时轻轻地说："你来的正好，抽空我们谈谈沐水村的学校是怎么倒闭的。"向云笺顿时神色不安。张莉也主动过来打招呼："阿亮，你好！"阿亮微笑："你好，张莉！"介绍张莉给向云笺，"我哥们，张莉同志！"向云笺说："见过，张莉你好！"向云笺到沐水村那天，正是张莉出沐水村的时候，两人见过一面。

阿亮大踏步向孩子们走过去，招呼："小水滴，阿亮叔叔回来啦！"孩子们有点记仇，反应并不是很热烈，但阿亮丝毫不以为意，精神好得像雨后的花骨朵。

阿亮回来了，志愿者们仿佛有所依靠，纷纷拥过来诉说遭遇强拆，阿亮跟大家下去看新校址，心里虽也气愤，但还是故作轻松，"这里不错嘛，比上面好，还安静。""可是这里没有水，没有电。"祝好急急地道。阿亮说："没关系，驻扎下来再想办法，我最喜欢建学校了，又可以大干一场！" 又故作惊喜地："嘿！竟然还有水泥地，下雨天不至于一脚泥了，晴天灰尘也少，多好！"

"而且，离玉米地也近！"砚台也调整好情绪了，补充道。大家会意地笑了，阿亮也点头，说："确实，早该搬下来了，上面一起风眼睛都睁不开。"看看四周，又用很权威的语气说："这是块好地！因祸得福嘛，哈哈。"

砚台说："阿亮，快，去撒泡尿！"阿亮脑袋嗡了一声："干嘛？"砚台笑嘻嘻，"宣示领土！""靠，骂我！"阿亮也乐了，众人哈哈大笑，气氛顿时轻松下来。

大家并非真嫌条件差，主要是被周乡长的粗暴态度激怒，见到阿亮难免要表一表。阿亮在灾区带领大家那么久，是主心骨。阿亮告诉大家，他在草坡乡还存了新帐篷，马上运过来，建新的帐篷学校，比原来的更大。如此，大家总算放心，帐篷多宝贵啊，这么难，也是担心没有材料重建。

傍晚，何庭石他们也回来了，十几个孩子背着背筐，一纵队从山脚的小路往这边来。在何庭石的指挥下，孩子们有序地往地上倒土豆、莲白，不一会儿，地上土豆、莲白堆成小山。

原来昨晚听唐甜说粮食不够，何庭石一早带队回直台山挖粮食去了。直台山路途遥远，往返一趟成年人也要走六个小时。孩子们的肩膀都还稚嫩，负重走那么远的山路，看孩子们一个个累得坐在地上，脸上又是汗又是泥，还得意地冲叔叔阿姨们笑着，志愿者们不禁眼眶发热。面对这么真挚的情义，周乡长之流就不算什么了。

第二天一早阿亮就雇了阿金的车去草坡拉物资，还顺便把花大姐和牛叔叔二位接了过来，又在汶川接了新一批志愿者，新疆的中学老师樊勇，江苏的沈前、内蒙古的辛薇，四川的蓝蔚、杭州的邱宏学、哈尔滨的张飞翔，因砚台不在成都，他们直接到汶川汇合。从此直台村再次成为希望之窗大本营，新志愿者在这边培训完再派往各村。

午饭后，重建正式开始。阿亮拿了块砖头画线，在水泥地上搞起规划，宿舍两间，饭厅兼议事厅一间，帐篷学校一所，定好位置，再用绳索一拉，笔直规整。直台的村民再次参与了建校工作，大家将架子撑起来，每个支脚站分两个孩子抱紧柱子，老乡在每个支脚处打铁钎下去固定住。风太大，拉彩条布的时候最艰难，一阵风过来五六个人都拉不住，几个孩子缀在篷布上被带得一路小跑。还是老乡有经验，将篷布卷起来，站在上风口，十几个人拉住，等风来，一声号子怒吼，同时将篷布抛起，刷地就蒙上了棚顶。有老乡帮忙，帐篷搭得很快，他们都是干活能手。仿佛是弥补什么，老乡将帐篷搭得牢固得有点过分，每个角打了铁钎还不算，还推来巨石绑定，这帐篷十级台风也卷不走了。

砚台去安置点协商拉了条水管下来，村长将最长的水管接给帐篷学校，能拉到离学校四十米处，跟花大姐一起用石头支起水龙头，又去找几块平整的石板，让男生抬过来做洗衣板，还顺便铺了条青石小路，一阵忙乎，吃水的问题也解决了。

还搭了吃饭棚子，棚里用木板搭了张长条桌，搬了些砖头过来做凳子，木板擦拭得发亮，柱子还用旧木头给花大姐钉了个放餐具的小橱柜，这次也带过来了，往灶台旁一放很是得体。羌族女孩子爱美，棚子一搭好，就送进大束的野花，插罐头瓶里，往饭桌上一放，蓬荜生辉。

傍晚，男女宿舍也都搭起来了，分置于饭棚两侧，形成 U 形围合小院，挡风又遮阳。压帐篷的石板还有的多，全抬过来做石凳，错落分布开，此处可以做小憩喝茶之处。花大姐马上开工，给干活的老乡煮茶。

搭完帐篷还不尽兴，孩子们将帐篷学校方圆几十米的杂草薅得一根不剩，张莉用树枝编了几把扫帚，发给大家清扫垃圾。宿舍后面有条窄窄的水泥槽，以前灌溉庄稼用的，也被清理疏通，水流动一会渐渐清澈，虽不能做吃水，但可以洗东西，孩子们取水泼洒操场。一个下午的时间，这里焕然一新，上面安置点跟这里一比反而显得灰土土。当然还有最后一个工作，也是最富于乐趣的工作，将垃圾杂草全部堆拢来点火焚烧，就像农村烧火粪一样，这是砚台最爱干的活，率领一群孩子放火，孩子们在烟雾中手舞足蹈，做各种穿越状。

花大姐烧了一大壶金银花茶，加了些冰糖，招呼干活的老乡们喝茶。水泥坝子上被冲洗得干干净净，傍晚的凉风阵阵，暑气渐消，大家聊着天，说着生活的苦和乐。沿河的斜坡还有两三分空地，花大姐问老乡讨些菜种，种点菜蔬什么的就更美气了，能点补学校的伙食。砚台很喜欢花大姐这种认真生活的劲头，就是一天的日子也要当一万年那样来过，无论何时何地都不将就，只要心思定定，人生就没有临时生活。

孩子们跑马似的，满坝子疯跑，噔噔噔奔来，在大人跟前张一张，又跑走了。晚霞渐渐隐去，天空渐渐变成了透明的蓝，像温柔的幕布垂挂头顶，给周围染上一层静谧的色彩。生活它不完美，并不代表它不美。汶川，在灾难中，依然保有它们的宁静黄昏。

为庆祝乔迁之喜并欢迎新志愿者，阿亮率队前往龙溪乡上买啤酒，往返两个钟头。回来时月亮刚好升上山顶，坝上一片澄澈之意。

几盆土豆，几箱啤酒，二十几号人，围成一圈，席地而坐。第一杯酒祭亡灵，第二杯酒祭苍生，第三杯酒敬各路英豪，干了这杯酒，并肩为兄弟！愿乡树重绿，家国重宁。

直台村帐篷学校满血原地复活！

81. 刘大人为民除害

安置点再次发生失窃事件，有姑娘丢失了内衣。帐篷学校晾衣服不方便，女孩子晾衣都躲躲藏藏，晾得远远的，傍晚去收衣服竟遍寻不着。一时众男生人人自危，生怕自己有嫌疑。老志愿者怀疑新志愿者，新志愿者怀疑老乡，这样怀疑下去，刚刚建立的安定团结势必崩溃。大家商量一番，认为是猴子干的，这个断案结果获得一致认可。

"偷我们的钢精锅也就罢了，竟然还偷那个啥，简直太不把我们这群好汉放在眼里了！"砚台絮絮叨叨，十分气愤，"简直，这是要逼我们去汶川买只鸡回来啊！"对，杀鸡吓猴，大家再次达成一致，没有比这更完美的办法了，恨不得立即下山去菜市场，回来还赶得上晚饭。

第二天，阿亮真的抱回一只鸡。

众志愿者围着这只震后余生的大公鸡摩拳擦掌，兴奋不已，完全忘了还有"吓猴"这个重要的任务，连失主都忘了，兴奋地挤在中间评头论足："啊呀呀，这只鸡丰神俊秀，器宇轩昂……嗯，做成烧鸡味道肯定很不错。""不妥！不妥！"广东的陈振频频摇头："鸡还是炖汤比较有营养。"身为四川人的樊勇提议："整点海椒花椒做辣子鸡，那个味道才巴适！" 来自杭州的哥们则提议用叶子一包，糊层泥巴做叫花子鸡，这种吃法与众位好汉的草莽气质比较般配，田春来则力排众议，要采用德州扒鸡的手法烹饪……一群闹肉荒的家伙，围着这只震后余生的鸡，激动万分，出了好多主意。

由于意见纷纭，一只没说话的阿亮妥协地道："那么，就一部分做辣子鸡，一部分做叫花鸡，一部分煲汤……"可怜这只鸡，自出蛋以来没受过人类如此关注，相当惶恐，更没料到，死则死尔，竟然还要客串这么多角色：辣子鸡，叫花鸡，清炖鸡……"咯咯嗒～咯咯嗒～"惊抓抓仿佛追问，为什么呀？为什么呀？

什么为什么？不要提问题！砚台一刀就剁了鸡头。那鸡猛地往前一冲，又往后一坐，血从腔子里喷出一米多高，太骇人了，没头的大公鸡在坝子上猛跳猛跳，一群吃客四散奔逃，个别女孩子受惊过度，腿一软，跪在地上呕吐起来。

这是砚台生平杀的第一只鸡，猴没吓到，把人吓得个半死。

鸡骨头都啃干净了大家才想起猴子，纷纷指责砚台性子太急。鸡，就这么白白地死了！砚台感到非常对不起大家，尤其那位失主，她都开始驼背了。

砚台决定铤而走险，把安置点驻点干部刘大人的皮鞋偷走，嫁祸于猴。

为了使现场看起来真像猴干的，砚台艰苦卓绝地爬上土崖上，将鞋挂到高处。几只猴子在高处一边逮虱子，一边居高临下地观察砚台，以它们的智商显然很难猜到这个女人在干啥子，它们根本不知道马上就要大祸临头了，砚台冷眼看看它们，心里暗暗得意。

但挂好鞋之后，却傻眼了，上来是好上，但下可不好下，急得在上面团团转。这事做得机密，连阿亮都没告诉。砚台在土崖子上起码搁浅了一个多钟头，竟然没一个人经过，烈日炎炎，人油都给晒出来了。最糟糕的是万一刘大人醒过来，一路寻鞋而至，真是不好解释自己的行为。崖上有些多年生的藤条，砚台扯起来往下放，把袜子脱下穿在手上，拽着藤条往下滑，还剩三四米时听到嘎嘣一声，那一声简直击中灵魂深处，肝胆俱裂，一路往下坠，屁股着地还滑了好几米，感觉像着火了一样。过了一会儿又觉凉飕飕，一摸发觉裤子破了。代价太大了!

一路鬼鬼祟祟地摸回去,从帐篷背面扯开个洞钻进去,把脑袋夹在篷布的缝隙里,冲张莉使劲使眼色,张莉正在给孩子们讲故事,惊讶地望着砚台,愣愣地问:"你眼睛咋咧?"孩子们也纷纷表达关心:"砚台阿姨,你眼睛咋了?"

砚台只好换种方式召唤她:"快点过来,出大事啦!"

把张莉召唤过来,转身给张莉看,让她去医疗队讨块膏药来贴裤子。张莉热心地说有针线,自告奋勇帮忙补裤子。砚台趴门帘那朝外张望事态,坝上好多人,刘大人已经醒了,正在寻觅他的皮鞋。张莉蹲后面缝补,笨手笨脚扎了砚台好几针,砚台差点按捺不住要发火。

补好一看,不禁倒抽了一口凉气,这家伙,这家伙用针线将破洞扎了个揪揪!

砚台很生气:"补成这个样子,是吧,你让我这样怎么出去见村民啊家长啊,说不定有时还得跟村长开会呢,你说你哈,一个女孩子家,怎么连针线活都不会做?以后怎么嫁人?唉?!"

张莉很惭愧:"要不,我拿条裤子给你换,你自己补?"

"算了,你还是去帮我找块膏药来吧。"砚台冷哼道。

刘大人怒发冲冠,扬言要坚决彻查此事,要一查到底!眼看事态发酵得差不多,砚台上前举报,皮鞋被猴子偷跑了,有目击证人,就是她。刘大人非常狐疑,估计老乡们也不信,因为猴子没有白天下来偷过东西。但是,刘大人的皮鞋在安置点丢失,大家都有嫌疑,不如推给猴子,遂纷纷作证,此地猴患甚为严重,列举自家丢失的财物,土豆啦,玉米啦,衣服啦,鞋子之前也有丢失的。刘大人半信半疑,跟砚台去找鞋子,当他一眼看到心爱的皮鞋挂在崖顶上,顿时气得丧失理智,口吐狂言把猴子的祖宗八代轮流那个啥了一遍,掏出电话,让乡上派军队过来剿匪。

不到一个钟头,一支剿匪小分队小跑着奔下山来,趟过河,架消防梯爬上去直捣猴穴。还乘胜追击,鸣枪示威,猴子们吓得仓皇乱窜,连战利品都来不及带走,许多丢失的物品都被追讨回来,放在坝子上供老乡认领,刘大人获得了他心爱的皮鞋，希望之窗早前丢失的钢精锅也找回来了，真是皆大欢喜。这是官方与希望之窗这个草根组织唯一一次联手合作，为民除害，可以载入汶川赈灾史册。

估计猴子们挠破脑袋也想不清楚，这陡然之间的土崖枪声是咋引起的。虽然后来还偶有偷窃事件发生，但猴子们远途奔袭，威力大减，顶多算来故地旅游一下，不免想起伤心事，多少也有点意兴阑珊。直台猴患渐渐断绝。

82. 一山不容二虎

又一批村民搬迁来直台安置点，坝上多了另一所帐篷学校，就建在希望之窗的原址。虽然希望之窗搬下去之后条件更好，但孩子们心里还是很不爽，都觉得是他们要搬过来希望之窗才被赶到下面玉米地里去的。

那所帐篷学校还有个弹吉他的长发青年，长得文艺飕飕的，一到傍晚就对着希望之窗的帐篷弹吉他，三弹两弹，弹得这边的女志愿者都不安于室了，一个个往那边跑。见此情景，孩子们更加生气，这些半大的男孩子对一切企图接近自己的女老师的男人都抱有莫名敌意。当然，希望之窗的男志愿者也很不满，但他们的不满还是比较含蓄的，顶多在科学课上画图讲讲吉他发音的原理——这个东西嘛，只要琴箱破了就哑屁啦！

第二天，那把吉他就再也发不出声音了。仇就这么结下了。

一山不容二虎，一个安置点也难容两所帐篷学校，这简直是真理。两边孩子时而发生小规模擦枪走火事件，每次砚台都要问打赢了没有，打赢就算了，输了就要营长率队前往再战。还将孩子们按部队编制，让陈振做教官，带孩子们相互对打作战，帐篷学校的整体格斗能力因此大大提高，还经常在安置点搞"军事演习"震慑对方。

孩子们都觉得自己武艺高强，不去打"入侵者"一顿简直浪费。于是趁体育课时，何庭石率队去围观隔壁帐篷学校上课，态度挑衅，那边也是羌族的孩子，都很生猛，两厢眼神一过招，几句狠话一出口，战争一触即发。这边的孩子经过陈振精心教习，格斗能力超级，没有悬念，完胜对方！

而羌族老乡也很骁勇，一看孩子打起来了，家长也纷纷加入。一时坝子上硝烟滚滚，尘土蔽日，激战到军队出动，朝天鸣枪，大家才住了手，然而还彼此招呼着，等着，千万要等着！恋恋难舍。

这事惹大发了，张莉批评砚台，不是她每次都纵容孩子打架就不会发生这么大事情。说起在绵篪安置点时，直台村的孩子很受当地孩子歧视，就因为直台村是后来搬去的，这种地盘意识要不得。张莉说的有理，砚台接受批评。但张莉要求砚台去给对方道歉，那砚台就不干了，死活不去，正赖皮着，对方帐篷学校的老师已经找上门来了。

八个人气势汹汹地往宿舍门口一站，问谁是负责人？砚台还没说话，张莉就赶紧迎上去接待。

对方将事情一说，张莉连忙道歉，说正准备上去登门道歉，还把何庭石和那群孩子叫过来教育："家里来了客人，父母会把最好的吃食端出来招待客人，这是待客之道，我们与人相处，也要把自己身上最好的优点展现出来，这是相处之道。"又列举当初在绵篪安置点的遭遇，己所不欲勿施于人，让孩子向对方道歉。尽管心里不服气，孩子们还是勉强鞠一躬。

那边志愿者队长是个傲娇的家伙，张莉这么诚恳，孩子们也道歉了，他竟然很托大地说："管教好你们的学生！这次就放过你们了，下次再犯就没这么好说话的了！"说着转身要走。

砚台火气腾地就上来了，一把拦住："再谈谈，有问题千万不要轻易放过，请问是哪边先动的手？"

"你们！"

"那谁先骂人的？"

"你们！"

"……"砚台哑屁了。真是难堪，这帮家伙都不知道制造个导火索之类的再开战。

对方见砚台不说话了，讥讽道："大家都是来赈灾的，注意素质！别搞地痞流氓那一套。"

"靠，我们道歉也道了，鞠躬也鞠了，你还想怎样啊？你这是什么狗屁态度啊？还谈素质，我看你素质才是差！"砚台气得一通乱骂。

"大家看看，这是什么素质？就这素质带出来的团队能有纪律吗？还教学生，跟土匪一样！"对方咋咋呼呼，大有把安置点老乡都喊过来做见证的节奏。

"妈的！我马上就会让你看到我们的纪律性！"一不做二不休，砚台跳起来冲坝子上大喊："准～备～打～架～啦！"脚步如雷雨纷纷，瞬间完成围合，仇人相见分外眼红，陈振将指关节掰得叭叭响。八人一看，傻眼了，人数悬殊太大，根本没有胜算。

砚台笑得杀气腾腾，还征求对方意见："咋样？你们觉得这纪律性还可以不？不妨告诉你，我们成天都有军训的，嘿嘿。"张莉急得直拉砚台："你这不是胡闹嘛？明明我们做的不对，别人批评也是应该的！你这样胡闹，孩子们看到都学些啥啊！"砚台当然知道理亏，就是一口气咽不去，虽然我们也时常开展批评与自我批评，但别人说就不行！这跟挖鼻孔一样，我们自己挖那是暗爽连连，随便个陌生人都冲上来挖我们鼻孔，能爽吗？

对方见这边人多，势必打不过，立即开始讲理："我们不是来跟你们打架的，你们不注意志愿者形象，我们还要注意呢！"带队离开。

砚台还嚣张地冲他们喊："没事别往我们地头过，小心挨打！"感觉赢了，砚台笑嘻嘻，容光焕发，得意道："玉米地在我们这边，他们没地方上厕所，嘿嘿。"祝好阴悄悄地说："那天你对周胖乡长也应该这样！"砚台顿感扫兴，没好气地说："你以为我跟张莉一样啊？一点谋略都不懂！打得过就绝不手软，打不过就一定要服软，不然活不到八十岁坐着摇椅慢慢摇！"张莉在一边气得脸都黑透了。

晚上开会，张莉很生气，批评砚台把孩子们教坏了。但砚台不这么认为，这些羌族孩子野性难驯就不要驯了，这里就是他们生存的环境，不要试图把他们驯成温顺的小绵羊，以后连老婆都讨不到。这里和都市的规则不一样，那里是压抑重重之后的机巧，不要破坏乡村的丛林法则，男孩子打打架太正常不过，还能防止性格懦弱。张莉一直秉持儒家那一套，温良恭俭让，非常不惯砚台那套江湖气。两人谁也说服不了谁，感情破裂了。

公平地说，平时砚台举止懒散，从不参与升旗仪式之类的毛病，张莉对她基本上还是采取比较放弃的态度，但涉及到教孩子她坚决不让，任谁也不行。

83. 厕所五壮士

阿亮去汶川买菜，捡到三名志愿者。

一位来自北京，很时尚，英文名叫 big-river，中文名叫大江，三十多岁，之前在安县赈灾，帮老乡搭安居棚子，手下也曾有一大群志愿者，随着赈灾形势的变化，许多志愿者都撤离了灾区，只剩下维佳和刘俊还跟着他，三人决定来汶川看看，这边是否还有活干。一到汶川就遇见了阿亮，一看气质就知道也是草根志愿者，一聊，还果然就是，阿亮大力邀请他们来直台做事。直台村在阿亮眼里相当于自家村庄了，有什么人力资源自然想拉过来，惠及本地。

地震让许多好汉都跨了行业，在大江还叫 big-river 的时候，在北京某形象设计机构做艺术总监。"哦，你是理发师啊。"砚台一脸原来如此的表情。

"NO，洗剪吹还带头颈肩按摩全套 30 块的那种才叫理发师，888 元起的叫形象设计师。"大江一脸严肃。

"光理个发？"砚台难以置信。

"嗯哼！"大江很洋派地耸耸肩。

"太贵了吧？我还以为全身的毛都给修呢！"阿亮摇头感叹。一句话就暴露了他屌丝的身份，众人哈哈大笑。

大家挨着让大江给剪了头发，没想到在灾区还能享受这么贵的发型师服务，这里风沙大，无论男女都蓬头垢面，理完发，人人感觉自己气质为之一新。

大江考察一番，决定为安置点搭建厕所。这个想法受到大家一致欢迎，真是不来灾区不知道，灾区连个拉屎的地方都没有。想当初要不是因为厕所问题，石剑波说不定不会走呢。

安置点原本有个简易厕所，系村民就地刨的大坑，坑沿钉两根木桩做踏脚，蹲坑犹如练梅花桩，危险系数很高，于是前面又打了棵木桩，万一腿软可以伸手一把抱住，这个设计令安置点的老年人颇为赞许。但这个厕所很快就蓄满，成了安置点的噩梦，尤其一到下雨天，简直糟糕，粪水漫上来侵袭周围。蛆虫遍布厕所四周，白滚滚，甚至远行到帐篷里。很快就进化成绿豆苍蝇，到处飞舞，占领每一处有食物香味的地方，夜晚则积聚在帐篷横梁上，蠕动着，像一片乌云笼罩在头顶。对口支援的湛江医疗队曾向乡政府递交了一份书面报告，申请建卫生厕所的必要性："两百余户人家暂居在这不足一平方公里的地方，其中大多是抵抗力较低的老人和孩子，目前已经多次发生群体腹泻事件，长久下去，四处堆积的粪便可能会引起更严重的疫情……"

解决方案是厕所被推倒了，棚子掩盖住粪坑，彻底看不见。大家只好去钻玉米地。

大家说干就干，当天基建队就宣布成立，工头是大江，主力民工：沈前、陈振、维佳、刘俊，昵称为"厕所五壮士"。还有编外人员牛叔叔，提供当地风向数据，选择下风头的地方选址，何老爹还提供了风水上的参考意见，虽然只是个临时安置点，但大家的劲头不亚于要搞百年基业。大家都很振奋，安置点将有新厕所了。

沈前是学化工的，大约是因为建厕所工程中有化粪池吧，沈前当仁不让地成了厕所技术员，还专门出差去县里查资料，整理出一份三格化粪池厕所的工程报告。

大江去县里买来了铁锹、十字镐，以及建厕所的材料。村民也提供了些工具，但劳力提供不了。由于就地重建还是异地重建久无定论，在安置点坐等下去连最日常的食物都难以为继了，村民白天都要回到山上去挖土豆，安置点只剩下老弱妇孺。

厕所选址在安置点对面的山脚下，那里原是一处废弃的采石场，现在堆满了"地雷"。原本有更好的地方可供选择，但那里是联合村的耕地，没有乡里的批准不能占用。志愿者们花了一下午的时间，用铁锹清除完那一片

"地雷"。湛江医疗队的医生打报告申请挖土机械，但未成。其实安置点就停着一辆挖掘机，但没有乡里的命令，也动用不了。

清晨，何老爹沿袭羌族古老的破土仪式，四面祝告一番。大江从艺术总监化身为厕所所长，挖下了第一锹土，厕所工程正式破土动工。

沈前用铁锹划出化粪池的范围，长十米，宽两米，大家开始奋力刨坑。运土工具是簸箕和防水布，防水布四角捉起成为个布兜，工具原始，只能靠蛮力。艳阳高炙，几名男生都光着膀子干活，皮晒塌了一层又一层。当坑深超过一米时，铁锹挥土就成了最累的工作，陈振是如此单纯的人，大家都累得瘫软，他大喊一声帐篷学校的口号"我是一颗小水滴，我有一种精神叫做坚持！"就可以继续不知疲倦地挥舞铁锹，好像漫画里吃颗菠菜就无比神勇的大力水手，这位曾经的散打冠军成了基建队的一把好劳力。不上课的时候，孩子们总是飞奔工地帮忙，连最小的小老虎也贡献出自己的力量，用一只小小的布兜——他的书包，兜土运土。每次孩子们奔向工地，七嘴八舌地喊，唔喃，额部！（羌语：你好，叔叔），几名壮士便精神一振，平添神力，铁锹挥舞得虎虎生风。

84. 成了研究对象

接到草坡志愿者密报，石剑波忽然又回来了，正如他悄悄地走，不跟任何人打一声招呼，他回来也没跟阿亮等人联络。这厮与孙大磊盘踞两河村，意图拉拢一群志愿者脱离希望之窗，另成立心理干预团队。一犯再犯，简直欺人太甚！阿亮和砚台决定立马杀回草坡，镇压叛徒。

刚出发，阿亮又接到个电话，一群做调研的学者来访问希望之窗。带队的是西安政法学院的谌洪果老师，一行近十人，同行还有位藏族人，叫索朗顿珠，服务于藏族某 NGO 组织，聊天时介绍他们有个项目在理塘君坝。砚台觉得耳熟，忽然想起刚开始招募时，随手在网上下了个登记表，正是理塘君坝小学的志愿者教师招募表，说："希望之窗的志愿者登记表还是拷贝你们的呢！算不算侵权啊？"索朗顿珠也很惊讶，笑道："竟有这么巧的事！

哈哈，随便用，这是我们的荣幸！"如此一来，拉近不少距离，仿佛冥冥之中有些机缘。

谌洪果一行考察主题是关于灾后重建和可持续性发展的问题，想去希望之窗的帐篷学校看看。阿亮与砚台虽然急着去草坡镇压叛徒，但想想这些学者也许能给灾区带来好的重建思路，只要能助力灾区，那大家都是一伙的。决定带他们去直台村帐篷学校，考虑去草坡乡那条路危险系数过高，不能带人家去冒险。

到帐篷学校，张莉正在上课。阿亮请大家进议事厅兼饭厅小坐，讲述希望之窗的办学经历。

赈灾组织大致三类，官方组织，这个不用说了，资源充足是其最大的优势。二类是半官方组织，能从官方获得部分资源，但项目选择和行动也会受限制，因为半官方，也会面临资金的青黄不接，这类组织最难"混"，资金给得不够，限制还特别多，在灾区见到很多这类组织陷于半死不活。三类就是希望之窗这样的草根组织，由各地志愿者自发组成，组织纪律比较差，良莠不齐，极容易涣散，尤其资金窘迫，是很多草根组织长久不了的原因。当然，草根组织也有其优势，因为其独立性，行动非常迅速，做事效率很高，一些官方、半官方组织还在打报告做计划的时候，草根组织已经行动起来把事给做了。

希望之窗起步资金全部来自熟人圈子，做起来后慢慢获得一些认可，获得一些社会资源援助，但主要还是建立自己的后援群，有固定网友群支持，这样相对稳定。虽说地震时期，民间赈灾物资非常多，但流到草根组织手上的极少，大宗捐赠不会捐给草根组织，而零散捐赠又有各种个人意图，有的人是一定要盖个官方性质的印章，还有些人是要亲手发放，跟灾民一起唱感恩的心，拍照发博客，由于希望之窗的帐篷学校比较远，这类物资也募集不到。还有些宗教组织，物资充裕，执行力非常强，用他们的话说是代行神的意旨，要亲自行善，不假手其他组织。

谌洪果老师提出捐些钱给孩子们买些文具书本。砚台有点难为情，真不是叫穷募捐，喊来张莉，询问帐篷学校物资状况。张莉说九月份孩子们都要异地复课，目前物资储备已经够了。既然如此，砚台坦然辞谢好意，物资够正常的教学即可，过犹不及，物资只是学习的工具，知识才是主题，占有知识比占有物质让人更自由。阿亮也补充解释，刚来这里时，孩子对帐篷学校的认识是"一个会经常发放物资和唱感恩的心的地方"，抱着这样的态度加入帐篷学校，张莉费好大劲才将这个心态纠正过来。

顺着又说到感恩，灾区拉着许多横幅提醒人们铭记感恩，"感恩不仅是一种美德，更是一种责任。"宣传机构还着专人培训灾区儿童唱《感恩的心》，配合一整套手语动作，专门在各种活动上表演，领导来了要唱，新项目开工要唱，记者来了更是要唱，如此密集的感恩活动令孩子感到疲惫。人当然要拥有一颗"感恩的心"，但感恩不可强求，否则会变成精神勒索。

砚台说："在帐篷学校里不刻意去讲感恩，人们是需要互相帮助的，但不需要当面唱出来，这里有一种微妙的情感体验，如果孩子理解了这个，那他们会在合适的机会将这种善意回报给其他需要帮助的人，也许这样，社会才会真的好那么一点点。如果孩子谢谢我们，那我们也谢谢他的谢谢，我们需要这样一种平等精神，或者说，这样通融的一种情怀吧。"

刚好下课，张莉邀请谌洪果老师一行来到帐篷学校，请他们上讲台前介绍自己，与孩子交流。志愿者们退到一边，让孩子们来接待。待客之道，也是张莉日常教孩子们的一个重要课程，无论对方是领导还是来捐赠的，或是普通人路过，都以秉持诚挚，平等的态度，不能简陋失礼，但也不需要刻意隆重。一番短暂的交流结束，营长起立带孩子们为客人齐唱校歌送别。

阿亮与砚台搭谌洪果老师的车下山。路上，谌洪果老师问，"你们与孩子建立这么深的感情之后，如何让孩子在你们离开后面对孤独的现实和严酷的未来？"这个问题阿亮和砚台都未想过，只觉得异地复课开始就是帐篷学校工作的结束。有时，甚至盼着异地复课早点开始，好早点脱身，尤其遭遇困境时，真觉得熬不下去了。也正因为志愿者是短期工作，大家才能坚持下来，如果长期做下去，恐怕没几个人能留下来。

谌洪果的问题，也是灾区的一个现状，当时受大氛围的感染，大批志愿者涌进灾区，闹热一阵后又轰然撤离，留下许多摊子未及收拾。

志愿者闯入孩子们的生活，然后又纷然离去，会给孩子们造成什么样的情感失落呢？会不会有被遗弃感？这是之前没有想过的。也是从这次开始思考如何结束。

过汶川，谌洪果老师提议要送一程，他们不知道去草坡路上的危险，但砚台和阿亮是知道的，辞谢好意，不想牵累他们。但谌洪果老师坚持，能送一段是一段，总比走路好。虽然，最后在途中因为遭遇余震和山体滑坡不得不分别，但心里是感激的，这份相送的情意，有祸福与共的担当，犹显珍贵。

85. 草坡天路

路塌了，外面的车进不来，这一路搭不到车了，为了节省时间，阿亮决定带砚台走鲤鱼背翻山进草坡。二人又折回去，绕过路边小店往后面走，楼房后面是一堵水泥墙，将山体砌起二三十米高，与地面呈直角，楼房与山体太近了，恐山石塌落才建的吧。砚台惊道："这么陡怎么上去？"阿亮说有楼梯，带砚台继续前行，果然，山脚靠了梯子，是用几架竹梯绑接起来的，砚台用手推推，梯子抖得厉害，抬头看看，太高了，这半路要是梯子断了，或失足跌下来，能摔成脑瘫。砚台觉得不必这么冒险，建议还是走草坡那条公路，晚点镇压叛徒也不是不可以，就让他们再得瑟几个小时好啦。但阿亮担心徐敏行几个女孩子会吃亏，跟砚台说草坡老乡背粮食都是从这里上山的，梯子结实的很，为了让砚台放心，他率先上去，让砚台在山脚等，还开玩笑地说万一他摔下来了，砚台就放弃这条路，从草坡乡走。真扯淡，他要摔死了，砚台得筹备治丧委员会了，还去什么草坡乡！

阿亮一边爬梯子，还叫砚台给他拍照留影，说等以后给他儿子看。想得可真够长远！砚台只好给他拍了几张。看看阿亮已经上去了，只好硬着头皮往上爬，竹梯发出嘎吱嘎吱的声音，上面还有些竹档没有了，用细铁丝代替，蹬上去，勒得脚底生疼，爬得越高，竹梯抖得越厉害，不知是腿抖还是梯子在抖，也许是大家一起在抖？阿亮还掏出手机拍照，叫砚台不要紧绷着脸，笑一个。砚台配合笑了一下，比哭还难看，哆哆嗦嗦："这楼梯抖得厉害，随时会弹出去，不会笑了都。"阿亮在上面紧紧扳住梯子说："没事的，共振嘛，爬几步停一下。"十几分钟，感觉像过了很久，最后一格，阿亮伸手把她扯上去，"14分钟，比美琪她们速度快。"他竟然还有心情算时间！

歇了一会，砚台还过神来，观察一番，很是疑惑，"路在哪儿？"阿亮指了指上面，没有梯子了，只能爬上去。砚台抬头望望，山体起码有七十多度，全是碎石叠起来的，高得望不到头，惊骇地问："开什么玩笑？我又不是直台的猴子！"阿亮说："没事的，老乡背粮都是从这里爬上去的。"砚台不信，问："真没有别的路了？"阿亮认真地点点头。砚台想了想，认真地骂道："阿亮，我早就怀疑你脑子有病，看来现在不用怀疑了，确诊了！赈个灾而已，不用拿自己的生命冒险吧，这么乱来你儿子怎么可能看到你的照片，不，你连讨老婆的机会都没有了。好了，闲话少说，我们下去吧，我建议回汶川吃顿散伙饭，我要回家了，不玩了，一点都不好玩。"砚台起身朝楼梯走去，阿亮上前一把拖住，嬉皮笑脸："别啊，我刚回来你又走，不就爬个山嘛，何至于这么严重啊！"砚台指着山上的碎石，说："这是山吗？这是豆腐渣！随时一阵余震都会垮下来。我人生事业未竟，忙得很嘞，不陪你玩了。"伸手去抓梯子，阿亮眼明手快，一脚将梯子踹开，那梯子摇摇晃晃，靠到对面楼房上，距离不过七八米，但绝对跳不过去。砚台脑袋嗡了一声，瞪着阿亮。阿亮一脸坏笑，"好汉，上山吧！没有退路了。"砚台看了看四周，冷笑连连："这怎么可能难得倒我？"伸手去扯山藤，准备挽个活扣把梯子再套回来。阿亮拉住她，笑道："还真有你的哈！行啦，有这个劲头，我们早爬到半山腰了，赶紧的，这路我走过好多趟了，没事的！"为了示好，阿亮将砚台的包裹接过来捆在自己的登山包上。

山太陡了，阿亮与砚台分开往上爬，免得上面的人踩塌石头，砸到下面的。砚台体重轻，先上，阿亮找个藏身之处，躲在一边，等砚台停下来，他再上。两人一路呈之字状攀援而上，真是所有的体能都逼到极限，神经绷得铁紧。歇憩时，阿亮带砚台找大石头下面躲避，还煞有介事地说："就算遇到余震，一般也就是滚碎石沙尘，大石头都是嵌进山体的，不会有事的，这是经验。"这个乌鸦嘴刚说完，就听到一阵碎石滚落的声音，窸窸窣窣撒下来，砚台惊了一下："余震？"阿亮以大力金刚掌之势猛扣她肩，急促地吼了声："蹲下！"

砚台吓得嗖地就跪下了。两人伏在巨石之下，双手护头。耳边听着坍方一阵接一阵，山谷里轰鸣不止，感觉自己挂在一堆蛋壳上，随时要坠入深渊，抠住石缝的手直抖，腿软得一点力气都没有。听了一会儿，阿亮说，可能不是这里，是那边在滑坡，用手指了指，山侧灰尘腾起。砚台心里稍稍松了一点，阿亮说："不过，塌方可能引起山体共振！"阿亮语气严峻，砚台顿时就傻眼了，这被砸死那可是稀巴烂啊，只能用铲子铲起来入殓，后悔死了。又想起卡里还有两万块钱没花，更是悔得肠子都青了……脑子里跟跑马似的刹不住。

又想到孙大磊一再找麻烦，更是怒不可遏，掐死他们的心都有了。

阿亮见砚台表情阴晴不定，眼珠子乱转，以为她吓神经了，安慰道："灾区塌个方很正常的，哪天不塌啊？我保证不会有事的！"砚台怒道："放屁！你拿什么保证？"阿亮嘿嘿地笑了，他竟然还笑得出来，砚台彻底气到无语。

两人伏在石头后面一动不动，直到周围一片寂静。砚台慢慢探出头来，鬼鬼祟祟地朝四周张望一番，不禁呵呵，嘿嘿……刚差点死了，但又没死，砚台有点不知所措地高兴。缓过神来了，说："阿亮，晚上你帮我把那两个混蛋打一顿！不打他们我感觉吃亏了！"阿亮立即点头："老子早就想揍他们了！"

傍晚六点多终于爬到山顶，砚台快虚脱了，汗湿衣背，湿漉漉地贴在身上。山崖咀上有块凸起的巨石，两人坐在上面休息，山风凛冽，俯瞰下面，真是山河破碎，触目全是废墟，想起那一瞬间，无数生命落于尘埃，砚台感慨不已："人类再机巧聪明，在自然的威力面前都不堪一击，有时真觉得徒劳啊！"阿亮点点头，"就像一群蚂蚁，蚁巢构造得再精密科学，一把铁锹就能毁了它。"

砚台感触地道："人拼命地努力究竟能怎样呢？大灾面前所有恩怨情仇都一笔勾销。"

"经过汶川大地震，你会对人生感到绝望吗？"

"整个对人生的看法都改变了。既然人生这么无常，那还是胆子大点好了，想干什么就去干，免得来不及。"砚台淡淡一笑，"我看过网上的一个视频，凤凰卫视《冷暖人间》那个节目拍的，有段地震救援的画面里，水泥板上出现半张蓝色的人脸，把我看得头发嗖地就竖起来了……我以前很怕鬼，但在汶川时，我忽然想，如果人死了以后有鬼也好啊，不至于让人感到那么绝望，毕竟除了此生的世界，还有另一种形式的存在。比如，夜晚的时候，他们会出来寻找亲人，去超市里买点东西，帮忙摘摘花椒……"

"砚台，你知不知道在灾区有个忌讳？"阿亮问。

"啥？"

"不能谈鬼魂之事！会引起磁场感应，一些东西会跟上你。"

"啊？！"砚台感到头皮一麻，顿时觉得吹在身上的风冷飕飕的。

阿亮坏笑："赶紧下山吧，天快黑了。"

两人下了一段缓坡，跨过几根倒在山顶上断成数节的电线杆子，阿亮带砚台来到一个洞口，说："从这里穿过去就到足湾村了。"

"啊？！你不是说过隧道……"

"这个洞穿过山体，相当于隧道。"阿亮一脸正色。

"这明明是个山洞！"砚台跺脚怒喊，又探头望望，里面死黑一团，洞口凌乱地散落了许多鞋子，气氛诡异，她使劲摇头，说："我不进去，有别的路不？""有！"阿亮指指山下，说："原路返回，从草坡公路进去。"砚台觉得上了个恶当，闷了口气不吭声。见阿亮坐在地上开始脱鞋，她又忍不住好奇："脱鞋干嘛？"阿亮说："换鞋啊，你也找两只合脚的鞋换上吧。"一边说，一边在地上翻翻拣拣。"换鞋干嘛？"砚台看着那些不知何人穿过的破烂鞋子，头皮发麻。阿亮抬头看看她，见她脸色发白，忍不住笑了，说："因为，洞里，有水。"砚台感觉快崩溃了，环顾四周，山里暮色渐渐苍茫，再回头也不大可能，只好妥协，问："水多深？""很浅。""洞多长？""不长。"说着话，阿亮已经下去了，在地上拣了根木棍，拿在手上，喊砚台抓紧时间。砚台忽然道："不行啊，我突然想上厕所……"阿亮耐心地说："那你随便找个地方吧，快点，下山还要赶路。"

砚台站在水泥槽上面，阿亮朝她伸手，叫她跳下来，她看看洞里黑得瘆人，洞口全是烂泥，汪在一滩黑乎乎的污水里，她忽然又缩手，说："哎呀，不行，我又想上厕所。"阿亮憋不住了，哈哈大笑，说："行了，砚台，不要再磨蹭了，天就黑了，你刚在山顶上谈鬼，我可不想再这多待，你再不下来，我可就要走了。"砚台顿时像被人踹了一脚，嗖地就跳了下去。

脚下的鞋子不知什么些人穿过，又湿又滑，黏糊糊的烂泥裹在脚上，从趾缝里直往出冒，令人浑身起鸡皮疙瘩，几欲作呕。阿亮拿着短木棍划着洞壁往前走，砚台在后面抓着他背包，走了两分钟，洞里水渐深，淹没至小腿，冰冷彻骨，没一会脚就冻得发木。阿亮腿长，步子迈得很大，砚台跌跌撞撞地跟在后面，生怕掉队。原来真正的黑，就是这种沉甸甸的黑，什么都看不见，一丝光线都没有。更可怕的是水越来越深，每走一步所受的阻力也越大，阴冷彻骨，骨头关节都发酸。砚台越来越不安，颤抖着："你有没有感觉水比刚刚深了？"阿亮说："不会的，幻觉。"砚台语气确凿："不可能，这不是幻觉！淹过膝盖了都。"阿亮不耐烦地说："砚台，你别老吓人好不好？我没感觉水越来越深，除非你越走越矮！""我怎么会越走越矮？你个神经病，出去再跟你算账。""嘿，这种境地你还敢威胁我，胆子不小啊你！信不信我现在把你扔下跑了？咹？"阿亮语气跋扈。

砚台不吭声了。水底有烂泥，每走一步就像什么紧紧地拽住脚，使劲地挣脱，一步一步朝前走，水声哗啷啷地响着，在洞里产生一阵阵回音。黑暗似乎永无尽头，各种幻想在脑海里纷扰而出。阿亮忽然问："砚台，此时此刻，你会想起谁？"砚台老实道："谁也没想。""那你在想什么？一声不吭的。""担心走在这山洞里，突然地震，那就死定了，传说中那个7级以上的余震这时候千万不要来，要知道这里所有的山都抖散了的，经不住的。还担心我们走在洞里的时候，电站突然开始放水，那也惨了，还担心黑乎乎的水里有什么可疑的怪物抓我的脚，阿亮，你说这洞里会不会有鬼啊……"砚台絮絮叨叨。忽然感觉阿亮停下来了，说："你想得太多了，害怕的时候多想想好的事情。"砚台心里定了一下，问："那你在想什么？"

"把我历任女友都想了个遍！"

"就想这？"

"嗯！多美好啊。"阿亮笑嘻嘻地回道："还想了赈灾结束后，我要好好做生意，努力赚钱，给前女友一人发一笔嫁妆费。"

"嗬，你还真是个有情有义的浪子嘞。"砚台也乐了。

不知走了多久，忽然看到前方有微弱的光线，"到洞口了！"阿亮的声音充满喜悦，砚台也精神一振，加快了脚步。刚才曾一度怀疑永远也走不出去了，各种恐惧反复干扰着信心，仿佛这条路是通往另一个世界，出口不是人间。

到了洞口，抬头看到上面一方亮光，出路是垂直铸在墙上的一溜铁条，上面是一米见方的洞口，爬上去，真的回到人间了。

终于踏到实地，心里无比妥帖，砚台缓了口气，伸手向阿亮道："把棍子给我用一下！"阿亮顿时警惕，"干嘛？"砚台夺过棍子就打，阿亮一边躲闪一边央求："砚台，你别生气，你真是我见到的最勇敢的女生，我对你崇拜得不得了。"砚台气得浑身发抖，骂道："明明可以不走这条路的，你个猪头！"见砚台真生气了，阿亮护住脑袋往下一蹲，说："不要打脸哈，晚上还要去谈判嘞，有失组织面子。"

86. 有事说事，表跟老子抒情

赶到两河村口，已经过了晚饭时间，泡了点方便面边吃边听徐敏行讲情况。

石剑波前两天就回来了，他一回来，孙大磊那边课也不上了赶来汇合。开始不清楚他们情况，徐敏行同意他们在男生宿舍住，后来听说他们要把东北这群志愿者都拉出来，脱离希望之窗另外成立团队，做灾后心理干预工作，就不愿提供帐篷给他们住，但孙大磊认为帐篷是草坡乡的，不是希望之窗的，占着不让。这两人每日睡到中午，在两河村晃荡，四处找人夸夸其谈，乡里都以为是希望之窗新来的志愿者，这让徐敏行很揪心，她带的志愿者纪律严明，可谓青年典范，很受当地尊重，怎能容忍这样散漫的人混充她的队伍？在这方面她是有洁癖的。孙大磊又威胁徐敏行，说他有个老乡是铁军团长，闹起来，他能让她在两河村的帐篷学校办不下去。这帐篷学校是徐敏行心血所系，担心的不得了。

阿亮一拍桌子："去他妈的！帐篷是老子翻山越岭扛到草坡来的，乡里态度咋样？"

"听他们的意思是支持吧，志愿者就是免费劳动力，不花政府一分钱，怎么不会同意呢，而且也知道他们是希望之窗的志愿者，以为他们只是分工不同。"徐敏行说。

"说白了，他们压根就瞧不起希望之窗这个草根组织，以为他们学心理学的比别人聪明，在绵簸随便一糊弄，就让田春来他们那一批跟着他混了，现在又想在草坡乡搞这一套。"阿亮说。

"真聪明是善良，不是不知机巧，而是不屑为之。他们这是心术不正，聪明个屁！"砚台很不屑，"这事不管乡里支持不支持，都不能让他们在这里另立山头。人是我们招过来的，不出事则罢，万一出事还是会找到我们头上的，不是他们说脱离就脱离的了，派出所登记身份备案全在希望之窗名下。而且他们根本不具备做心理干预的资格，这工作得专业的心理医生。"说到心理干预，砚台忽然想起陈家斌医生，不如希望之窗与他们再次联手，邀请他们过来服务，把想法跟阿亮一说。

阿亮很赞同，说："这活真得专业人士来做！石剑波他们在学校选修了几堂心理课就敢混充心理医生？不是胡搞吗？真想揍人！"说到打架，小钢炮立即响应，还很义气地建议阿亮不要出面，他去就行。孟苇也来了，两位好汉一致认为别个先不要讲，打一顿先，打完了啥子都好说了。阿亮深以为然，早就想打了！

但徐敏行坚持不能打架，尤其不能在两河村打架，传出去老乡只会说志愿者内讧打架，不会管为什么打架，希望之窗平日积累的好名声一下就毁了，她不希望被拖累。这是在两河村，徐敏行的地头，不得不尊重她的意见。商量一番，建议由砚台出面，好言将他们劝退，阿亮就不要去了，很容易三言两语就打起来。

做出这样的决策，只能说明徐敏行对阿亮有所了解，对砚台十分地不了解。

砚台拎了三瓶啤酒过去，见帐篷里漆黑，估计已经睡了。示意小钢炮和孟苇先进去把两人喊醒，力度不妨大一点，务必让他们清醒过来。两人一掀帘子钻进去了，只听得里面一阵哎呦惊叫，咚咚呼嘭好不热闹。

"啊呀呀，不要打啦，不要打啦，都是好汉，何必以拳脚论高低嘞……"砚台在外面嗷嗷喊着，心里着实快活。

等小钢炮和孟苇出来，砚台才进去。看到砚台，二人很惊讶，不知她何时回草坡了。孙大磊气吼吼："刚有人冲进来打人，是谁？把人交出来！"砚台扔他们一人一瓶啤酒，自己也开了一瓶，坐下来，故作轻描淡写地："本地几个羌族朋友，性格有点猛，一时没拦得住，人不在我口袋里，没法交，就在帐篷外站着呢，你们自己去抓吧，嘿嘿……"她委实开心，掩饰不住。

孙大磊大怒："凭什么打人？"

"我也不知道他们凭什么，要不，你出去问问？"

孙大磊揉着脑袋，不吭声了。

"话说回来，我倒是想问问你，凭什么一而再地闹事？我得罪过你吗？从码头村一路吵到两河村，你是不是觉得我们几个女孩子没办法治你啊？"

孙大磊见砚台怒气冲冲，不敢接话。

"还有你，你不是跑了吗？还回来干嘛？"砚台转向石剑波，"从绵篪闹到直台，从直台又闹到两河！真以为我们好欺负？"

石剑波不敢与砚台对视，言语艰难得像要瘫痪一样："我女朋友要回家，我得把她送回去，我向她爸保证过，保障她的安全，我是个男人，说话得算数，得尽责任。"

"别在这装爷们！爷们不是你这种到处许诺到处负义的人，作为一校之长，一声招呼不打临阵脱逃，可耻！光对你女人有责任，对直台队友就没有责任了？对你的学生就不需要负责？你从阿亮那里要过担子，你对他就没有责任？你在成都报名时的承诺就不需要负责？你欠我一个交代！"

石剑波脸色非常难堪，终于还是道歉了，解释自己再回来，就是为尽志愿者的责任，但到了汶川，又实在没脸回直台村。

"恐怕是听说我和张莉都在直台吧？趁我们都不在草坡跑这来占地盘

来了。"

"你要体谅一个男人的难处！他都道歉了，就不要这么咄咄逼人！"孙大磊替他辩护。

"哦？道歉有用吗？你不也道过歉？不是在码头村好好做事跑这来想干嘛？你这个男人的难处又是什么？"砚台反问他。

这回石剑波替他解释："他脾气不好，可能跟张莉没法共事。"

"张莉都去直台了，还扯上她！你们自己行事能有点担当吗？别老伪装受害者，好像处处都是迫不得已被人逼的，说吧，你们到底想干嘛？"

石剑波提出他们想成立个心理干预团队，希望砚台支持他们。砚台反问如果不支持会怎样。孙大磊干脆地说，那我们这批就脱离希望之窗，自己成立团队，大家井水不犯河水，各自做事。

砚台点点头，问想不想听听她的意见。

两人望着砚台，砚台说："不需要脱离，你们已经被开除了！限你们明天早上九点钟之前离开汶川，九点钟之后，你们在草坡的人身安全绝对没有保障！"

"靠！你以为你谁啊？汶川是你家的？我看你是个女的，对你客客气气，你别得寸进尺！"孙大磊陡然爆发。

"大磊，别冲动！"石剑波问砚台："为什么不能让我们自己成立团队？你们做你们的，我们做我们的，都是来做志愿者的，何必为难我们？"

"你搞错了，不是我为难你们，是你们在为难我们！你们是我招到草坡来的，登记在希望之窗名下，不是你一句想脱离就没有干系了，出了事一样还会找到我们，坦白说，我们不想再为你们担任何干系。这瓶酒是为你们践行的，明早我就不送了。"砚台冲二人举了举酒。

孙大磊忽然猛捶床板，大吼："少他妈来这套！真要杠上了谁都别想好！你们希望之窗也别想在草坡混了，老子今天把话撂这儿……"

忽然，阿亮冲进来，一把揪住孙大磊，"你他妈欠揍是吧？敢在这里撒野！"阿亮一直在外面听着，早已不耐烦，听孙大磊又冲砚台吼，实在按捺不住。

两人不知道阿亮回来了，全愣住了。

砚台把阿亮拉过来，拍拍床板，示意他坐。阿亮冲两人说，"明早九点之前滚出汶川，没得商量！"

孙大磊腾地站起来："我们要是不走呢？"

"我马上给派出所打电话，通告你们已经脱离希望之窗，我们不再对你们的行为负责，你们这群人明天就会被遣返出汶川，当然，今晚你们可就得去派出所待一夜。不要以为你们随随便便就能立个山头，建个组织，在重灾区待这么久还这么天真？要不是希望之窗做担保，你们进都进不来，早在白湾就被遣返了，还轮得到今天跟我们叫板？"阿亮也蹭地站了起来，毫不退让。

砚台拉拉阿亮衣角，故意提醒："阿亮，派出所遣返还得花灾区的经费呢，能省点是点。我觉得还是让李所长直接打电话给他们学院办吧，就说他们在灾区闹事被开除了，叫他们自己来把人领回去，毕竟学生没教好学校也有责任。"

两人傻眼了，石剑波说："我们之间的矛盾我们自己承担，我们做的不对，我也道歉了，这事跟学校一点关系都没有，何必这样逼我们？我们只是想好好做一点事情，为什么非跟我们过不去？"

见两个人气焰彻低下去了，砚台示意阿亮，阿亮起身出去了。

砚台接着说："这样吧，我给你们想个法子，你们先离开，等赈灾结束，我让小唐把你们的赈灾服务证带回去，这事不捅到你们学校，给你们留个面子，如何？"

石剑波犹豫了一会，说："我们还有队员在这边，不放心离开，能不能允许我们在这里待着，等她们服务结束了一起回去？"

砚台摇头："不能。说了要驱逐你们就得做到，不然其他志愿者咋看我们？出来混最忌讳说话不算数啦！麻烦你体谅一下，我也是很难做的！"

"我们自己扎帐篷住学校边上，不打扰你们的任何教学活动，只想保护跟我们一起来的同学。"

　　"不行，如果你们坚持这样干，就将那三个女孩一并开除，你们一起走。"

　　"你何必这样？这事跟她们几个女孩子没有关系！"石剑波气愤地道。

　　"是啊，要怪只能怪你们两个连累她们了，本来她们在这里挺好，孩子们都很喜欢她们，但你们不成全的话，只好跟你们一起离开了。"停了停，砚台又说，"其实，根本没必要跟你们谈判的，只要打个电话去你们学校，你们自己知道是什么结果，那三个女孩子立马得跟你们一起回去，是吧？没打这个电话是想保护她们，不想让她们受牵累。但如果好说你们不听，我就只能打这个电话了，后果自负！"

　　"你他妈的这样逼我们不会有好结果的！我这人性子爆，要出什么事你们付不起这个责任，我告诉你，我要是死在这里你们谁也跑不掉！"孙大磊忽然又发作，冲砚台咆哮。

　　"你只要敢死老子就敢埋！"砚台也大吼，"想死是吧？赶紧！出门两百米，水深又急，跳下去，收尸都免了。你以为你死了能有多大个事啊？灾区经常死人知道不？你以为你命贵啊？"催促道："赶紧去死，麻利点，省得我那几个兄弟费劲给你整个意外身亡！"砚台最鄙视这种要死要活的男人，见张莉拿他没办法就威胁要弄死张莉，见砚台比他还狠又要弄死自己，好像他死了别人就不好意思活了一样。

　　孙大磊见狠的不行，就来软的，开口叫姐。砚台一拍床板，喝道："靠！有事说事，表跟老子抒情！"

　　外面忽然传来一阵不可遏制的笑声，帐篷向内鼓出个人形，又弹起来，"哎呀，谁推我？"一阵脚步夹着笑声跑了，两河的志愿者在外面偷听。

　　沉默了一会儿，砚台说："这样吧，我再退一步，石剑波可以留下，孙大磊必须明天早上九点钟之前离开。"她对孙大磊特意叮嘱："如果明早发现你没走，那你们东北这一群志愿者就得全部离开，我不会再容忍这件事拖过九点零一分！"

　　孙大磊很委屈："为什么是我？"

　　"在码头村已经说过，那是最后一次，不会再让了。再纠缠下去，会导致你们东北这批全滚蛋，我希望你好好走，安静地走，不要逼我叫人将你打出草坡！到成都后找个座机打下我电话，我要确认你是出了汶川。"

回到宿舍，阿亮急问结果。砚台说完，阿亮很不高兴，他觉得两个家伙都不是好东西，应该一起赶走。砚台解释："石剑波至少知道临阵脱逃是耻辱，所以他又回来了，刚那会他也道过歉了。另外，东北这队还有三个女孩子在这里，给她们留一名男生，心里会安定一点，工作结束，有石剑波带这几个女孩子回东北也放心些。"如此一说，阿亮也不再坚持。

87. 兽医也敢跳出来给人治病

第二天一早，阿亮押送孙大磊出汶川。砚台将他们送到村口，递了根大棒子给阿亮防身用，叮嘱路上谨防"人犯"逃跑。

砚台带石剑波去龙潭村服务，这是希望之窗设于草坡最偏远的帐篷学校，相当于发配了。祝好也从直台调来龙潭，一路上她最高兴，终于跟美琪汇合了，跟砚台叽里咕噜，开心耍宝，这丫头真是脸皮子厚如城墙倒拐，不仅忘了自己也曾是个叛徒，还对前任队长五十步笑百步，"哎呀呀，石大哥，欢迎回到人民怀抱，但愿龙潭沟没有猴子，哈哈。"石剑波闷闷不乐。

住帐篷久了，容易长湿疹，村里只有一名医生，住在去小学的路上，砚台顺便带祝好去就医。一见面发现原来就是帐篷学校开学那天来喷消毒水的大叔，大叔见志愿者来求医，很是热情，查看一番，说是中了湿毒，不打紧，用个袖珍小秤，秤些白色结晶体，展示给祝好看，嘴里还唠唠叨叨介绍，"白矾配水溶液擦洗，就能去湿气止痒，一般来说，猪这样的分量3%的比例，人嘛就酌量减少，1%就可以了……"

祝好认真地听着，忽然疑惑，猪？

砚台也听出来了，两人面面相觑，小心求证："大叔，那个，您不得是兽医吧？"

大叔笑眯眯："你们不要紧张……"

"不是吧？"

"正是。"

"啊……"

砚台拉着祝好落荒而逃。真是乱世出英雄啊，一兽医也敢跳出来给人治病！

不过，后来才知道，他真是村里的医生，这里医疗条件有限，他连人带猪全包了，山羊啊，鸡鸭鹅啊，也都在他的医疗范围。

在老乡家搭了几天伙，大叔颇有为难之意，午饭时，坐在一边看着大家，几次想说话又咽下去了。砚台出言询问，原来，他们作息时间跟志愿者不一样，黑早就要上山去干活，地离家特别远，中午饭就是带几个煮土豆垫饥，晚上天黑才回来，如果给志愿者做饭，就意味着中午必须赶回来一趟。这里生活艰辛，少一个劳动力就耽误不少功夫，大家决定自己解决。

傍晚放学，美琪几人下两河村背粮食。砚台留校批改日记。周遭安静得只听见院墙外溪水响，被烈日炙烤了一天的植物，在空气中发出脉脉香气。黄昏不知何时悄然降临，蝉鸣渐稀，暮色淡淡，溪水却愈加明亮，夕阳照着水面仿佛铺了一层金，粼然有响声。想起小时候在农村里的生活，那阵阵蝉鸣和现在似乎并无不同，那时也是如此简单，心思纯粹地生活着。希望之窗自从创建以来，纷争不断，大家都疲于奔命，到现在才平静下来，乡村支教生活才显现出它的静美。这种心情就像长路一直走下去，忽然看到月亮升起来，坐下来小憩，心里恬静安适。

有孩子记录地头莲白开始烂，运不出去太可惜。有孩子问，读书真的可以挣到钱吗？ 也有孩子写地里海椒都熟了，爸爸妈妈都好着急。砚台在日记上与他们对话，交流想法，解答疑惑。孩子们很少记录日间嬉戏，多与生计有关。这个夏天，使孩子们迅速长大，知父母辛苦，物力维艰。想起中午给孩子们热饭，看看那些饭食真是难过，菜里少有油花，更无荤腥，许多都是带两个土豆放蒸笼蒸熟做午饭的。亦有姐妹俩午饭只得一张饼，撕开分食，吃完伏溪边喝几口水，就算解决了午餐。孩子的饭食都这么简陋，此地生活艰苦可见一斑，地震后的大萧条不知还要持续多久。想想这群志愿者，如同一群草寇，冲进灾区坐地起寨，想于乱世中保护孩童，可惜现实不是乌托邦。

天光渐渐黯淡，就着烛火将日记批完，队员尚未带饭回来，找了根棒棒糖吃，聊胜于无。节约蜡烛，吹灭了，静静坐在门前，月亮很亮，和溪水相互辉映。

晚上九点多，见山路上有车灯过来，孟苇和小钢炮开车送她们回来了。美琪从背包里掏出盒饭递给砚台，刘旋搬了张课桌出来，几人坐下来备课。除了小学校里这一盏烛火，周围人家都已经入睡，乡村夜晚静寂得只剩四野虫鸣。

美琪和祝好都有睡袋，在灾区有个睡袋，无异于多了一层安全保障。砚台出门匆忙没准备，这时正用手电仔细检查被褥，被子大面积的霉斑，还有可疑的血迹，这张弃于路边的床不知道都躺过些什么人，以至于发出非常复杂的味道，砚台像猎犬一样从被头嗅到被尾，美琪问她找什么。砚台苦恼地说："想找出哪头稍微不那么臭一点。"万般无奈，战栗着钻进被子，叹息："后悔一念之慈，没把阿亮的睡袋偷来。"

美琪撇嘴："阿亮也很脏的。"

砚台哀叹："不过两害相权取其轻罢了……"

美琪得意地笑："孩子，灾区不适合你，你还是回吧。"这是砚台对某娇滴滴的志愿者讲的话，流传甚广，今天终于回到她这里了，还能说什么呢？只好假装坚强。

夜半地震，惊慌坐起，听到外面水声哗然，疑心落雨，细听原是野地里溪水响，月光静静地投在山林之间，虫声唧唧，热闹之下犹显静寂。

88. 八月的乡村舞会

八月，以一场盛大的乡村舞会开场。

草坡乡为感谢驻军，组织建军节活动，军民联欢。作为草坡乡唯一的志愿者组织，希望之窗也收到了邀请。

军营前的操场已经清理出来了，军队做事情真是齐整啊，这个临时清理出来跳舞的坝子真的是正圆形，不知道怎么计算和画出来的。当兵的扛着大木柴，一纵队从山上往下运，木柴一人多高，里三角外六角依次搭建起来，跟搭宝塔一样，感觉什么都能给烧掉。洒水车在小溪边汲水，一路开进来洒水清尘，连整个村庄都洒了一遍，孩子们跟前跟后，像一群欢乐的小兽，发出只有他们才能懂的各种怪叫。村里拉上了建军节的条幅，墙上也刷新了标语，处处洋溢着节日的气氛。

原本羌族藏族杂居的村落是最爱歌舞，今年遭这么大变故，家家都有伤心事，没有人提起过组织锅庄，仿佛提起就有某种不敬，但是感谢驻军和志愿者们，这却是个让所有人都心里坦然的理由。这还是大地震之后，村里第一次有歌舞，天尚未黑，村民都早早地收了工，小河边到处是打水洗涤的老乡，妇女们则端着盆提着桶结伴走往密林深处，洗去辛酸，洗去劳累，今晚放下一切，一起来跳舞吧，这样的氛围在村里流动着。

砚台拖了张条凳坐村口等大家，傍晚，各村的志愿者都由校长带队抵达两河村，龙溪乡直台村的人最多，浩浩荡荡地越过溪水冲向村庄，跟鬼子下山一样。大家从分配到各村，这还是第一次相聚在一起，分外亲热。张济邦、谢思谦等草坡五侠又聚首了，拥抱还不够，还互相你一拳我一拳，仿佛以暴力才能表达出心中重逢的喜悦。

看看人都到齐了，砚台示意有话说，大家静下来，砚台笑嘻嘻地说："诸位好汉吃好喝好，唯独不许醉酒闹事，钦此！"阿亮也说："谁要是撒酒疯，直接扔溪水里泡泡！"大家哄地笑了起来。张莉也从人群中挤出来，走到前面，说，"我也说几句。"见她表情很严肃，大家又安静下来了。张莉没有对着大家，转身对着砚台和阿亮："我觉得我们应该保持草根志愿者的独立性，不应该接受政府的请吃请喝！"

砚台一愣，"哈？那你跑来干什么？"难道这家伙是专门从龙溪乡跑过来阻止大家的吗？

"砚台，这还是你跟我说的，跟政府保持距离，草根组织要保持独立性。"

张莉的记性真是好到——让人生气！砚台很尴尬，嘟哝道："我说过吗？我不记得了！"从凳子上蹲下来，开始低头啃指甲，瞬间把自己摘出现场。她知道张莉这家伙咬住什么事情就跟王八一个德性，除非天上打雷，否则绝不松口。砚台觉得从理智上来说还是应该保持沉默，免得战场转移到她身上。周围志愿者也是这个想法，大家都保持住了无懈可击的沉默。

阿亮见大家都不说话，只好出来缓和，"张莉，乡里邀请志愿者，不去不给面子，相互捧个场，吃顿饭而已，没什么大不了。再说，来汶川这么久，大家都分散在各乡各村，借这个机会大家一起聚聚也挺好。"

张莉很坚定，"这顿饭可以吃，但我们志愿者吃饭应该自己掏钱，不能白吃白喝！"周围热闹的氛围忽然降到冰点。张莉语气冷硬，"我们就算拿人家一袋糖果，也要插上人家的旗帜，这就是拿人手短的道理。不要凭空要人好处，要了的就得还！"说完还看了徐敏行一眼。

徐校长低下了头。草坡乡有个黄丝带西部支教组织，自己不做事，隔段时间就送一批物资给徐校长，来帐篷学校跟孩子们互动一下，将黄丝带往帐篷学校上一系，拍拍照片汇报回去，假装他们在这里办了帐篷学校。

砚台说："好了，张莉，旗帜插一下也没关系，物资留下就行，等他们走了把旗帜再拔掉就好了。"这事真不赖徐敏行，是砚台要求各校尽量独立运转，灾区本身就有很多物资流转，可就近寻找资源，不要都指望她一个人。

"我们希望之窗连自己的旗帜都不插，怎么能为了一点物资，允许那些乱七八糟组织在我们帐篷学校插旗帜呢？"

"张莉，不是的，我们没钱印旗帜。其实，没那么清高的。"砚台坦白地说。

张莉脸色更加难看，说："还有些志愿者跟当地政府混在一起白吃白喝，占灾区的小便宜！"这话太刺耳，徐校长的脸刷地就红了，阿亮看看她又看看张莉，眼见张莉一副大义护身凛然不可侵犯的架势，叹了口气，没说话。乡里有时请客会把几个志愿者叫上，让她们偶尔也能改善一下生活。

这话太难听了，侮辱了徐校长的为人，也贬低了别人的善意。砚台喊道："张莉，够了！人和人相处除了道理还有人情，吃顿饭，不至于就降低了我们的品格，凡事都上纲上线去谴责别人，还要不要人活？"砚台语气严厉，张莉愣住了，看着砚台说不出话来。许多志愿者第一次看到张莉也会被反驳，大家都不说话了，霎时感觉四周风雨飘摇。砚台并不想在志愿者们面前反驳张莉，这会给大家感觉负责人之间起内讧，所以每次遇到志愿者针对张莉的不满，她都站在张莉这边，维护张莉的"权威"，但这次不能听张莉的，否则，四五十人再各自顺原路返回？

聚餐设在震后余生的农家乐里，摆了好多桌，有驻军军官、乡领导、村干部，援建单位，还有志愿者们。草坡乡领导挨桌敬酒，表达感谢，不乏感动人心的话语，有羌族老人来敬酒，唱羌族祝酒歌，调子悠长辽阔，嗓音好得不得了，中气十足，让人感觉站在高山之巅，邀天地同来饮酒，听不懂歌词，但很助酒兴。砚台起身带众位志愿者去敬酒，感谢草坡乡政府的招待，感谢驻军为大家带来的安全感，还有希望之窗的老朋友，四川路桥的领导，那可感谢的就太多了，感谢他们多次护卫志愿者进出草坡乡，感谢他们帮希望之窗运送物资，感谢他们工人将自己的安全帽扣在志愿者头上，感谢他们为耽搁在路上的志愿者提供的庇护……羌族老人的祝酒歌再次响起，这次却欢快调皮，生机勃勃，众人受起感染，纷纷起身相互祝酒，祝草坡乡富饶，祝孩子快乐成长，祝愿友谊天长地久。

整个过程中，张莉没有动过一次一筷子，也不参与祝酒行为，眼睛下垂盯着桌沿，仿佛入了定。她既服从了组织的决定，但又顽强地坚持了自己的原则。她就是这样的一个人，叫人不知道说她什么好。

徐校长过来小声问砚台："晚上联欢会上有两河村帐篷学校的节目，还要不要上？"砚台说："上啊，怎么不上？"徐校长很担心，"张莉会不会认为我们讨好政府？"砚台叹了口气，说："别顾虑了，代表希望之窗的节目，一定要好好表现！"

忽然听到坝子上音乐响起，声音大得吓人一跳，大家都放下碗筷跑出去看，篝火已经点燃，噼里啪啦烧得很旺，火星四溅开，像烟火一样。心情像被篝火点燃了一样，腾地就明亮起来。美琪拉拉砚台的手，示意她有好东西。跟着到了帐篷，床上放了好几套羌族服饰，村里几个要好的女孩子也在，她们自己已经换上了节日盛装，正在帮几个女志愿者穿戴，美琪竟然还有一管口红，贡献出来，又翻出洗漱包，内衬有面极小的镜子，只能照一张嘴，每个人都撅嘴照照，自觉很美。

唯独张莉一身黑衣黑裤，坐在一边看大家，一脸清汤寡水相。砚台展开裙裾跳到她面前："美不美？"张莉敷衍地点点头，砚台怂恿："换衣服一起去跳舞吧。"张莉摇摇头，说："你没原则！"砚台乐了，说："谁说我没原则啦？我的原则就是——看心情！"忽然想起什么，给张莉泡了碗方便面。张莉吃泡面的时候，大家都看着她，她很窘，端碗背过身去。砚台故意夸张地说："今晚的菜好丰盛啊，还有肉王之王的草坡腊肉，某人斗气没吃到，真是太可惜了！"张莉嘟哝："吃顿肉有什么了不起，我不爱吃肉！""好，等得就是这句话，下次吃鸡爪记得留给我哈！"砚台笑嘻嘻地说。

坝子上的锅庄舞曲一阵阵传来，满坝子华丽的藏羌族服饰，在篝火的照映下艳丽得有些不真实，在这废墟破败的大地上异常动人。欢快的跑马调蓦然响起，像一股热流迅速流转整个村庄，灌进心田，老乡们随着这股热流，尽情起舞，如鱼在水，如鸟儿在蓝天。音乐欢快的像醉了酒一样，不会跳锅庄也随着音乐一阵乱跑，向左转，向右转。两个多月过去了，看够了萧条与愁苦，尤加感动于这种一派热烈的生活劲头。

一曲热烈的锅庄舞曲刚刚停息，那边传来报幕声：希望之窗志愿者演唱，献给最可爱的人，铁军战士。是徐校长准备的节目，《军中绿花》。三个女孩儿柔和恬美的声音，让现场都安静下来了，只听见这歌声和篝火噼啪的燃烧声，火光映照着脸庞红红的，三个女孩子手挽手，轻轻随着歌声晃动着，很怀旧的舞台风格。有帐篷学校的孩子跑上去献花，三朵向日葵，好巨大，是用扛的，一人一朵，有点蔫，想必是下午就已经准备好了。一曲结束，是更加热烈的锅庄舞曲，铁军战士纷纷过来邀请希望之窗的女孩子们跳舞。

唯独张莉一人孤单单地站在坝子上，砚台拉她去跳舞，她使劲摇头，拘谨得脸都红了。

美琪找到砚台，跟她耳语一阵，两人鬼鬼祟祟地避开人群，刚走到洗衣台子那边，就见几个小娃躲石头后偷听，果然有情况，两人赶紧停下来，也找个石头背面蹲下。不远处，阿亮和向云笺并肩坐在溪边聊天。

砚台惊讶的很，轻声道："怎么是她？"

"为什么不是她？"

"我一直以为是张莉呢。"砚台说。

"你啥眼神啊，他们压根就气场不合，大家都知道的，一直吵架都成仇人了。"美琪凑砚台耳边低语。

那边几个小娃也在八卦："他们是在谈恋爱吗？"

"会生娃儿不？"

"结婚了就生娃儿嘛，你爸爸妈妈不是生了你嘛。"

"我阿妈说是莲白里头蹦出来的。"

"瓜兮兮地！结婚了自家地头的莲白才生小娃娃。"

"你俩都瓜兮兮，娃儿根本都不是莲白里头蹦出来的，大人哄你们的。"一个大点的孩子不耐烦地说。

"哪里出来的？"

"都是医院抱出来的嘛！蠢！"

……

美琪和砚台憋笑憋得肠子转筋，吭哧吭哧地喘气，快憋不住了。忽然有个娃娃站起来，喊美琪阿姨！遭了，暴露了，扑过去捂嘴已经来不及，两人跳起来就逃，慌不择路，朝树林子里钻，忽然一阵哈哈大笑，树后又跳出几个人，是田春来、刘旋、陈振。阿亮太错愕了，这林子里简直黄雀乱窜，冲最大的那只怒喊："砚台！搞什么鬼？！"

这情况太乱了，简直无法面对，砚台拉了美琪就跑，一直跑回坝子，钻到人群中，才觉得安全了，陈振他们也跑过来了，原来他们三人准备去溪边洗澡，见砚台和美琪鬼鬼祟祟，就跟在后面看。大家相顾哈哈大笑，正笑闹着，陈松芒惊慌失措地跑过来，一脸惊魂未定，说："吓死我了！"原来陈松芒多喝了点啤酒，想找个僻静地方放水，满坝子都是人，见坡边一堆黑影重重，以为是丛灌木，于是走过去，于是对着那堆黑影……忽然，那堆黑影猛地分开了，原来是两个人抱在一起。双方都饱受惊吓，对方还大喊了一声，陈松芒更是惊吓不小，醉意和尿意顿时齐齐灰飞烟灭，家伙都来不及收就转身奔逃，惊慌中还摔了一跤。

"说不定他们以为你过去是打招呼，说不定还在考虑怎么说辞，你竟然二话不说就对他们，对他们……"田春来笑得上气不接下气，直接蹲在地上。陈松芒很懊悔，觉得这人可丢大了，可怜巴巴地问："要不要解释一下啊？太尴尬了！你们谁去帮我解释一下吧，我是真没看清楚，我那会儿晕得很……"他发现大家笑得更欢了，于是立即停止寻求安慰了，转而谴责大家："有没有点人性啊？我简直，简直感觉我都有终身阴影了！"美琪安慰他，说："行，出于人道主义，我们派个男生去帮你去解释一下，问题是谁啊？"大家太嗨了，竟然忘记关注男女主角了，陈松芒说："金波的刘巧红和景天啊，会不会觉得我是要流氓啊？真伤脑筋。"大家一片哗然，刘巧红比景天大十几岁不说，还有家有口的，一时大家都有点讪讪，这事不好起哄，不像美琪和孟苇，大家可以理直气壮以庆贺之名要求请客。

金波的谢校长很忧虑，这两人是他旗下的，自觉失职，问："要不要将两人调开一个？"

砚台问："这两人日常做事可还尽心？"谢校长说工作上还不错。砚台说："那就不用调动了，我们只是办帐篷学校，不是道德委员会的，说到底这是他们自己的事。"话说回来，是不是该给志愿者们发放计生用品哇，不然，希望之窗明年真后继有人嘞。

没想到，一场乡村舞会让许多恋情都曝了光，赈灾期间火线恋爱的不在少数。

89. 爱是人世的皈依

心理医生陈家斌今日到，砚台和阿亮一起去汶川接他。路长又长，两人一路闲磨牙。

阿亮问："你们女人喜欢上一个男人，是个什么症状？"

"症状？发骚呗！跟你们男的一样。"

"发烧？"阿亮不解。

"嗯，头痛发热，喉咙干哑，间歇性痴呆，还心律不齐……"一路胡扯下去。

"砚台！你能不能严肃点？"阿亮急了。

"好吧。"砚台点点头，"你爱上谁了，说出来我好帮你对症下药。"

"也谈不上吧，就是想跟你探讨一下情感方面的话题。"阿亮忽然扭捏，支支吾吾。

"你觉得张莉怎么样？"砚台忽然问道。

"张莉挺好的啊，性格很坚强，做事也很踏实，能力也很强。"

"就这些？"砚台问。阿亮点点头，神情有点不自然。

砚台叹气，女人要的不是你夸她多能干，她只是希望人爱她。

陈医生的车在路上被堵，估计得半夜才到。时间太充裕，去洗了个澡，阿亮又去理了个发，逛到菜市场，还买了许多李子，汶川的李子今年很便宜，因为运不出去，才三毛钱一斤。阿亮一激动就买了十块钱的，一大堆，全倒在他那个巨大的登山包里，带回去给孩子们吃。竟然还碰到欧欢了，在小摊上吃面。可见汶川县城真是太小了，难得来一回，还遇见个仇人。砚台跑过去，坐她对面，一言不发瞪着她，欧欢看看她，又看看她身后的阿亮，很紧张："你们想干啥子？"

砚台一脸努力思索状："想不好，是不是要打你一顿！算了，老子刚洗了个澡，一打架又出一身汗，白花了五块钱。算你走运！"

欧欢目瞪口呆，眼光投向阿亮，阿亮很尴尬，下使劲拉砚台走。砚台被倒拖着，还要强行示威："你再刁难希望之窗的志愿者，我会专程搭车上县里来打你，就当出差了！"

感觉自己赢了，很开心，拉阿亮找地喝酒。阿金也在县里拉货，叫过来一起吃饭，晚上要雇他的车去草坡乡。这阿金从阿亮初到绵簾就认识，是老朋友了。

阿金聊起想出去打工，阿亮劝他留在汶川，重建会有很大的力度投入进来，有大量的资金流入汶川，到时候想办法做建材生意，或者装修装潢材料等方面的生意，会有很多机会。砚台也说到时候物价会涨起来，房租也会涨起来，因为援建单位会有大量的人员涌进汶川。但阿金说他家里没有人了，留在汶川也是伤心，趁年轻出去闯闯，能在外面挣得一份衣饭碗，以后就不回来了。砚台心里一震，不好再说下去了，重建不仅仅是建一所房子，恢复经济，难以重建的是家。

阿金问阿亮有没有去过海边，阿亮点点头。

"海浪是不是金色的，像金鲤鱼的鳞那样，一层一层闪闪发光？"

"你从年画里看的吧？"

阿金说从小在山里长大，从来没有看过海，挣了钱就去看看大海。

砚台开玩笑："阿金挺浪漫的嘛！"

阿金也笑，笑着笑着有点变味了，嘴角往下挂，从皮夹里掏出一张照片，是个女孩，可能是过节时拍的，穿着羌族的盛装，拍摄技术不大好，人和场景都是斜的，但姑娘笑眯眯，脸上两朵梨涡很迷人。

"我要带她去看一哈大海，以前不答应，觉得大海有个啥子好看的嘛，不就是一大滩子水嘛，专门花钱去看那个水划不着，钱都好难赚的嘛。但我现在最后悔的就是没有答应她，要是答应她了，我们地震的时候就不得在汶川了，她就不得遭……她要看，就带她去看嘛，花钱买高兴嘛是最值得花的钱，我真是蠢完了才晓得……"阿金呜呜地哭了起来。阿亮与砚台各自喝酒，沉默不语。地震创痛平日大家并不提起，或者有意避开，只在酒后难以抑制。

陈家斌医生一行终于抵达汶川。虽然坐了一整天的车，陈医生仍旧保持得风度翩翩，这真是气死人，某些人哪怕精心修饰，但一股浓浓的城乡结合部的气质依然挥之不去。重逢是令人激动的，虽然之前也没什么特别的交情。但立马就不大高兴了，陈医生队友指着砚台笑："嘿，我记得你，那个，那个，扮陨石的家伙，哈哈哈。"砚台很不高兴，"好笑吗？我觉得一点都不好笑。"陈医生立马打圆场："来来来，我们一起敬砚台和阿亮，他们一直在前线工作，令人敬佩。"陈医生的心理援助组织其实也从地震后一直坚持到现在，受砚台邀请过来支援帐篷学校，为孩子做心理辅导。

码头村是草坡乡受灾最严重的，主要是人员的伤亡，有九名孩子在地震中失去父母亲。这么大的地震，连成年人一时都缓不过来，何况儿童。加上月底就要异地复课，许多孩子还从未出过远门，出门之前进行心理辅导也是必不可少的。邀请心理医生前来帮助，大概是希望之窗在结束前能为孩子们做的最后一件事了。

　　仗着酒意，一行人夜进草坡。山高月不明，月色抚平了破碎的山河，显得温柔平静，车子颠得像桑巴舞，阿金一边纵声高歌，一边操纵方向盘，在这破碎的路上玩漂移。陈医生不放心，问："这哥们是不是喝了点酒？"

　　阿亮很平静，"不是喝了一点，是喝了很多，从晚上十点多喝到你们到。"

　　陈医生讶然失声："这不是酒驾？"

　　不知为何，大家忽然都笑了，笑得停不下来，很神经质。不知为何，就是觉得好笑。

　　阿金回头看看大家，开心地说："没得事！阿月跟我在一起，她会保佑我们！"一手打方向盘，一手指了指，一只小小的方盒，裹着红布。车上一片寂静，诡异之感像一枚利剑击中心房。

　　寂静之中忽然响起阿金带着酒意的歌声："高高山上有一朵花儿喂，摘不下来嘛哟喂，摘得下来嘛送给你……"碎石打在车顶上砰砰作响，大家紧闭嘴巴，一声不吭地听阿金悲亢高歌。月色下的堰塞湖波浪汹涌，汹涌得像大海一样。

　　一个醉酒的司机，一群醉酒的乘客，一辆破面包车，一位装在盒子里的姑娘，走在震后最危险的草坡公路上……组成了那个迷乱荒诞的黑夜之旅。也许，在这个无常的人世，心有所爱才是最贴心的归属，无论身处何方，遭到何种人生境遇。

90. 无情的甜椒

　　月底孩子们就要异地复课，学费可免，生活费要交。目前孩子们的生活费都还挂在地里，甜椒运不出去，老乡们就没有收入，没有收入，会导致许多孩子失学。孩子们失学不仅与家长有关，志愿者也为此揪心。

阿亮与砚台商量，希望之窗结束之前，再为孩子们做件事情——卖甜椒！如果能帮老乡把甜椒卖出去，孩子们异地复课时的生活费就有着落了。虽然很难，但值得一试。

于是，希望之窗忽然跟甜椒挂上了钩。按照一贯做事毫不犹豫的风格，商量完立即起身开干，阿亮去跑运输渠道，砚台去做甜椒数据调研。

阿亮出汶川往彻底关，去找负责都汶公路的四川路桥的朋友，阿亮多次往返，跟他们很熟。砚台下各村调研甜椒市场。到傍晚两人再汇合，阿亮已经疏通那边关系，可以为草坡乡甜椒开辟绿色通道，在路况稳定的情况下，特许草坡乡运输甜椒的车通过。这边砚台也得出详细数据，草坡乡甜椒种植面积 1500 亩，种植品种多为北京甜杂一号，平均亩产 4000 斤，全乡甜椒量估计突破 520 万斤。去年甜椒的收购价是每斤 1.7 元及 1.8 元左右，质量好的甜椒收购价高达 2.3 元。目前头批 100 万斤左右的甜椒已近成熟，全乡甜椒预计于 7 至 8 天后全面成熟。村民们给砚台的报价是 3 毛钱一斤，砚台打电话回成都问的价是 2 元。

阿亮马上算了一笔账，扣除运输的路桥费及油费，还有些许关系要打点的费用，认为可以做。他还有一些积蓄可以先垫进来收甜椒，雇车运出去，但是成都那边还需要接收渠道。码头村的志愿者小宝尚未上岗，封她作甜椒小公主，着她联系成都那边的收购单位。第二天小宝就提供了几家公司的信息，愿意收购，需求急切，由于地震，今年成都甜椒市场紧俏，但运输成本太高，路又危险，司机都不愿意进汶川。

一切顺利，助人乃快乐之本，晚上众志愿者不禁小聚餐了一把，都很激动，如果甜椒能卖出去，真是帮老乡一个大忙了，这简直可以算解决民生问题了都。

阿亮一早去汶川取款，联系车进草坡。砚台去通知村民收甜椒送到两河村政府坝子上，在那里统一收购。

然而，事情却出现了戏剧化的转折。老乡昨天报的价格，竟然忽然就不认了，纷纷表示三毛钱卖不得，要亏。昨天他们还说，白送给你们志愿者都可以，你们要甜椒，自己去地头摘，要好多摘好多，反正要烂在地头了。

砚台赶紧打电话给阿亮，叫他回来，汶川不用去了，事情有变。通知完阿亮，砚台问老乡："昨天报价 3 毛钱还说能保本赚一点？一夜之间这本钱怎么就涨价了？到底是怎么回事？我们是志愿者，不是来草坡做生意的，是担心帐篷学校的孩子失学，才想帮草坡乡里卖甜椒。你们临时涨价，至少给个说法，不然，太让人寒心！"砚台一番话说的几个老乡都不吭声了。砚台也很失望，这事转折得太快。

终于有个老乡说："有人跟你们竞争，价格比你们出的高。"

"谁？"

"也是你们志愿者嘛。"老乡嘟哝道。

"怎么可能？哪个志愿者？"砚台觉得这事太匪夷所思了，这事没几个人知道，只有两河村和码头村的志愿者知道。

老乡们吞吞吐吐不说是谁，嘿，还搞保护呢。老乡只说对方出价到 5 毛，做生意嘛，肯定是有竞争的，价格高嘛，我们就卖，要是你们也是这个价，我们情愿还是卖给你们，毕竟你们在先。

"竞争？不，你们误会了，我们不是做甜椒生意的，我再说一遍，我们是担心孩子们失学才想帮村里卖点甜椒出去，既然有人收购，那这事我们不做了，你们卖给他们吧。"

砚台转身要走，忽然又想到什么，略一犹豫，决定还是说出来："我再多说一句，我们退出这事，我们不会说出去，你们也不要传，免得对方降价收购，他们来收你们就赶紧出手吧。还有，如果他们降价了，你们也不要再来找我们谈，这事我们绝对不会再做了，我是希望之窗的负责人，我说话算话，收甜椒的事从现在开始与希望之窗无关。"说完，扬长而去。

阿亮回来后，两人分析这事，什么人会忽然跳出来收购甜椒呢？阿亮觉得不大可能是希望之窗的志愿者，那么是凑巧吗？但如果不知道运输渠道，这样的收购价会亏。还是有内线？知道这边疏通好四川路桥的关系，对草坡运甜椒的车予以放行。内线是谁呢？小宝吗？她犯不着干这样的事情啊。不得而知，不猜了，等收购的人出现，去看一眼就知道了。

两人虽然罢手了，但还很关注事态，暗中留意着，眼看从两河村到码头村沿路，家家门前都堆了大量的甜椒，等收购的车上来，然而收购的人没出现。傍晚的时候，甜椒收购价已经涨到了7毛，很快又到了8毛，价格一个劲地往上抬着，这次不是收购的人抬价了，是老乡们之间相互造成了认为可以抬价的舆论。阿亮说这样下去，这事办不成了。

砚台预计马上就会大跌，甜椒摘下来就等不得，收购的人如果失信，老乡们要吃大亏。究竟是志愿者中间出了内鬼，还是村民冒充的志愿者？这事目前整不清楚，但事态已经挑起来了，最怕给人希望，再让人绝望，尤其震后，老乡情绪多少有些极端，这事处理不好，会出人命的。

阿亮认为不会这么严重，要找也是找抬价收购的，从道理上讲不应该再找希望之窗，还能强卖？砚台说：“但是，老乡中间传的另一批收购甜椒的人也是希望之窗的志愿者，不知道究竟真的是希望之窗的人还是别人冒充的，如果对方忽然不收了，老乡可能还会找到希望之窗。如果一家买家和一家卖家，道理还能说得通。但现在是两个村的村民，没法跟那么多愤怒的村民讲理，说不定会挨打！”

“怎么会这样？”阿亮很失望。

砚台说：“就是这样的！”志愿者跟老乡之间所维系的关系其实非常脆弱。两人都沉默了，垂头丧气，心里有一种难以言喻的沮丧感，真没劲。提议去直台待两天，避开这阵子。阿亮连连摇头，觉得做好事还做得个落荒而逃，太荒诞。而且，他也不想去直台，提议去金波村玩，不管甜椒的事了。

砚台懒懒地道：“金波村有什么好玩的？”

“谢校长邀请你去，他向老乡买只鸡。”

“真的？”砚台立马来了兴致，有肉吃比较治愈现在的心情。

91. 男人都有男朋友了，女人也有女朋友了

看到向云笺在金波，砚台恍然大悟，回头跟阿亮说：“怪不得你使劲拉

我来金波，根本就不是鸡的事！"阿亮笑嘻嘻地说："你最近都瘦了，真的是带你来吃鸡的。"于是，大家又围着只鸡兴奋地讨论怎么吃它，提各种意见，马友兰则关心怎么宰杀的问题，跟大家交代，先别动手啊，她要去打个电话，等她回来。金波没信号，要一直跑到下面山口处才有信号。

阿亮拎起菜刀，喊道："闪开，闪开，女孩子都闪开，我来！"

谢校长大喊一声，不要啊！说时迟那时快，阿亮已经手起刀落——鸡死了！没头的鸡满坝子乱窜，大家纷纷跳开。谢校长无奈地望望鸡，埋怨道："哎呀，你那么快手干嘛！"

马友兰气喘吁吁地赶回来，一看，鸡已经死了，失望的很，说："叫你们等我嘛！"大家立马指向阿亮，异口同声："他杀的！"向云笺也埋怨阿亮："都怪你！"阿亮莫名其妙："嘿，我干活还怨我？"

"马友兰不能吃了，太可惜了！"千金说。

"怎么鸡也不能吃了？"阿亮不服气地问。

"不吃未诵真主之名宰杀的牲畜。"

阿亮不知道这个习俗，但见马友兰真的不能吃，也很愧疚。尤其听千金说马友兰天天吃清真方便面，更内疚了。但鸡死不能复生，再买只鸡也不大好找了，震后，这里的鸡跟大熊猫一样珍稀。

晚上在溪边烧烤，用泥巴糊起来做叫花鸡，烧了一大堆篝火，大家围坐聊天。阿亮对向云笺问长问短，在金波待得惯吗？帐篷住得惯啵？被褥全不全？……好像住他家开的宾馆一样。就这么几个小时，大家都看出端倪来了。可见天下有两件事情是瞒不住的，放一个屁，和爱上一个人。

向云笺起身坐到砚台身边，递了只烤土豆给砚台，砚台看到是刚刚阿亮精心烤好献给她的，就说自己饱了。向云笺笑笑，问砚台觉得阿亮这人怎么样？

砚台警惕的很，说："还好吧。"

向云笺看了砚台一眼，说："我还以为你们是极好的关系呢。"

砚台立马说："我对他没兴趣。"

"呵呵，我对他也没有兴趣。"向云笺冲砚台微微一笑。

自己跟她又不熟，她莫名其妙地凑过来说这话什么意思啊？砚台觉得怪怪的。忽然想起沐水村的事，一直没机会问她，趁她自己凑上来，砚台就问："沐水村帐篷学校倒闭是咋回事？"

"不关我的事。"向云笺依旧淡淡的，抬头看看天空，云淡风轻地一笑。最讨厌这种时时作得跟小龙女一样的死相了，砚台一口气提上来又压下去，不耐烦地说："行了，不装会死啊？你在里面干了什么，你知道，我也知道，沐水村服务的志愿者都知道，也许就阿亮不知道。"

"呵呵，那你告诉他啊。"向云笺不以为意。

"沐水村已经结束了，懒得跟他说。但麻烦你在汶川安分点，此地是灾区，不是某个夜场，你的魅力不需要在这里展示，再乱搞，别怪我打你！"砚台一扬手，木棍飞过人群，落入溪水里，起身去溪水边洗手。

向云笺沉默了一会，跟过来，说："砚台，你真的误会我了！"

"误会？你惹得沐水村的男生个个都像打了鸡血一样为你而战，内讧，斗殴，强势的驱逐弱势的，胡力钧就是刘川赶走的吧？老子招来的人，他有什么权利赶走？傻逼还占山为王嘞？沐水村要复课的时候你们公然跟老校长作对，撺掇孩子们继续在帐篷学校上课，导致我们帐篷学校被暴力拆除！为什么？不是为了保住你们乱搞的地盘吗？保住了吗？这里面有误会吗？哪里误会你们了？你是不是特享受这种啊？"

"砚台，我真的对他们没有一点那个方面的意思！我发誓！"向云笺仓促分辩道，脸上终于挂不住了。

"哦？难道你魅力太大，他们都情不自禁？"砚台讽刺地问道。

"不是。"向云笺欲言又止。 砚台见她一副故弄玄虚的样子，掉头就要走，她急忙说："砚台，我其实，唉，我对男人没兴趣！这么跟你说，你懂吗？"

不懂，信息量太大！砚台懵了一会儿，终于厘清了声讨逻辑，你丫把好好一个帐篷学校搅得一团糟，现在来吐露心扉说自己是个同性恋就完了？没人会觉得这是个"美丽的误会"！你一同性恋你就大大方方拒绝人家呗，干嘛欲迎还拒，欲言又止的，好玩吗？

向云笺又说："所以，我跟阿亮，是不可能的，我喜欢的不是他，你懂吗？"

"你们可不可能不关我事，我不需要懂。"砚台冷冷地说。见阿亮正朝这边走过来，老远都能看到他笑得热情洋溢，白白的牙齿在夜里闪闪发光。砚台压低嗓音道："谁也别在我的地头闹事，管你是男是女，一律打哭为止，你最好懂这点！"

这年头，男人都有男朋友了，女人也有女朋友了，看看阿亮一脸心花怒放的样子，砚台真替他感到揪心。

92. 失恋还是失心疯？

长夏溽暑，趁月夜行。一路阿亮有点心事重重，问砚台："你觉得向云笺这女孩怎么样？"

"不怎么样，她不适合男人。"

"为啥？你又不是男人，咋知道她不适合男人了？"阿亮立马不高兴，翻脸还挺快。

"你不是问女人的意见吗？我就以我的角度来回答了啊。你提问题我还得揣测你的喜好你的角度来回答？你别问我了，烦述得很！"砚台立马摆出我也是可以随时翻脸的那种。

"好好好，我错了，那你帮我分析一下呗。"

"阿亮，不用费那个心了！"砚台直率地说，看到阿亮惊愕的眼神，心一软又改口："我是说，如果她足够喜欢你，你一定会知道的，需要猜的话，说明喜欢的不够。"

"真的假的？我总感觉我这个人在这方面有点笨啊，怕错失了什么信息嘛。"阿亮挠挠头皮，"总感觉她很神秘，谜一样的女孩子。"

砚台心想，神秘个屁！转头见路边有块大石头，提议歇歇脚。今天累得够呛，还被阿亮这个混蛋拉着去吃鸡，实质是陪他去"谈恋爱"。

山对面有条瀑布，在月色下闪闪发光，溪涧澄澈莹然。"这里要是不地震，真是个好地方呢！适合养老。"砚台叹道。

"老还早着呢，年轻就该想年轻的事情。"阿亮话锋一转，问："你觉得我跟向云笺有没有戏？"

"说真话？"

"当然！"

"不许沮丧喔？"

阿亮楞了一下："嗨，那你别说了，扫兴！"

"我妈老催我，老说什么在外面混那么久连个老婆都没混到，搞得我感觉自己挺失败的，但这找老婆是一辈子的大事，又不是去商场里买个家用电器，抽空去一趟就行。"阿亮叹了口气，枕着胳膊仰面躺在大石头上，呆呆地望着天空，"理想中的伴侣是什么样的呢？贤惠能持家，还特讲义气能共风雨挫折？还是风情万种？可惜，有的姑娘拥有贤妻良母的品质，却又缺乏风情，风情万种的姑娘，又缺乏贤惠的品质，特难伺候。"

"你想象理想中的伴侣时，不妨也把自己想进去，看看搭不搭。"砚台揶揄地道。

阿亮汗颜，忍不住嘿嘿地笑了起来。

"阿亮，我知道一件事情，跟向云笺有关系，但我不知道该不该对你说。说嘛，涉及她隐私，不说嘛，怕你受伤。"砚台欲言又止。

"什么事情？只要跟她有关系就是跟我有关系，麻烦你别卖关子了，速度地说！"阿亮嗖地就坐了起来，眼睛炯炯地盯着砚台。

"跟性取向有关。"砚台轻轻地说。

"性取向？啥意思？哎哟，你能痛快点吗？"阿亮表情很痛苦。

"向云笺喜欢女人，不是男人。"砚台立马痛快地说。

"不可能吧？她，她对我挺好啊，她不是吧？"阿亮一脸脑中风的表情。

"砚台，她真的是那个啥？"阿亮还是不相信。

"不信？要不要我把她抢过来？"砚台蛮横地看了他一眼。

阿亮讶然失笑，过了一会他又问："咦？我就这么，失恋了？"

"被一同性恋煞到，叫失恋？我看你叫失心疯。"

"不是的，砚台，你不懂。"

"很复杂吗？她爱的是女人，你一生下来就失败啦！"想起这猛男号称自己一狠心拒绝了全世界的妖精来赈灾，那时他可能未料到灾区形势也很严峻吧，明显妖精们也纷纷跑灾区来了，砚台忍不住促狭地笑了，说："别纠结了，你丫没戏。走吧，露水都起来了。"

阿亮起身跟上，一路怅然若失。

"砚台，说说你呗。认识你这么久了，没听你说起过自己的事情。"

"我没什么可说啊。"

"感情啊，你爱过别人没？"

"我不爱别人。"砚台干脆利索地终止这个话题。想了想又说，"对我而言，专注去做一件事情，也是一种深情，从中感受到无穷乐趣，不亚于一场男女之欢。希望之窗就是啊，难道你不快乐吗？这种快乐难道逊色于一场爱情吗？"

"快乐！"阿亮诚恳地说："这是我长这么大，干得最好的一件事情！"

"对啊！到你八十岁的时候再想起来，一定不会遗憾当年赈灾时没有顺便泡到姐，对吧？"

阿亮表情的有点囧，不好意思地说："当然不会，是吧，根本不是为这个来的嘛，我就是，就是有点……"阿亮嘿嘿地笑，忽然驻足，说："砚台，我有种预感，预感我们会成为一辈子的好朋友！"

"也许吧，阿亮，等到一辈子结束的时候才知道呢，许多人走着走着就散了。"砚台径自前行，"不过，也没什么好遗憾的。想想人最终都是要死的，再长的缘分也有尽的一日，人一辈子在时间长河里也只是短短一瞬。感情之事太飘忽，做下的事情却是实实在在的。"

一路聊天，夜晚走在山间，村庄与村庄之间是黑暗的山路，夜雾浓重，两人像是走在茫茫大海里，从一座岛屿走向另一座岛屿，每次看到灯光，仿佛登岸一般，心里一阵喜悦。

93. **溺水的孩子**

张莉老是发短信给砚台，问她什么时候回直台，见砚台不回，又换了种方式，说给她留了鸡爪藏起来，等她过来。

刚好基建队的大江同志想为直台建乡村图书室，约砚台回直台商谈。帐篷学校的孩子学习热情很高，志愿者教的那些五花八门的知识激发了孩子们的好奇心，如果能趁机让孩子们培养起阅读的兴趣，自己向书本寻找知识，那对孩子一生都是极大的帮助。基建队的同志们商议，除了厕所，准备再接再厉为安置点建一所乡村图书室，向社会募集图书，无论新旧。除了儿童书，还可以搜集一些农业种植方面的书，供老乡们学习。

大江这个想法太好了，砚台答应募集图书，她认识"多背一公斤"的志愿者，知道那个组织有建乡村图书室的项目，可以联络他们获得帮助。

张莉刚下课，一见砚台就扑过来，砚台顺势附耳："鸡爪在哪里？"

张莉很不高兴，"也不说想我，就记得鸡爪！"

砚台老实说："你和鸡抓都思念，现在你我已经见到，请鸡爪出来一见。"她嘟嘟哝哝进帐篷拿鸡抓。沈前过来询问能不能借到电视机，马上就要举行奥运会了，孩子们都在谈论这事，想看奥运会开幕式，大家都着急上哪弄台电视机，满足一下孩子们的愿望……忽听得张莉哇啦一声喊："我的鸡爪呢？谁把我的鸡爪吃掉了？"

砚台怀疑地看看她，她很委屈，"我真的给你留了的，不知被谁偷吃了。"眼睛扫过四周，大家被她看得很不自在，立即做出各种若无其事状，张莉觉得每个人都可疑。

聊完正事，砚台就要回草坡，张莉不肯，找各种理由挽留，拉着不放。张莉平素决不这么粘人，砚台觉得有点异常，问她是不是有什么事，张莉却一口否认。"没事我要走了，还要回草坡呢，路那么远。"砚台起身要走。张莉犟的很，抱住胳膊不放，砚台又讶然又好笑，"我又不是男的，你这么抱着不觉肉麻啊？热死人了！"张莉说："你别走，我去乡里给你买鸡爪。"砚台说："张莉你别闹了，又不是小孩子，我真要走了，要搭阿金的车下山呢。"张莉头一低，忽然流泪，砚台愣了，以张莉这种性格在人前掉泪，实在太意外。但又不知她这情绪从何而来，问她，她又不说话。砚台想问下别人，却见大家都离得远远的，各忙各的，好像啥事都没有一样。就算在路边看到一陌生姑娘掉眼泪，也应该上前问一声啊，砚台意识到张莉在这里可能很受孤立，但这事她没办法，如果有人欺负张莉，她会出面帮她讨回来。

她也不劝，只静静地陪着。张莉沉郁了一会儿，擦干眼泪，说："我没事了，我去上课了，你回草坡去吧，路上注意安全。"看着张莉的身影孤孤单单，瘦弱的很，耷拉着脑袋，一点神采都没有，砚台忽然很舍不得，喊了声："张莉！"张莉停住了，望着她。砚台走过去抱抱她，说："有时候我和你意见有不同，但你依然是希望之窗最优秀的志愿者，不管怎样，我都最喜欢你，没有鸡爪我们的交情也最铁！"张莉眼泪点点，说："砚台，我知道了！我对你也是。"

砚台走时，张莉站在山冈上望着。走老远了，还看到她站在那里，风很大，群山莽莽，山凹里一杆红旗，已经破得丝丝缕缕，颜色也已经褪败，是帐篷学校的旗帜。最初见到张莉时，惊讶于她神情中的恬淡宁静，这种神色现代女孩子极少具备。而到汶川后，取而代之的是冷硬坚韧，当时很不解，但现在多少是能体会了，赈灾时间长了，确实难有那么多柔情蜜意，许多事情都在侵蚀人的信心，令人身心俱疲。

刚到两河村，村长忽然跑过来，让志愿者赶紧集合帐篷学校的孩子，清点人数。村长脸色煞白，语无伦次：两个娃儿，在下游，堰塞湖里飘到起，都是男娃儿，七八岁，小学生……

砚台只觉脑袋轰然一炸，腿杆顿时就软了，愣了好几秒说不出话来。见两河村这边的孩子都在，村长撒腿又往外跑，边跑边喊："哎呀呀，天爷啊谁家娃儿哟……"那带着哭腔的声音颤悠悠，拖拽得老长。

徐校长像是醒过来，大喊一声：哎呀！快去幼儿园清点人数！

对对对，还有幼儿园！砚台冷汗浃背，千万千万，一个都不能少啊！

幼儿园的孩子都在。砚台又赶紧往码头村跑，这条河是从上游流下来的，沿着这条河还有希望之窗的三所帐篷学校，依次是码头、金波、龙潭。

发现码头村少一个孩子，无法相信，又反复清点几次，还是少一个！喉咙干哑得不成声调："小月，我数学不好，我有数字障碍，我不行，你再点……"小月跟着砚台一起已经点了好几遍，好像要延迟结果的到来，小月再次清点人数，一个孩子一个孩子摸着脑袋数过去。刘松芒几人也跟着数。

还是少一个！

"谁？"

小月吓得思维片片碎，说："我不知道，我再数数，再数数。"

还是孩子们互相看看，说："小羊羊今天没来。"

不！老天，你不要这样啊！人顿时就软了，冷汗淋漓劈头盖脸，身子抖得不行，声音发出来都不像自己的声音：不会的，不会是他，留下一个看孩子，其他人都去找，山上，地里，河边，去找！！！

两个孩子，还有一个！金波和龙潭都没信号，只能跑上去送信。砚台忽然想起来，一把抓住小月，连声问："阿亮呢？他去哪了？他知道这事吗？"小月说："带陈医生他们去足湾村了。""为什么偏偏今天去足湾村？为什么不能明天去？为什么一出事他就跑了？？？"砚台情绪失控，一叠声地为什么。大家都望着她，她猛地刹住了，"松芒，你去龙潭，我去金波。快！"

码头往金波，十几里山路，犹如鬼上身，一路歇气都不歇地狂奔。沿路电线杆上的大喇叭都在播报这个要命的消息，真可怕！山里极热，树木都被热水一样的气流笼罩着不动，但砚台身上淌的是冷汗，吓的。处于狂乱崩溃的边缘，心跳得不行，"完了，你完了！"有个深邃而缥缈的声音在灵魂深处絮叨着，紧咬不放。

金波那边正在上课，谢校长看了一眼，没有空位子，说人都在。"你点一遍啊！"砚台吼道。谢校长赶紧点一遍，说："真的人都在，位子都是满的，一眼就能看到，会不会是龙潭村的？"天哪！砚台腿一软，蹲地上干呕不止，爬起来又跑。谢校长上来一把拉住，说："找摩托车送你下去。"

路上碰到松芒，龙潭村没少人数，另一个孩子无法确认。看砚台面如死灰，他安慰道："至少能确定那孩子不是我们帐篷学校的，这是好事！"

这他妈的能算好事？！砚台浑身发抖，不说两个，就一个也是灭顶之灾！

去的路上一路狂奔跟上了发条一样，回来的路上却怎么也走不动了，走走停停，腿杆软的很，像是要拖延时间一样。然而，还是到了。小月一看他们回来，急忙迎上来，连问都不敢问，急切地巡视他们脸色。一看她那副样子，砚台知道她也不必问了，准备面对现实了，残酷的现实，她打算去下游村口去认尸。然后，然后再说吧，要打要骂，任之，要杀要剐，也只能任之。总之，余生不死也要背负巨大的包袱，不得安心了。

吩咐小月，提前放学吧，你们几个把孩子一个一个护送回家，一定要亲手交到家长手上，我们帐篷学校到此为止了，不办了，一定要跟家长说清楚。几个人拼命点头，脸色煞白，说不出话来。砚台问松芒："有烟吗？给我一颗，我感觉快要死了。"松芒说："我也想抽，我下去买一包。"

小羊羊忽然出现了，从帐篷外面探了个脑袋进来看看，怯生生的。大家瞪着这小人儿，几乎疑为幻觉不敢相信，小月以饿虎扑食之势冲过去一把抱住，死死箍住，忍不住眼泪哗哗，嚎啕大哭。松芒他们几个男生也绷不住了，摸着孩子的脑袋，眼泪夺眶而出。砚台靠着旗杆，忽然松懈，顺着旗杆一溜瘫下，坐在地上，也忍不住热泪盈眶。

有后怕，有感激，百感交集！感激生活没有被毁坏，差点就万劫不复。

后来才知道是更远的上游村庄的，希望之窗曾受到邀请去办帐篷学校，但是实在人力物力都难以支撑了，就没去。话虽如此，这依然是个不幸的事件。给所有志愿者的心里都造成极大震撼，都怕了，是真怕，万一出事可怎么得了！一想起这事，心底里直冒寒气。

很幸运，七所帐篷学校，加上沐水村，一共八所，近千名儿童，前后服务的志愿者上百名，那么多人，都平平安安，感谢……不知道感谢谁，还是感谢自己吧！

如果有一个孩子出事情，一个志愿者出事，对大家来说就是灭顶之灾。砚台和阿亮都会万劫不复。两人一路凭着一股勇猛之气折腾到现在，这次才真的怕了。搞这么大的事情出来，其实他们根本承担不了任何一点闪失，负不起这个责任。但这事到现在，就像一辆高速行驶的列车，裹挟着这么多人，停不下来了。以后，还会去赈灾吗？打死不干了！

电话执拗地响着，砚台躺在床上保持装死，一动也不想动，就算中国移动她也不动。像被人暴打过一顿，浑身肌肉痛得要命。两个孩子的事件带来的不仅仅是惊惧，还有一种说不上来的疑惑，好像长久以来拼命努力要做好的事情，其实不堪一击，怀疑自己怂恿这么多人在瞎搞一气。

外面有人喊砚台，是阿亮的声音。他还在足湾村就接到徐敏行的电话，吓得一路跑回来，赶到两河村，发现不是帐篷学校的孩子才稍微松了口气，又跑回码头村看砚台，估计她也吓得够呛。

"帐篷里那么热，要中暑了，快出来透透气。"阿亮掀开门帘。砚台艰难地爬起来，盯着阿亮，说："我今天，差点，就死了！"阿亮点点头，说："我懂！"砚台眼泪止不住地流，哽咽道："我不想干下去了，太可怕了，我负不起这个责任，我想回家！我们停课吧，真太吓人了。"

"砚台，你忘了最初办帐篷学校的原因了？"阿亮问。在什邡见孩子们在废墟上玩，砚台觉得太危险，就这一念起，两人就动手开办帐篷学校，直到现在。

"我没忘，如果不出事的话，老乡会说我们这些志愿者多崇高，多伟大奉献，但万一出事了，老乡会冲上来把我们掐死，绝不会手下留情！"砚台摇摇头，说："我们根本承担不起后果，想想我还有很多事情要做呢，我不想把自己给搭在这里，大家都有各自的大好人生要去过。"

94. 心理医生的心理问题

一连几天，砚台都窝在龙潭村，没精打采，一副恹恹待毙的样子。"如果那两个孩子是我们帐篷学校的……"这样的念头挥之不去，嗡嗡地缠着她，一遍又一遍，持续不断地恐吓着自己，跟有病一样。门口溪边有块平整的石头，上覆绿树浓阴，她抱了个枕头，卧在上面睡睡醒醒，神思恍惚。大家见她状态不佳，都绕着她走。砚台直睡得昏天黑地，昏头昏脑。

忽见一人坐在旁边看着她，冲她眼前晃晃手，"我是阿亮。"

"晓得你是阿亮，我又不是脑袋坏了。"砚台懒懒地说。

"还在难过吗？"

"没有。"

"那生病了？"

砚台坐起来，"没有，就是睡觉而已。"双手抱膝，愣愣地望着溪水，神色惘然。

"精神点，我给你带了礼物呢。"

砚台依旧没精打采。

"你肯定喜欢。"阿亮像变戏法似的拿出包茶叶放石头上，又掏出几只小茶碗。

还是铁观音呢，好久没喝过茶了，很欣喜。见砚台高兴，阿亮也得意，表功自己在汶川跑了好多地方才买到，"我从成都去灾区那天，你请我喝茶，记得吗？说任何时候你只要喝一碗茶就会满血复活。" 砚台笑，说："那是夸张啦，哪这么神奇嘛。"心里很感念阿亮的心意，觉得不能这么沉溺下去，得振作起来，毕竟大家聚在一起是为做事，不得老是叫人哄。提议："把她们都叫过来，我沏茶给你们喝。"

"对了，我还给你带了一位客人。"阿亮神秘兮兮的。

"谁嘛？"

"陈医生，出来啦！"阿亮站起来冲学校那边喊道。

砚台被他吓了一跳，问："你把医生带来干什么？是何居心哪？" "喂，心理医生也有朋友嘛。"陈医生也跳到大石头上，笑眯眯地对砚台说，"不要觉得医生就只有病人，医生其实不像你想象得那么无趣。"

"好吧。"砚台很无奈。 阿亮去找柴火和锅子准备煮水。砚台忽然想起什么，凑近陈医生，小声道："我有个问题想请教你。"

陈医生见她神秘，也附耳过来，低声说："请讲。"

"如果喜欢上一个人，而对方是同性恋，有没有什么办法改变对方的性取向？"

陈医生惊讶地望着她，问："你吗？"

"喂，麻烦你有点职业道德好不好？"砚台很不高兴。

"对不起！我不问了。"陈医生迅速调整自己，"首先，我们必须消除对同性恋群体的偏见，同性恋并非精神障碍，它属于人类情况非常正常的一部分，包括在正常的人类行为和性表达的范围之内，所以，我们心理医生不应该向对象建议，通过精神治疗有可能改变一个人的性取向。可能极少同性恋人群在同性恋情上遭遇挫折，而转向异性恋，但大多数同性恋人的性取向难以改变，我认为也无须改变，除非他们自己有此意向而寻求咨询。异性恋也好，同性恋也好，这是天赋人权，旁人不得横加干涉，更不能以心理医生的权威去试图影响。"陈医生的语气一下变得像手术刀一样理性而锋利，理智得一点感情都没有。砚台感觉自己好像坐在精神科的白色沙发上，医生的眼神从镜片后闪出冰冷的光，而在这片冰冷的光之下隐藏着一丝愉悦，专业的愉悦。

医生这种人类，究竟有没有感性的一面呢？尤其是心理医生，真是叫人费解。

"你说半天，就是不行呗？"砚台失望的很。

"嗯，从某种意义上来说，是这样的。"陈医生斟酌着语气。

"不行就不行呗，还说那么多。"砚台不高兴地说。

"好吧，不行。"陈医生有点冒汗，这家伙翻脸比翻书还快。

"喂，你们让一下，我要跳过来了。"大石头离岸边有一米多距离，阿亮抱着柴火和钢精锅做跃跃欲跳状，开心的很。砚台看看阿亮，真心替他难过。

美琪和石剑波也涉水过来。旁边一块石头略小，恰好在下风处，砚台从溪水里捞了几块石头上来垒灶，又拿钢精锅舀些溪水上来煮。阿亮一副很老资格的样子，提前预告，"待会你们看吧，砚台沏茶气场十足！"于是大家耐心等资深茶妹表演茶道，可是连个茶壶都没有，公道杯也没有，少了好多手势，端只钢精锅沏茶，这茶道着实不大好表演，气场么，不好意思，风太大，吹散了。好在气氛不错，主要是地方够好，这块巨石浮出激流，上有绿荫遮盖，水面清风徐来，风拂水面，清凉无比，实属夏日里的一块风水宝地。大家还算满意。

石剑波忽然说他要提前回去，父亲生病。他对再次失约感到抱歉，但为人子应当尽孝。美琪已经知道，他专门说起来是对砚台打声招呼。石剑波重回汶川之后一直郁郁不乐，跟大家格格不入。也许是父亲真的生病，也许是托词，但不管如何，他要走，也不便留他。

石剑波沉默了一会，说："砚台，我也不知道怎么回事，就这样了。原本都是来做志愿者的。"

"既然都要回去了，我们的工作也快结束了，有些话不说以后没有机会说了。"砚台给他续上茶，"原本我们都是来做志愿者的，不是斗机心的，为什么会这样？我想，也许是你所允诺的东西太多，而你允诺的相互又有冲突，你在其中焦头烂额，而每一方都只看到你负义。你对学校保证带好队友，但你又对我承诺服从安排，你对女友父亲承诺护其周全，但你同时也对直台的队友负有带队的责任，当女友哭闹，你又不得不护送她回去，但你又是别人赞助装备来赈灾的，你又不得不返回灾区，而再次回来之后，你在队友之间已经失去信义，在我们面前也一直难堪……你所负的每一项责任之间都在相互冲突，现在想想，你其实也挺难的，我们当时都没有体会彼此的处境。"砚台一边沏茶一边慢慢说起。

"如果之前能意识到这点，也许我们之间能温和地解决矛盾，但大家都年轻气盛，情绪过多，理解过少。等我想明白时，时间已经过去了。"砚台给大家一一斟上茶，说："喝茶吧！"

大家都默然。石剑波一碗茶喝完，说声谢谢，起身离开了。

阿亮说起那边卖甜椒的事情，后来一团糟，果然涉及一本地志愿者。美琪好奇询问，砚台说："这事不助茶兴，不说也罢。"阿亮会意，不再说下去了，转换话题，感谢陈医生在这边为孩子做心理辅导，陈医生亦谦让说这本是他分内工作，又聊起八月底要异地复课，要提前做好准备，缓解孩子们的焦虑。

异地复课！是啊，天下无不散之宴席，大家总归是要道别的。

说着，渐渐大家都安静下来了。溪水夹岸都是山花，风吹落花瓣，不时飘过眼前，几盏茶摆在山石上，茶气酽着水汽蜿蜒而上，微薰着。夏日的半下昼，天色瓦青瓦青，白云朵朵飘过山冈。蝉鸣似雨，纷落于枝头溪水。

陈医生端起茶碗，舒了口气，"没想到在灾区也有这么舒服的一刻。"

砚台替他续茶，"是啊，生活中许多隐而未现的美感，非经发觉无法得到。"　美琪说："在龙潭村这么长时间，竟然没有发现这么块好地方，我以后肯定会梦见这里，梦见龙潭小学的孩子们。"阿亮打趣道："你梦见的恐怕会不止这些吧？"美琪脸红，"要放学了，我去看看。"阿亮也起身，"我也去看看。"

见人都走了，陈医生放下茶碗，摆出一副我们聊聊的架势。砚台赶紧说："我们是朋友，对吧？"陈医生不禁一笑，说："我给人做心理咨询收费可是很贵的。""那我更加不愿意占你便宜了。"砚台干脆地说。

"为什么这么排斥心理医生呢。"

"我觉得做你们这行的老怀疑人家有病，令人不快！"

陈医生不禁一笑，道："你这完全是偏见。"

"好吧，其实是我自己就有分析癖，我挺讨厌这种癖好，更讨厌别人分析我。生活中固然有许多隐而未现的美感，也有许多隐而未现的恶感，后者，最好还是不要去分析发现了。"

"好吧，既然喝茶嘛，那也不能一句话不说，随便聊聊呗。"

"行啊。聊聊你们医生为什么容易爱上病患吧。"

"你这是个伪命题，先假设医生容易爱上病患再问为什么，这个问题我不回答。"

"那聊什么呢？说说你怎么来做志愿者了？"

"我来做志愿者原因很简单嘛，我本来就是医生，地震后大家就组织要去参与心里救援工作，顺理成章。对了，什邡那几个孩子后来恢复情况不错。"

砚台想起刚认识的时候，陈医生让自己扮演陨石，十分不满，忍不住说出来了："你表演外星人，多高级的，尽让我们扮演那些没技术含量的，还让我演大风，感觉像发神经！"

"但你很有表演天赋！"陈医生一本正经地说，却又忍不住促狭地笑了起来。

"喂！你这是在表扬我吗？我怎么觉得你话里有屁啊？"砚台假装生气，想想不禁也乐了。

"好吧，那时看走眼了，没想到你这么厉害，早知道就应该让你来扮演外星人了。"陈医生笑道，又问："你怎么来做志愿者呢？"

"我就是觉得无聊。"

"唔？如此说来，做志愿者是想去浪费一下人生？"陈医生开玩笑地道。

"不，我觉得挺浪漫的。不过，我也听到一些人说做志愿者'总之都是些在社会上混得不大好的家伙'才来灾区找补，从那些比自己过得更差的人身上获得优越感，寻找存在感的。"

陈医生点头，说："确实，就同一件事情，评价总会多种多样。有些人不自觉地用恶意去评价别人，这也是可以理解的。"

"当然，用语言去获得优越感，比努力做事来获得优越感容易得多，所以人们总是不自觉地选择前者。对我来说，为什么来做志愿者其实不重要，重要的是做了这样一件事情的这个事实，事实总是比评价有力。当然，做志愿者也并非高尚无私这种词汇带给我的动力，说到底这些词与我并不亲近。"

"那与你亲近的是什么呢？"陈医生问。

"其实，我也是个受灾者，但我不能仅仅作为一个灾民度过这段时间，我觉得我无法忍受自己这种无能的状态，我得去做点什么，能让别人好一点，开心一点，我就觉得自己是有用的，也许有人认为这是出于爱心，但我更怀疑，做这一切也许是源于恐惧？"砚台说着，神情也有些疑惑，"地震的时候在 22 楼，吓坏了，虽说一点伤都没受，可以说是毫发无损，但说不准某些无形的东西所受的损害永远也无法修复了，因为自己也不知道是哪里出问题了，好像核心的现实轰然倒塌了。那段时间感觉自己陷入了泥沼，做什么都觉得没劲，但活着又意味着必须得做点什么，什么都不做更难熬。"

砚台忽然起身跳到旁边的石头上，往锅里续上水，添了些柴火，坐在那边。两人之间隔了道窄窄的流水，砚台赤足泡在溪水里，盯着水面发呆。陈医生安静地坐在一边，也不催她。

过了会儿，砚台又说："不知为何，死里逃生之后，对挣钱这样的事是彻底失去了兴趣。说实话，地震之后，对人生现实性的考虑顿时就变了，什么工作呀，前程呀，爱情呀，将来养老之类的，统统，都是不现实的！"砚台抬头神经质地一笑。陈医生也神经质地笑了，看着她，示意她继续。

"虽然知道人会死，但这么近距离地感受了一次，才总算是正视人会死的事实了。我不再想要一个空壳人生，忙得煞有介事，心里却孤单得要命。即便找个人谈情说爱，但内心那种落寞与孤单总是挥之不去，你明白？"砚台抬头看了陈医生一眼。

陈医生点点头，"地震的时候，我在都江堰，经历过的人都知道，那一瞬间，足以将人的信心和勇气都摧垮，在死亡边上，真正开始考虑此生究竟要如何。"

"想明白了？"砚台问。

"没有！"陈医生说。

"那接下来你怎么办？"

"我不想做医生了，我想去研究弹尾目昆虫。"

"啥？"

"用尾巴跳的虫。"

"这算是有病吗？你爸妈知道吗？"砚台说。

"按自己的方式去活不叫有病，要求别人按自己的方式去活才叫有病。人的生命只有一次，并非父母的加长版。父母有父母的人生，子女也有子女的人生，每个人应当去承担自己的命运。"陈医生顿了顿，又说："我已经痛苦许多年，因为，即使如此，子女也不能以自由的名义，免除对父母的责任。"

"你很纠结！"砚台由衷地赞叹。

陈医生继续说，"如果真的想明白，这个世界根本就不存在能评判你的人，你就彻底解放了自己，也解除了别人对你最大的权利。这样，就会对自己有完全的自信，也更懂得尊重别人，所作所为也会出于善意，而非屈从。"陈医生语气淡淡，却很有力。见砚台望着他发愣，冲砚台微微一笑。

砚台诚心诚意地说："陈医生，谢谢你跟我说的这些话！"

陈医生说："谢谢你的茶！"又看看四周，说："这里很美。"

乡间夏天的傍晚，有山林日晒的青氛之气，湛蓝的天色蔓延在群山之间，溪涧以一种悠然的姿态清流而过。

95. 祖国妈咪的大 PARTY

直台安置点忽然停水了。大山另一侧的水源地有村庄宰杀病牛，水源受到污染，乡里领导考虑到卫生防疫问题，把水截断了。

连着停了几天水，连喝的水都没有了，老乡只好到安置点旁边的河中打水，但这条河的污染更严重，上流村庄的生活垃圾全往这条河里倒，还有些家畜动物尸体卡在烂树枝之间腐烂，水流浑浊发出异味。生活已经够艰难，但彼此之间也难有体恤，大家都只图自己省事，上游不顾下游的，下游的不顾下下游的，领导呢，把水一断就完事。为取得一瓢干净水，大家要沿河上行数里地寻找。

安置点老弱妇孺居多，许多人都染上了腹泻，羌族孩子本来体质挺强，但震后生活太苦，抵抗力下降，一些孩子腹泻得站都站不起来。援建的医疗队除了给药，就只能叹息卫生条件如此恶劣，只会更加糟糕，一再打报告上去请求解决都没人管。帐篷学校开了一门新课程，卫生防疫课，老师就是医疗队的医生们。

厕所基建队不得不停工，上山找泉水，打算接水管引水下山，为安置点两百多户人家解决吃水问题。世事好像有轮回，希望之窗再次出现一批水利派志愿者，只是这次大家没有任何分歧。

大家背上干粮和水壶，从清晨就分头上山寻找新水源，几天下来了无所获，这样满山遍野地搜寻令人感到绝望。牧羊人带路找到的几个泉眼早已干涸，据说从他们爷爷辈就在的，地震改变了地下水脉。水，不知道跑哪里去了，所谓山穷水尽，不过如此了。

不知从何时起，连路灯的供电也不正常了，夜里时常一片漆黑，这里仿佛是一块弃绝之地，再次回到了洪荒时代。连蹲点的刘大人也在某天上午擦亮了皮鞋，拎包跑了。老乡们没跑，是没地方跑，志愿者们没跑，是出于义气。他们渐渐成了这里的主心骨，老乡认为这群年轻人有文化，城市里来的，见过世面，有什么事情都过来商议，讨主意。说的最多的是上面的领导们最终会决定异地重建还是就地重建，专家们为人定胜天还是天定胜人吵得唾沫横飞，没想过换成自己还愿不愿意和老天对着干。

柴火依然紧缺，志愿者去县里购买了煤气灶煤气瓶回来，每天烧开水供应帐篷学校所需。为改善卫生条件，还专门挖了垃圾焚烧坑。之前生活垃圾全是露天堆积，苍蝇飞舞，也是导致腹泻的原因之一。

即使是蛮荒之地的孩子，也有自己的热望——想看奥运会。

还在绵篪安置点时，团委就几次三番组织孩子们迎奥运。孩子们也对开幕式期待已久，他们坚定地认为自己会出现在电视上，在绵篪时有记者来拍过灾区儿童迎奥运，看到摄像机对准了他们的。但安置点没有电视。

面对这种与衣食无关的愿望，家长觉得娃娃们真是一点都不晓得愁，粮食都不够吃，还闹着要看奥运会！看了咋样？多长块肉？

虽然志愿者也认为远在北京的那场盛会与这里并无多大关系，但全国人都能看到，这里的孩子似乎也不应该例外。沈前去与直台村书记商量，想法满足一下孩子们的愿望。次日，陈书记到乡政府申请电视机，得到的答复却是可以提供电线，但要自己立个电线杆。安置点是有路灯的，不知道提供电线是啥意思。书记回来说乡里没有提供电视机的可能，见志愿者们失望，他就开解大家，就算有电视机，在山里也收不到信号，还必须加装卫星接收器，算了吧！娃娃们是一时兴起，过几天就忘了。

但志愿者们不想放弃，这里已经够苦了，现在连想看开幕式这么简单的愿望都不能满足，实在是让人舍不得。沈前又与辛薇去汶川县上寻求帮助，先后找了团委和物资救济中心都遭到拒绝。两人求告无门，只好去咨询当地几家在营业的家电商，几经周折，只有一家名为"百姓家电"的老板娘愿意租一台旧电视给他们，只有15吋，还有毛病，放着放着画面会越来越暗，声音也时有时无，这样租回去也不保险。天色渐晚，两人只好先赶回直台。

孩子们都知道他们去找电视了，放学后一群孩子硬是跑了七八里地去迎接，见两人空手而回，非常失望。坝子上另一所帐篷学校也在为同一件事情焦虑着，派一名代表过来打听情况。本来两家帐篷学校打过架，平素不往来，但既然都是为了孩子，大家就放下成见，相约不管谁借到电视机，两所帐篷学校的孩子都一起看。已经调到金波的杜娟也记挂直台的孩子，打电话来询问直台能不能看到奥运会。草坡乡那边条件稍好，村里不仅安排了电视机，还发放了小国旗给孩子们，其他帐篷学校也都已安排就绪。这个消息令直台的志愿者更加不甘心。

明天就要奥运会了，电视机还无着落，沈前急火攻心，嗓子都哑掉了。那天是七夕，城市里多少年青人在庆祝情人节，但直台的一群年轻人却在为一台电视机苦恼不已，长这么大，从来没有觉得看个电视这么会这么令人期待。

八号那天一早，沈前仍不放弃，又上县城去寻找，试图做最后努力，见人就问你们家电视能不能租给我们一天，明天就还。不知问过多少家，偶遇一位雁门的老乡，被沈前的执着感动，答应将地震后新买的29寸大彩电连接收器一并租给他。杜娟得知这个好消息竟欣喜得从金波徒步出草坡，赶往汶川与沈前汇合，两人一起将电视机运回了直台。

牛叔叔在孩子们一片欢天喜地的欢呼中将电视接好，为了这台宝贵的电视机，还专门腾出一顶帐篷安放它，将篷子撩起来，面对坝子上的观众。接下来就是祈祷晚上千万别停电。

七点不到，孩子们就早早来电视机前守候了，带着自制的小国旗，是绘画课上画的，那天下午将帐篷学校所有的红色画笔都用完了，导致国旗上各种颜色都有，全国也只有这里的国旗是五颜六色的吧。另一所帐篷学校的孩子也来了，虽然曾经打过架，但面对这么喜庆的时刻，孩子们也就一笑泯恩仇了，不分彼此，孩子们都坐中间，外围是老乡们，再外围是志愿者们，人肉筑起的防风墙将孩子围在中间，大家紧密地团结在电视机跟前。

开幕式还没开始，却听到新闻里说赈灾胜利的消息。老乡讶然，继而惶然，纷纷问：胜利了？赈灾结束了吗？……他们以为志愿者是外面来的人，消息灵通，但志愿者在这里和他们也差不多，没有报纸、电视，连手机充电都成问题。

夜幕下，鸟巢华灯灿烂，流光溢彩，气势恢宏。这边孩子们顶着兜头兜脸的风沙，跟着电视里一起大喊倒计时：5、4、3、2、1……一片欢呼声中，焰火冲天而起，在高空绽放，整个鸟巢如盛开的花朵，美轮美奂。孩子们挥舞着自制国旗，不停地发出欢呼，拼命地鼓掌跺脚。

"五星红旗迎风飘扬，胜利歌声多么响亮，歌唱我们亲爱的祖国，走向繁荣富强……"开幕式歌声响起，五十六名衣着光鲜的儿童护送国旗走过。电视机前的纷纷起立，跟随而唱，神情严肃，被远方的盛会激动。孩子们真唱压过了电视里的假唱，童音嘹亮，在安置点回响。这真是最真诚的歌声，不是表演。

老乡们很沉默，电视上那一派繁荣盛况和孩子们的热情，都无法感染他们。没想到赈灾忽然就胜利了，巨大的沮丧感笼罩着大家。异地重建还是就地重建的结论迟迟未下，所有人的生活都搁浅在这里，苦苦熬着，没有干净的水，没有经济来源，安置点附近也再难找到柴火，接下来怎么办？是继续等，还是回到山上去？在这里等会有人管他们吗？灾区那么大，小小直台村是不是已经被遗忘了？但回到山上去，生活也难过，房子塌了，大部分耕地也垮到山下去了，而山上的土豆也挖得差不多了。何去何从？

志愿者们也很沉默，看到孩子们的热烈劲头，心里尤其感到苦涩。想起前期的桌子事件，整个七月，团委各种花样翻新的迎奥运活动，折腾得人仰马翻，各路媒体纷纷前来拍下灾区儿童和祖国母亲心心相印的和谐景象，好像这些孩子多么被重视一样，怎么就没人想起送台电视机过来，让这些孩子也看一眼祖国妈咪的大 PARTY 呢？

21 点 12 分，突发强烈余震，大家出于本能四散奔逃，沈前出于另一种本能扑过去抱住电视机。孩子们一边跑，一边还回头看电视，余震刚消停，又嗖嗖地窜回来。可见地震的恐惧不及电视的诱惑。

冗长而浩繁的开幕仪式持续几个钟头，老乡白天干活，熬不住夜，都在打哈欠，起身睡觉去了。志愿者们白天修厕所，累得精疲力竭，也早已眼皮打架，只有孩子们兴致高昂不肯离去。志愿者勉强支撑陪着孩子们，大家在半睡半醒中听到孩子们一次次地欢呼，惊醒，又睡去。

奥运圣火点燃的那一刻，坝子上再次响起热烈的掌声，孩子们心满意足，纷纷赞扬，好漂亮喔，还放了那么多烟火，像天堂一样……

牛叔叔兴致高昂，说办奥运会是展现中国实力的机会，有很高的战略意义。花大姐连连点头，只要牛叔叔说的话，她都信。

大江开玩笑地问，"有多高？一米八？"

牛叔叔说："奥运会展示了中国国富民强，境外势力不敢小瞧！"

"嗯，境外敌对势力今晚肯定都垂头丧气，乃至失眠！哈哈。"大江怪笑离去。

确实，开幕式这样大的场面，气势恢宏，一定把外国人都震霹了。即使刚刚经历大地震，照样能把奥运会举办成全球最奢侈的大 PARTY，我们的祖国是多么的又富又强啊！

96. 没有孩子的村庄

异地重建和就地重建的争论尚未落定，赈灾忽然就胜利了，异地复课的通知也正式下达。三件事互为关联，重建落实不了，赈灾又急着胜利，孩子们就得安置去别的城市，而这几乎是地震后最刺人心的一个决定。汶川大地震让许多家庭经历死别，现又面临生离，七岁以上的娃娃都要全部送走。老乡们不愿意，学校老师也不愿意，异地复课这个政策是在灾区伤口上再撒一把盐，孩子们太小，刚经历巨大的灾难，现在又得背井离乡，太让家长揪心。老乡和学校老师联合起来去上级申诉，学校倒塌了，大家愿意把自家的帐篷捐出来做学校，娃娃读书要紧，家长都支持，只要不把孩子送走，大家凑钱凑物来搭学校。一些老教师更是言辞痛切："毕竟我们灾区老师也没有死绝，何必一定要把娃娃们转移走？娃儿都还小，生活都不能自理，有个病痛啥子，大人都不在身边，咋个办？"此言一出，家长不禁泪流满面。

但这个对方已经考虑到了：孩子如果生病，家长要自己去接回来，校方不承担责任。对方也有理由，别个学校愿意免费教你们的娃娃，你们也不得指望别个就全包了，毕竟是帮助你们，万一娃娃出了啥子事情，还能怪别个？那还有哪个愿意来帮助我们灾区？

异地复课的合同一改再改，各种免责条款都是不利于家长的，最让家长惊心的是万一孩子在校发生意外，学校不承担责任。而且异地复课也不是真的免费，学费免了，但生活费还没有着落，能够指望的经济来源只有三个部分：对口支援、爱心捐助以及国家的政策性补贴。但灾后国家对灾民每天

10 元钱的生活补助，这里只发了一个月，现在已经拖延了两个月还没有发放，许多家庭都指望着这点"活钱"补贴生计。如果孩子们在村里上学，在家吃饭，土豆至少能管饱，但在外面吃食堂加上生活杂费等，许多家庭来都拿不出这笔"活钱"，震后许多家庭都近乎赤贫，连一日三餐温饱都艰难的很。而且孩子远行，多少也要置办些行李，这对灾民来说都是巨大的负担，许多孩子连只像样的书包都没有。

虽然一再宣扬异地复课需要家长同意，并非强制性，但实际上家长并没有别的选择，如果不同意，孩子就会失学。如果同意，则意味着骨肉分离和一笔额外的开销，两者都艰难。外面城市的学校再好，老师再优秀，可是这个读书条件是要人骨肉分离，这里面能有多少人性的关怀呢？而本地学校教师得不到上级批准，又不得私自复课，那就是跟政府作对了，乡村教师有个编制实在不易。

孩子们也忧心忡忡，常常三五成群聚集在一起商量。有的说家里这么困难，就不去上学了，有的说，还是要读书，有知识能使生活更好，以后可以给阿爸阿妈过好日子，不得这么受穷。何庭石说他不读了，家里困难，他已经十三岁了，要帮家里干活。

老乡们来帐篷学校找砚台和阿亮商量，能不能留下老师在乡里任教，如果愿意，他们就联名往乡里打报告，让志愿者老师进入乡编制当老师。老乡们不了解情况，这是政策问题，不是他们联名打报告就能改变的，乡里就有老师，他们正是碍于编制的问题不敢复课。民意从来都不是政府决策的先决条件，否则怎么会有异地复课这样的政策呢？

何清恩的父亲说："如果乡里不同意，我们就每家每户凑钱，由家长来给志愿者老师发工资。"众家长也纷纷点头，表示这是他们一致认可的。直台村人均年收入不到 600 元，震后更是赤贫，没有任何收入，额外支付教师费用简直是雪上加霜，当然，这不仅仅是钱的问题。砚台沉默，老乡又将目光投向志愿者们，大家都沉默着。阿亮解释："这些老师自己还大多数是大学生，学业还未完成，是趁着暑假来支教的，九月孩子们要复课，志愿者也该回学校了，没办法留下来。"老乡蠕动着嘴唇，艰难地笑了，说："理解，完全理解，你们能在这里教娃娃们这么长时间，我们已经很感激了！还要求你们长期待在这里，这个想法是太自私了！"但老乡的眼神那么难过，那么失望，让人心里沉重无比。砚台想，正是因为支教是短期的，大家才坚持下来了，如果说以后都要在这里生活，估计大家会一窝蜂跑得一只都不剩。毕竟，各自有各自的前程要奔，志愿者也并没有无私到这样的境界。包括她自己也是把赈灾视为一个短暂的工作，困难的时候咬咬牙也就坚持过去了，长期留在灾区，她没这个思想准备。前几天草坡乡两个孩子溺水事件把她差点吓死，这么多帐篷学校在她心里已经成为一个巨大的心理负担，整天担惊受怕。

　　但这样让人失望，还是很难受，砚台补充解释："就算我们留下来支教，但我们办的帐篷学校不属于正规学校的编制里头，教育体制不承认我们的教学，娃娃们还是一样地升不了学，考不了大学。说白了，我们帐篷学校也就是陪娃儿们度过一段时间，起不了多大的作用。"老乡们并不了解砚台说的教育体制，但还是谢谢志愿者，能来，能在这里坚持这么久。

　　那边帐篷学校里的孩子们也猜到是在挽留志愿者，都竖起耳朵听大人的谈话。张莉也很关注，停下讲课，望着这边。风沙一阵阵迎面袭来，孩子们固执地将脑袋偏向这边，神情紧张。

　　终于还是要让他们失望了。阿亮不再含糊，告诉大家，孩子们送走的时候就结束希望之窗的工作。不能给人含糊的希望，最后又让人失望，做不到的事情就应该说清楚。老乡们起身的时候，风沙忽然就大了起来，劈头盖脸地扑过来，许多人不禁低头掩面。

　　何庭石忽然问："张阿姨，以后是不是再也见不到你们了？"张莉强忍难过的心情，说："不会的！我会来看大家，不会失去联系。"

　　"要是二回我们又搬迁了，找不到咋个办？"

　　"拼命地找！"张莉故作轻松地笑道。

　　"要是拼命地找也找不到我们咋办？"何庭石很固执。

　　张莉在白板上写下的电话号码和 QQ 号，说："这两个号码，张阿姨永远不换，即使张阿姨找不到你们，你们也可以找到张阿姨。将来，孩子们长大了，张阿姨老了，我也永远是你们的张阿姨！"孩子们低头抄写号码，后排几名女志愿者忍不住面色哀戚，虽然来时就知道有离开的时候，但大家还是难过。张莉请志愿者们上来将自己的联系方式留在白板上。

"我会想你们！"何庭石愣愣地看着白板上的一排排号码，眼圈慢慢地红了。他已经知道自己不得去异地复课了，家里太困难。志愿者们要走了，同学们要去复课，只有他会留在原地。

黄昏时分，在厕所工地干活的志愿者们都回来了。得知异地复课的消息，大家都很惊讶，也很失落，怪不得今天孩子们没去工地上喧闹，大家已经习惯了孩子们像群山贼一样呼啦啦冲过去，喊口号加油，忙里添乱地帮忙，嬉闹一通，上课时间一到又嗖嗖地跑得一个不剩，这仿佛是艰苦劳动中的一个难得的快乐节奏。

异地复课之后，这个安置点会安静成什么样呢？没有孩子的村庄，将多么寂寞。

97. 剪个新脑壳

大江重操旧业，翻出工具箱，给孩子们理发。当地人称理发为剪脑壳，这位美容美发界优秀的艺术总监为孩子们修剪出各种时尚的脑壳，连老乡们的脑壳都焕然一新。砚台开玩笑说他为灾区的形象工程做出不可磨灭的贡献，但理发师先生却并无自豪感，说："孩子们去城里理发要钱，最便宜的也要十几块，能省一点是一点。"路灯昏昏黄黄，大江认认真真，遵循着小顾客们的意见，有商有量。有人要谢霆锋式的脑壳，有人要李小龙式的脑壳……手艺高超，分文不取。小老虎也挤上去，他的偶像是蜘蛛侠，要剪个蜘蛛侠的脑壳，这可让大江为难了，蜘蛛侠一直戴着个袜套，真不知道他的发型是啥样的呢。小老虎不依，就是头上有帽子一网格一网格的脑壳嗻！大江一头汗，大家在一边听着不禁笑了起来。在一旁维持秩序的营长何庭石过去将小老虎拉开，你娃又不用异地复课，凑啥子热闹！小老虎很气愤，嚷嚷着：我也要切（去）！何庭石没好气地道："你切你切，茅坑里拉屎你娃都要插一脚！"

　　轮到何庭石，他却说不用了，他不去异地读书了，家里困难的很。大江愣了一下，说："不读书，叔叔也可以给你理发啊。"何庭石摇摇头，转身走开了，小小少年的身影很是落寞。阿亮觉得很可惜，这营长是他非常看好的一个孩子，又聪明又有胆识，但他又不能上去说资助他，还有那么多孩子呢。忍不住转头跟砚台说："我难过的很！"砚台点点头，说："我也很难过。"阿亮说："我以后要挣很多钱！"砚台依旧点点头。阿亮像发誓一样地道："我要挣很多钱，资助孩子们读书！"砚台望着他，笑了，说："还有呢，给历任前女友发嫁妆费，对吧？"阿亮不好意思地笑了，说："对啊，差点把她们给忘了。"

　　晚上几个女孩子结伴来玩，先用汉语喊阿姨，又用羌语问：si qi nei?（吃过饭了吗？）砚台笑答：si qi sa。（吃过了）。女孩子笑了起来，每逢志愿者用羌语作答，她们都特别的高兴，因为是她们教的。几个女孩子唧唧喳喳用羌语商量了一会，公推一个大点的女孩过来询问外面的城市与生活，有什么？没有什么？又问我们穿自己的衣服会不会给人笑？砚台答道："怎么会？你们的衣服那么美，外面买都买不到呢！不过你们去了会发校服给你们，大家都穿一样的。"又有女孩子说，我袜子都没得，不晓得发不发袜子。旁边一个女孩子说我没得牙膏牙刷，地震后家里就没再买。尽是些这类问题，女孩子就是心思细腻。问了又问，复归于静默。知道她们心里忐忑，为缓解她们的不安，砚台提议唱歌。孩子们拍手称好，围拢过来，合唱《美丽的羌寨》，熟悉的歌调响起，那边几个批改日记的志愿者也忍不住跟着哼唱起来。有对姐妹尤其出众，姐姐叫何庭美，妹妹叫何庭丽，还有个最小的妹妹叫何美美，都是爱美的女孩子，一对蝴蝶结三姐妹轮流戴。据说父亲是羌族，母亲是藏族，两人合唱藏歌给大家听，那么纯净的童音，于人事纤尘不染。

　　大江一边理发一边频频往这边看，他女儿也是差不多大年纪。

　　孩子们越唱越高兴，一首接一首，粲然忘忧。男孩子剪完脑壳都跑这边问阿姨要镜子照照，觉得新发型生的很，然而也很高兴。这个年纪的孩子是很难忧郁的，孩子们对即将去往的城市生活虽有忐忑，更多的是向往和好奇，父母的心情他们很难体会。

砚台将阿亮和张莉叫到一起，商量如何结束帐篷学校。这两人好久没坐到一块了，都有些别扭。阿亮说课程安排上听听张莉的意见吧，张莉说听你们的吧，你们怎么说我就怎么做，然后两人都沉默了。砚台看看他们，很感慨，从开始到现在，发生了多少事情啊。开玩笑地道："干嘛情绪这么低落，伤离别吗？"两人勉强笑笑，并不吭声，一侧身向左，一侧身向右，好像随时要跳起来逃走，有股紧张的氛围。砚台劝道："俗话说爱情不成义气在，二位好汉何必做出这等小家子气呢？"阿亮扑嗤笑了出来，张莉恼怒地瞪了阿亮一眼，阿亮赶紧调整表情，说："张莉，帐篷学校快要结束了，我们再好好合作一次吧，跟在沐水村时一样，你安排，我来做。"

砚台也说："沐水村太可惜了，草草收场，这边一定要善始善终！我那天跟陈医生商量过开始心理调适课程，具体做哪些方面张莉你来和陈医生商量吧。"

张莉点点头，"我也想过，给孩子们设计问题，在课堂上模拟环境来讨论，例如新环境中如何交到朋友，想家了怎么办，如何寻求帮助等等，具体的我明天提交一份详细的出来，跟陈医生商量。"

阿亮提议加一门城市生活课，今天孩子们问了许多关于城市生活的问题。张莉点点头，在本子上记下来。

砚台补充："还有些十二三岁的女孩子，是不是单独给她们讲讲生理知识之类的？最好请医疗队的女医生来。"阿亮点头，连连夸砚台细心，说："还要教她们防狼防骗！我们这里的女孩子太单纯，城里那些兔崽子太坏了，唉，想想真是不放心啊！"阿亮那语气像个当爹的，一副很揪心的表情，砚台想起刚开始的时候，阿亮说他一大老爷们不干这种带孩子的事情，主要是太不牛逼了……想到这，忍不住笑了起来。

砚台说："最后一天我们举办锅庄舞会吧，把孩子们高高兴兴地送走，不要哭哭啼啼就是了。"

张莉说："肯定会哭的，别看现在个个都挺高兴的，其实他们还不知道什么是分离，都没离开过父母跟前呢。尤其是一二年纪的孩子们，还太小了，到新地方晚上肯定会哭，孩子们都还没出过远门呢，不知道家长们会不会送过去。"

砚台说："可能不会送吧，这一来一回路费不是一笔小开销。"

阿亮说："放心，到时候如果没有家长送，就每所帐篷学校的校长护送孩子过去吧，陪伴一周，过渡一下，一个星期时间，孩子们也能熟悉新环境了，不会让我们的孩子受委屈的。"砚台忽然想起来孩子们异地复课的城市都有希望之窗的志愿者，真是太巧了，高兴地说："一二年级的会转到成都，我回成都后，周末可以去看孩子，还有一些成都的志愿者，到时候轮流分配一下时间。三年级以上是转到宜宾，徐敏行、美琪、祝好几个人都是那边的，她们也可以经常去看看孩子们，还有转到泸州的，舒畅是泸州人。"

张莉提出有些帐篷学校的志愿者吃饭是村里安排的，走之前应该把饭钱算清，该好多钱要还给村里，志愿者就应该无偿服务，不能因这么点点小事失去骨气。阿亮立即说："应该的，我明天下草坡的时候跟大家说一下，这事不用担心，大家都有这个想法的。"

砚台提出该清点帐篷学校剩余物资了，各校平均一下，结束的时候全部发给孩子们，物资接收单要寄给捐赠人，借的课桌椅要落实到各校校长负责归还，不能一结束大家都鸟兽散了。阿亮说，还有这么多帐篷、凉棚呢，对了，还有炊具那些，两个月时间置办的家当还不少呢。张莉提出送给当地老乡，阿亮不同意："不能送，不患寡而患不均。"砚台也同意："穷嘛大家都穷，送给谁都不好，反而得罪人，卖掉吧，象征性地收点钱，买些牙膏牙刷毛巾之类的洗漱用品发给孩子们吧，今天有女孩子说自己连洗漱用品都没得，叫人好心酸嘛！"

这样数着家当，感觉是马上就要结束了一样，几个月的时间真是晃眼即过。

阿亮忽然叹了口气，说："好多孩子去过最远的地方就是汶川县里，从贫困山区到城市里生活各方面都有很大落差，异地复课结束后，孩子们再回到山区，会适应吗？见识过城市生活的孩子们，还会像现在一样快乐吗？"眼睛望着坝子上跟志愿者嬉戏的孩子们，田春来身上挂了好几个，还有孩子跳着要抱抱，跟抢占高地一样，田春来夸张地叫唤着，完了，科学老师要被你们压死了，没良心的，以后你们没科学了……

虽然每天晚饭后都是这样嬉闹着，有时不免觉得烦，吵得人脑壳发昏，但现在却意识到这样的生活快结束了，有深深的留恋意味。一生虽漫长而忙碌，有几多时间是这样心思纯粹地度过着？

张莉忽然说："人不是应该多经历各种生活吗？这是成长的必经之路啊，我们的孩子会适应的！连地震都经历过了，还有什么更困难的生活呢？阿亮叔叔不要担心，会好起来的！"语气温和，似在安慰。阿亮有点惊讶，虽然张莉并没有看他，眼睛望着孩子们，但张莉很久没有这样平和地跟他说话了。阿亮很高兴，"那张阿姨也给我们的孩子讲讲这些，做好心理预防工作呗。"

我们的孩子！多么亲切的称呼啊。张阿姨和阿亮叔叔这样的称谓何尝不是呢，两个人都习惯以孩子的敬语来称呼对方，这里有许多端正和爱惜的意思。两人蓦然找到了久违的默契感，相视一笑，有点生涩，有点不好意思。

阿亮忽然想起在沐水村的时候，第二天帐篷学校要开课了，晚上两人商量怎么教孩子，张莉认真地跟他说，我就是孩子们的妈妈，你就是孩子们的爸爸，他们就是我们的孩子，要以父母之心去待孩子……那时候他觉得好笑，张莉的办学理念好像过家家，当然，他也知道张莉是个单纯的人，说这些时心无芥蒂，旁人说这话，或许觉得有挑逗，张莉是绝不可能，这姑娘心地纯真得不容杂质。

砚台看着两人眼神交织，心里有些感慨，两人为了孩子吵架，或许也能为了孩子们和好？不过，时间真不多了，说："张莉你跟阿亮再商量一下细节问题，临末了了，别出什么差错，我先睡了。"说完起身要走。阿亮忽然叫住她，说自己有个想法。

阿亮说起在沐水村与孩子们缔结的三年之约，每年夏天来回访一次，为期三年，三年之后正式结束。原本是因为沐水村帐篷学校后期等于是放弃了，导致草草结束，他对沐水村的孩子感到亏欠，临时做出的承诺，但这两天他想了又想，觉得应该一视同仁，三年里每年抽出至少半个月的时间来灾区一趟。砚台有点为难，以后上班了就很难请到假来灾区，回到城市后，生活不会再这么天马行空想干嘛就干嘛了。而且三年之间变化太大，她自己尚且不能保证，其他志愿者就更不知道了。

阿亮说："即使其他人不来，我们三个人来，好不好？"眼神期待地看着张莉，张莉低着头，沉默了半晌，说："我不会再回来了，我有安排。"

"你要去干嘛？"阿亮和砚台几乎同时问道。

"结束后我要去天目山的寺庙修行。"

"啊？！"阿亮神情一变，说："张莉，不要那样！"

砚台也很惊讶，说："张莉，修行未必要到庙里去！"

"想了很久，已经决定。"张莉声音依旧很轻，但语气坚决，说："我先去休息了。"转身离去。

98. 我们的山寨

草坡乡异地复课时间比龙溪乡早一周，连着几天张莉，阿亮，砚台三人分赴草坡乡各帐篷学校安排结束工作。张莉安排结束前课程，砚台清点物资，阿亮寻找老乡接收帐篷学校的家当，草坡乡有五所帐篷学校，加一所幼儿园，三人忙忙碌碌，时间过得飞快。

十四日，草坡乡工作全面结束。除了护送孩子去复课的志愿者，余下几十名志愿者都到直台安置点集合，等送完这批孩子就回家。

十五日，厕所竣工，历时二十多天的艰苦劳动，安置点最豪华的建筑诞生了，闪闪发光。这座厕所集合各种建筑材料，空心砖、水泥、木料、石料、竹篾席、防水布，还有爱心手绘男女厕标识，砚台称为最炫民族风，凝聚了汉羌两族人民的艺术灵感。大家纷纷去崭新的厕所前拍照留念。虽说是为安置点老乡建造，实质是为孩子们，但厕所建成，孩子们却要离开这里了，想来有点伤感。唐甜说："要是早点建成，石剑波和小雨就不会走了。"

田春来忽然喊了一声："嗨！我长这么大还没在这么崭新的厕所里撒过尿呢！"对哈，好像大家都没有过这么新鲜热辣的人生体验呢，此言一出，众人忽然纷纷涌向厕所，都想拔个头筹。基建队志愿者哈哈大笑，这么多天来最开心的一刻，开心之余隐约又觉有点荒诞，怎么会忽然这么多人同时尿急……

老乡和孩子们也纷纷赶来，参与厕所竣工仪式，列队进去方便一下，出来时都赞不绝口， 何老爹更是表达了高度赞扬，"跟公家的厕所一样，一格格，高级得很！"厕所技术员沈前向大家介绍："我们这个厕所是做过抗震设计的，即使遇到余震也不要慌，裤子穿好再出来都没得事。"众人轰然大笑。

阿亮提议今晚腐败一下，难得大家聚得这么齐，加上厕所竣工，一起喝顿大酒。提议获得大家一致拥护，吆喝着今晚不醉不睡。阿亮再次组织男生去乡里背啤酒，人马浩荡，排成一纵队上山。

牛叔叔在坝子上教孩子们做孔明灯。他报名时曾答应教孩子们做热气球，但一直没材料做，决定以孔明灯代替热气球，二者原理是一样的。去汶川买了几刀红纸和一大包蜡烛回来，削些竹篾做骨架，孩子们一地铺开，正在牛叔叔的指导下做孔明灯，这是帐篷学校最后一堂手工课了，牛叔叔在孩子们中间走来走去，不时蹲下跟孩子们讲解。

砚台和张莉坐在安置点的大石头上，两人整理帐篷学校的资料，核对物资清单，有一搭没一搭地聊着。夕阳的余晖在两山之间斜射过来，撒下一片扇形的光域，帐篷顶上闪闪发光。安置点里炊烟袅袅，老乡们开始生火做夜饭了，花大姐蹲帐篷前削土豆，盆子里垒得像座小山头，牛叔叔溜达过去，递了张小凳子给她，花大姐仰面笑望望牛叔叔，又看看旁边的孩子们，做灯壳的红纸映照得小脸蛋个个红彤彤。

"砚台，这两本，一本是物资清单，一本是签收单，孩子们都签过名的。"张莉又拿出一本本子，说："这本是我的工作记录，从沐水村到汶川都记在上面了。"砚台接过来翻看，第一页是从成都出发去沐水的日子，一直到今天结束的日子，密密麻麻写满工整小字，本子上还有蜡烛油的痕迹。

"砚台，我不知道有没有把自己最好的能力教给孩子，我不知道自己擅长什么，好多时候甚至连这些也没想到了，只是拼命地要撑下去。"张莉望着坝子上的孩子们，声音疲倦，"从成都出发的时候，我们商量了许多，后来都没来得及实现。"

砚台想起张莉出发那天，送她本子的情形，两人盘腿坐在地板上，你一言我一语，我要这样，我要那样，每个加入的人都要将自己最优秀的能力加入进来，就像送给孩子们的成长礼物，我们要在灾区办最牛逼的帐篷学校，热烈憧憬即将发生的一切……转眼这段路已经走完，到了现在，两人坐在安置点的大石头上，回忆这一路已经发生的一切。希望之窗这个山寨组织就像一条千疮百孔的破船，风浪不止，船上的人还不齐心，有人要往这边走，有人要往那边走，还有人企图抠点船板下来另组条船。就像大部分山寨组织要经历的狗血事件一样，希望之窗也一样不落地经历了。虽然漏洞百出，好歹也登岸了，有些不听话的水手，也心狠手辣地将他们推下去了。

砚台也拿出自己的工作记录递给张莉，实现约定，赈灾结束时两人交换工作记录看。

张莉说："如果重来一次，也许会……"

"嘿，打住！千万不要重来了，当初就是阿亮跟我说如果重来一次，一把就把我给卷进来了。坦白说吧，张莉，幸亏及时结束了，两河村溺水事件发生后我就没睡好过，再继续下去我就要崩溃了，说不定头也不回地逃掉，我累坏了！"砚台仰面躺在大石头上，望着天空。

"我也累坏了。"张莉移身过去，让砚台枕着她的腿，也抬头看看天，惊讶地问："今天天空怎么这么红？"天空一大片火烧云，烧得周遭山峦都红彤彤的。

"这两天大概会有大的余震吧，天气不正常。"砚台随意地答道。

"砚台……"张莉喊了一声，声音有点犹豫，问："你后悔吗？"

砚台想了想，说："不后悔，虽然这件事比我以往做的任何事情都难，难得我数次想要逃走，但此刻回望，那些艰难都已经过去了，多少年以后，我再想起来，一定不是谁跟我吵过架，谁在这里捣乱，而是，我们竟然真的完成了这件事，从一个模糊的设想和二百五十块钱开始，我们办了多少帐篷学校？八所！一只手都数不完！虽然，我也不清楚我们真能给灾区孩子带来多大的好处，但我至少可以无愧地说汶川地震那年我曾倾心倾力去帮助过他人，如此说来，就没什么可后悔的了，何况，我还认识了你，阿亮，还有那么多的好朋友！"

"你呢？"砚台反问她。

"不后悔，我只是遗憾自己没有做到更好。"张莉答道，望着坝子上的孩子们，很感慨，想说什么，一时又不知如何表达，见砚台辫子有些散了，用手指替她梳理，重新编辫子。砚台起身坐起，背对着张莉，张莉边帮她梳头边说："这两天，许多小女孩都把头发剪短了，跟男孩子一样。"

"是啊，在家里都是妈妈姐姐梳头发啊，去外面读书就得自己照顾自己了，一二年级的还那么小，家长不知多挂心！不晓得什么时候才开始重建，才让人家骨肉团圆。"砚台叹了口气。

重建的日期遥遥，现实却迫在眼前，山里的雨季快要来了，几名志愿者正在将安置点的排水沟也要深挖清淤，不然一下大雨水就漫到人家里去，根据地势又加了两条分流的排水沟。大江带着基建队的几个志愿者在帮村民补帐篷，趁着天气好，许多人家都对帐篷进行维护。

"砚台，你回去后做什么？"

"痛痛快快洗个澡，然后大睡一觉，醒来后重振旗鼓，去找工作，挣钱。"砚台望着坝子上的孩子们发愣。

扛啤酒的那帮回来了，山路上排成一纵队，小步快跑着，欢快得像一群野山羊，山路上夕阳遍地生金，阿亮远远望见砚台和张莉坐在大石头上，遥遥冲她们挥手，喊："喂——"

两人也挥挥手，应道：嗳——

坝子上几个调皮孩子也学她们，拖声拽气地喊："嗳——"

八十四个孩子，八十四盏灯，摆在坝子上可谓蔚为大观，映得坝子上红灿灿，满坝子跟着了火一样。牛叔叔拿着一袋蜡烛，正在挨个分发，不厌其烦地叮嘱着："等天黑，不要猴急！不行，打火机现在不给，晚上各人放自己的，不要抢别人的……肯定能飞的起来！"

阿亮和陈振走过来，爬上了大石头，陈振环顾四周，说："怪不得有啥重要事情村长都爬到这里来宣布，制高点啊！一览无余。"

坐下来，阿亮问："你们在聊什么呢？"

砚台说："聊从开始到现在。"

阿亮笑了，感叹地说："时间真快啊，当初你说要拉票人马建山寨，占山为王，结果是办帐篷学校成了孩子王，天天跟群小屁孩扯皮。"

砚台大笑，说："你看你多懵懂啊，这就是我们的山寨啊！"指向四周，"你看：学校、图书室、蓄水池、洗手池、卫生厕所、排水渠、垃圾焚烧坑、议会厅……"

陈振边听边点头，忽然怀疑道："哪有什么议会厅？"

砚台跺跺脚下，说："这里就是啊，现在不就在举行围石会议么。"说着自己也忍不住笑了起来，说："还有呢，我们学校前的坝子就是此地的乡村俱乐部，老乡们喝酒斗地主摆龙门阵都要去我们那块，连大娘们绣花做鞋子也都喜欢挤去那里，我们搬去的那几块大石头，就是此地的经济文化娱乐交流中心！"

阿亮笑道："如果村民可以自由选举，说不定你能当选寨主呢！"几人嘻嘻哈哈笑成一团，连张莉也笑得毫不矜持。

陈振爬到最高的大石头上，迎风而立，环顾四周，忽然大喊了一声："汶川，我永远不会将你遗忘！"腿毛在夏日晚风中飘荡。田春来刚好挑水从下面经过，吓了一跳，抬头望望，喊了嗓子："振哥，露蛋了！"众人哈哈大笑。

花大姐使出浑身解数将土豆的七种做法都用上了，凑了七大脸盆风格各异的土豆，大家团团围坐坝子上，隔几步就放一箱啤酒，阿亮拎了瓶起身站起来，说："老规矩，我说两句哈。"大家静下来，望着他。阿亮一本正经地说："现在大家可以坐到自己喜欢的人边上去了，男男不限，男女不限，女女不限，没表白的，今晚抓紧机会，嗯，没捞着的，也可以看看一场赈灾成就了多少对，看看热闹也是好的。"大家哄笑。张莉也走到前面来，说："这么长时间，我有很多做的不好的地方，不求原谅，在这里只想跟大家说一声对不起！大家辛苦了！"说完冲大家深深鞠躬，去拿了瓶啤酒打开，举起来，豪迈地说："我不会喝酒，但今晚努力要把这瓶酒喝完，就当赔罪了！"从没见张莉沾过酒，大家纷纷鼓掌。

轮到砚台了，也起身走到中间来，说："今晚，可长歌，可醉饮，请各位好汉务必尽兴！另外啤酒箱里有神秘礼物，是希望之窗献给大家的礼物，我说完了！"拎酒瓶向大家敬酒，大家纷纷起身，几十号人站成一圈，将酒瓶伸上前，砚台举着酒瓶一路划过去，一片叮叮咚咚碰撞之声。

一圈酒敬完，果然有人开始换位置，大家纷纷起哄，打趣。牛叔叔犹豫了一会儿，也勇敢地站起来了，朝花大姐走过去，花大姐见他过来，难为情得头都抬不起来，埋在臂弯里。大家忽然热烈鼓掌，齐声大喊，"牛叔叔，抱一个！"花大姐起身就要逃，被旁边的砚台一把扯住，说："牛叔叔，送你一枚花大姐，红包拿来！"牛叔叔跟花大姐说了句什么，花大姐起身跟他一起向砚台敬酒，牛叔叔说："砚台姑娘，谢谢你！"砚台开玩笑地问："谢什么？谢媒酒哇？"牛叔叔也笑，说："不算正式的，希望有那一天，能正式请大家喝酒。"大家都举杯祝贺花大姐和牛叔叔。

忽然有人捞起个什么，点燃打火机一看，不禁大喊一声："天哪，这就是组织上的神秘礼物？！"原来是盒安全套，众人不禁绝倒。将安全套分送那几对情侣，他们像烫了手一样，扔了就逃，还笑骂，阿亮你好神经喔！阿亮也笑，讪讪地道："注意安全嘛，哈哈哈。"沈前这才透露，"阿亮特地在乡上买的，我天啊，那个老板娘看着我俩，那眼神简直……你们懂的。"大家笑翻了，批评阿亮临走还败坏了一把志愿者形象。

阿亮一本正经地说，"那有啥啊，志愿者也是人啊，谈恋爱不是很正常吗？"又跟砚台说，"牛叔叔那么大年纪了还能遇到喜欢的人，还有勇气谈恋爱，这简直是太励志了。"砚台说："是啊。"转头向张莉，"喂，张阿姨，采访你一下，你相不相信爱情？"张莉笑而不答，转移话题，"今晚月亮好圆啊。"指给她看山顶上的月亮，明净饱满，周围薄薄的云层像波浪一样，这月亮好像是从海里升起，光华四射，周围山峦皆蒙上一层皎洁的光芒。

忽然听到安置点那边放爆竹的声音，吓大家一跳，都站起来张望，坝子上有人在烧纸。阿亮怀疑地问："今天什么日子啊？怎么老乡们都在烧纸？"花大姐低声回答，看月亮今天该不是十五吧？沈前接道："那今天是中元节啊？！"原来是祭奠亡灵的日子。"啊，鬼节！"小月声音惊咋咋的，几名女生顿时觉得后背发寒。

砚台说："怕什么！我们是来做志愿者的，如果你们信冥冥之中有神灵，根本不必怕。来，大家把酒拿上，我们也祭奠一下吧。"众人拿上酒，砚台向四方作揖，祭告：倘若在天有灵，当使老者安之，少者有成，护佑乡土！将酒浇在地上，大家依样祝告一番。

一时大家有些沉静，生命如烟花，美好又脆弱。牛叔叔端酒敬大家，"汶川大地震改变了许多人的人生，我的人生也被改变了，跟灾区的老乡一起重建生活！在灾区做志愿者的这段经历，对我来说意味着人生的新开始，也让我知道不管处于人生的哪个阶段，想重新开始，想去改变，都不晚！我，非常感激遇见大家！"众人也起身回敬，祝福，人生海海，难得遇见有情人。

有志愿者问砚台，汶川地震给她的影响是什么。她说："能够在最短的时间辨别承重墙。"大家哄笑。砚台一本正经地，"真的，让我知道什么可靠，什么不可靠。"

虽没有人说起告别，但大家都知道，这么多人天南地北的，明天各自散去后再难聚齐。曾经的争执，如今看来不值一提，曾经的困难，也早已过去。

此时此刻，许多人忽然意识到在汶川赈灾的这段日子如此干净纯粹，质朴得像蜿蜒而过的一湾清流。在这里，没有社会歧视，没有贫富差距，不必虚荣，不用攀比，人人都有做事的机会，想建厕所，就迅猛干脆地付出行动，想办学校就扎营招生，振臂一呼就有响应，纵然过程艰难，但此刻想想也不失酣畅……这里没有理想的物质条件，却有理想主义的精神。

而理想主义始终有其巨大的能量和魅力，让人从平庸琐碎的生活中一跃而起。

夜里，带孩子们在坝子上放孔明灯，砚台拿打火机给孩子们点蜡烛，就着火光，挨个看过去，有孩子想成为宇航员，有孩子想发明直接可以结出糖果的糖果树，有孩子想去山顶上开一家雪糕店，走长路的旅人可以吃到冰凉的雪糕，有孩子希望家里的房子建起来，跟地震前一模一样，有孩子想成为医生，免费救助穷人……八十四个孩子，八十四个人生美梦与热望。

小小的蜡烛点燃了，红焰焰，灯罩鼓满热风，飘飘摇摇从坝子上升起，飞过帐篷顶，飞过山峰，两盏、三盏……孩子们发出惊喜的笑声，哇塞，真的可以飞哦！飞得好高喔，我们的希望都分不清了，合到一起了……飞得好漂亮喔！

十几盏，几十盏，越来越多，向天空升去，坝子上的老乡们也纷纷仰面，红红的灯盏火漫布天空，向月亮飞去。今晚的月亮又大又圆，无论从哪个角度看，始终在头顶，月亮也在默默地望着人间，大地上，有人在祭奠过去，有人向往未来。

志愿者和孩子安安静静地坐在坝子上，仰望夜空，生者与逝者都在爱与希望中相连。希望这东西，看不到，摸不着，但它却是无比重要的存在，无论何时，保持希望，保持相信，满怀热情和爱意，活着！

黑暗中的山体浑然圆润，夜色掩盖了破碎山河，汶川的夏夜，依然有夏夜的美好，这些年轻人坐观星河，志同道合，有共同的话题，而孩子们也都依偎在身边。生命里有许多个夏天，这个夏天于每个人来说都刻骨铭心，汶川大地震让大家领教了生活是何等的酷烈无情，同时又得知它也可以变得温存和美好。

将来，不管还会不会回到这里，各自过着怎样的人生，但此刻的美好足以让人怀念。而2008年的夏天，就快要过去了。

忽然余震，大家惊了一下，却并不慌张，已经习惯了，依旧聊天。忽然，孩子指着对面山上，喊道："那是什么？"黑暗的山体慢慢浮出一层光晕，"萤火虫！"张莉答到。星星点点的荧光像水母自深海冉冉升起，越来越多，一时又像星空倒映，大家都被这神秘的美给静谧住了，周遭霎时静寂无声，连最小的孩子都停下来了，张大着小嘴，惘惘地望着。

遍山遍野的萤火虫飞离了山野，飞向空中，越来越高，孩子们仰面望着，从未见萤火虫飞这么高。

一女孩轻轻问："它们要去哪里？"

"它们也要离开家乡吗？"

99. 写给苹果树的信

生活里有许多草草的开始，当时间过去时，才发现已成就了一段人生。

而人生也终会经历不断的放下，大家都要勇敢地迈步前行，但在来得及的时候，一定要好好告别。

最后一课，是一堂如何告别和如何开始的课。

既然希望之窗在最初就是一场游戏，那大家一起来做最后一场游戏吧！假装这里是遥远的城市，假装我们是第一次地相见，重新开始一场缘分。就像帐篷学校开学的第一天，第一堂课，让我们再次重新相识，每一个人都上来介绍自己，勇敢地向陌生人表达自己的善意。善意的出发，总是由某个人率先发出的，缘分也总是有人要迈出第一步才缔结。

孩子，不要担心没有回应，即使没有回应也没关系，感情有时候只需要表达，并非一定要抵达。当你主动示以善意的时候，你就已经让师长同学明白你的心意了。当有人向我们表达善意的时候，也要明白那是多么珍重的心意，要晓得回应这份心意。

孩子们都上来介绍自己。

"我是来自汶川直台村的何清恩，今年12岁，感谢你们让我们在这里读书，将来我们羌寨重建好了，也欢迎你们到我们家做客。"

"……我给大家带了洋芋干，是我自己去地头挖的，这是我的礼物，放了糖炒的……"

"我是何庭继，我今年11岁，我会做风向标，会做孔明灯，还会、还会……我一时不记得了，如果你们想学，我愿意都教给你们，我想跟大家做好朋友，我愿意跟你们很好很好。"

"我叫何德琴，今年8岁，要是我想家，我也不想哭，要是我哭了，我想请你们不要笑话我……"

当何德琴说不要笑话我的时候，大家却流泪了。

有孩子呜咽着说："我现在就想爸爸妈妈了，还有我弟弟，他天天跟我一头困觉……我肯定也会哭……遭了，我现在就想哭……"

"哭没什么丢人的，每个人都会哭，想哭的时候就哭，该笑的时候要笑得灿烂。"张莉说着，任由眼泪流淌。

"成长就是不断地远离，离开熟悉，迎接陌生，离开某地，离开某人，而远离，只会让你学会更加珍惜。世界很大，并不只有直台山呢！"

"我们来写一封信吧，写给爸爸妈妈，写给弟弟妹妹，写给家人，写给朋友，也可以写给自己，现在的自己，未来的自己，写给任何你想倾诉的，直台的山，这里的云……"

羌族小女孩何美美，写给门前的苹果树：苹果树，你要好好的开花好好的结果呀，我要好好的学习好好的生活，我们一起努力吧！

她将信件折成小船，放入安置点前的小河，信，顺流而下。

何美美的心意，苹果树呀，你收到了吗？我们都收到了呢！

杜娟初来汶川的时候带了一叠奖状，此时被翻了出来，数数发现竟然一张不多，一张不少，正好八十四张奖状，八十四个学生！冥冥之中也许是真有天意。凡是淘气的孩子都评为积极热情的小水滴，爱哭的孩子颁美丽心情奖，何清恩身有残疾，获坚强的小水滴称号，人小鬼大奖留给小老虎。唐甜失手，最后一张何芳群的名字写错，沈前在修正的地方画一面国旗，恰好小姑娘坐在后排靠国旗的位置，便给她写上最经典的"守护国旗奖"……

张莉发奖状时一直笑场，所有的疲惫和辛酸一扫而空，每个孩子都是好孩子，每个孩子都有特别的优点。最终孩子们捧着奖状、心满意足的毕业照，将成为每个人的珍藏。

营长何庭石带孩子们列队集合，为志愿者叔叔阿姨唱直台村校歌《美丽的羌寨》，第一天到绵篪安置点时就听到孩子们哼唱着这首歌。这首歌，欢迎过许多来帐篷学校的人，也送别过许多离开这里的人，而这次却是要送别自己。

孩子们整齐列队于帐篷学校前，志愿者也列队于孩子们面前，听着这熟悉的旋律，眼泪不禁夺眶而出。从来没有想过，自己的人生会和汶川山里的某个村寨产生关系，会缔结这样的一段感情，等意识到的时候，却是分别的时刻。

接异地复课的大巴缓缓开进安置点。家长将为孩子准备的行李放上车，没有哪位父母舍得与幼小的孩子分别这么长时间，他们的眼神中满是深深的担忧。小孩子依然很快活，追着大巴车奔跑，嬉闹，意识不到哥哥姐姐马上就要离开家，羡慕他们的新书包，闹着也要挤上车……十二小时的车程，对于从未远行的孩子们来说，是他们去过的最远的地方。一位老奶奶拿着个小药瓶来问志愿者是不是晕车药，得知不是，失望地蹒跚离去。志愿者在人群中来回穿梭，叮嘱着孩子们少喝水，多睡觉，保存体力，到了之后洗个澡，放松自己，对了，淋浴头要先开冷水再调热水，打洗脸水也要先倒冷水再加热水……在最后时刻，大家忽然想起还有好多东西没有来得及教给孩子，好多话没来得及叮嘱。离家的第一夜可能是最难熬的，尤其那些一二年纪的小孩子，也许他们每晚睡觉前还需要父母的安抚，现在相隔那么远，每夜面对黑暗，他们能够安稳的睡着吗？有的孩子可能还会尿床……

坝子上一片纷乱，孩子们哭，老乡们哭，志愿者们哭，更小的孩子不知大人为什么哭，受氛围感染，也哇哇大哭……地震毁了家园，现在又不得不骨肉分离。因为地震，人们流的眼泪能湿透这片土地。

一群孩子上了车，一群孩子追着车道别，是上不起学的那群孩子，对车上的同学喊：你们好好学，我把书留到起，放假回来教教我……

小河边几个女孩子相对哭泣，她们知道自己已经失去了珍贵的机会。何庭美，担心穿羌族衣服会被城里同学瞧不起的小姑娘，还有焦虑自己没有牙膏牙刷的小女孩，都将上学的机会让给了最小的弟弟，因为家里只负担得起一个孩子。由于弟弟的缘故失学的，总是女孩子居多，尤其生在穷家又身为姐姐。这个简陋的帐篷学校成为她们最后的课堂生涯。

班车离去已久，还有很多村民站在路口，佝偻着背凝望着远方，不时地抬起手掌擦拭眼角，直到腾起的烟尘也早已散尽，他们才深深叹息，转过身，一步一步慢慢向安置点走去。

安置点也沉寂下来了，没有孩子的学校寂静得像座废墟，空荡荡，那些整天在帐篷学校前拼命追逐，跑马一般的孩子，能直接跑尿裤子里都不歇气。仿佛那些清亮亮的童音还在帐篷里回荡：张阿姨，他打我……报告张阿姨，他放了一个屁……张阿姨，小老虎在身上屙尿……张阿姨，我的日记本子不见了……那些不胜其扰的报告，每张小脸上都是当大事地一本正经。

望着空荡荡的一切，才发觉帐篷学校真是简陋，防雨布破碎得补了又补，竹篾都翘起来了，柱子上绑了五花八门的绳结……这大概是世界上最简陋的小学堂吧，只因为一股理想主义的情怀，因为天真热情的孩子，这里成了最美好的所在。志愿者在汶川的工作，就像何美美写给苹果树的信，重要的是在那个时刻，我们的情义出发了，至于是否抵达，抵达何人心里，已经不需要再去探究。

从刚来时对灾区的不适应到逐渐习惯，现在的我们大概已经变成了另一种人类。城市再次变成了陌生的世界，对于即将来临的城市生活，我们并不比孩子的欣喜多，也不比孩子的恐惧少。各种世俗压力再次融入生活的洪流。从各个犄角旮旯涌现的志愿者们，将再次回到城市的各个角落，上学的，收拾课本笔记要开学了。上班的，要每天挤上公交车去某个格子间打卡上班，有人会被迫相亲，有人要重找工作，有人得向上级汇报，向茫茫的身份证系统投递自己。

即使如此，我们的心里，终究沉淀了一种新的本能，坚固而柔软，厚实而温暖。

收拾背包行李，吃过午饭，志愿者们告别老乡出山，出于习惯，大家还是列着队，然而渐走渐散。汶川的阳光依然毫不留情，热辣辣的。而以后回忆起来，这里的艳阳，这里的热风，都是记忆中独有的风景吧？

一段时光，已经过去。一段理想主义的青春岁月，烙下汶川大地震的印记。

张莉频频回望那片废墟，帐篷学校的红旗依旧在山谷中飘扬着，仿佛听见校歌悠扬回荡。砚台随着她的目光望了又望，禁不住声音哽咽："阿亮，这一定是最好的帐篷学校，对吧？"

阿亮望着她，眼里晶莹发光："当然，砚台！这是最好的帐篷学校，没有之一！"

三年之约——后记

2008年夏天离开时和孩子们有个约定，三年之后的七月，重回汶川为孩子们办一次夏令营。

三年后，我们践约而来。

志愿者根据自己所在的帐篷学校三年前开课的日期准时出现。三年时间，很多孩子都失学了，有的已经出去打工。令人感动的是，打工的孩子也赶回来赴约，虽然来去匆匆，只能短暂相聚，他们还要赶回去工作，但毕竟见到面了。

2011年7月31日上午，夏令营最后一个单元，运动会结束，为获奖孩子颁发花冠。没有其他奖励，只有我们亲手采摘的柳条与芍药编织的花冠，作为大山的孩子，来自大自然的礼物是最高荣誉。

颁奖结束，各校营长出列整队，让孩子们按照当年各自帐篷学校的编队，分成七组，为我们唱三年前教他们的校歌送别，志愿者全体站到台前，接受孩子们的感谢，看着孩子们，笑着，笑出满眼的泪花。

至此，历时三年，结束了汶川工作。

多少年后，我们一定会记得，2008年的夏天，在满目疮痍的大地上，为了孩子，我们曾经建起过一座山寨，保护他们，也保护自己。从无到有，多少热爱，多少艰辛，多少柔软，多少彪悍，都化为了感动，静静流淌成一条时光的河流。

当年曾要求每个参与的志愿者做工作记录，结束后交给我。鼓励大家珍惜这段特殊时期的生活经历，务必记录下每天的工作和心境，尽量翔实，也方便给后来的赈灾志愿者留下一些实战经验。如此，每个参与工作的志愿者后来都交了工作报告给我。

感谢每一个参与希望之窗工作的人，谢谢你们付出的时间和爱心！如今我来践行说过的话，整理希望之窗在汶川的工作记录，记录下这段青春岁月，作为一份共同的礼物，献给中国所有非正式志愿者，当然，也是献给我们自己。

无论时光如何流逝，那些人和事，依然在这里！正因爱是无形之物，一旦付出，便永不磨灭。

——砚台，二〇一三年八月